交渉の場としての相続

遺産分割協議をいかに行ったら良いか

編 者
奈良　輝久
山本　浩二
宮坂　英司

執筆者
大澤　一記
大野　絵里子
カライスコス　アントニオス
毛塚　重行
土居　伸一郎
堂免　綾
林　紘司
若松　亮
（敬称略，五十音順）

青林書院

はしがき

読者の皆様へ

　本屋の「家庭の法律」などといったコーナーに行くと，相続関係の本がたくさん並んでいます。弁護士や公認会計士，税理士といった，いわゆる「士業」の方が執筆者である本もありますし，最近は，それ以上に，相続コーディネーターや相続コンサルタントといった方々（両者は，その業務上，「士業」のような国家資格を必要としませんが，私的な専門資格を有している方が多いようです。）の本が目立ちます。企業買収（Ｍ＆Ａ）取引などと同様，相続も，コンサルタントなどといった方々が活躍する場面が数多く生まれてきていると言って良いでしょう。
　ところで，これらの本の多くは，相続税法の改正により平成27年から遺産の基礎控除額が減額されること等に伴い，相続問題に対する国民の関心が高まっていることを踏まえて出版されたものであって，最新の税制改正を反映しているという点を除けば，内容的には格別，目新しいところはありません。また，その多くは遺言書作成などの紛争予防対策か節税対策に力点をおいており，現実に発生した遺産分割協議のこじれをどのようにして解決していくのかという観点からアプローチした本は一冊もないと言って良く，この種のアドバイスを期待している読者の方々の要望には応えておりません。正直，これらの本は，あくまで初歩の啓蒙書と割り切って読むべきものでしょう。
　本書は，それらの本とは趣旨を全く異にしています。
　本書は，一言で言えば，相続をきっかけとして始められる遺産分割協議等の交渉の仕方について，「交渉論」（交渉学ともよく言われます。）の観点からアプローチした本です。本書を手にした読者の皆様であればご承知のことかと思いますが，遺産分割の交渉をきっかけに，財産の分配の仕方についての対

立や感情的対立が生じ，それまで仲の良かった親子，兄弟姉妹等の人間関係が崩壊して回復不可能になってしまう事態は決して珍しくはありません。

　では，実際の遺産分割の協議等でそのような事態を避ける手立てはないのでしょうか？　これは，つまるところ，遺産分割交渉をどのように行うべきか，という問題に帰着します。

　ここで，「交渉論」が登場する訳です。この「交渉論」，あるいは交渉戦略・戦術についても，相続関係の本に負けず劣らず，数多（あまた）の本が出版されています。その中でも，いわゆる「ハーバード流交渉術」と呼ばれる一連の書籍は，一般のビジネスマンや弁護士等に広く読まれ，かつ，支持されてきた，交渉に関する最も基本的かつスタンダードな考え方を示した書籍と言えるでしょう。

　では，遺産分割交渉を，「ハーバード流交渉術」で提唱されている交渉論（原則立脚型交渉とか統合型交渉と呼ばれます）や交渉戦略・戦術に乗っかってそのまま行えばいいのかというと，どうも，そうは問屋（とんや）が卸（おろ）さないようです。

　それなら，いったい，どうすれば良いのでしょうか？　遺産分割を円滑に進めたいと思っている読者の皆様の真摯（しんし）かつ切実な声が聞こえてくるようです。本書は，この声に答えるべく，研究会のメンバーが実際に扱った様々な遺産分割事件や，遺産分割事件の中でもとりわけ困難とされる事案のシミュレーションに基づいて繰り返し議論した末，ハーバード流交渉術などの従来の交渉論を踏まえつつも――したがって，本書では，原則立脚型交渉，統合型交渉を始めとするハーバード流交渉術の基本的な考え方や，BATNA（バトナ）やZOPA（ゾーパ）といった交渉論に関わる基本的な用語の意味も丁寧に説明しています――遺産分割交渉の特徴を踏まえた実践的な交渉論を導き出し，体系化したものです。

　本書の交渉論の基本姿勢は，①大きなミッションとしての実質的な公平感の達成，親族の信頼関係の維持，②軸を持つべし，③説得性，実質的公平性，④柔軟かつ謙虚な姿勢，⑤感情の重視，⑥コミュニケーションの重視，⑦（実体面及び手続面での）公正さの重視，の7つに集約され，この7つの基本姿勢

に裏付けられた交渉手法（その内容は，本文で詳しく説明してあります。）を実践することによって円滑な遺産分割の実現を目指すものですが，この交渉論は，遺産分割交渉特有の内容をかなり含んでいるため，「ハーモニアス・ネゴシエーション（調和型交渉論。略称ハモネ）」と命名しました。

　読者の皆様は，本書を読破し，実践することによって，ハーモニアス・ネゴシエーション（ハモネ）を身につけることができ，そうして体得されたハーモニアス・ネゴシエーションは，遺産分割交渉において，必ずや大きな力を発揮することでしょう。

法律家，専門家の方へ

　本書は，第一次的には，実際に，遺産分割交渉の当事者となる相続人の方々にお読みいただくことを想定しています。しかし，もちろん弁護士をはじめとする法律家，法科大学院生，法学者，調停委員，その他の専門家の方々にとっても十分に役に立ち，かつ，刺激的な内容になっていると考えております。

　遺産分割交渉は，これまで多くの弁護士が一般的に取り組んできた分野の一つといえるでしょう。やっかいな事案や深刻な親族紛争に心を痛められた事案も少なからずあったことと思われます。ところが，どういう訳か，ビジネス交渉，契約締結交渉などと異なり，遺産分割交渉は如何になされるべきかということについては，専ら各自の経験智に委ねられており，交渉に関するきちんとした議論がなされてこなかったというのが，嘘偽りのない事実ではないでしょうか？

　兎も角，極めて不思議なことですが，これまで，弁護士，あるいは裁判官，法学者の誰一人として，調停の場面を除き，遺産分割交渉のあり方について手をつけてこなかったのです。とりわけ弁護士の場合は，近時は，実績を強くアピールする法律事務所のHPも多数存在し，遺産分割交渉を専門分野として謳う法律事務所や弁護士の数は，裁判所の遺産分割事件の係属案件数と

比較しても不釣り合いなほど多いにもかかわらず，そうしたHPのどれ一つとして，遺産分割交渉を交渉論の観点から——短いにしてもです——論じていませんし，その種の本も一冊も存在しません。編者らは，この点が非常に不思議でなりませんでした。遺産分割交渉（協議）をどのように行い，成功裡に終わらせたのか，簡潔にせよきちんと説明してしかるべきであるのに，何故か，案件処理を成功裡に終わらせたことは語っていながら，その方法については一切論じてこられなかったのです。

　編者らを始め研究会のメンバーは，かねて交渉論やゲーム理論の原書（米語）輪読会を開くなどして，その修得に積極的に取り組んできており，趣味と実益を兼ねて，これらの理論につき研鑽を積んできております。今回，特に遺産分割交渉を検討対象として取り上げたのは，こうした研鑽の延長線上という面はありますが，遺産分割案件を専門的に扱ってきたからという訳ではありません。もちろん，メンバー各自，そのキャリアに応じて，事業承継その他の相続案件を一定数こなしてきており，平均的な法律事務所ないし弁護士，公認会計士，税理士より対処した案件数がかなり上回る弁護士等も含まれていますが，その一方で，例えば，企業買収（M&A）等のビジネス交渉案件と比べれば，関わった件数は少なく，主たる業務とまではいえないという者も含まれています。そのような我々がなぜ本書を執筆したかというと，有り体に言えば，遺産分割交渉を取り上げている交渉論の本が全く存在せず，かつ経験智に止めずに遺産分割交渉を解明しようとする弁護士が出てくる気配がうかがわれない現状に飽き足らなかったことと，遺産分割交渉が，そもそも交渉としてかなり特殊な性質を有しており，その分，解明すべき対象としてエキサイティングな存在に思えたこと，更には，今やその解明が，実りある遺産分割事件の処理を実現する上で避けて通れない時期にきており，誰かがチャレンジするよりほかはない，と考えたためです。

　ただ，「言うは易し行うは難し」で，遺産分割交渉に従来の交渉論を当てはめることから始まる，より良き交渉論の解明とその体系化は，地道な作業を要する，実にしんどい試みでした。研究会は非常に時間がかかるものとな

り，結局，原稿完成まで2年半を超え，その間，合宿も数回，普段のミーティングの回数も優に50回を超えることとなりました。そして，研究会を重ねる中で，最初はA4の用紙半枚ないし一枚程度のレポートだった各原稿は次第に本書の原稿として相応しい内容のものに成長していき，最終的な成果物である本書は，正に研究会のメンバー全員で何度も何度も議論し，推敲を重ねた賜物であると言えます。研究会メンバー一同，本書は，遺産分割交渉における交渉論に光が当てられなかったこれまでの現状に一石を投じるものに仕上がったと自負している次第です。そして，本書の内容は，遺産分割交渉にとどまらない，他の様々な交渉案件に取り組む上でも色々なヒントを与えてくれるものとなっているとも考えます。

　法律家，その他の専門家の皆さんは，本書を通じて遺産分割における交渉論，交渉戦略の重要性を認識していただき，本書が提唱するハーモニアス・ネゴシエーション（ハモネ）を今後の実務において活用していただくか，あるいは，本書の議論を出発点，たたき台として，各自が遺産分割における交渉論の更なる解明，精緻化に努めていただければと切に願っています。

　なお，本書の出版に当たっては多くの方にお世話になりました。まず，第一に挙げるべきは青林書院の倉成栄一さん　加藤朋子さんの両名でしょう。お二人とも，これまでも何度か専門書の出版に際してご尽力を賜ってきましたが，今回は，登山で言えば，1合目からの登山につきあわせたようなもので，とりわけ大変だったことと推察します。長らく先が全く見えない状態が続いた研究会のミーティングにも辛抱強く付き合って下さり，また，再三的確なアドバイスをして頂くなど，ただただ感謝するほかはありません。また，四樹総合法律会計事務所のパラリーガル・スタッフの中井稔子さんには原稿のチェック等をお願いしましたが，今回もすずやかな表情で実に手際よく作業して下さいました。さらに，具体的なお名前を挙げることは控えさせて頂きますが，全原稿が一通り完成した段階で，遺産分割に精通した数名の弁護士の方に目を通してもらい，貴重な意見を頂くことができました。本書はこれらの人々のご協力がなければ，刊行されることはなかったと言えます。執

筆者を代表して，この場で，心から御礼申し上げます。

　最後になりますが，研究会は，開催場所である四樹(しき)総合法律会計事務所が東京都千代田区霞が関に所在することから，Kasumigaseki Innovative Negotiation Project（略称KINP(キンプ)）と命名しております。KINPは，今後とも，鋭意，実践智としての交渉論の解明に取り組んでいき，その成果を発表する所存ですので，どうぞ，ご期待下さい。

　平成26年（2014年）8月

KINP(キンプ)を代表して
奈　良　輝　久
山　本　浩　二
宮　坂　英　司

編者・執筆者一覧

編　者

奈良　輝久
山本　浩二
宮坂　英司

執筆者

Kasumigaseki Innovative Negotiation Project（KINP）
キンプ

　大澤　一記……第2章／第1／1，同章／第5／1
　大野　絵里子……序章，第2章／第1／1，第3章／第3，同章／第4
　カライスコス　アントニオス……第1章／第2／1，第3章／第5，同章／第6
　毛塚　重行……第2章／第1／1，4，同章／第2，第5章
　土居　伸一郎……第2章／第1／1，3
　堂免　　綾……第1章／第1，第2章／第1／1，第3章／第2，巻末付録1
　奈良　輝久……序章，第1章／第3，第2章／第1／1，同章／第4／2
　林　　紘司……第1章／第2／2，第2章／第4／1
　宮坂　英司……第2章／第1／2〜3，同章／第3
　山本　浩二……第3章／第7，第4章
　若松　　亮……第2章／第5／2，第3章／第1
　ＫＩＮＰ一同……巻末付録2

（敬称略，五十音順）

凡　　例

(1) 叙述の仕方

(ア) 叙述は，原文引用の場合を除いて，原則として常用漢字，現代仮名遣いによりました。

(イ) 本文中の見出し記号は，原文引用の場合を除いて，原則として，１２３……，(1)(2)(3)……，(ア)(イ)(ウ)……，(a)(b)(c)……，(ⅰ)(ⅱ)(ⅲ)……の順としました。

(2) 法令の表記

日本の法令名の表記は，原文引用の場合を除き，原則として，次のように行いました。

(ア) 地の文では概ね正式名称で表しました。

(イ) カッコ内表記は次のように行いました。

　(a) 主要な法令は後掲の「法令略語例」により，それ以外のものについては正式名称で表しました。

　(b) 多数の法令条項を引用する場合，同一法令の条項は「・」で，異なる法令の条項は「,」で併記しました。原則として「第」の文字は省きました。

　〔例〕家事事件手続法194条1項・2項　→　家手194条1項・2項

(3) 判例の表記

(ア) 判例は，原則として，後掲の「判例・判例集等略語例」を用いて表しました。

(イ) カッコ内における判例の出典表示は，原則として，次のように行いました。

〔例〕昭和42年1月11日，東京高等裁判所決定，家庭裁判月報19巻6号55頁
　　→　東京高決昭42・1・11家月19巻6号55頁

(4) 文献の表記

文献等は原則として，次のとおり表記しました。主な文献については，後掲の「文献略語例」を用いて表しました。

〔例〕著者名『書名』頁数

　　　執筆者名「論文名」編者名編『書名』頁数

　　　編者名編『書名』頁数〔執筆者名〕

　　　執筆者名「論文名」掲載誌 頁数

■法令略語例

会	会社法	戸	戸籍法
家手	家事事件手続法	所得	所得税法
家手規	家事事件手続規則	相税	相続税法
家審	(旧) 家事審判法	相税施規	相続税法施行規則
家審規	(旧) 家事審判規則	相税施令	相続税法施行令
刑	刑法	民	民法

■判例・判例集等略語例

大	大審院	決	決定
最	最高裁判所	審	審判
最大	最高裁判所大法廷	民集	最高裁判所（又は大審院）民事判例集
最一小	最高裁判所第一小法廷		
最二小	最高裁判所第二小法廷	民録	大審院民事判決録
最三小	最高裁判所第三小法廷	下民集	下級裁判所民事裁判例集
高	高等裁判所	家月	家庭裁判月報
地	地方裁判所	裁判集民	最高裁判所裁判集民事
家	家庭裁判所	判時	判例時報
支	支部	判タ	判例タイムズ
判	判決		

■文献略語例

ストーン&パットン&ヒーン	ダグラス・ストーン＝ブルース・パットン＝シーラ・ヒーン，松本剛史訳『話す技術・聞く技術』（日本経済新聞出版社，2012年）
D.マルホトラ	ディーパック・マルホトラ＝マックス・H・ベイザーマン，森下哲朗監訳，高遠裕子訳『交渉の達人──いかに障害を克服し，すばらしい成果を手にするか』（日本経済新聞出版社，2010年）
フィッシャー&シャピロ	ロジャー・フィッシャー＝ダニエル・シャピロ，印南一路訳『新ハーバード流交渉術──感情をポジティブに活用する』（講談社，2006年）
フィッシャー&ユーリー	ロジャー・フィッシャー＝ウィリアム・ユーリー，金井宣夫＝浅井和子訳『ハーバード流交渉術』（知的生き方文庫，1990年）
ユーリー	ウィリアム・ユーリー，斎藤精一郎訳『ハーバード流"no"と言わせない交渉術』〔決定版〕（知的生きかた文庫，1995年）
ラックス&セベニウス	デービッド・A・ラックス＝ジェームズ・K・セベニウス，斉藤裕一訳『最新ハーバード流3D交渉術』（阪急コミュニケーションズ，2007年）
レビスキー&バリー&サンダース	ロイ・J・レビスキー＝ブルース・バリー＝デイビッド・M・サンダース，高杉尚孝監訳，小西紀嗣訳『交渉力 最強のバイブル』（日本経済新聞社，2011年）
内田	内田貴『民法(4)親族・相続』〔補訂版〕（東京大学出版会，2004）
近江	近江幸治『民法講義(7)親族法・相続法』（成文堂，2010）
太田	太田勝造『民事紛争解決手続論──交渉・和解・調停・裁判の理論分析』〔新装版〕（信山社，2008年）
片岡&管野	片岡武＝管野眞一編著『家庭裁判所における遺産分割・遺留分の実務』〔新版〕（日本加除出版，2013年）
川井	川井健『民法概論(5)親族・相続』（有斐閣，2007）
草野	草野耕一『ゲームとしての交渉』（丸善，1994年）
小林	小林秀之編，安達明久ほか著『交渉の作法──法交渉学入門』（弘文堂，2012年）
青林相談	東京弁護士会相続・遺言研究部編『遺産分割・遺言の法律相談』（青林書院，2011年）
青林リーガル	上原裕之＝高山浩平＝長秀之編著『リーガル・プログレッシブ・シリーズ(10)遺産分割』（青林書院，2010年）
田村	田村次朗『ハーバード×慶應流 交渉学入門』（中公新書ラクレ，2014年）
能見&加藤	能見善久＝加藤新太郎編『論点体系 判例民法(10) 相続』〔第2版〕（第一法規，2013年）

平柳	平柳一夫『遺産分割の調停読本』(信山社出版，2001年)
松本ほか	松本光一郎ほか「遺留分減殺請求訴訟における遺留分算定について——計算シートによるモデル訴状の提案」判例タイムズ1345号34頁(判例タイムズ社，2011年)
本山＆奈良	本山敦＝奈良輝久編『相続判例の分析と展開』金融・商事判例増刊1436号(経済法令研究会，2014年)
判タ	判例タイムズ

目　　次

はしがき

編者・執筆者一覧

凡例

序　章　遺言書がない場合の相続（本書の対象）……1

第1章　相続における交渉の基本姿勢……15

第1　相続手続の流れの確認……17

第2　セット・アップ……25

第3　交渉の基本スタンス――ハーモニアス・ネゴシエーション＆ハーモニアス・チョイス（Harmonious Negotiation & Harmonious Choice：調和型交渉論）の提唱――　……36

第2章　相続における交渉と交渉理論……47

第1　交渉の基礎理論と相続交渉における限界……49

第2　交渉の場としての相続の特徴……137

第3　遺産分割交渉の基本的検討課題（その1）
　　　――相続財産の範囲及び性質（パイの問題）――　……166

第4　遺産分割交渉の基本的検討課題（その2）
　　　――相続人（プレイヤー）の数，個性等――　……194

第5　遺産分割交渉の基本的検討課題（その3）
　　　――各交渉段階における専門家の有効利用――　……304

第3章　ルール：相続におけるルールの概要——法律，判例・通説による理解——……339

第1　前提問題＆付随問題……341
第2　法定相続分……352
第3　特別受益（民903条）……366
第4　寄与分（民904条の2）……381
第5　相続欠格，廃除（民891条・892条）……393
第6　遺留分減殺請求……401
第7　税　　　金……413

第4章　事業承継……433

第5章　ハーモニアス・ネゴシエーションをめぐる7つの場面……457

巻末付録1　遺産分割チェックリスト……477
巻末付録2　弁護士が用いる交渉戦術……480
事項索引……487
判例索引……492
編者・執筆者紹介……495

■細 目 次■

はしがき

編者・執筆者一覧

凡例

序 章　遺言書がない場合の相続（本書の対象）―― *1*

1　はじめに――遺産分割協議について……*3*
   (1)　遺産分割協議と民法の条文……*4*
   (2)　遺産分割協議の長期化・紛争化の原因……*5*
2　全員合意の必要性がもたらすもの……*7*
3　本書の提示する交渉ストラテジーの意義……*8*
4　相続の特殊性……*8*
5　遺産分割交渉遅滞を避けるには……*10*
   (1)　遺産分割交渉遅延のデメリット……*10*
   (2)　プラス・プラスの結果を出すよう心がけること……*12*

第1章　相続における交渉の基本姿勢―― *15*

第1　相続手続の流れの確認……*17*
1　相続開始から遺産分割までの手続の概略……*17*
2　相続紛争解決の手段……*18*
3　遺産分割調停・審判の流れ……*20*
4　相続開始後の税務手続とタイム・スケジュール……*23*
   (1)　準確定申告……*23*
   (2)　相続税の申告……*23*

第2　セット・アップ……*25*
1　前提：準備事項……*25*
   (1)　相続人の確定……*25*
   (2)　相続財産の範囲の確定及び評価……*27*
   (3)　法的問題（ルール）の存否及びその法的帰趨の早期把握……*29*

        2　交渉の基本的検討課題（導入）……*31*
          (1)　人（プレイヤー）の問題……*31*
          (2)　相続財産（パイ）の問題……*32*
          (3)　手続の段階的進行と法定相続分の縛りの強化の課題……*33*
  第3　交渉の基本スタンス──ハーモニアス・ネゴシエーション＆ハーモニアス・チョイス（Harmonious Negotiation & Harmonious Choice：調和型交渉論）の提唱── ………………………………………………*36*
        1　遺産分割の特殊性と本書の交渉論が生まれた過程……*36*
          (1)　遺産分割の特殊性……*36*
          (2)　本書の交渉論が生まれた過程……*37*
        2　私たちが提唱する遺産分割交渉の基本スタンス……*38*
          (1)　トータルとしての7つの基本姿勢……*38*
          (2)　進行段階ごとの交渉の基本的なやり方……*40*
          (3)　私たちが提唱する交渉論の命名──遺産分割特有の交渉論にふさわしい名とは？……*43*

第2章　相続における交渉と交渉理論 ―――――――――――*47*

  第1　交渉の基礎理論と相続交渉における限界………………*49*
        1　ハーバード流交渉術と分配型交渉のハーモニー……*49*
          (1)　交渉論とその発展経過……*49*
          (2)　ハーバード流交渉術とは？……*51*
          (3)　『新版 ハーバード流交渉術』（金山宣夫＝浅井和子訳，TBSブリタニカ，1998年〔第2版〕）……*64*
          (4)　『新ハーバード流交渉術―感情をポジティブに活用する』（印南一路訳，講談社，2006年）……*65*
          (5)　ハーバード流交渉術は日本における相続交渉にも通用するか……*71*
          (6)　遺産分割交渉と分配型交渉……*77*
        2　説　得　術……*82*
          (1)　説得技法の3類型……*82*
          (2)　感情のこじれを修復するための説得技法……*92*
        3　用　　　語……*100*
          (1)　目標点と抵抗点……*101*
          (2)　合意可能領域（ZOPA）……*102*
          (3)　BATNA（バトナ）……*103*
          (4)　分配型交渉と統合型交渉（原則立脚型交渉）……*106*

(5)　価値創造……*106*
　　(6)　パレート改善，パレート最適……*109*
　　(7)　ログローリング……*110*
　　(8)　パイの大きさは変わらないという思い込み（fixed- pie bias）
　　　　……*111*
　　(9)　情報の非対称性（情報の偏在）……*111*
　　(10)　ゲーム理論……*112*
　　(11)　行動経済学……*113*
　　(12)　アンカリング効果……*114*
　　(13)　フレーミング効果……*115*
　　(14)　コミットメント（commitment）……*115*
　　(15)　部外者のレンズと部内者のレンズ……*117*
　　(16)　バルコニーから状況を見る……*118*
　　(17)　フット・イン・ザ・ドア技法……*118*
　　(18)　ドア・イン・ザ・フェイス技法……*119*
　　(19)　ローボール技法……*119*
　4　ディシジョン・ツリー……*120*
　　(1)　相手の立場になって「先の手」を読む……*120*
　　(2)　ミニマックス戦略……*121*
　　(3)　ディシジョン・ツリー……*123*
　　(4)　相続交渉での活用方法……*127*
　　(5)　ま　と　め……*129*

第2　交渉の場としての相続の特徴……………………………………*137*
　1　はじめに──相続における交渉の開始時期等……*137*
　2　対価性の有無……*138*
　　(1)　エスカレーションが生じる素地……*138*
　　(2)　エスカレーションを回避するため考慮すべきこと……*141*
　3　濃い人間関係……*141*
　4　過去の行為の評価……*143*
　5　交渉当事者の固定性・非選択性──交渉の不回避性……*144*
　　(1)　交渉当事者を変更するというBATNAの不存在……*144*
　　(2)　一般的なBATNAが存在しないことを踏まえて考慮すべきこと
　　　　……*145*
　　(3)　交渉の不可避性とその基準……*146*
　6　その他の特徴……*147*
　　(1)　相続財産の範囲に関する情報の偏在……*147*
　　(2)　事前準備の重要性……*148*
　7　ゲーム理論の観点からみた遺産分割協議の特徴……*149*
　　(1)　交互進行型の繰返しゲーム……*149*

　　　　(2)　相続交渉における「囚人のジレンマ」……*150*
　　　　(3)　無限回の繰返しゲームにおける「協調」の重要性……*152*
　　8　相続財産（パイ）の固定性……*154*
　　9　包括的一括的合意形成……*155*
　　　　(1)　ログローリングの可能性……*155*
　　　　(2)　一部分割合意の利用……*156*
　　10　交渉終了後の人間関係修復可能性……*157*
　　11　ま と め……*159*
■column 1　遺産分割協議の複雑化……*164*

第3　遺産分割交渉の基本的検討課題（その1）——相続財産の範囲及び性質（パイの問題）——……………………………………*166*

　　1　遺産分割の対象となる遺産の範囲……*166*
　　　　(1)　分割対象財産とは……*166*
　　　　(2)　分割対象財産の範囲をどう設定するか……*167*
　　　　(3)　最後に審判が控えていることとの関係……*169*
　　2　遺産の評価……*170*
　　　　(1)　遺産の評価の必要性……*172*
　　　　(2)　遺産評価の基準時……*172*
　　　　(3)　遺産評価の方法……*173*
　　　　(4)　各遺産評価における留意点……*174*
　　3　分割の方法……*178*
　　　　(1)　まずは分割対象財産の範囲を交渉しやすく設定する……*179*
　　　　(2)　各相続人の選好等の相違をいかす……*179*
　　　　(3)　相続財産が多数個ある場合の分け方……*181*
　　　　(4)　主観的評価を客観的価値に投影する……*183*
　　　　(5)　一部分割の利用……*185*
　　　　(6)　評価が可変的な財産としての不動産……*186*
　　　　(7)　相手の譲歩を引き出すために本音と異なる希望財産を主張する戦略は有効か……*189*

第4　遺産分割交渉の基本的検討課題（その2）——相続人（プレイヤー）の数，個性等——……………………………………*194*

　　1　少数当事者（2名）の場合……*194*
　　　　(1)　事 前 準 備……*194*
　　　　(2)　二当事者間交渉の特徴……*201*
　　　　(3)　3つの事例に基づく遺産分割交渉の検討……*203*
　　　　(4)　相続財産の組合せ（可変性・非可変性）の視点……*235*
　　　　(5)　分配型交渉（win-loseゲーム）の視点……*236*
　　　　(6)　相続人の個性が相続交渉に与える影響（まとめ）……*237*
　　　　(7)　情報の偏在とその解消……*240*

　　　　(8)　リーダーシップ論……240
　　　　(9)　バイ・プレイヤーの問題……242
　　　　(10)　効果的な交渉戦術（戦術の有効性とその限界）……243
　　2　多数当事者（3名以上）の場合……246
　　　　(1)　多数当事者における遺産分割協議とは……246
　　　　(2)　二当事者対立構造への還元……248
　　　　(3)　相続人が極端に多い案件について……251
　　　　(4)　多数当事者の事例検討……252
　　　　(5)　多数当事者交渉で留意すべき点……294
■column 2　N式交渉術 33の鉄則……301
第5　遺産分割交渉の基本的検討課題（その3）――各交渉段階における専門家の有効利用――……………………………………………304
　　1　調停人，裁判官の存在（裁判前交渉と裁判内交渉）とその有効利用……304
　　　　(1)　はじめに……304
　　　　(2)　裁判前交渉での自由度……305
　　　　(3)　裁判前交渉での交渉内容……308
　　　　(4)　裁判前交渉から裁判内交渉への移行のプレッシャー……309
　　　　(5)　裁判内交渉の特徴との関連……311
　　　　(6)　抵抗点（交渉の打切り点）と裁判前・裁判内交渉との関連……312
　　　　(7)　調停人・裁判官と敵対しないことの有用性……316
　　　　(8)　情報量の偏在（非対称性）との関連……317
　　　　(9)　当事者内で不適切なリーダーシップをとろうとする者への対応……318
　　　　(10)　まとめ……319
　　2　相続交渉と弁護士……320
　　　　(1)　相続交渉と弁護士の関わり……320
　　　　(2)　弁護士が相続手続において果たす役割……321
　　　　(3)　相手方の弁護士に対してどのように相対すべきか……333
　　　　(4)　最後に……334

第3章　ルール：相続におけるルールの概要――法律，判例・通説による理解――――――――――――――――――――――――――339

第1　前提問題＆付随問題……………………………………………341
　　1　総論（前提問題＆付随問題とは何か）……341
　　2　遺産分割の前提問題……342

　　　　　(1) 相続人の範囲についての争い……343
　　　　　(2) 遺言書の効力又は解釈についての争い……344
　　　　　(3) 遺産分割協議書の効力についての争い……345
　　　　　(4) 遺産の帰属についての争い……345
　　　3 遺産分割に関連する付随問題……346
　　　　　(1) 使途不明金に関する問題……346
　　　　　(2) 葬儀費用や香典に関する問題……346
　　　　　(3) 同族会社の経営権をめぐる問題……346
　　　　　(4) 遺産管理費用の清算に関する問題……347
　　　　　(5) 遺産収益の分配の問題……347
　　　　　(6) 相続債務の整理・分担の問題……348
　　　　　(7) 相続人固有の共有持分の問題……348
　　　　　(8) その他の問題……349
　　　4 前提問題や付随問題が相続交渉に与える影響……349
　第2 法定相続分……352
　　　1 法定相続分とは……352
　　　2 法定相続分・条文……352
　　　　　(1) 配偶者と子……352
　　　　　(2) 配偶者と直系尊属……355
　　　　　(3) 配偶者と兄弟姉妹……355
　　　　　(4) 子のみ，直系尊属のみ，兄弟姉妹のみ……356
　　　　　(5) 代襲相続……356
　　　3 非嫡出子の法定相続分に関する違憲決定（最大決平25・9・4民集67巻6号1320頁）と民法改正……357
　　　　　(1) 非嫡出子の法定相続分について……357
　　　　　(2) 事案の概要……357
　　　　　(3) 決定要旨……358
　　　　　(4) 本決定の効果と法改正……359
　　　4 遺産分割の審判における法定相続分の取扱い……359
　　　　　(1) 審判における法定相続分……359
　　　　　(2) 具体的相続分……360
　　　　　(3) 遺産分割の対象とならない相続財産……362
　　　5 法定相続分と遺産分割交渉……362
　第3 特別受益（民903条）……366
　　　1 特別受益とは……366
　　　　　(1) 意　義……366
　　　　　(2) 種　類……366
　　　　　(3) 算定方法……367
　　　　　(4) 評価時点……368

　　　　(5)　主張立証責任……369
　　　　(6)　持戻し免除の意思表示……370
　　2　特別受益にあたるかが問題とされる例……370
　　　　(1)　不動産の無償使用……370
　　　　(2)　継続的な金銭援助……371
　　　　(3)　学　　　　資……372
　　　　(4)　事 業 資 金……372
　　　　(5)　生 命 保 険……373
　　　　(6)　死亡退職金等……375
　　3　特別受益者の範囲……376
　　　　(1)　代 襲 相 続……376
　　　　(2)　二 次 相 続……377
　　　　(3)　相続人でない者……377
　　4　交渉における特別受益の主張……378
　　　　(1)　裁判における特別受益の主張・立証の困難さ……378
　　　　(2)　交渉のツールとしての利用法……378

第4　寄与分（民904条の2）……………………………………………381
　　1　寄与分とは……381
　　　　(1)　意　　　　義……381
　　　　(2)　態様（民904条の2第1項）……381
　　　　(3)　主張立証責任……382
　　2　寄与分にあたるかが問題とされる例……382
　　　　(1)　家業従事型……383
　　　　(2)　金銭等出資型……384
　　　　(3)　療養看護型……385
　　　　(4)　そ の 他……386
　　3　寄与分権者の範囲……387
　　4　算 定 方 法……388
　　5　手　　　　続……389
　　6　評 価 時 点……390
　　7　交渉における寄与分の主張……390
　　　　(1)　裁判における寄与分の主張・立証の困難さ……390
　　　　(2)　交渉のツールとしての利用法……391

第5　相続欠格，廃除（民891条・892条）……………………………393
　　1　相続欠格（民891条）……393
　　　　(1)　欠格の意義……393
　　　　(2)　欠格の事由……393
　　　　(3)　欠格の効果……396
　　　　(4)　欠格の宥恕……396

2　相続人の廃除（民892条）……397
　　　⑴　廃除の意義……397
　　　⑵　廃除の事由……397
　　　⑶　廃除の方法……398
　　　⑷　廃除の効果……399
　　　⑸　廃除の取消しと宥恕……400
第6　遺留分減殺請求……401
　　1　遺留分について……401
　　　⑴　遺留分の意義……401
　　　⑵　遺留分権・遺留分権利者……402
　　　⑶　遺留分権の放棄……402
　　　⑷　遺留分の率……403
　　　⑸　遺留分の額の算定……403
　　2　遺留分減殺請求権……404
　　　⑴　減殺請求権の具体例等……404
　　　⑵　遺留分侵害額の算定……404
　　　⑶　共同相続における減殺請求……405
　　　⑷　減殺請求権者と相手方……406
　　3　減殺の方法……407
　　4　減殺の順序……407
　　5　減殺の効力……408
　　　⑴　現物返還の原則と価額弁償……408
　　　⑵　価額弁償の場合の問題点……410
　　　⑶　転得者との関係……410
　　6　減殺請求権の消滅……410
　　7　交渉のツールとしての利用法……411
第7　税　　　金……413
　　1　はじめに……413
　　2　相続税額の計算……413
　　　⑴　正味遺産額（課税価格）……414
　　　⑵　遺産に係る基礎控除額（相税15条）……417
　　　⑶　相続税の総額……417
　　　⑷　各人の納付税額……418
　　3　相続税の申告と納付……420
　　　⑴　相続税の申告義務者……420
　　　⑵　相続税の申告期限と提出先……421
　　　⑶　相続税の納付……421
　　4　遺産分割の方法……422
　　　⑴　遺産分割の方法……422

　　　　(2)　遺産分割の仕方と相続税額の関係……*423*
　　　　(3)　代償分割の取扱い……*423*
　　　　(4)　遺産を譲渡した場合……*423*
　　　　(5)　遺産の再分割をした場合……*424*
　　5　遺産が未分割の場合……*425*
　　　　(1)　正味遺産額（課税価格）の計算……*425*
　　　　(2)　各人の納付税額の計算……*426*
　　　　(3)　当初の相続税の申告と納付……*426*
　　　　(4)　遺産の分割が行われたとき……*427*
　　6　遺贈があった場合……*427*
　　7　遺留分の減殺請求があった場合……*428*
　　　　(1)　遺留分減殺請求権の行使時の課税……*429*
　　　　(2)　価額弁償時の課税……*429*
　　　　(3)　相続税の申告……*430*
　　8　遺産の情報の収集方法……*430*

第4章　事業承継 ─────────── *433*

　　1　はじめに……*435*
　　2　自社株式の議決権の取扱い……*435*
　　　　(1)　会社法による議決権の制限……*436*
　　　　(2)　自社株式が未分割の場合の議決権の行使……*436*
　　3　相続発生前の事業承継対策……*436*
　　　　(1)　会社法を活用した対策……*437*
　　　　(2)　自社株式の移転方法……*437*
　　　　(3)　遺留分への対応……*438*
　　4　相続発生後の遺産分割交渉……*442*
　　　　(1)　交渉の特徴……*442*
　　　　(2)　事例の検討……*443*
　　5　事業承継税制……*449*
　　　　(1)　経済産業大臣の認定……*450*
　　　　(2)　税務署への申告……*452*
　　　　(3)　申告期限から5年間（経営承継期間）……*452*
　　　　(4)　申告期限から5年経過後……*453*
　　　　(5)　猶予税額の免除……*453*

第5章　ハーモニアス・ネゴシエーションをめぐる7つの場面──*457*

 1 は じ め に……*459*
 2 相手方が希望を言わないとき……*460*
  (1) 事　　　例……*460*
  (2) 解　　　説……*460*
 3 相手方が法定相続分を超える提案から譲歩しないとき……*463*
  (1) 事　　　例……*463*
  (2) 解　　　説……*463*
 4 自分が前言撤回をしてしまったとき……*465*
  (1) 事　　　例……*465*
  (2) 解　　　説……*465*
 5 相手方が前言を撤回してきたとき……*466*
  (1) 事　　　例……*466*
  (2) 解　　　説……*466*
 6 これまで自分と協調していた他の相続人が非協調に転じたとき
  ……*469*
  (1) 事　　　例……*469*
  (2) 解　　　説……*469*
 7 リーダーの交代を求められたとき……*471*
  (1) 事　　　例……*471*
  (2) 解　　　説……*472*
 8 一次相続について協議途中に二次相続が発生したとき……*473*
  (1) 事　　　例……*473*
  (2) 解　　　説……*473*

巻末付録1　遺産分割チェックリスト……*477*

巻末付録2　弁護士が用いる交渉戦術……*480*

事項索引……*487*

判例索引……*492*

編者・執筆者紹介……*495*

序章

*

遺言書がない場合の相続
（本書の対象）

1　はじめに——遺産分割協議について

　少し時間を遡らせていただきます。もう2年半以上経ちましたが，平成24年（2012年）の2月のある日，私（奈良輝久）は，いつものように事務所の会議室で，クライアント企業の事業部の方と，M&A（企業買収）交渉案件の下準備をしていました。この方を仮に「太郎さん」と呼びましょう。太郎さんは，これまで何度もM&A交渉やJV（ジョイントベンチャー）交渉に関わっており，その交渉能力は，アドバイザーや代理人としてすぐ横にいた私から見ても，高く評価できるものでした。17世紀のフランスの著名な外交官，フランソワ．ド．カリエールが，その著書『外交談判法』(坂野正高訳，岩波文庫，1978年)で挙げる優れた交渉者の8つの資質，すなわち①注意深く勤勉な精神，②正しい判断力，③洞察力，④機略縦横の才，⑤沈着さ，⑥忍耐強さ，⑦自制心，⑧度胸をそれなりに兼ね備えた方といっていいでしょう。また，私が好きなユーモアの精神とウィットに富んだ方でもあります。その上，太郎さんは，ビジネス交渉における大事な知識ともいうべき，ハーバード流交渉術を始めとする各種交渉論のセミナーへの参加，ミクロ経済学，ゲーム理論などの修得にも非常に熱心に取り組まれており，ご自身が熟達した交渉人として自信をもっても全くおかしくない状況でした。そんな太郎さんが，下準備の打ち合わせの終了後に，私に暗い表情でぼそっといったのです。「昨秋母が亡くなり，遺言書もなくて，今，兄弟の間で遺産分割の話合いが行われているのですが，これが何とも難しいんです。自分は，交渉力にはそれなりに自信があったし，豊富な交渉知識ももっているから，すぐにまとめられるとたかをくくっていたのです……。ところが全然うまくいかない，にっちもさっちもいかないんですよ。今度ばかりは鼻の緒をへし折られました……。自分のビジネス交渉の経験や修得した交渉論がまるっきし役に立たないなんて……。遺産をめぐる兄弟間の話合いは本当に難しい」。

　その日，私は太郎さんに感想めいたことをお話しするにとどめましたが，カリエールが挙げた交渉者の8つの資質がある程度備わっていたとしても，

親族間の遺産分割交渉を上手にできるか，というとそうじゃないでしょうとは伝えました。その後，家に帰って，今度は自分自身の弁護士としての交渉に関するそれまでの仕事ぶりを冷静に振り返ってみました。そしたら，どうでしょう！　私は，代理人やアドバイザーとして数多くのビジネス交渉案件や紛争処理案件に携わり，相当の経験を積んでいましたし，遺産分割交渉も結構やってきてはおりました。ところが，遺産分割交渉に限っていえば，なかなか特殊な交渉だなぁ，カリエールだって，日本的な遺産分割交渉に巻き込まれていれば，きっと苦労したはずだよ，といった感想をいつももっていましたが，それ以上に，なぜ特殊なのか，特殊だとして遺産分割交渉にはどのような交渉ストラテジー（戦略）や交渉タクティクス（戦術）を取ればいいのか，といったことを真剣に（というか詰めて）考えたことがなかったのです。

「したり（抜かった）！」

私は自宅に近接する夜の大公園を歩きながら，心の中で叫びました。

「これは，研究するほかないぞ！」

翌日から，普段行っている交渉論とミクロ経済学の原書（英文）輪読会のメンバーらに声をかけて研究会を立ち上げ，議論と試行錯誤の日々を重ねた末，ようやくその成果を発表できる日が来ました。本書が正にその成果物です。前置きはこのくらいにして，早速，本論に入っていきましょう。

(1) 遺産分割協議と民法の条文

相続に際して，被相続人が，遺産について遺言を残さないケースはあまたあります。

この場合，仮に相続人が2人以上いるとすると，相続人は共同相続人として，遺産分割協議を行うことになります。この「遺産分割協議」は，「協議」という言葉からわかるように交渉の一種ですが，まず，民法900条が法定相続分を定め，民法906条は，遺産の分割は，「遺産に属する物又は権利の種類及び性質，各相続人の年齢，職業，心身の状態及び生活の状況その他一切の事情を考慮してこれをする」とし，民法907条1項は，「共同相続人は，……

被相続人が遺言で禁じた場合を除き，いつでも，その協議で，遺産の分割をすることができる」としています。

　民法の条文の内容は至って常識的で，その実行も，一見簡単に済ませられそうです。しかし，実際の遺産分割協議は，スムーズに行く場合もあれば紛糾する場合もあり，しかも後者の場合，一旦紛糾するとなかなか解決せず，徐々に紛争がエスカレートしてしまうケースが後を絶ちません。

(2) 遺産分割協議の長期化・紛争化の原因

　遺産分割協議は，このように一旦紛糾するとなかなか解決しない場合がでてきますが，長期化する原因としては，一般に①争点多数（前提問題の未解決，法的主張の応酬等），②当事者多数，③証拠（客観的説得材料）の不足・収集困難，④感情的対立等（主題の逆転等），⑤当初交渉（導入）の失敗，⑥当事者の不熱心，⑦進捗状態の把握の不足等が挙げられています。

　少し詳しく見ていきましょう。まず，①のうち，前提問題が未解決の場合とは，遺産分割の前提となる相続人の範囲，遺言書の効力，遺産の帰属について争いがある場合など，本来的には訴訟で解決しなければならない問題が存在している場合です。また，法的主張の応酬とは，特別受益や寄与分等の主張があり争いが生じている場合をいいます。これらの場合，前提問題や法的主張の争いが長引き，遺産分割本体の議論になかなか入っていけないというケースがあります。

　②の当事者多数の場合とは，相続人が多数いると，その分利害関係が複雑に対立し，主張内容も多岐にわたるので，長期化する原因になるということです。また，代襲相続等により相続人が多数となった場合，被相続人や他の相続人との付き合いが薄いことがあるので，状況を理解してもらうのにも時間がかかることもあります。

　③の証拠の不足・収集困難とは，ある相続人の主張に沿う証拠がないか，時間の経過とともに資料が散逸してしまっている場合をいいます。この場合，相続人が，自分の主張を裏付ける証拠がないにもかかわらず，自分の主張に

固執したりすると，遺産分割協議の解決が遠のくことになります。

　④の感情的対立等のある場合とは，生前に被相続人から受けた扱いの違いや，被相続人との同居や介護をしたか等で，相続人間で感情的な対立がある場合をいいます。この場合，遺産分割協議の場が互いに相手を非難し，感情的な対立を発散する場となってしまい，混乱して遺産分割の解決にはなりません。主題の逆転とは，遺産分割協議の中で，使途不明金の問題や遺産（不動産等）から生じた果実（賃料等）の分配の問題といった付随問題が主題となってしまうことで，この場合も，遺産分割自体の解決まで時間がかかってしまいます。

　⑤の当初交渉の失敗の場合とは，各相続人の意向や，感情的対立についての事前の調整が不十分であったために，例えば調停の段階になっても，その調整に時間を費やすことになってしまい，遺産分割の解決までに時間がかかることをいいます。

　⑥の当事者の不熱心で長期化する場合とは，遺産分割について熱心でない相続人がいる場合に，資料を提出しなかったり，そもそも協議に参加しなかったりすることで，合意がなかなかできない場合をいいます。特に，②の，相続人が多数で，被相続人との関係が薄い人が相続人になっている場合は，その傾向があると考えられます。

　⑦の進捗状況の把握の不足とは，主として調停段階での話ですが，裁判官（調停官）が，進行上の問題が生じているにもかかわらず適切な措置を講じていないことがあり，問題が解決されない結果，遺産分割協議（調停）が長引いてしまうことをいいます。

　また，この長期化の原因につながることですが，遺産分割がもめる原因としては，以下のようなことがよく指摘されます。

(ⅰ)　親が生きているうちの行動（結婚資金，マンション等の頭金，事業資金の融通／介護，嫁（第三者），長男対他の子供）

(ⅱ)　不動産など分けられない財産（平成25年国税庁報告によれば，不動産は相続財産の約54.6%（土地49.5%，家屋5.1%。不動産の価格を含む）。事業用資産も分け

られない財産にあたります)
(iii) 全員合意ルールを乱すトラブルメーカーの存在（モンスター相続人，前妻の子，愛人の子）
(iv) 遺産相続に対する意識の変化　兄弟姉妹は平等の相続権があるという意識が浸透し，財産をもらうのは当然の権利だと主張するようになってきたこと
(v) 寿命の伸長とそれに伴い多く生じるようになった二次相続，再々転相続の深刻化
(vi) 現在の相続人の世代が長期間にわたり不況を経験したため十分な資産形成ができてないことが多く，勢い遺産に大きな期待をかけがちであること

2　全員合意の必要性がもたらすもの

　遺産分割がもめる原因の説明の中に，「全員合意ルール」という言葉が出てきましたが，遺産分割協議の成立には，相続人の頭数の多数決ではなく，相続人全員の合意が必要とされます。

　したがって，例えば，相続人の1人が分割案について文句をいっている限り，あるいは，積極的にまとめようという気持ちを全員がもたない限り，協議はいつまでたっても成立しないことになります。相続人のだれもが，国際連合の常任理事国のように，「拒否権」をもっているのです。しかも，「拒否権」が行使されても，「議題」としては却下されずに未解決のまま残ってしまい，全相続人は協議を続けなければならないこととなるため，この「拒否権」は，ある意味いたって強力です。

　以上のことは，全相続人1人1人に，（だれかが提示する）分割案の内容に文句を言い続けたり，非協力的態度を貫くことで，他の相続人の譲歩を導き出す動機があることをも意味します。噛み砕いていえば，他の相続人が，自分の取り分を減らしてでも「話をまとめたい」という気持ちになって譲歩すれ

ば，文句を言い続けた相続人は「得をする」訳です（もっとも，理論的には，手続段階が審判に移行すれば，文句を言い続ける等の作戦は効果を失うといえます。これは，審判手続にあっては，最終的に裁判所の拘束力ある判断＝公権的判断が出されるためです。ただ実務の運用は，調停段階でかなりの部分について合意ができない限り，基本的に審判手続には移行しません）。

3　本書の提示する交渉ストラテジーの意義

しかし，だからといって，本書が提示する交渉ストラテジーが，「ともかく文句を言い続けろ」，「とことん非協力的であり続け，他の相続人の性根を尽きさせろ」などといった訳でないことは，賢明な読者の皆さんであれば，十分に想像できるところでしょう。否，本書が提示する交渉ストラテジーは，基本的に逆方向を向いています。すなわち，文句を言い続けるor非協力的な相続人に，文句を言い続けること，非協力的でい続けることのデメリットを感じさせ，当該相続人を含む全相続人間でまともな交渉をしようとする気持ちを起こさせ，その結果として合理的で相続当事者全員がある程度納得のいく解決をできる限り早期に得ることです。

そのためには，どのような工夫が考えられるか，というのが，本書が解明しようとした「課題」です。

本書は，この課題に，弁護士等が正面から取り組んだ本邦初の試みといってよいと思います。

4　相続の特殊性

ところで，この相続（遺産分割）における交渉ストラテジーの問題を考える上で，第一に押さえておくべき点は，次のような相続の特殊性です。すなわち，相続債務の承継がない場合，相続財産は専ら被相続人からのもらい物【プレゼント】といえ，物々交換から始まった取引の対価性がないというこ

とです（ただし，相続税の支払は，支払先が第三者である国だという事情がありますが，一種の対価的行為とも言い得るかもしれません。もっとも，税額は対価というにはやや低額であると思われます）。もらい物は，早々にもらいたいのが人情でしょうが，ただでもらえるなら，なるたけ沢山もらい，沢山もらえる可能性が高くなるなら，少々時間を食ってもいいというのも，人間心理のあり方として至極オーソドックスなものだと思われます。

　そんなこんなで結局，早期にもらいたい相続人でもない限り，紛争長期化は──対象財産の価値の下落の場合を除き──痛くもかゆくもないといった場合もかなり多いというのが実態です。事実，遺産分割協議をライフワークとするかのごとき相続人に出くわすことが実際にもあります。

　弁護士としては，事件がいつまでたっても解決しないため，5年あるいはそれよりも前に着手金を貰って以降，延々と事件の代理人として裁判所に出向いている，などという決して笑えない話も少なからずあります（ただ，最近は，裁判所の長期未済のケースは随分減っているようです）。これは，当事者（相続人）にとっても，決して好ましいことではないでしょう。

　では，早期解決のインセンティブを生むには，どのような工夫が考えられるのでしょうか。

　予め答えをいってしまうと，本書が提示し，検討する交渉ストラテジーであるハーモニアス・ネゴシエーション＆ハーモニアス・チョイス（調和型交渉論。以下，単に「ハーモニアス・ネゴシエーション」といいます。**第1章**，**第3**で，その全体像を示してあります）は，正にここでいう「工夫」の1つです。

　なお，後ほど詳細に検討しますが（**第2章**，**第1，1等参照**），従来の「ハーバード流交渉術」に代表される交渉論（交渉理論，交渉学）が，遺産分割交渉でそのまま有効に力を発揮するか，というと，いささか心許ないというか，必ずしも得心できないところがあります。なぜなら，従来の交渉論は，何に対しても対応可能であるかのように説明されていますが，実際問題として，対価性のある「取引行為」──ビジネスがその典型──に着眼して理論が深化している部分が非常に大きいためです。例えば，「取引行為」ゆえ，交渉

を中止し，取引関係から離脱することも選択肢（通常，BATNA(バトナ)といいます。ここでは，とりあえず代替選択肢とでも理解しておいてください）として出てきますが，遺産分割にあっては，同種の選択肢はありません。当事者も原則として固定しており，相続放棄や自己の相続持分を譲渡する場合を除き，遺産分割からの離脱は困難です。また，見ようによっては「そうではない」と捉えることも可能かもしれませんが，パイ（相続財産）も固定的な場合が多く，当事者の利害が直接ぶつかり合う「分配型交渉」――分捕り合い合戦――の典型です。

　こうした遺産分割の特殊性に鑑みた場合，いかなる交渉論・交渉の仕方が遺産分割交渉においてより有効であるかを解明することは決して容易ではなく，正解はあってないに等しい気もします。しかし，「ハーモニアス・ネゴシエーション」は，多くの遺産分割交渉において効果的であろうと私たちは考えています。なぜなら，「ハーモニアス・ネゴシエーション」は，従来の交渉論の成果を利用しつつ，実際の様々な遺産分割事件の検証と応用事例を題材としたシミュレーションから抽出されたファクター（交渉に効果を発揮する因子です）を整理し，簡潔かつ体系的なものにしたものだからです。

5　遺産分割交渉遅滞を避けるには

(1)　遺産分割交渉遅延のデメリット

　別な角度から話を進めてみましょう。
　遺産分割交渉の遅滞を避けるには，まず，文句を言い続ける相続人には，デメリットを感じさせる必要がある，と述べました（前記3）。無論，デメリット自体が大きければ，デメリットそのものを指摘することで，当該相続人は，デメリットを実感でき，方向転換してくれるでしょう。
　では，遺産分割交渉の遅滞のデメリットとしては，どのようなことがあるでしょうか。以下，思いつくままに挙げてみます。

デメリット：
① 自らも，相続分を獲得できない宙ぶらりんの状態が続く。
② 長期間にわたる相続交渉対応のため，時間面でのロスが生じる。
③ 一次相続（例：父の死亡）に関する紛争が長期化し，二次相続（例：その後の母の死亡）も発生すると，合意成立までの時間がさらに長引く可能性が出てくる。
④ 裁判手続に移行した場合，損する可能性も出てくる。
⑤ 仮に不動産や株式がある場合，価格が下落する可能性もある。例：争っている間に，相続財産である株式の対象会社が倒産した。

デメリットは，協力による早期解決のメリットと裏腹をなしています。なお，家事調停人であった平柳一夫氏は，「遺産分割事件の当事者の共通の利益の引き出し（顕在化）」と称して，当事者は，すべて，遺産の共有者であり，共有者が協力しなければ解決せず，不利益が待ち構えていると指摘して，「当事者全員に共通の潜在的経済上の不利益」として，以下のようなものを挙げています（平柳153頁）。

(ⅰ) 現在の当事者の死亡による将来における当事者の増加
(ⅱ) 調停・審判移行に伴う解決までの日数の長期化
(ⅲ) 相続税に付加される利子税，延滞税若しくは加算税の増加
(ⅳ) 遺産不動産を第三者へ任意売却する場合の売却価格
(ⅴ) 遺産不動産である土地を更地にして売却する場合のその地上の建物の取壊し費用
(ⅵ) 同土地を現物分割するための測量費
(ⅶ) 遺産家屋に居住する第三者に対する明渡請求に要する費用

これらのデメリットを痛く感じる相続人もいれば，痛く感じない相続人もいるでしょう。

ただ，決定的な，というほど強力なデメリットはなさそうです。であるとすれば，デメリットの指摘そのものでは，相手はデメリットを容易に実感できないという結論が導き出せます。遺産分割交渉は，このように，スムーズ

に行うには非常にやっかいな存在です。そのためもあってか，遺産分割に関する書籍はこれまで本当に多数出版されていました。ところが，肝心の交渉については，せいぜい相続人は，感謝（をもって遺産を受け継ぐ）と思いやり（相続人間でお互いを思いやる）の気持ちが大切だといったことくらいしかいっていなかったのです。

とはいえ，当然ながら本書も基本的にこの見解に賛成です。ただ，いかんせん，交渉の足がかりにはなっても，交渉の実践ツールとしては，内容として余りに物足りなさすぎます。そこで，本書は，交渉という観点から深くアプローチするよう試みました。「ハーモニアス・ネゴシエーション」の心臓部ともいうべきその内容は，次章（**第1章**）以下で説明されますが，特に**第1章**の「**第3　交渉の基本スタンス**」，第2章の「**第1　交渉の基礎理論と相続交渉における限界**」，「**第2　交渉の場としての相続の特徴**」，「**第3　遺産分割交渉の基本的検討課題**（その1）――相続財産の範囲及び性質（パイの問題）」，「**第4　遺産分割交渉の基本的検討課題**（その2）――相続人（プレイヤー）の数，個性，相続人間の関係，1　少数当事者（2名）の場合，2　多数当事者（3名以上）の場合」を中心に掘り下げた議論を展開しています。読者の皆さんも，是非，議論に参加する感覚で，批判的な視点ももちつつ，これらの箇所及びその他の箇所を熟読して頂ければ幸いです。困難な遺産分割協議（交渉）を解決する上で必ずお役に立つ内容であると考えます。

(2)　プラス・プラスの結果を出すよう心がけること

序章の最後に，少しだけ難しい話をしておきたいと思います。

家事事件に精通した裁判官である河野清孝判事は，その論稿「家事事件手続法の下での家事調停の運用」法の支配171号（2013年）35頁以下で，次のようにおっしゃっています。

「ある主体間の出来事が家事調停の対象となるための不可欠の要件は，①親族又はこれに準ずる者の間という一定の身分関係の存在，②その間における紛争の存在，③人間関係調整の要求（余地）と解されている。そのうち，

③の人間関係調整のプロセス無しでは，家庭紛争は真に解決しない。

　家庭紛争は，法的・人間的調整の２つの解決を求められることが多いだけでなく，さらに，双方当事者の各立場を尊重しながら協調的な方向で，法律以外の価値ないし規範も採り入れて，プラス－ゼロでなく，両者が何らかの価値を得てプラス・プラス（プラスサム　plus-sum）の結果を最後に出すべきである。……＋調停委員会の働きかけ等【当事者の心と心の橋渡しをする】によって，双方当事者が有形無形の価値を見出し，さらに将来に向けての新たな親子関係及び当事者の関係性を再構築するというプラスサムの解決を図ることが期待されている。」

　河野判事が指摘するように，遺産分割協議の当事者（及びその代理人になった弁護士）は，遺産分割協議のミッション（使命）は，有形無形の価値を見出し，さらに将来に向けての新たな親子関係及び当事者の関係性を再構築するというプラスサムの解決を図ることにあると捉え，実践するよう，心がけたいものです。

第1章

*

相続における交渉の基本姿勢

第1

相続手続の流れの確認

　交渉論に入る前に，まずは相続が開始してから必要となる手続やその流れについて説明します。遺産分割交渉は，相続手続の一環であるため，前提知識として相続手続の流れを理解しておくことが大切です。

1　相続開始から遺産分割までの手続の概略

死亡＝相続開始

　相続は死亡によって開始し（民法882条。以下では民法は条数のみを示します。），相続人は，被相続人の死亡を知っているかどうかにかかわらず，相続開始の時から被相続人の財産に属した一切の権利義務を承継します（896条）。相続人が複数いる場合は，相続財産は共有になります（898条）。

　被相続人と同居していた親族等は，死亡の事実を知った日から7日以内に市区町村に死亡届を出し（戸籍法86・87条），埋火葬許可証をもらって，死亡後24時間以上経過してから火葬・埋葬を行います。

相続の承認・放棄（3か月以内）

　相続人は，相続が開始した事実及び自分が相続人となったことを知った時から3か月以内に，相続の単純承認・限定承認・放棄をします（915条1項）。限定承認や放棄をせずに3か月を経過した場合は単純承認となります（921条2号）。

遺産分割

　遺言がある場合は，遺言に従って分割します。遺言が公正証書遺言以外の方法による場合は，家庭裁判所で検認の手続をします（1004条以下）。

　遺言がなく相続人が複数いる場合は，共有状態になっている遺産の分割を行います。遺産分割は，まずは相続人間の話合いで行われます（907条1項）。話合いで分割方法が決まった場合は，その内容を明確にしておくため，遺産分割協議書を作成します。遺産分割協議書は，不動産の所有権移転登記の手続の際にも必要となります。話合いがまとまらない場合は，家庭裁判所の遺産分割調停や審判という手続を利用して分割することになります(907条2項)。

　遺産分割の方法が決まったら，不動産の所有権移転登記など，権利移転の手続をします。

相続税の申告・納付

　相続税の納税義務を負う場合等においては，相続があったことを知った日の翌日から数えて10か月以内に相続税の申告・納付をします。なお，被相続人の所得税（死亡した年の1月1日から死亡した日まで）の申告（準確定申告）についても，死亡の翌日から4か月以内に行う必要があります。

2　相続紛争解決の手段

　遺産分割は，まずは相続人間の話合いで行われます。相続人間で遺産分割の話合いがまとまらない場合は，遺産分割調停を行います。それでも遺産分割について合意ができない場合は，審判に移行します。調停をせずに審判を申し立てた場合も，特別な事情のない限り，まずは調停が行われます。

　調停は，調停委員会を介した話合いの場です。あくまで話合いのため，当事者，すなわち全相続人が合意しない限り遺産分割方法は決まりません。これに対し，審判では，審判官である裁判官が事実関係を調査し分割方法を決

定します。調停を含む話合いでの解決が不可能な場合は，最終的には審判によって分割方法を決定することになります。

　遺産分割の方法は，当事者間の話合いの段階では自由に決定することができますが，審判になると，それまでに当事者間でなされた合意があればそれを尊重しつつ，法定相続分（寄与分等がある場合はそれを踏まえた具体的相続分）に従って分割されることになります。中間段階である調停の場では，当事者の意思に反して法定相続分による分割が強制されることはありませんが，やはりそれを念頭において話合いが進められることになります。そのため，任意の話合いから調停，審判と移行するにつれて，法定相続分の拘束力は強くなるといえます。

　分割対象となる財産が確定すれば，法定相続分に従った各相続人の相続分を算出できますが，これだけでは分割はできません。相続財産が金銭や可分債権のみである場合はともかく，そうではなく不動産や動産がある場合は，いかにそれを分配するかが問題となります。遺産分割の基準について民法906条は，「遺産に属する物又は権利の種類及び性質，各相続人の年齢，職業，心身の状態及び生活の状況その他一切の事情を考慮して」行うと規定しています。当事者間で分割について全く合意ができない場合は，審判で定めることになりますが，民法906条は法律上定まった相続分を変更することを許したものではないと解されているため（東京高決昭42・1・11家月19巻6号55頁），法定相続分と異なる分割はできません。また，分割方法については，「遺産の共有及び分割に関しては，共有に関する民法256条以下の規定が第一次的に適用せられ，遺産の分割は現物分割を原則とし，分割によって著しくその価格を損する虞があるときは，その競売を命じて価格分割を行うことになる」（最判昭30・5・31家月7巻6号42頁）とした判例があり，家事事件手続法（以下では「家手」とします）でも，家庭裁判所が，競売・任意売却による換価分割（家手194条1項・2項）や現物分割に代わる代償分割（家手195条）を命じることができるとされています。したがって，原則は現物を分けるとされていますが，全員又は一部の相続人が現物を取得できず現金を受け取って終わりというこ

とも少なくありません。

　このように，当事者間で合意ができないと，場合によってはすべて換価してその金銭を分割するということもあり得ますが，これは，思い出の詰まった家や物がなくなるというだれも望まない解決方法であったということにもなりかねません。金銭の問題と割り切れない相続紛争は，柔軟な分割が可能な話合いでの解決が望ましいといえるでしょう。

3　遺産分割調停・審判の流れ

遺産分割調停申立て

　相続人の1人から，他の相続人全員を相手方として，相手方である相続人（複数いる場合はその中の1人）の住所地を管轄する家庭裁判所に申立書を提出して申立てを行います。申立書には，当事者目録や遺産目録等も添付します。

調停期日

　調停の申立てがあると，家事審判官（裁判官）1人と調停委員2人以上で構成される調停委員会が組織され，調停委員を介して話合いを行うことになります（家手247条・248条1項）。調停の期日は，概ね1か月に1回のペースで開かれます。

　調停期日では，スムーズな進行のため，①相続人の範囲，②遺産の範囲，③遺産の評価，④各相続人の取得額（特別受益や寄与分があればそれを考慮し，法定相続分に基づいて算出），⑤遺産の分割方法（現物分割・代償分割・換価分割等）という順序で，相続人の意見を聴取し，争いのない部分について合意して次の段階へ進むという方法で話合いが行われます。なお，②遺産の範囲について，誰かが遺産を隠したり勝手に使ってしまったとか名義と所有者が異なるとの主張がある場合等においては，別途訴訟で遺産の範囲を確定する必要が

あります。③遺産の評価について合意できない場合は，鑑定が必要になり，その費用は相続人があらかじめ納付しなければなりません。④⑤は，必ずしも区別して話合いをするのではなく，併せて行われることもあります。

　調停で全て合意ができれば調停成立，それができなければ調停不成立となります。

　調停が不成立となっても事件が終わりということにはならないため，調停はその後の審判を想定して進められ，調停不成立となった場合に速やかに審判ができるよう争点整理や証拠整理といった作業も行われます。遺産の範囲については，裁判所が遺産を探すということはないため，当事者が主張・立証を行う必要があります。特別受益や寄与分を主張する場合も同様です。このような作業を行いながら，当事者が合意できるものについては合意をして調書を作成し，調停や審判の対象を絞っていきます。

　相続人や遺産の範囲，遺言書の有無等といった遺産分割の前提問題に争いがあり調停で合意することが見込めない場合，調停委員会は，訴訟での解決を示唆し，前提問題が訴訟で解決されるまで調停を取り下げるよう勧告します。当事者が，前提問題の合意が見込めないにもかかわらず，訴訟提起も調停取下げも行わずに漫然と調停を継続する場合は，調停が打ち切られて審判へ移行し，分割禁止の審判となることもあります（907条3項）。

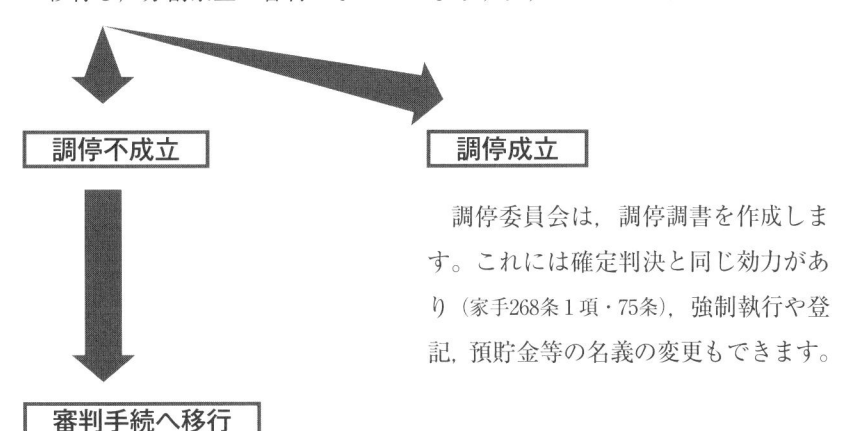

調停不成立

審判手続へ移行

調停成立

　調停委員会は，調停調書を作成します。これには確定判決と同じ効力があり（家手268条1項・75条），強制執行や登記，預貯金等の名義の変更もできます。

調停が不成立となった場合は，自動的に審判に移行します（家手272条4項）。申立ての手続や費用はいりません。

▼

審判期日

審判は，調停とは異なり，裁判官が相続人や遺産の範囲を確定し，法定相続分（具体的相続分）に従って各相続人の相続する財産を決定します。個々の財産を誰に帰属させるかについては，遺産に属する物又は権利の種類及び性質，各相続人の年齢，職業，心身の状態及びその常況その他一切の事情を考慮することとされています（906条）。もっとも，それまでの経緯を無視して分割方法が決定されるわけではなく，審判までに当事者間で合意ができている事項があれば，それが尊重されます。

なお，一度審判に移行しても，進行状況をみて再度調停に付されることもあり，そこで当事者間で合意をすることも可能です。

▼

審　判

審判官である裁判官が，遺産分割の審判をします（家手73条1項）。

審判の告知を受けた日（郵送された審判書を受け取った日等）の翌日から数えて2週間の即時抗告期間（家手86条）が経過すると，審判が確定し（家手74条4項・5項）効力が発生しますので，これに従って遺産分割をすることになります。審判には，執行力があり（家手75条），強制執行も可能です。

▼

即時抗告　※審判の決定に不服がある場合

審判に不服がある場合は，審判書を受け取ったときから2週間以内に，高等裁判所に即時抗告をすることができます（家手198条・86条）。

抗告審で即時抗告に理由があると認められる場合は，原則として抗告裁判

所が自ら審判に代わる裁判をすることになりますが（家手91条1項），申立てを不適法として却下した審判を取り消す場合，その他さらに弁論をする必要がある場合は，原審に差し戻すことができます（同条2項）。

| 審判に代わる裁判 | 差し戻して再度審判の手続を行う |

4　相続開始後の税務手続とタイム・スケジュール

相続開始後の税務手続としては，準確定申告と相続税の申告があります。

(1)　準確定申告

準確定申告では，被相続人の死亡した年の1月1日から死亡日までの所得を申告します。これは，死亡の日の翌日から4か月以内にする必要があります。

(2)　相続税の申告

相続が発生し，財産を相続したり遺贈や死因贈与を受け，それが相続税の納税義務が生じる金額であった場合や特例の適用を受ける必要がある場合は，相続税の申告・納付をする必要があります。相続税の申告・納付は，被相続人が死亡したこと（相続開始）を知った日の翌日から10か月以内に，被相続人が死亡したときの住所地を管轄する税務署に書類を提出して行います（相続税法27条1項，同法附則3項）。相続税は現金で一括納付するのが原則ですが，それが難しい場合は，例外的に延納[*1]や物納[*2]が認められることもあります。

しかし，申告期限までに遺産分割が終了するとは限りません。そこで，申告期限までに遺産分割ができないことが予想される場合は，期限までにいったん法定相続分に従って相続したものとして申告をし，後日，遺産分割をし

■図表1－1－1

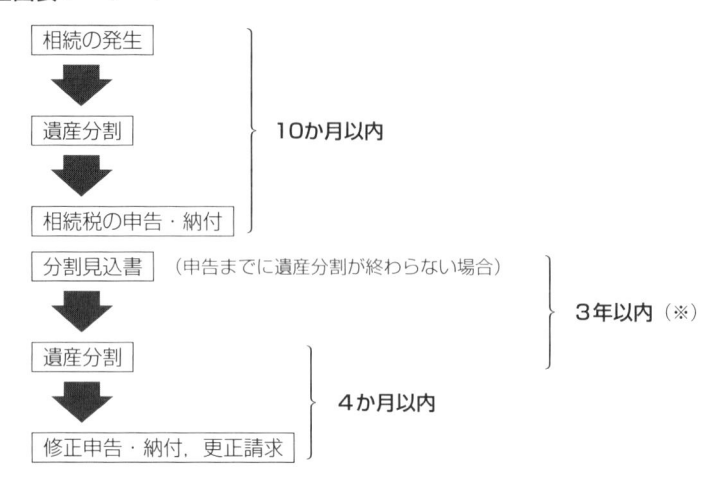

```
相続の発生
   ↓
 遺産分割      ┐
   ↓          ├ 10か月以内
相続税の申告・納付 ┘

 分割見込書 （申告までに遺産分割が終わらない場合）
   ↓                              ┐
 遺産分割                          ├ 3年以内（※）
   ↓          ┐                    │
修正申告・納付，更正請求 ├ 4か月以内 ┘
```

(※) 申告期限後3年を経過した場合は，3年を経過する日の翌日から2か月以内に，「遺産が未分割であることについてやむを得ない事由がある旨の承諾申請書」を提出し，税務署長の承認を受けられれば，更正の請求等が認められます。

た後に，法定相続分より多く取得した相続人は修正申告をして追加納付し，少なく取得した相続人は更正の請求をして払い過ぎた税金の還付を受けることになります。なお，遺産分割未了のためにとりあえず法定相続分に従って相続税の申告をする場合，配偶者控除や小規模宅地の評価減の特例は適用されません。遺産分割後にこれらの特例の適用を受けるためには，相続税の申告の際に，申告期限後3年以内の分割見込書を提出し，3年以内に遺産分割が終了した場合はその日の翌日から4か月以内に更正の請求をして，払いすぎた税金の還付を受けることになります（**図表1－1－1参照**）。

《注》
* 1　延納に際し，納付義務者は原則として担保を提供する必要があります。
* 2　物納については，収納財産を売却して現金化するのが原則のため，売却見込みのない財産は物納適格財産の要件を欠きます。また，管理に手間や費用がかかる財産も適格性に欠けるものとされます。

第2

セット・アップ

1　前提：準備事項

　本書の基本スタンス（**本章**，**第3**参照）の1つでもありますが，相続交渉を行う際には，入念な事前準備が欠かせません。そして，そのような準備を適切に進めるためには，法律上のルール，判例，実務の知識が何よりも重要になってきます。また，交渉の途中で，自ら何らかの判断を行い，あるいは，相手方を説得するにあたっても，法律上のルールやそれを補う裁判例・実務がどのようなものであるのかが，判断・説得する上で重要な材料になります。さらに，相続交渉がまとまらない場合には，調停・審判へと移行することになりますが，そこでは，これらを基準として判断がなされます。以上とは別に，調停・審判では考慮されませんが，税法上のルールをしっかり押さえておかないと，思わぬ不利益を被ってしまうことがあります。

　こうして，交渉の段階から，相続に関する法律上のルールをしっかりと把握し，それを念頭においた交渉プランを立てることが必要となります。以下では，交渉を始める前の準備事項のうち，中心的なものであるといえる3つの項目（相続人の確定，相続財産の範囲の確定及び評価，法的問題（ルール）の存否及びその法的帰趨の早期把握）をごく簡単に紹介します。これらの項目の詳細については，本書の**第3章**を適宜ご参照ください。

(1)　相続人の確定

　「当事者」という言葉は，法律学では，色々な意味で使われています。相続における交渉との関連では，当事者とは，遺産（相続財産）というパイを

分け合うことになる者たち，言い換えれば，遺産の取得に関心があるために交渉に関わることになる者たちのことです。本書は，遺言がない場合の相続を前提としていますので，当事者は，民法に定められている法定相続人（法律上の相続権をもつ者たち）ということになります。当事者の人数は，相続に関する交渉の進め方に直接影響を与える要素ですので，重要なポイントになります。具体的には，**第2章**，**第4**，1及び2で詳細に紹介するように，少数当事者（2名）の場合と，多数当事者（法定相続分が同一の当事者が3名以上）の場合とでは，交渉をする際の基本的検討課題が異なってくるからです。

　民法の規定によると，法定相続人は，被相続人の配偶者，子（及びその代襲者），直系尊属（父母，祖父母など）そして兄弟姉妹（及びその代襲者）です（民887条・889条・890条）。ここでいう「代襲者」とは，子又は兄弟姉妹が，被相続人が死亡する前に既に死亡していたとき，又は欠格者や被廃除者となったときに，その代わりに相続人となるその子などのことです。

　上述した法定相続人は，法律上当然に相続権をもつことになりますが，自分の相続分を譲渡や放棄することができます。相続分の譲渡とは，共同相続人の1人が，遺産の分割前に，その相続分を第三者に譲り渡すことです（民905条）。相続分が譲渡されると，譲受人は，譲渡人がもっているすべての権利義務を承継するので，相続人の地位の譲渡ともいわれています。また，相続分の放棄とは，共同相続人がその相続分を放棄することです。相続分を放棄した者は，相続放棄（民939条）の場合とは異なり，相続債務をそのまま負担し，相続人としての地位を失いません。

　相続人の範囲は，通常は，戸籍謄本によって明らかになります。相続人の範囲の確定を誤り，遺産分割を行う際に相続人が1人でも欠けていたら，遺産分割協議，遺産分割調停，遺産分割審判はいずれも無効となるため，相続人の範囲の確定は極めて重要であるといえます。

　相続人の範囲の確定に関連して争いが生じる場合がありますが，そのことについては，下記(3)「● 前提問題」①で扱います。

(2) 相続財産の範囲の確定及び評価

(ア) 相続財産の範囲

　相続交渉においては，まず，遺産分割の対象となる財産，つまり，いわゆる「パイ」を確定させる必要があります。遺産分割の対象となるのは，「相続開始時に存在」し，「分割時にも存在」する「未分割」の遺産です。相続財産の中には，相続の開始と同時に法律上当然に，法定相続分に従って分割されるものと，そうでないものがあり，分割の対象となる財産は後者のみです。ただし，実際の遺産分割協議では，法律上は当然に分割されているために本来であれば分割の対象とはならない財産であっても，分割協議の対象とされることが多いです。例えば，預貯金債権などの可分債権（分割して実現することができる給付を内容とする債権）は，法律上当然に分割され，各共同相続人がその相続分に応じて権利を承継するとするのが判例ですが，通常は，当事者である共同相続人全員の合意によって分割の対象として取り扱われます。共同相続人全員の合意が得られない場合には，分割の対象から外されることになります。

　上記のとおり，分割協議においては，対象となる財産の範囲を合意によってある程度柔軟に設定できます。しかし，分割協議がまとまらず審判に移った場合には，①本来的に遺産分割の審判対象となる財産，②当事者の合意があれば審判対象にできる財産，③当事者の合意があっても審判対象にすることができない財産，に分けて取り扱うことになります。そのため，以下では，これらの類型の代表的な財産をみていくことにします。

　　(a)　本来的に遺産分割の審判対象となる財産　　この類型の代表的なものとしては不動産があります。不動産賃借権，株式，社債，国債，投資信託受益権なども，不可分的権利であって当然に分割されるものではないので，遺産分割の対象となります。現金も当然には分割されません。家財道具や宝飾品などの動産は，特定できれば遺産分割の対象となります。

　　(b)　合意があれば審判対象にできる財産　　この類型の代表例は，金銭

債権その他の可分債権です。これらは，相続開始と同時に法律上当然に分割され，各共同相続人がその法定相続分に応じて権利を取得しますが，相続人全員の合意によって分割対象とすることが可能です。旧郵便局の定額郵便貯金や遺産から生じた果実である賃料債権（法定果実，民88条2項）などもこれにあたります。

(c) 合意があっても審判対象となり得ない財産　審判に至った場合には，債務及び葬儀費用，祭祀財産，生命保険金請求権などは，合意があっても審判対象になりません。これに対し，協議分割や調停分割であれば，より柔軟に相続財産の範囲を設定することができます。

(イ) **相続財産の評価**

分割の対象となる財産の中には，現金のように評価を必要としないものがあれば，不動産や株券等のように評価が必要となるものもあります。後者の場合の評価の結果は，通常，評価手法や評価人（鑑定人）によって異なってきますので，評価次第で，パイとしての遺産（遺産の範囲・総額）が変動する可能性が生じます。以下では，遺産の評価に関するいくつかの基本的事項を概観します。

(a) 遺産の評価の必要性　遺産分割手続において，特別受益・寄与分の主張がなく，かつ，①遺産を現物分割して清算を求めない場合，②遺産を法定相続分に従って換価分割する場合，及び，③単に共有分割する場合は，遺産を評価する必要がありません。それ以外の場合には，遺産の評価が不可欠となります。

(b) 遺産評価の基準時　共同相続人の具体的相続分を算定する前提として，特別受益及び寄与分を算定しなければならない場合があります。特別受益及び寄与分は，被相続人が相続開始の時に有した財産の価額に加算され，又はこれから控除されます。そして，このように算定したいわゆるみなし相続財産を基礎に，具体的相続分が算定されることになります。そのため，実務上，具体的相続分算定の評価基準時を相続開始時とする運用がほぼ確立されています。これに対し，分割すべき遺産の評価については，裁判例は，一

般的に，分割時が基準になるとしています。もっとも，これら2つの時点は調停分割・審判分割の場合に基準となるものであり，協議分割においては，厳密にこれらの時点で評価をする必要はありません。

(c) 遺産評価の方法　　遺産分割事件では，当事者間に成立した評価額や評価方法に関する合意は，不相当なものでない限り，調停や審判の基礎とされます。当事者間において相当と考える評価額が大きく異なる場合には，通常，鑑定を行うことになります。

(d) 遺産評価における留意点

(i) 土　地　　土地の評価について参考になる公表資料としては，固定資産評価額，相続税評価額（路線価），公示地価，基準地標準価格などがあります。

(ii) 預貯金，株式，動産の評価　　預貯金額は，遺産分割時の預金通帳や残高証明書によって明らかになります。

株式の評価は，①上場株式であれば売買値段が公表されていますので，分割時に最も近接した時点での最終価格（終値）によって算定し，②非上場株式の場合には，会社法上の株式買取請求権における価格の算定や税務上の評価の基準である財産評価基本通達においてとられている方式が参考となります。

動産については，家財道具等であれば，多くの場合，これを現に利用している相続人にそのまま取得させ，遺産分割の対象財産から除外することになりますので，評価の問題が生じません。例外的に，評価が問題となるときは，鑑定するほどのものではない場合が多いため，合意を成立させるのが適切です。相当の価値のある貴金属は，その購入時期や購入価格等から現在の価格を推認したり，貴金属相場に応じた価格で合意することが考えられます。

(3) 法的問題（ルール）の存否及びその法的帰趨の早期把握

相続に関する交渉をより効率的に進めるためには，常に，関連する法的問題（法的ルール）を意識し，その法的帰趨を早期に把握する必要があります。

そのような法的問題には，解決しないと相続の交渉それ自体を進めることができない前提問題と，解決しなくても相続に係る交渉に直接影響しない付随問題があります。前提問題の代表的なものとしては，相続人の範囲，遺言の効力又は解釈などがあります。また，主な付随問題としては，使途不明金，葬儀費用や香典，同族会社の経営権，遺産管理費用の清算，遺産収益の分配，相続債務の整理・分担，相続人固有の共有持分などがあります。

以下，前提問題を取り上げて概説します。付随問題については，**第3章，第1**をご覧ください。

- **前提問題**

① 相続人の範囲　　相続人の確定に関連する前提問題としては，婚姻，離婚，養子縁組等の有効性，嫡出否認，認知関係，親子関係の不存在といった身分関係の問題や，相続人の廃除，相続欠格事由等を前提とする相続権の問題，失踪宣告などの相続人に関するものがあり，いずれも相続人としての資格（相続権の存在）そのものに直接影響します。これらの問題がある場合には，交渉を進めることができなくなりますので，審判や判決等により解決しておくことが必要になります。

② 遺言の効力又は解釈　　被相続人の全財産について相続先を指定した有効な遺言があり，遺留分侵害などの問題もない場合には，相続交渉を経るまでもなく，遺言に従って相続財産が分配されることになります。しかし，遺言がある場合でも，相続先や遺贈先の指定されていない財産がある場合には，別途相続交渉でその財産の分割を決定する必要があります。また，遺言がある場合でも，その有効性や解釈などについて争いがある場合には，裁判手続によって解決する必要があります。さらに，遺言によって遺留分が侵害されている場合には，遺留分減殺請求権が行使される可能性があり，これに基づく返還請求は訴訟事項ですが，調停前置主義がとられているため，裁判外での話合いがまとまらないときは，原則として，まずは家事調停による解決が試みられることになります（家手257条）。

③ 遺産分割協議の効力　　相続人間で遺産分割協議が有効に成立してい

る場合には，その対象となった遺産については分割が終了していることになります。ただし，遺産分割協議の効力に争いがあり，当事者の合意でこれを解決することができない場合には，民事訴訟でその効力を確認する必要があります。

④　遺産の帰属　　相続交渉を行う前提として，遺産の帰属について争いが生じた場合には，交渉の対象となる遺産の範囲が確定しません。そのため，当事者の交渉によりそれを解決することができないときは，民事訴訟で確定させる必要があります。

2　交渉の基本的検討課題（導入）

(1)　人（プレイヤー）の問題

(ア)　相続人の属性

当たり前のことですが，相続人は1人1人違う個性の持主ですし，生前の被相続人や他の相続人との付合いの状況，自らの資産状況，仕事の内容，家族関係，性格（好戦的か平和的か等）など実に様々な点で異なっており，その違いに応じて望ましい交渉のあり方もケース・バイ・ケースなものとなります。以下においては，トータル，個々を問わずこれらの相違点を相続人の「属性」とよびますが，各相続人の属性を知ることが，まずもって事前準備における基本的検討課題となります。

相続人の属性は，交渉に対する姿勢（強硬型・協調型等）[*1]，選好・優先順位などの価値観（主なものとして，リスクを選好するか回避するか，どの財産に対する執着度が強いか，早期解決を望むか否か，裁判手続をも厭わないか否か，人間関係を重視するか否か）など様々な側面から分析することができます。個性も，一見性格だけを示すようですが，広く属性と捉えた方がよいでしょう。例えば，性別，国籍，生立ち，年齢，仕事・勤務先，資産，住所地，妻や子・親などの家族・相談相手となる知人・弁護士等の存在（これらはバイ・プレイヤーとな

り得る人です），所属する組織・地域社会等も相続人の考え方（目標点，抵抗点，BATNA等）に影響を与えるものとして考えられます。また，どのような説得方法に弱いかも有益な情報です。

　できるだけ多くの情報を集め，重要なものとそうでないもののように，分類・整理しておくと，相手の行動を予測し，それへの対応を考えたりする上で役立ちます。

(イ) 各相続人の相続財産に対する希望内容の把握

　自分の希望を伝える前に，各相続人の希望を確認することが本書における基本的スタンスです。例外もありますが，それについては後述します。

　遺産分割は基本的に分配型交渉であり，他の相続人の希望する取り分が増えれば，自分の取り分はその分減るというトレードオフの関係にあります。それ故，相手の希望を踏まえた慎重な検討をした上で，自分の要求内容を提案した方が決裂のリスクを回避し，交渉がうまく行きやすいと考えられます。

(2) 相続財産（パイ）の問題

(ア) 自分が希望する相続分等を前提とした分配案（目標点）の検討

　まず，1(2)で確定した相続財産を前提に目標点（最高目標）となる自分の希望する相続分（量の側面），相続財産についての優先順位（質の側面）による分配案を検討します。この最高目標の提示は他の相続人に対するアンカリング効果（第2章，第1, 3 (12)）をもつ可能性があり，また，提示を受けた相続人が交渉姿勢を変化させることもあるなどの影響もあります。したがって，これをそのまま提示すべきか，自分から先に提示すべきどうかは別途検討すべき（必要に応じて見直すべき）問題ですが，後から最高目標を変更することは難しいため，最初に提示する最高目標額は慎重に検討しておくべきです。また，金銭的に評価して合計いくらになるかという量も問題となりますが，どの財産を相続するかという財産の内容・質も問題となります。相続人間に異なる選好があるのであれば，それを分配案に反映することで解決の可能性が高まります。

(イ) 自分の応諾可能内容（抵抗点）の検討

　法定（具体的）相続分を基本的前提とした場合の分配案の検討を前提とします。

　まず，①審判で認められるであろう相続財産の範囲（特別受益・寄与分を含む）・評価を第三者的な目線から予測し，②これを法定相続分に基づき分配する場合の具体的相続分を算定し，③分配案をひとまず検討します。これは，仮に交渉が打切りとなり，審判になった場合の最終的な取り分を確認するものです（BATNAの確認）。これを踏まえ，自分が交渉を打ち切ってよいと考える抵抗点を検討します[*2]。

(ウ) 他の相続人の要求内容（最高目標・抵抗点等）の事前予想

　(1) (イ)にも関わるところですが，上述したような要求内容の最高目標及び抵抗点の設定を他の相続人も本来は行っていると考えるのが準備する上では適切ですから[*3]，これら（複数財産間の優先順位含む）について相手の立場に立って事前予想を行います。なお，他の相続人の最高目標及び抵抗点を正確に事前予想することは難しいですので，交渉に入ってからも新たに入手した情報を踏まえて随時見直しを行う必要があります。

(エ) (ア)と(イ)の間に差がある場合，(ア)案を他のプレイヤーに合意してもらう論拠の検討

　被相続人の遺志，良好な親族関係の維持，複数財産に対する各相続人の選好を反映したものであること，その他自らの要望の根拠を考えその説得性を確認しておきます。相手の立場に立って相手方にとって受け入れやすい理由を考えること（直ちに譲歩を意味するものではありません）が必要です。

(3) 手続の段階的進行と法定相続分の縛りの強化の課題

(ア) 当初の任意交渉段階の「落とし所」と正当化根拠

　裁判外の任意交渉段階では，裁判費用がかからない，早期解決が可能，法律に縛られないより柔軟な解決，人間関係を維持できるといったポイントが，任意交渉段階における「落とし所」となります。

コストがかからず，裁判手続段階での落とし所よりも各相続人にとって選好を生かした経済的にも感情的にもメリットある解決であるという功利的・情緒的側面が「落とし所」の主な正当化根拠になります。

(イ) 裁判手続における「落とし所」と正当化根拠

交渉が打切りとなったときに移行する裁判（審判）段階で考える「落とし所」とは証拠及び法律に基づく法定（具体的）相続分であり，その解決の正当化根拠は，法律に基づいて裁判所が証拠に基づき認められる具体的な事実に対して法律を適用し，判断するという，手続保障の上での論理的正当性が主な正当化根拠となります。裁判外の任意の交渉と審判手続の中間にある調停では，裁判外の任意の交渉段階では話合いがまとまらなかったこと，調停が決裂した場合，審判となることから，裁判外の交渉時よりもより法定（具体的）相続分を意識した話合いがなされる傾向にあります（特に代理人が付いている場合）。この意味で，裁判外の交渉から裁判手続（調停・審判）へと手続が段階的に進行するにつれて，法定相続分の縛りが強化されるということができます。

(ウ) 小　括

(ア)(イ)でみたように手続が進行するにつれて「落とし所」は変わってきます。そのため，どのタイミングで手続を次のステージに移行させるか（いつ当該手続を打ち切るか）については，交渉開始後も交渉の流れをみて適宜見直す必要があります。

《注》

*1　各相続人の交渉に対する姿勢は必ずしも絶対的に決まるものではなく，ある特定の相続人に対しては強硬姿勢，他の相続人に対しては協調型というように相対的に異なる姿勢を取ることもありますし，ある局面では強硬，他の局面では協調というように，局面ごとに異なる姿勢を取ることもあります。また，この2類型以外に分類した方がよい場合があることも考えられます。したがって，ただ強硬型・協調型と2つに分類するのではなく，また局面に応じて流動性があり得るものとして考えた方がよいでしょう。そして，その局面においてなぜそのような交渉姿勢をとるのかという背後にあ

る理由・考え方から分析することが交渉にも役立つと考えます。
*2 調停に移行した方がよいと考えるポイント,審判に移行した方がよいと考えるポイントは相手方,交渉の経過に応じて変わってき得る,見直すべきものと考えます。
*3 相手方が相続財産の全体を把握していない,分割の基準が分からないなどの理由でこれらを設定していないこともあり得ます。

第3 交渉の基本スタンス
──ハーモニアス・ネゴシエーション＆ハーモニアス・チョイス
（Harmonious Negotiation & Harmonious Choice：調和型交渉論）の提唱──

1 遺産分割の特殊性と本書の交渉論が生まれた過程

(1) 遺産分割の特殊性

　さあ，いよいよ本論に入ります。ここでは，まず，遺産分割の特殊性をみた上で，本書の交渉論の全体像を明らかにしていきたいと思います。

　遺産分割協議は相続開始に伴って行われる交渉ですが，かなり特殊な交渉であるといえます。遺産分割をつぶさに考えてみますと，以下のような独特な事情が認められ，これらの事情が相互に影響しあって遺産分割協議をして特殊な交渉たらしめていると思われます。

① 売買などの取引と異なり対価性がないこと……この点は，**序章**の4で，被相続人からのもらい物（プレゼント）と説明したところです。

② 当事者である相続人の間に濃い──切っても切れません──人間関係があること……その結果，遺産分割交渉では，売買などの通常の交渉と異なる独特の「空間」が創られ，そこでは各当事者（相続人）の個性や感情が非常に重きを占めます。例えば，④で述べるとおり，遺産分割そのものは1回限りの交渉ですが，その際の円滑な議論の障害となりがちな感情論（時として激論を産み出し，人間関係の修復が不可能な感情のエスカレーションをもたらします）は，相続が始まる前の当事者間，及び当事者と生前の被相続人との間の色々な出来事が積み重なった結果，創り出されたものです。感情論が人間関係のこじれをもたらしている場合や当事者間の信頼関係の破壊にまで至っている場合は，以後，一切交渉が進められ

なくなってしまうことすらあります。
③ 交渉の当事者が原則として交代しないこと（当事者内で新たな相続が発生した場合は別です）
④ 交渉の対象である相続財産の範囲が基本的に固定し，かつ１回限りの交渉という側面があるため，勢い，だれが，全遺産（財産）のうち，どの財産を，どれだけ相続するか，つまり限られた大きさの利益を当事者間で分配する交渉（分配型交渉といいます。第２章，第１，３(4)等参照）が中心となること[＊１]
⑤ 法定相続分（民900条）という法が定めた縛りが厳然と存在していること
⑥ 協議の成立には，全員一致の合意が求められること
⑦ ④のとおり，１回限りの交渉という側面がある一方，交渉の結果が，その後の相続人間の人間関係に対し，プラスにせよマイナスにせよ長期間にわたり多大な影響を及ぼし得ること……したがって，その点を相続人（プレイヤー）がどの程度重視するかによって，当該相続人（プレイヤー）の交渉姿勢全般が変わってきます。

(2) 本書の交渉論が生まれた過程

では，このような特殊性ないし独特の事情が認められる遺産分割での交渉は，いかになされるべきでしょうか。

私たちが提唱する基本スタンスは，２で述べるとおりです。

この基本スタンスは，私たちが実際に経験した遺産分割事件の検証と，遺産分割事件の中でもとりわけ困難とされる事案のシミュレーションを行い，両者から抽出した「より良い遺産分割交渉のファクター」を，上記(1) ①〜⑦等の諸事情との関係性を考察しつつ整理し，従来の交渉論の成果を利用しながら，基本スタンスという観点からできる限り体系化したもので，あくまで「実践智」を中核としています。

もちろん，検証した個々の事件の中には，失敗とはいえないものの，交渉

の途上でより良い選択肢が考えられたのではと思われる案件も存在しており，その意味では，反省も込めて行った作業の結果であるということになります。我田引水ですが，その分，説得性は増したと考えています。なお，2の記述では，相続人をすべてプレイヤーとよんでいます。この点については，私たち研究会のメンバーの間からも，肉親の死を契機に発生する相続という場面にそぐわないのではないか，という意見が出ました。確かに，肉親の死を契機としている点で，タブー（禁忌）のように扱われるべき側面があることは否定できません。しかし，本書は，基本的に交渉論——交渉戦略や交渉戦術——についての書籍であり，交渉当事者である相続人各人が，相互に影響を及ぼしあいながら意思決定を行っていく[*2]「交渉」という舞台のプレイヤーであることは紛れもない事実で，この点において他の交渉の場合と区別する要素は何もありません。以上の理由から，ここでも「プレイヤー」とよぶことにしました。読者の皆さんにおかれては，どうかご了解くださるようお願いします。

2　私たちが提唱する遺産分割交渉の基本スタンス

私たちが提唱する遺産分割交渉の基本スタンスは，次のとおりです。**第2章**以下で詳しい説明を行っていますので，ここでは個別の説明は省略します。しかし，まず，ざーっと黙読した後，声を出して1度読むだけで，かなり理解が進むと思います。

(1)　トータルとしての7つの基本姿勢

実体的正義（交渉結果が効率性，公平性，平等性の観点からかなっているか）と手続的正義（交渉当事者が納得できる交渉手続を経ているか）の観点から基本姿勢を設定します。

① 「大きなミッション（目的，使命）」は実質的な公平感の達成，親族の信頼関係を破壊しないこと，それに伴う有形無形の価値の発見　　個別の

遺産分割交渉ごとに，もっと細かい具体的な「ミッション」が考えられます。しかし，どの遺産分割交渉においても目標とすべき大きな「ミッション」は，実質的な公平感，親族の信頼関係の維持及びそれに伴う有形無形の価値の発見にあるといって良いのではないでしょうか。

実体的正義（効率性，公平性，平等性）の観点からは，

② 軸を持つべし　　自らの主張（要望内容及び根拠）については，ぶれない，ぶらさない。これは交渉のスタンスの基本中の基本といえるでしょうが，とりわけプレイヤーの感情面に対する繊細な配慮が求められる遺産分割交渉においては安定したスタンスを保つことが重要だと考えます。一言でいえば，ぶれたら相手方との信頼関係など作れないし，維持もできず，スムーズな解決が図れないということです。

③ 説得性，実質的公平性が重要　　自らの要望内容にはしっかりした正当化根拠が必要です。また，全員の合意獲得のため，実質的公平性[*3]に支えられた結果を目指すことが大切です。

④ 柔軟かつ謙虚な姿勢　　他のプレイヤーの主張に謙虚に耳を傾け，合理的かつ妥当なところはとり入れて自分の要望内容を修正する。相手方の言い分を良く聞き，誠意をもって接し，相手の気持ちになって考えてみて，その結果を反映する，と言い換えても良いでしょう。その際には，相手方の立場に立って，その主張のみならず問題の全体像を理解する俯瞰的思考が必要とされます。ともかく，自分の要望さえ通れば良いというやり方——分配型交渉の典型的なやり方です——はとりません。

⑤ 感情の重視　　他のプレイヤーがもつ感情を重んじ，感情問題の解消を何よりも優先し，必要に応じて評価の対象とする。プレイヤー間に濃い人間関係がある遺産分割交渉においては，感情と利害の切離しは困難な場合が多く，中でも感情問題が交渉に対する障害として当初から横たわっている場合は，まずその氷解——例えば，相手方との相互不信を解く——が先行課題として挙げられます。そして，それでも感情問題が残る場合（そういった事例も多数あります）は，感情問題（及びその解消）を交

渉の当初から重視する姿勢を堅持しつつ，交渉がある程度成熟した段階で，経済的利害とトレード・オフの対象として捉え，数字で評価していく必要があります。また，交渉中の感情的対立は，「穏やかな」対立で止まり，エスカレートしないよう，様々な努力・工夫をすることが大切です。

手続的正義（納得できる交渉手続）の観点からは，②，③，④に加えて，
 ⑥ コミュニケーションの重視　　プレイヤー間の意見交換を惜しまず，あくまで共同して解決していく姿勢に立つ。
 ⑦ 公正さの重視　　交渉において誤った情報を意図的に与えることは厳に避け，フェア・プレイに徹する。

が挙げられます。

(2) 進行段階ごとの交渉の基本的なやり方

　進行段階は，大きく３つに分けられます。①事前準備の段階，②交渉開始後＆交渉中の段階，③交渉成立の段階です。③は，①②の結果ですので，以下においては，①②の段階についてみていきます。なお，遺産分割協議が成立しない場合は，調停，さらには審判とステージが上がっていきますが，どのステージでも，やや変形はするでしょうが，同様な進行過程（段階）を経ると考えてくださって結構です。また，ここでの交渉の基本的なやり方の背景には，(1)の７つの交渉の基本姿勢が，その支柱ないし軸として常に存在しており，それらが実践される必要があると理解してください。

 ㋐ **事前準備段階（当事者，遺産内容の確認＋価値に幅がある個別遺産における幅の確認）**
 ① 当事者間の感情的対立の有無，ある場合はその根深さ，原因に対する各自の考えについての相互理解及び解消の努力……対立が深く，当事者関係に亀裂が入っているか否か。入っている場合は，感情的対立の解消が可能か，どのような方法によれば解消できるのかを，第三者的立場から考え，かつ適切と思われる解消方法を実践していく必要があります。

最も基本的な解消方法は，当事者が，感情的対立の内容と原因についての互いの考えを忌憚なく話し合い，理解を示して膿を出しきってしまうことです。感情の理解は，共有価値の創出につながります。これに対し，理解に止めず原因の究明にまで進めてしまうと，危険な事態に直面します。どっちが悪かったかなどといった論争が生じ，感情的対立が高まっていくこととなり，当事者各自において，不安が怒りを呼び，怒りが不安を呼ぶ「負の感情の連鎖」が際限なく続く結果，事態は収拾がつかなくなってしまうのです。

　以上の話合い等にもかかわらず，感情的対立の解消が到底困難であると思われるときは，後に述べる自分の要求内容（④）も，法定相続分との乖離が控え目（せいぜい1割5分〜2割でしょうか）な数字にせざるを得ないことが多いといえます。なぜなら，乖離が一定レベルを超えると，感情的対立のエスカレーションをもたらしかねないからです。

　② 情報収集及び分析　　相続人（資産状況，仕事，家族関係等），相続財産（範囲，評価），遺言の有無，遺留分，相続税等＋具体的なミッションの設定
　③ 創造的選択肢の可能性の探究　　常時行います。
　④ 自分の要求内容の確認　　当初の要求内容（最高目標），応諾可能内容（抵抗点）＋要求内容が複数の財産にわたる場合の財産間の優先順位の設定。なお，要求内容に法定相続分との乖離があればあるほど，通常，相応の正当化根拠が必要となります。説得性，正当性といえます。
　⑤ ④を前提とした場合の，他のプレイヤーの分配内容の確認
　⑥ 他のプレイヤーの要求内容の事前予想（要求内容が複数の財産にわたる場合の優先順位の予想を含む）
　⑦ 他のプレイヤーのタイプの予想　　強硬型か協調型か，リスク選好型かリスク回避型かなど

(イ) 交渉開始後〜合意成立まで

　(a) 二当事者，多数当事者に共通する事項
　⑧ 他のプレイヤーの要求内容（希望）の早期把握

⑨　他のプレイヤーのタイプの特定（この時点までの情報を踏まえての特定。「執着度」の測定を含む）

⑩　自分の要求内容及びその根拠の提示。根拠には説得性，正当性がなければならない。

⑪　⑩を前提とした場合の，他のプレイヤーの分配内容の提示──議論の出発点を作る。

⑫　一貫して共同して問題を解決する姿勢で交渉に取り組み，プレイヤー間の対立ができる限り「穏やかな」対立で止まるよう，気配りする。すでに当事者（プレイヤー）間の信頼が破たんしており，修復が困難と思われる場合は，コミュニケーションのキャッチボールができないため，当初より法定相続分から余り離れていない主張をするほかないことが基本となります。

⑬　プレイヤーの中に一見不合理な主張をする者，非常に強硬な主張をする者がいても，まずはその主張内容に謙虚に耳を傾け，その真意と背景にある具体的事情を十分に把握するよう心がけ，意見交換を積極的に行う。意見交換の結果，内容として考慮すべき事情である場合は，プレイヤー間の共通の課題として取り上げ，新たな遺産分割案に反映させるなど，協力的に対処する。また，感情的な面に対する手当て，感情面についても，バーターとなる経済的評価もきちんと行う。

⑭　交渉が行き詰った時は，一旦，交渉を中断し，第三者の立場で客観的に交渉全体を俯瞰し（「バルコニーから眺める」などといいます），他のプレイヤーにも考える時間を与えるとともに，自らも新たな考えで交渉に臨めるようにする。

⑮　最後まで残った他のプレイヤー（二当事者の場合は，なかなか合意に至らない相手方）との交渉にあっては，安易な譲歩は禁物であり，共同して問題を解決する姿勢を全面に出しつつ，自分の案の論理的，感情的説得性を強調する一方，相手の案の合理的な部分は取り込んで案を修正する。また，時間をかけることを惜しまないが，必要な場面では，交渉打切り

→調停への移行をBATNA（代替選択肢）と位置付けて明言する。

(b) 多数当事者交渉特有の事項

⑯　当事者間の利害関係を整理し，共通のグループに分類していき，二当事者グループ対立構造に還元していく。かつ，対立構造とはいっても，できる限り「穏やかな」対立構造を目指す。……協調型プレイヤーの取込み（自分のグループへの組入れ）＋対立するグループの数を減らす。

⑰　多数当事者交渉では，プレイヤーの1人がリーダーシップを発揮することが重要になることが多い。特に遺産の全体像を知るプレイヤーは積極的にリーダーシップを発揮し，各プレイヤーの意見から合意点を探り，できる限りより妥当な相続割合等の案を提示するよう，心がけるべきである。

⑱　共通した利害関係にある親密なプレイヤー同士は，結託していると受け止められないよう，あくまで相互独立した形で協議（交渉）に臨むようにする。

⑲　他のプレイヤーたちが，共通した利害関係にあるプレイヤーと利害対立するプレイヤーからなる場合も，両者に提示する案は公平をモットーとし，原則として同時提示の形式を守り，内容も差をつけないようにして，同時解決を心がける。

(3) 私たちが提唱する交渉論の命名——遺産分割特有の交渉論にふさわしい名とは？

　かなりの分量でしたが，読めましたか？　読めた方も読んでいない方も，申し訳ありませんが，ここでもう一度，1字1字声を出して改めて読んでみてください。それだけで，「そりゃそうだよなー」と思える内容が多いということが，はっきり解るのではないでしょうか？　なお，自分でこんな交渉をするのはとても無理だ，と思われた方は，他人の案件の代理人として交渉を頼まれた，と気持ちを切り替えて，交渉に臨まれたら良いと思います。これは，瀧本哲史氏が『武器としての交渉思考』（星海社新書，2012年）179頁で

提唱されているやり方です。交渉を苦手と感じている方には効果的なやり方だと考えます。

　私たちは，現時点では，遺産分割交渉は，以上の基本スタンス（基本姿勢及び基本的なやり方からなります）を実践することが大切だとの結論に達しております。特にプレイヤーの感情面への配慮，各人の要望事項と法定相続分との乖離への配慮などは，他の交渉にはみられない際立った特色といえ，従来の交渉論が基本的に行っていた分配型交渉，統合型交渉（原則立脚型交渉）のいずれかでくくることは適当でないと考えます。つまり，遺産分割における交渉論には，その特色を踏まえた交渉論として独立した名称があっても良いと考えているのです。使い勝手という点からも，その内容にふさわしい名称をつけることが望ましいでしょう。

　遺産分割交渉の最大のミッションは，最初に指摘させていただいたとおり，実質的な公平感の達成，親族の信頼関係を破壊しないこと，それに伴う有形無形の価値の発見にあります。それは，一面においては，あの聖徳太子の17条憲法第1条の「和を以て貴しとなす」の精神への回帰を意味するといえるのかもしれません。そして，遺産分割交渉にあっては，他の交渉にも増して，プレイヤーである相続人間のコミュニケーションが極めて大切で，感情と利害を安易に切り離そうとせず，むしろ感情は利害と一体不可分の面を多分にもつと捉えて，その一体性をこそ重視して対処すべきです。

　以上の基本スタンスに則った遺産分割交渉における交渉論に新しい名称を付けるとすれば……ですが，私たちは，Harmony（調和）[*4]がキー・ワードになると考えます。そこで，本書が提唱する交渉論を，

ハーモニアス・ネゴシエーション＆ハーモニアス・チョイス：調和型交渉論
Harmonious Negotiation ＆Harmonious Choice

と命名することにしたいと思います。研究会では「ハモネ」と略称していました。

《注》

＊1　和解技術論で著名な元裁判官の草野芳郎教授は，家事調停段階における交渉について，「家事調停は，紛争関係にある当事者間での調停ですから敵対型交渉（当事者双方が相手方に対して不信感を持っていたり，紛争状態にある当事者間での交渉）の典型になります。ですが，本来は夫婦や親子，兄弟という最も親しく，協力すべき間柄にあったのですから，困難ではありますが，双方の信頼関係を回復するように努め，協力型交渉（双方が交渉する目的について了解があり，協力的な関係にある交渉）へ転換できたら，パイを大きくした双方の満足度の高い調停の成立に努力します」と述べています（「家事調停における説得の技術論」ケース研究275号3頁以下）が，その前後の文脈からは，「パイを大きくした調停の成立」とは，他の問題点や第三者を取り込み，一括解決することにより当事者双方が満足する解決案というのが中心で，分配型交渉と対比されるところの統合型交渉（経済的側面でのパイの拡大）だけを意味するものではなさそうです。なお，私自身は，分配型交渉即敵対型交渉と捉えるのは正しくなく，分配型交渉にあっても協力型交渉は十分成り立つと考えていますし，ハーモニアス・ネゴシエーションは，それを目指すものです。

＊2　この点で，ゲーム理論の研究対象と共通した性格が認められます。ただ，ゲーム理論の出発点では，個々のプレイヤーは完璧なクールヘッド（理性の持ち主）で，「合理的」（rational：簡単にいえば，常に自分の利益の最大化を目指すことです）であるとされますが，遺産分割協議における相続人は，通常の取引交渉におけるプレイヤー以上に，「合理的に行動する存在とはいえない」と考えるべきでしょう。

＊3　実質的公平とは何でしょうか？　以下は，本研究会の見解ではなく，私（奈良輝久）個人の意見です。私は，そもそも相続人という限られた人数の間における遺産分割の「公平」とは，必ずしも「客観的公平」——法定相続分による分割がその代表例でしょう——を意味せず，関与当事者（相続人）全員が主観的に自身の持つ公平感に反しないと感じて，納得する分割内容であると考えます。その場合，法定相続分はどう位置付けられるかというと，誤解を恐れずにいえば，自治権を任せられながら，自治権を全うできなかった相続人という「自治集団」に対して，国家権力たる司法が介入する場合，問答無用の機械的平等，すなわち法定相続分が最優先で適用され，機械的平等を基本とする強制措置が発動されると見立てることができると考えます。司法権の発動は，自治権を有効に作動できなかった相続人らに対するペナルティー色も帯びているともいえます。

　　実質的公平が，本来，客観的公平，機械的平等と違うものであるということは，仮に現行民法に法定相続分の規定が存在せず，代わりに法が，遺産分割内容はあくまで相続人間の協議により一次的に決定されるものとし，その協議に際して，各相続人は自らが得たいと思う分割内容を自由に主張，立証でき，万が一，協議が合意（当事者の納得が必要です）に達しない場合は，裁判所がそれまでの協議経過，協議の中で提

出された証拠等を踏まえて，実質的公平の観点から分割内容を自由に決定できるという制度をとっていたらどうなるかを考えたらわかる気がします（現実には，裁判所にはそのような裁量は認められていません）。おそらく，裁判所は，機械的平等，すなわち法定相続分とは異なる分配の仕方を判示することが過半を占めるのでないでしょうか。そして，その判断こそ実質的公平に合致若しくは近似しているといえるのではないでしょうか。

＊4　奇しくも，国際ビジネス交渉に関する基本書に挙げられる，ロバート・T・モラン＆ウィリアム・G・ストリップの『国際ビジネス交渉術』（電通異文化間コミュニケーション研究会訳，勁草書房，1994年。原書：1991年）は，地域別交渉術中の「日本における交渉術」において，「日本人の交渉プロセスは，相互関係における調和の維持に重きを置いている。規範は，他人に対する義務，慈悲心，他人の態度への尊重に基づいて構成され，表だった衝突を未然に防ぐ働きをする。」と「相互関係における調和の維持」に言及しています。既に20年以上前の話であり，日本人のビジネス交渉術もかなり様変わりしたと思いますが，本書の調和型交渉は，正に，「相互関係における調和の維持に重きを置」くものであって，「規範」は，他の相続人「に対する義務，慈悲心」，他の相続人「の態度への尊重」に基づいて構成され，表だった衝突を未然に防ぐ働きをするものといえるかもしれません。

第2章
*
相続における交渉と交渉理論

第1 交渉の基礎理論と相続交渉における限界

1 ハーバード流交渉術と分配型交渉のハーモニー

(1) 交渉論とその発展経過

少し遺産分割から距離を置いたところから，話を始めることにします。

現代社会においては，ビジネス，私生活上を問わず，いろいろな相手との交渉が避けられません。交渉の成否が，ビジネスにおける成果や私生活の充実に直結する可能性が非常に高くなってきているのです。

この交渉を有利に進め，成果を十分に享受するためにはどうしたらよいかという，いわゆる交渉論ないし交渉理論に関する研究——実践論や経験談といった類のものも含まれます——は，1716年に発刊されたフランソワ・ド・カリエールの『外交談判法』（坂野正高訳，岩波文庫，1978年）をはじめ，かなり古くから存在しました。それが，メアリー・パーカー・フォレット女史（アメリカ。1868年～1933年。「統合」やモチベーション理論，リーダーシップ論の必要性を説いた人物で，マネジメントの哲学者として認められており，交渉学の始祖ともよばれます）の研究や，デール・カーネギーのベスト・セラー『人を動かす』[*1]（山口博訳，創元社，1937年初版）等を経て一気に開花したのが，1981年のアメリカにおける，ロジャー・フィッシャー＆ウィリアム・ユーリーの『ハーバード流交渉術（Getting to Yes）』〔初版〕の出現であったことは，だれしも異論を差し挟まないところでしょう。

『ハーバード流交渉術』〔初版〕（以下，同書の略称である「フィッシャー＆ユーリー」も使用します）は，利害が対立した場合に，いたずらに対決に向かうので

はなく、合意のための解決策を相互に探求するコミュニケーション・プロセスを体系化しようと試みたもので、(2)で説明する「原則立脚型交渉」を提唱して大きな反響をよび、以後、交渉論の研究は、アメリカを中心に多くの国で続けられて現在に至っています。その間、様々な交渉論が提唱されてきましたが[*2]、『ハーバード流交渉術』〔初版〕から連綿と研究が積み重ねられてきた一連のハーバード流交渉術(※)は、現在、最も影響力の強い交渉論として、グローバル・スタンダードとなっているといっても過言ではありません。

> ※ フィッシャー、ユーリーが著者となっている書籍（和訳版）だけでも、『続ハーバード流交渉術——よりよい人間関係を築くために』（金山宣夫＝森田正英訳、阪急コミュニケーションズ、1989年）、『決定版 ハーバード流 "No" と言わせない交渉術』（斎藤精一郎訳、三笠書房 知的生き方文庫、1995年）、『新版 ハーバード流交渉術』（金山宣夫＝浅井和子訳、TBSブリタニカ、1998年〔第2版〕）、『新ハーバード流交渉術 感情をポジティブに活用する』（印南一路訳、講談社、2006年）、『最強ハーバード流交渉術 仕事が100倍うまくいくNoの言い方』（峯村利哉訳、徳間書店、2008年）などがあります。そして、その出発点となったフィッシャー＆ユーリーの『ハーバード流交渉術』は、2011年に第3版（和訳なし）が出されましたが、基本的な内容は初版と変わりません（なお、第2版同様、ブルース・パットンが執筆陣に加わっています）。

さて、本書が対象とする相続（遺産分割）交渉も、もちろん交渉の一形態とよべます。しかしながら、別途論じているように（**第1章、第3／本章、第2等**）、交渉としては特殊な要素が色々と存在します。そして、少なくともわが国においては、交渉論の観点から遺産分割を扱った書籍は皆無に等しく、ましてや、こうした特殊性を踏まえ、遺産分割においていかなる交渉がなされるべきかを論じた書籍や論文は全く存在しなかったというのが実情です（相続法制は異なりますが、米国でも、ハーバード大学ロースクール教授のRobert Mnookinの "Bargaining with the Devil" 232頁（"Sibiling Warfare"）(SIMON & SCHUSTER社、2010年）など、具体例を取り上げて分析した論考はみられますが、基本的に同様ではないかと思います）。

そこで，本稿では，まず，ハーバード流交渉術の全体像，現時点での基本的な考え方をポイントを押さえた形で紹介し，ついで，相続（遺産分割）における特殊性を考慮した場合に，ハーバード流交渉術が効果を発揮できない局面（場面）が少なくなく，それらの局面においては，いわゆる分配型交渉に関する交渉論を出発点とした考え方が重視されるべきであることを明らかにしていきます。

なお，ここでの議論はあくまで入口の議論にとどまりますが，その内容を踏まえて，**本章**，**第3**，**第4**，**第5**等で実践される，本書が提唱する「ハーモニアス・ネゴシエーション」を真剣に考え，かつ，実践することによって，より良い相続交渉，すなわち，人間関係を壊さずに，全当事者（相続人）が最大限に満足できる遺産分割を実現できる可能性がぐんと高くなると考えます。

(2) ハーバード流交渉術とは？

(ｱ) 『ハーバード流交渉術 (Getting To Yes)』〔初版〕（以下，最も手軽に入手できる，金山宣夫＝浅井和子訳，知的生き方文庫，1990年の頁数を引用します）で提唱された「原則立脚型交渉」という考え方は，今もハーバード流交渉術の中心をなす考え方です。一言でいえば，交渉する者ができるだけ共通の利益を見出し，利害が衝突する場合は，どちら側の意志からも独立した公正な基準に基づいて結論を出すというもので，「関心利益重視型交渉」などともいわれます（フィッシャー＆シャピロ16頁，276頁）。この「原則立脚型交渉」は，それまでの交渉で主流であった駆け引き型交渉（positional bargaining。立場駆け引き型交渉ともいわれます。相互の要求や主張する立場（position）をぶつけ合い，少しずつ譲歩していく交渉です。(6)で取り上げる「分配型交渉」における典型的な交渉スタイルといえるでしょう）における，獲得成果を重視してなかなか譲歩に応じない，強気の「ハード型交渉」も，人間関係の維持を重視して，譲歩も辞さない「ソフト型交渉」も，ともに交渉手法として否定して，「ゲームのやり方を変えよ」と宣言します。そして，無用な摩擦を避けながら，よりよい解決案を発見し，

そこに到達しやすくなる交渉手法を検討しています。

　(ｲ)　同書は，その交渉手法について説明する前に，手法の適否は，一般に次の３つの基準で評価されると指摘します。
　①　合意が可能な場合には，賢明な合意をもたらすものかどうか，
　②　効果的であるかどうか，
　③　当事者間の関係を改善し，少なくともそれを損なわないものであるかどうか，

というものです。このうち，①で問題とされている「賢明な合意」とは，フィッシャーらの定義によれば，「当事者双方の正当な要望を可能な限り満足させ，対立する利害を公平に調整し，時間がたっても効力を失わず，また社会全体の利益を考慮に入れた解決」(フィッシャー&ユーリー19頁)とされます。

　では，この３つの基準を満たすためには具体的にどのような交渉をすればよいのでしょうか。同書は，先ほどから出ている「原則立脚型交渉」を提唱します。

　(ｳ)　**原則立脚型交渉とは**

　原則立脚型交渉（principled negotiation。本書でいう統合型交渉の基本的な交渉手法といえます。統合型交渉については，**本章，第1，3 (4)～(7)参照**）とは，駆け引き型交渉に対するアンチテーゼとして提唱された交渉のやり方です。駆け引き型交渉とは，一般によくみられる交渉手法で，双方がそれぞれの立場からその正当性を主張するやりかたです。ここで，「立場」(position) というのは，単に交渉に臨むスタンスにとどまらず，両者がぶつけあうそれぞれの具体的な主張，すなわち自分が一旦表明した具体的要求内容とその論拠が正当であり変えることができないというスタンスにこだわること，といった意味合いで使われているようです。

　駆け引き型交渉をすると，いったんぶつけ合ったそれぞれの立場の違いを解消して合意に達するためには，どちらかが，若しくは双方が譲歩をしなければならなくなります。ゲーム理論でいえば，ゼロ・サム（zero-sum）ゲーム（パイの大きさが決まっていて，一方が沢山とれば他方の取り分がそれだけ少なくなる

ゲーム）の状況にあるといえます。その際の姿勢としては，既に指摘した「ハード型交渉」と「ソフト型交渉」の２つのタイプが考えられます。もちろん，これは理念型ですから，実際には，その中間的なやりかた，すなわち交渉を継続するための最小限の譲歩を相互にくり返しながら交渉を重ね，最終的に合意に達するという場合が多いでしょう。

　駆け引き型交渉（ハード型交渉，ソフト型交渉）の難点は，人と問題を分離できていないこと，お互いにプラスになるような創造的なやりとりは困難であり，非効率的であること，交渉のプロセスは対立に焦点が当てられる結果，交渉は勝ち負けといった様相を呈し，最終的に合意できたとしてもしばしば怒りや敵意が残ってしまい，相互信頼，長期的な友好関係といった建設的な成果が得られないことです。

　これに対して，原則立脚型交渉は，基本原則に基づいた交渉をするというやり方で，交渉当事者を共通の問題の解決者ととらえます。そして，ほとんどいかなる場合でも用いることのできる交渉の正攻法として４つの基本要素を挙げます（フィッシャー＆ユーリー30頁）。

① 人（people）……人と問題を分離せよ
② 利害（interests）……立場ではなく利害に焦点を合わせよ
③ 選択肢（option）……行動について決定する前に多くの可能性を考え出せ
④ 基準（criteria）……結果はあくまでも客観的基準によるべきことを強調せよ

　ゲーム理論的にいえば，ゼロ・サムゲームにみえる状況を利害に基づいて分析することによって，ウィン・ウィン（win-win）ゲームに転換できることが示されているといえます。

　この４つの基本要素については，その後，Roger Fisher&Danny Ertelの『Getting Ready To Negotiate? The Getting To Yes Workbook』（Penguin 1995）で，新たにコミュニケーション，BATNA（Alternative），コミットメントの３つの要素が加わり，交渉の７要素（seven elements of negotiation）として

整理されましたが，ここでは，現在も中心をなす①〜④の4つの基本要素をみていくこととし，新たに加わった3要素については，その前にざっと説明しておきます。

コミュニケーションは，ちゃんと耳を傾けているか，何に対して耳を傾けるべきであろうか，何を伝えたいであろうか，といったことです。相手方がどう受け取るのかを意識したメッセージの発信，相手方が何をいおうとしているのかを意識したメッセージの受信が重要となります。

BATNA（交渉による合意以外の最良な代替案）は，合意を達成することに失敗した場合，どうしたらよいだろうか？ 相手方が合意を形成しないまま立ち去るというなら，どのような代替案（walk away alternative）を相手方はもっているのであろうか？ といったことです。

コミットメントは，相手方から引き出せる約束の中で，こちらが現実的に求められるものとしてよい約束といえるものは何であろうか？ もし合意に達するのに必要がある場合ならば，こちらとしてはどのような約束ならしてもよいであろうか？ といったことで，自分たち，相手方がそれぞれ自身の本気度を示して，交渉相手を信用させることを意味します。

なお，BATNA，コミットメントについては，**本章，第1，3**の用語の説明（⑶と⒁）もご参照下さい。また，交渉の7要素の相互関係等について関心のある方は，野村美明大阪大学教授の「ハーバード型交渉法再考」（OSIPP Discussion Paper：DP-2012-J-010。インターネットでアクセスできます）をご参照下さい。

㈏ 人と問題を分離せよ（1番目の要素）

⒜ 「分離する」とはどういうことか 「ハーバード流交渉術」は，「人と問題を分離せよ」（Separate the People from the Problem）の節で，どのようなことを論じているのでしょうか？ それは，同書の小見出しを追っていけば，自ずからわかると思われます。同書は，まず，「当事者の関係は，交渉内容と切り離せ！」（フィッシャー＆ユーリー43頁）として，立場で駆け引きすると，友好問題と実質問題とが対立してしまうことを指摘し，人間の問題は人間の問題として扱うべきで，懸案の問題について実質的な譲歩をすることによっ

て人間の問題を解決しようとしてはならないとします。

　この小見出しなどから読み取れるように,「人」すなわち人間の問題と,「問題」すなわち交渉の中身はともに重要だが,切り離して扱わなければならないと主張しており,人間関係が決裂することをおそれて,交渉で譲歩することで相手の感情を慰撫するといったやり方を否定しています。

　そして,「人」の問題というジャンルから抜け出すためには,3つのカテゴリー,すなわち,①認識の問題,②感情の問題,③意思疎通の問題を基本に考えるのが効果的だとし,人の問題は,結局はこの3つのどれかに入るとします。

　(b)　まず,①の認識の問題をみてみましょう。

　ハーバード流交渉術は,「認識の問題」(フィッシャー&ユーリー47頁～)について,客観的事実に頼らず,相手の「頭の中」を重視せよとし,究極的には,争いは客観的事実にあるのではなくて,当事者の頭の中にある,交渉において,客観的真実の調査は確かに有益であろうが,問題の原因であり,したがって問題解決の道を開くものは,究極的には,各当事者が捉えた現実である,とします。その上で,

　(i)　まず,相手の立場に立ち,その心情を盗みとれ

　(ii)　危惧の念から相手の意図を推測するな

　(iii)　自分の問題を相手のせいにするな

　(iv)　お互いの物の見方について話し合え

　(v)　時には相手の意表を突く行動に出よ

　(vi)　相手を検討過程に必ず参加させ,結果に責任をとらせよ

　(vii)　顔を立てて相手の価値観と一致する案を出せ

と提唱します。相手方の考え方,コミュニケーションのキャッチボールが重視されているこの手法が,遺産分割交渉においても,場面によっては十分役立つことはいうまでもありません。ただ,(v),(vi),(vii)などが果たして可能な場面がどの程度あるのか,いささか躊躇の念を覚えるのは私だけではないでしょう。

(c)　次に，②の感情の問題です。感情の問題（フィッシャー＆ユーリー59頁～）は，交渉に臨むこと自体からくる不安や，交渉相手に対して感じる怒りなどがあります。怒り，イライラなどの感情は相手に吐き出させた方が交渉はスムーズに行きやすくなります。また自分の感情についても注意を向けておく必要がありますし，相手とお互いの感情について率直に話し合うことができれば有益です。

　ハーバード流交渉術は，「相手の感情問題を解消させる5つの決め手」（フィッシャー＆ユーリー59頁～）と銘打って，
　(ⅰ)　自分と相手の感情を認識し理解せよ
　(ⅱ)　感情は隠さず表現すると取組みが楽になる
　(ⅲ)　相手の言い分をすべて言わせ，しこりを残すな
　(ⅳ)　感情の爆発に対しては反撃するな
　(ⅴ)　感情問題を打開する「元手のかからない」心配り……同情したり詫びること等

を挙げています。いずれも遺産分割交渉においても，場面によっては応用できると思われます。ただ，(ⅱ)や(ⅲ)，(ⅴ)が遺産分割交渉の場で可能か，あるいはどの程度効果的かというと，遺産分割交渉は，ビジネス交渉などとは異なり，濃密な人間関係を有する相続人同士が全人格的にぶつかる潜在的可能性を秘めているため，実効性という点で疑問に思う局面が色々と存在することは事実です。

　(d)　最後に，③の意思疎通の問題です。交渉がコミュニケーションなしには成立しないことは，読者の皆さんにも十分ご理解いただけるところかと存じますが，意思疎通の問題は，簡単にいってしまえば，話している内容がきちんと相手に伝わらないという問題です。理解されるように話すとか，相手の言い分をきちんと理解していることを言葉や身振りできちんと示す，相手の立場に立って考えるとか，相手を検討過程に参加させるなどの方法が有益であるといわれています。より具体的にみますと，ハーバード流交渉術は，「意思疎通を完ぺきにする4つの方法」として（フィッシャー＆ユーリー65頁），

(ⅰ) 「自分は理解されている」と相手に思わせる方法……よく聞く
(ⅱ) 重要な決定は「2人しかいないところ」でなされる……相手を共同の判決意見を出すために協議している同僚の裁判官と考える
(ⅲ) こんな言い方が相手の拒絶反応をなくす！　……問題点の指摘は，当方は問題をこういう風に感じ取っているという形で表現する
(ⅳ) 「役立たずの発言」はまとまる話も壊す

としています。これらの方法は遺産分割交渉でも基本的に有効だと思われます。

(e) ところで，ハーバード流交渉術の『人と問題を分離する』という基本要素に対しては，かねてより交渉から感情を排除することはそんなに容易ではないとの批判がなされています。

こうした批判を受けて，ハーバード流交渉術の共著者達は，感情に関する特定の側面について取り上げ，感情について新たな議論を展開しており，その成果は，例えば『Getting To Yes（ハーバード流交渉術）』の第3版（Fisher, Ury&Patton, 2011年。和訳なし）にも取り入れられています。ただ，この議論については，後ほど取り上げることにして（⑶の『新版 ハーバード流交渉術』，⑷の『新ハーバード流交渉術』参照），ここは先を急がせてもらいます。

※　ちなみに，『Getting To Yes』〔第3版〕のPrefaceの中で，フィッシャーらは，separate the people from the problemをdisentangle the people from the problemに変更しようと考えたことを明らかにするとともに，「交渉人は，交渉の最初から最後まで人の問題を最優先すべきである。それは，交渉人は皆人だからである」といっています。

(オ)　立場でなく利害に焦点を当てる（2番目の要素）

(a) 交渉において一旦自らの主張（「立場」）を表明した後は，その立場を何とか守ろうとする攻防にのみ交渉の焦点があたりがちです。しかし，表に出た立場が相容れないようにみえる場合であっても，実はその背後に

ある各当事者の要望，欲求，関心及び懸念（＝「利害」）にまで遡って検討してみると，両立する場合もあります。表向きの立場は当人が達した結論であり，利害とはその結論を導き出した原因であるということもできます（フィッシャー＆ユーリー78〜79頁）。

フィッシャー＆ユーリー80頁は，立場ではなく利害に焦点を当てたほうがよい理由を，2つ挙げています。

1つ目は，「どの利害にもふつうそれを満足させる案がいくつかあること」です。立場に焦点を当てると，当事者の立場にこだわってしまい，双方が満足するような案が生まれないことがあります。しかし，利害を満足させる方法は複数考えられるので，利害に焦点を当てれば，双方が満足する案が生まれやすいといえます。

2つ目は，「対立する立場の背後には，衝突する利害よりも，もっと多くの共通の利害が存在しているということ」です。利害に焦点を当てると，対立していたようにみえる当事者に共通の利益があることがあります。共通の利益を実現できるような案を生み出すことができれば，双方が満足できることにつながります。

例えば，フィッシャー＆ユーリー81頁は，家の賃貸借契約を例として挙げています。賃貸借契約をする際，賃貸人の立場は「できるだけ高い賃料で貸したい」，賃借人の立場は「できるだけ安い賃料で借りたい」というものだと考えられます。

しかし，賃貸人にとっては，賃借人が確実に期限までに賃料を払ってくれること，賃料以外の契約条項を守ってくれるような人であること（例：騒音やごみ問題で近隣住民とトラブルを起こさないような人）も，重要な関心事です。また，賃借人にとっては，管理の行き届いた家に安定して住むことが，重要な関心事といえます。

そうすると，賃貸人と賃借人は，賃料についての立場は相反するように思われますが，環境のよい住居を安定して維持するという共通する利益があります。その利益を実現するように，賃貸借の期間，管理の費用や内容を調整

すれば，双方が納得するような賃料の合意をすることも十分可能であると考えられます。

(b)　上記2つの理由は，相続においてもあてはまる場合があります。

　例えば，被相続人が父親で，相続人が母親と長男A，次男Bで，母親は「相続財産は子供2人で分けてしまえばいい」といっており，そのことを前提に，Aが父親と母親が居住していた土地付きの家を相続したいと希望して，「自分はこの土地と家をもらいたい」とBに宣言し，Bとしては，Aの宣言を不公平で合意できないと考えているとしましょう。

　Aがその不動産を取得したがるのは，必ずしも財産的価値に着目したからではないのかもしれません。年老いた母と同居しようとしているのかもしれませんし，実家が傍にあるため，中学生の娘の通学先を変更しないで済むのかもしれません。他方で，Bがその不動産をそのままAに相続させるべきではないと考えた理由が，他の相続財産との関係でBにとって不公平であると感じていただけでなく，年老いた母親を老人ホームに入れるための資金を作るため，母1人を住まわせるよりも，その不動産を売却すべきだと考えていたためだったりするかもしれません。

　そうであれば，Bはその不動産自体にこだわる理由はなく，老人ホームに入れる代わりに，Aが父の死で独りになった母と同居して介護するというのであれば，Bにとってもありがたい申出かもしれません。Bの金銭的な不公平感は，他の相続財産や，Aから代償金として現金を提供してもらうなどの方法によって，解消することができることです。ただ，相続の場合は，経済的な利益の実現を目的とせずに，感情的になっている相続人がいることもあるため，利害を満足する案をみつけたり，共通の利益をみつけることが困難なケースもあり得ます。例えば，相続時以前の感情的な対立を引きずっている場合や，とにかく嫌がらせをしたいというような場合です。非常に解決が困難ですが，これらの場合でも，立場の背後の利害を探り，長年兄弟間で不公平な扱いがあったことで不満に感じているのであれば理解を示す等，相手の感情に対する手当ては必要です。

㋕　行動について決定する前に多くの可能性を考え出せ（3番目の要素）

(a)　創造的な解決案の提案を阻害する要素　　当事者の利害が真っ向から対立する場合，各プレイヤーは自分の取り分を少しでも多く得ることに執着し，互いに譲らない結果，交渉が決裂してしまうことがあります。そのとき，各プレイヤーは，しばしば，分け合うパイは固定的であり正解はただ1つしかないと思い込んでいます。しかし，両当事者にとって利益が拡大するような解決をするためには，解決案について多くの選択肢をもつことが重要であり，自由で柔軟な発想から創造的に考えていく必要があります。そして，フィッシャー＆ユーリー102頁以下では，こうした創造的な選択肢（option）について考え出すことを阻害する要素として，以下の4つを挙げています。

(i)　早まった判断をすること　　他のプレイヤーから新たに提示される解決案について批判的な態度に終始し，自分の提示した解決案が最善であると早まって決めつけることは，創造的な解決案を探し出すことを阻害します。批判にさらされた他のプレイヤーは，たとえ当事者双方にとってより望ましい新たな解決案を考えついたとしても，これを提案することにより，自分の交渉立場を危うくする情報を与えてしまうのではないかと不安になり，以後，こうした提案をしなくなるでしょう。

(ii)　単一の答えを探すこと　　解決案には，絶対的な唯一の「正解」が存在し，最終的な合意は単一のものであるから，その余の解決案の提案やそのための自由な討論は交渉の進行を遅らせ，場合によっては混乱を招くものだと考えることは，数多くの選択肢から創造的な解決案を選び出すという作業を不可能にします。これは，もし，あなたが「正解を答えろ」といわれた場合と，「間違ってもいいから，どのようなことでも思ったことを自由に答えろ」といわれた場合に，どちらが多くの回答を出せるかを考えればおわかりいただけるでしょう。後者の方が答える側の気持ちに余裕が出て回答の幅が広がり，その中から自由な発想が生まれることでしょう。

(iii)　分け合うパイは一定であると考えること　　交渉の当初から，当事者で分け合うパイは固定的であり，自分が1万円得すれば，相手が1万円損

をするため，自分が犠牲になることによってしか相手を満足させることができないと思い込むと，新たに創造的な解決案を生みだすインセンティブはなくなるでしょう。相続交渉は，限られたパイを当事者間で分配する分配型交渉の側面が大きいとしても，「パイの大きさは変わらない」という思い込みに縛られることなく，少しでも当事者双方が利益を最大化する解決を目指して，間断なく，パイを広げる余地がないか思考し，議論することが重要です。

(iv) 自分の利益しか追求しないこと　自分の利益を満たす解決案しか考えず，相手の利益については「相手が考えるべきこと」として配慮しない場合，双方の利益に適う創造的な解決案を見出すことはできません。相手の立場になって，相手にとっての利害や目標，動機，障害等を考え，単に自分の利益だけを満たす解決案を相手に押しつけるために威嚇するのではなく，相手にとっても利益がある提案であるとしてその信用を得る努力をすることが重要です。しばしば，相手を満足させる解決案を自分が考えることには抵抗を感じるかもしれませんが，自分の利益を満たす合意を成立させるためには，同時に，相手の利益も満たさなくてはならないと肝に銘じて多くの選択肢を考えることが，ひいては自分の利益を最大化する合意につながることになります。

(b) 創造的な解決案を考え出す方法　前記のとおり，創造的な解決案の提案を阻害する要素は，分け合うパイが固定的であるという固定観念に縛られ，自分の利益を満たすことだけを追求し，絶対にして唯一の正解があると思い込み，他の提案については批判的な態度をとることにあります。創造的な解決案を考え出すためには，先ず,こうした考えを捨てることが重要です。その上で，フィッシャー＆ユーリー108頁以下では，可能性のある多くの解決策を考え出す「立案」と，それらの中から取捨選択する「決定（評価）」の過程を分離し，ブレインストーミング（会議等で各人が自由にアイディアを出して問題の解決策を見出す方法）を行うことが推奨されています[*3]。

㈭ 結果はあくまでも客観的基準によるべきことを強調せよ（４番目の要素）……正当性

⒜ 客観的基準を用いる利点（＊４）　ハーバード流交渉術では，交渉を「共通する利害と対立する利害があるときに，合意に達するために行うコミュニケーション」（フィッシャー＆ユーリー９頁）と定義し，交渉においては，できるだけ共通の利益を見出し，利害が衝突する場合は，どちらの意志からも独立した公正な基準（客観的基準）に基づいて結論を出すことにより，一方が他方に屈するということもなくてすみ，双方が公平な基準によった解決に従うことができるとしています（フィッシャー＆ユーリー32頁）。つまり，どちらか一方が選び出した基準によるのではなく，市場価格，専門家の意見，慣習，法律といった公正な基準に基づき結論を出すことによって，効果的，友好的な交渉が可能となるとしています。

⒝ 客観的基準の開発　合意の基礎として使える客観的基準は，通常２つ以上あるが，少なくとも，当事者の私意から独立していることが肝心であり，それを知るためには，相互適用の原則（当事者が逆の立場になったときでも同じ基準を利用するか）に照らしてみると良いとしています。

また，私意に振り回されない解決を生み出すためには，公正な基準のほかに公正な手続があり，公正な手続として「１人がケーキを切り，もう一方が選ぶ」方式，順番でする方法，くじを引く方法，第三者に決めさせる方法などを紹介しています（フィッシャー＆ユーリー148頁）。

⒞ 客観的基準による交渉

(i) 客観的基準を見出す共同作業の形にせよ　相手の根拠を尋ね，相手も客観的基準を探しているものと想定し，相手が提案した基準に沿って提案してみる。

(ii) 論理的に説得し，相手の論理的説得も素直に聞け　どの客観的基準が最も適当か，それをどう適用すべきかについて，論理的に説得するとともに，相手の論理的説得にも素直に耳を傾ける。

(iii) 圧力に屈せず，原則や基準にのみ従え　相手から圧力がかかった

ときは，相手にその言動の理由を述べるようにさせ，適当と思われる客観的基準を提案し，それを基準にしなければ譲歩できないと突っぱねる。

(d) 相続交渉における客観的基準　相続交渉において客観的基準としてまず挙げられるのは，民法に規定する遺産分割の基準と法定相続分でしょう。遺産分割の基準とは，「遺産の分割は，遺産に属する物又は権利の種類及び性質，各相続人の年齢，職業，心身の状態及び生活の状況その他一切の事情を考慮してこれをする。」(民906条) という規定で，どの遺産を相続するかで対立した場合，この規定を客観的基準とすることが考えられます。遺産分割は，各相続人の実情に沿い，遺産の経済的な価値が損なわれないように行われる必要があるという同条の趣旨から判断すれば，事業用財産は事業の後継者に相続させるべきこと，被相続人と同居している相続人に自宅を相続させるべきことになります。この考え方自体は，客観的基準を踏まえており，相続人間で納得が得やすいのではないでしょうか。

他方，法定相続分 (民900条) は，遺言，特別受益，寄与分として法的に認められる範囲での修正はあるものの，基本的には相続人の地位により画一的に決まる形式的基準といえます。各相続人と生前の被相続人との関係 (相続人が認識している受益や寄与など) や相続人の置かれた状況はそれぞれ相続人ごとに異なるため，形式的な法定相続分では納得しにくく，相続交渉で法定相続分を基準とすることはかえって相続人間の対立をエスカレートさせる危険性があります。相続交渉においては，法定相続分にこだわらず，調停や審判において特別受益や寄与分とは認められない程度の受益や寄与も考慮し，また，遺言としての法的に厳格な要件を満たさないものであっても，被相続人の意思を知ることができる書面などがあればそれを考慮して，相続分を決定した方が比較的納得を得られやすいかもしれません。

さらに，最高裁判例 (最大決平7・7・5民集49巻7号1789頁。**第3章，第2，5**参照) によれば，法定相続分の定めは，遺産分割の協議がまとまらないときに補充的に使われる規定ですから，プレイヤーである全相続人の間で，法定相続分と異なる共通規範——例えば，財産を含め実家の存続という点を最重

視する——が存在する場合や成り立ち得る場合（両者とも，(c)(i)の，プレイヤー間の共同作業により見出す客観的基準にあたります）は，こうした共通規範も，プレイヤーが皆，納得ないし依拠できる基準として，当該遺産分割における客観的基準たり得ます[*5]。

(ク) 事前準備の重要性

以上で4つの基本要素についての説明を終えますが，ここで，ハーバード流交渉術が述べる事前準備の重要性についてみておきます。

交渉が成功するか否かは，事前準備[*6]がしっかりなされているかどうかにかかっているといっても過言ではありません。事前準備が不十分であると，より良い選択肢を見落としたり，双方の利害を見誤って十分な利益を得られなかったりといったことが起こります。ポイントを意識して，効果的な準備をすることが大切です。

ユーリー40頁以下では，準備の仕方についての5つのポイントとして，①「利益」，②その利益を満足させるための「選択肢」（オプション），③相違を公正に解決するための「基準」，④交渉以外の「代替手段」，⑤合意のための「提案」が挙げられ，準備段階でこれらを理解・検討しておかなければならないとされています[*7]。

相続における事前準備については，**本章，第4，1**（少数当事者）で詳しく説明してありますので，そこをご参照ください。

(3) 『**新版 ハーバード流交渉術**』（金山宣夫＝浅井和子訳，TBSブリタニカ，1998年〔第2版〕）

『新版 ハーバード流交渉術』は，初版になかった「ハーバード流交渉術に関する10の質問」というパートを設けています。その中で，「交渉相手が問題のある人物だったら，どう対処するのか？」という質問に対して，次のように答えています（同書238頁）。

交渉の実質問題を相手との関係や手続の問題から解放してやる必要がある。交渉の実質問題としては，期間，条件，価格，日時，数量，責任等が挙

げられ，交渉相手との関係に関する問題としては，感情と理性のバランス，意思の疎通，信用と信頼の度合い，受容的態度か拒絶的態度か，相手を納得させるか，強圧的に出るか，相互理解の程度等が挙げられています。そして，実質的な相違の利点を巡って交渉しようという努力にもかかわらず，人間関係が障害になるときは，人間問題の利点を巡って交渉せよとアドバイスし，相手方の態度についての懸念を伝え，実質問題を議論するのと同様の姿勢で話し合えと述べています。そして，やられてもやり返さないこと，不合理に思われることにも合理的に対処することを奨励しています。

(4) 『新ハーバード流交渉術——感情をポジティブに活用する』(印南一路訳，講談社，2006年)

ロジャー・フィッシャーは，その後，心理学者であるダニエル・シャピロと組んで『新ハーバード流交渉術』("Beyond Reason:Using Emotions As You Negotiate" 2005年) を著しました。これは，先に述べたとおり，ハーバード流交渉術の「人と問題を分離する」という基本要素に対し，交渉から感情を排除することは容易ではない，との批判がなされたことに対する回答の1つといえます。同書は，次のような議論を展開しています。

不信や怒りといった交渉の妨げになるネガティブな感情にどう対処するか。同書の結論はきわめてシンプルです。すなわち，感情を止めたり，無視したり，感情に直接対処する方法は役に立ちません(フィッシャー&シャピロ28頁)。そうではなく，交渉者の感情を生み出す原因である核心的欲求に着目し，この欲求を適切に満たしてあげれば，ポジティブな感情を生み出すことができる(フィッシャー&シャピロ35頁)といっています。

核心的欲求とは，ほぼすべての交渉でほとんどの人間にとって基本的なものであり，同書は，①価値理解，②つながり，③自律性，④ステータス，そして⑤役割の5つを挙げています。この5つの核心的欲求を適切に満たすとの考え方は，『ハーバード流交渉術』〔第3版〕(フィッシャー&ユーリー&パットン)でも，Pay attention to "core concern" (核となる関心事に注意を払え) と

して，継承されています。

それぞれについてもう少し詳しくみていきましょう。

　㋐　**価値理解**（appreciation）……**価値を認めてもらいたい。**

　価値理解とは，自分の価値を理解し評価してほしいという欲求です。評価されれば自尊心が高まり，心を開いて協力しようという気持ちになるのです。そのためには，相手の努力や誠意を理解し感謝の気持ちを素直に表すことが最良の方法であることが多いのです。

　価値理解をするためには，以下の3つの要素に留意するとよいとします。

　(a)　相手の考え方を理解する　　まずは，相手の立場に立ってその人の立場から物事がどのようにみえ，感じられるのかを想像してみましょう。そして実際に本人から直接聞いてみたりもします。相手から直接聞くことは，相手の伝えたいという気持ちを尊重することにもなります。

　(b)　相手の考え方，思い，そして行動の中に価値を見出す　　相手と意見が一致しない場合，相手の言動のもつ価値に対しても否定的になってしまうことが多いことに注意しましょう。そして，結論はさておき，相手がなぜそう感じ，そう考え，そう行動するのか，その根本を理解しているということを表現するのが良いでしょう。例えば，「あなたの議論には説得力があります」という具合です。

　もし，相手の考え方に価値を見出すのが難しいと思った場合は，無理に価値を見出しているふりをする必要はありません。この場合は，「公正な調停者の役を演じてみる」という方法が有効です。

　(c)　自分の理解を，言動や行動を通じて相手に伝える　　相手の考えや思い，そして行動が正しく認識され，価値を認めることができていれば，これを誠実にそして明確に伝えましょう。皮肉っぽい言い方では相手は価値を認めてもらったとは感じません。励ますような言い方が良いでしょう。

　㋑　**つながり**（affiliation）……**どこかに帰属したい，受け入れてもらいたい。**

　つながりとは，自分以外の人や集団と結びついているという意識を表しています（フィッシャー＆シャピロ81頁）。交渉をするとなると，ほとんどの人は

交渉相手が敵であるという思い込みにとらわれがちですが，そう考えてしまうと相手との意見の相違点ばかりに注意を向けてしまい，交渉が失敗に終わりやすくなります。交渉する両者に意見の不一致がある場合，できるだけ時間や資源を浪費せずに，お互いに満足感の残る交渉をするためには，交渉している者同士がお互いに協力し合う必要があります。このような共同作業を行うには，「つながり」が必要不可欠なのです。同書では，つながりをみつけたり，つながりを築き，つながり意識を高める方法がいくつか紹介されています。まず，つながりは2つの観点からみつけることができます。構造的な結びつきと個人的な結びつきで，前者は同じ行為や役割をもつ集団に属している場合であり，後者は自分とだれかをつなげる個人的な絆です。

そして，つながりを築き，強めていく方法としては，共同作業や連絡をとり続けることなどが紹介されています。

ここでは，つながりについて述べたフィッシャー＆シャピロ4章から，相続に役立ちそうなアドバイスを2つ紹介しておきます。

① だれかを除外しなければならない時は，十分に相手を気にかけながらしよう（フィッシャー＆シャピロ87頁）。

　もし相手が仲間外れにされていると感じたら，努力して作り上げた構造的な結びつきは簡単に壊れてしまいます。話合いに呼ばないというような一見，些細にみえることでも，多くの人が認識しているよりもはるかに強いレベルでの感情的な衝撃を与えるのです。呼ばないことに決めた場合には，少なくともその人にコンタクトをとり，その理由を説明した方がよく，他の人から知らされて落胆する，ということは避けなければいけません。

　相続交渉の当事者が3人以上であるときや，当事者ではないが強力な応援団（相続人の妻子など）が居るときに気をつけておきたい点です。

② 交渉者同士の感情面での最適な距離は，ヤマアラシが寒い夜，体温維持のためにとる物理的な距離にたとえられる（フィッシャー＆シャピロ90頁）。

　ヤマアラシは冬の寒い夜，体温維持のためお互いにくっつき合います

が，近寄りすぎると互いの針でつつき合うことになるので適度な距離を保ちます。このことは，とかく相手の個人的な領域に踏み込み，心地よいというには近すぎるところまでいってしまう危険性を教えてくれます。家族間では慣れ親しんでいることからとかく遠慮がなくなりがちですから気をつけておきたい点です。

　(ウ)　**自律性**（autonomy）……干渉されたくない。

　「自律性」とは，意思決定をしたり，意思決定に影響力を行使したりする自由です（フィッシャー＆シャピロ104頁）が，これをだれかに侵害されれば，快く思わないのは当然でしょう。しかし，自分が自律性を行使すればするほど，自分の行動が他の人の自律性を侵害していると受け取られるおそれが大きくなります。交渉の場所や時間など些細なことでも，相手に相談なしに決めてしまうと，「そんなこと聞いていない！」と反発される可能性があります。

　また，私たちには交渉で働かせることができるはずの自律性を過度に制限しているという指摘もあります。最終的な意思決定権限をもたない者は，自分には交渉のパワーがないと感じがちです。しかし，逆説的ではありますが，権限がないからこそかえってパワーがあるという側面もあるというのです。すなわち，意思決定権限がない者でも，解決案を提示したり，複数の選択肢を提示することはでき，また相手とのブレインストーミングをすることもできます。この場合，自分の発言がなんらかのコミットメントとみなされるおそれもないのだから，より自由に発言できるというわけです。

　(エ)　**ステータス**（status）……自分の地位を尊重してもらいたい。

　ステータスとは，自分と他人を比較した場合に自分が立つ位置をさします。自分のステータスを認めてもらえないと，私たちは当惑したり，恥ずかしい思いをしたり，若しくはイライラしたりして，分別に欠ける行動に出てしまうことがあります。ステータスは，訓練，業績，家柄，仕事，組織におけるポジション等，色々なものから生じます。源が何であれ，私たちは皆自他ともに認めるような高いステータスを享受したいと思っています。高いステータスをもてば，私たちの言葉や行動に重みが生じ，自分の高いステータ

スを使って，周囲に影響を与えることができます（フィッシャー＆シャピロ136～137頁）。例えば，相続交渉では，被相続人である親と同居していた長男ないし長女という地位を，一種の高いステータスをもっている地位といえる場合もあります。

　なお，交渉のプロセスで高いステータスを獲得しようと争うと，ネガティブな感情が生まれることが多く，得策ではないとされていますが，相続交渉では，あまり想定できない内容ですので，省略させていただきます。

　㋔　**役割（role）……やりがいのある役割を果たしたい。**

　私たちの関心の1つは，自分が望み満足できるような役割を演じることにあります。偽りの役を演じたり，自分以外の人間を演じたりするようなことは，だれもしたくはないでしょう。交渉の中で，不本意な役割を演じれば，不公平感や，怒り，イライラを感じることになります。では，満足できる役割を得ることがなぜ重要なのでしょうか。満足できる役割には明確な目的があり，自分にとっての意義があります。役割を演ずるといっても偽りのものではなく，本当の自分を表現できるような役割なのです。次に，従来型の役割をより大きな満足を得られる役割に変えましょう。従来型の役割とは，組織や地域の中で一般的に受け入れられていて皆が演じている役割のことです。それは会社の「副社長」であったり，家族の中の「親」であったりします。相続人であれば，長男や末っ子などというのも役割の一種といえると思います。これを，自分にとってより満足が得られるものに変えることができます。それには，肩書きよりも活動内容に着目するとよいでしょう。具体例が挙げられています。小説家を目指すウェイトレスが，「自分がサービスしているテーブルの客を，皆小説の中の登場人物とみなし，自分の小説の登場人物に命を吹き込むためには，机の前で一人考えるよりも，本物の人間を観察すること」を自分の役割と規定したのです。最後に，自分が演じる一時的な役割，例えば問題解決者，聞き手，ファシリテーター（議論などが円滑に進行するよう手助けする調整役，まとめ役）といった役割を，より満足できるものに変える方法についてアドバイスしています。

また，交渉で演ずる役割を一時的な役割とみなすことができる，ともしています。

なお，陥りがちなのは，相手が設定した役割に反応する形で，自分の役割を演じてしまうことです。相手が敵対的に振る舞えば，こちらもそうします。相手が要求をしはじめると，こちらも要求を出します。相手から弱いといわれると，強がってみせます。交渉では，自由に一時的な役割を選べるので，例えば，聞き上手にもなることができます。習慣的に1つの一時的な役割を演じている場合もあるかもしれません。個人的な悩みをもつ同僚に対しては，聞き上手の役割を演じるかもしれません。自分よりも年齢や社会的ステータスが上の者と社内で交渉をする時には，相手の望むことを進んで行うイエスマンを演じるかもしれません。恋人と一緒にいる時には，問題解決者の役割を演じることが多いかもしれません。一時的な役割を自由に選択し，自分にパワーを与え，協働を促進することができるのです。

(カ) ネガティブな感情に対処する方法

(a) 交渉における強くネガティブな感情は，次の2つの問題をもたらす点で危険です。1つは，「トンネル・ビジョン」という現象で，注意の範囲が狭まって，自分の強い感情のことしか頭になくなってしまい，物事を明瞭に，創造的に考えることができなくなります。第2の問題は，強い感情によって行動が支配されてしまい，相手との関係をさらに悪化させるような行動をとってしまうということです。強くネガティブな感情に支配されそうになったときには，どうすればよいのでしょうか。フィッシャーらは，建設的な行動，すなわち，これまで述べてきた価値理解を示し，つながりを築き，自律性を尊重し，ステータスの重要性を認め，満足できる役割を選ぶという行動を薦めています。これによって，ポジティブな感情が湧いてくれば，ネガティブな感情を打ちのめすことができるというのです。

(b) ネガティブな感情に対処するにも，事前の準備が必要であり，対処は早ければ早いほど有効です。まず，感情がエスカレートするのを防ぐためには，自分と相手の感情の「温度」をモニター（測定）する必要があります。

相手の感情は，行動から観察するしかありませんが，通常ではない態度をよく観察し，相手の身になってみればわかってきます。目線を合わせない，大声で話す，表情に変化がなくなってくるというのは要注意信号です。さらに早めの対処として「事前プラン」を用意しておくことも必要です。例えば，自分の場合は，自分の感情を落ち着かせる方法を学びつつ，一方で自分の感情が高まるのはどういうときなのか，分析をしていくのです。特に5つの核心的欲求（①価値理解，②つながり，③自律性，④ステータス，⑤役割）のどれが強い感情の原因になっているか自問してみましょう。人は，満たされない欲求があると，すぐにそれを満たそうとして，怒りを直接相手やモノにぶつけるという行動をとりがちです。しかし，これは状況を悪化させることが多いのです。

一方で，感情を抑えたり消し去ろうとすることが必ずしもよいとは限りません。感情を表現する明確な目的を作ることができれば，感情に対処するための最も有益な方法を選ぶことが容易になります。フィッシャー＆シャピロは，目的は通常4つあるといい，①感情を自分の中から追い出すこと，②相手の態度が自分に与えた影響を伝えること，③相手に影響を与えること，④関係を改善することを挙げています。具体例及び詳細は同書に譲りますが，感情を上手に表現することは，交渉における有効な戦略になるということは重要です。人々が気にすること，すなわち交渉の結果だけでなく，尊敬や権力やアイデンティティといった要素はすべて，常に強い感情を引き起こします。

(5) ハーバード流交渉術は日本における相続交渉にも通用するか

ここまで，ハーバード流交渉術の交渉の正攻法をなす4つの基本要素，すなわち，①人と問題を分離せよ，②立場でなく利害に焦点を合わせよ，③行動について決定する前に多くの可能性を考え出せ，④結果はあくまでも客観的基準によるべきことを強調せよ，と，⑤交渉に臨むにあたっての事前準備の重要性，⑥ネガティブな感情への対処法について，ハーバード流交渉術の

考え方を述べてきました。

「ハーバード流交渉術」で取り上げられる交渉の場面は，ビジネス，政治，外交，家庭など多様です。著者らは「どんな目的にも使える」といい（フィッシャー＆ユーリー11〜12頁），日米を含め，あらゆる交渉様式に適応できるともいっています（フィッシャー＆ユーリー5頁）[*8]。

しかし，相続交渉はビジネスの交渉などとは，交渉の目的においても進め方においても相当異なる部分があると考えられます。また米国とわが国では文化や社会規範において相当の隔たりがあることも確かです。さらに，相続交渉はごく少数か，あるいはそうでなくとも閉じられたグループである家族・親族の間で行われる交渉ですから，それぞれの家族や相続人各自がもつ価値観によって影響を受ける度合いも大きく，地域や世代によっても違いが生じる部分があるでしょう。以下では，ハーバード流交渉術が，本書が対象とするわが国の相続交渉にそのまま通用するのか，修正すべき部分はないか，4つの基本要素に即して検討してみたいと思います。

㋐ 「人と問題を分離せよ（①）」について

　(a) 相続交渉は，「人の問題」，なかでも人間の感情の問題に対処することが最も困難な種類の交渉です。

ハーバード流交渉術の主張は，交渉の中身という実質問題と人間関係という友好問題を切り離して対処せよというものですが，特に後者の問題には人間の感情が絡んでくるため，実際の交渉で有効に対処することが難しく，フィッシャー＆シャピロの『新ハーバード流交渉術』は，この問題に焦点を絞って書かれたものです[*9]。

ここで，相続交渉は，「人の問題」，なかでも人間の感情の問題に対処することが最も困難な種類の交渉であることを述べておきたいと思います。理由はいくつかあります。

まず，相続交渉では交渉相手を選べないという問題があります。ビジネスの交渉においては，取引相手を選ぶことが可能です。長い付き合いのある業者から仕入れるとか，安い価格でサービスしてくれる売主を探すという選択

が可能です。これに対して，相続においては交渉相手は最初から決まっています。遺贈によって法定相続人でないメンバーが加わることや，相続放棄をして相続人から抜けることもあり得ますが，基本的には兄弟や親子といった，濃密な血縁関係にあり人柄・性格なども熟知した者同士での交渉になります。さらには，最終的に分割をしないという選択肢も許されず，いくら交渉がもめたとしても何らかの回答を出さなければなりません。

次に，(2)(キ)の客観的基準の問題とも重なりますが，分配における判断基準・価値基準が，ビジネス交渉と比較して，人によって異なることがある（バラツキが大きい）という問題です。相続は，ビジネス交渉のように経済合理性を基本ないし基準として積極的に参加していく交渉というよりも，被相続人の死亡を契機に否応なしに参加させられていく受動的なプロセスでもあります。この機会を利用して自らの財産を増大させたいという意欲をもつ人もいるでしょうが，逆に，特に経済的には困っていないから，他の相続人に多くを譲ってもかまわないという人もいるでしょう。そういう意味で経済合理性や損得の判断が必ずしも重視されない場合もあります。

(b) 中でも一番の問題は相続人間の感情のもつれであり，これが相続交渉を困難にする最大の原因であるともいえます。

そして，感情のもつれという問題は，相続人間で交渉開始以前から人間関係の上で生じていることが珍しくなく，それが相続を機にさらに燃え上ってしまうリスクもあります。

相続における人間関係は，それまでの長期間にわたる被相続人と相続人，相続人間の歴史を反映したものになります。ときには，親子間の確執や，兄弟間の不平等な扱いなど，濃密な人間関係に伴う負の感情が相続開始時点で既に沸点に達している場合も珍しくありません。

また，相続開始までは被相続人である親が子どもたちにそれぞれ配慮をしてきて，子どもたちが直接交渉をするような機会がなかった場合もあるでしょう。相続人である兄弟がはじめて直接ぶつかり合うのに，近い仲であるだけに遠慮のない主張がくり広げられて，相続交渉を機に人間関係が壊れてし

まう場合も数多くみかけます。親が生きていれば緩衝役・仲介者となってくれることも期待できたのに，２人目の親の相続（二次相続）の場合などはそれも望めません。

　こうなってしまうと，このような場合には，「Aが言うなら受け入れるが，Bが言うならイヤです」とか「Aに渡すならかまわないが，Bにやるのなら反対する」といった風に，感情を優先した不合理とも思える主張がされることもままあります。感情を剥き出しにした当事者に対し，合理的な面から説得を加えても功を奏することは期待しがたいのです。この感情的な対立は，「人の問題」のうちでも，最も厄介な問題でしょう。同書も感情問題を解消する方策をいくつか提示していますが，一方で「人間の問題を最もうまく扱えるのは，それが問題となる前である」とも指摘しています。逆にいえば，感情的対立がこじれてしまった段階においては，もはや修復のための有効な手段は限られるということでしょう。

　(c)　全員合意が不可欠で，多数決等では決定できない交渉である。

　また，相続ないし遺産分割制度自体がもつ特性として，全員が合意しなければ合意が成立しないという点が挙げられます。これは当事者が多数（三者以上）の交渉になった場合に，現実に問題となります。これは，裏からいえば，各人が拒否権をもつということでもあります。そうすると相続人の中に１人でも，どうしても合意をしたくないという者がいれば，その人の主張がいかに不合理なものであっても，残りの当事者は彼を説得する有効な手段を持ち得ず，審判によるしかないという場合も出てきます。

　とはいえ，このような場合でも，直接交渉を避けて代理人や仲介者など外部から冷静な判断をし得る第三者が間に入ることで，できるだけ「人の問題」の影響を少なくして合意に達する努力は必要ですし，また，十分可能でしょう。相続人同士が人の問題に固執していつまでも合意ができないといった状況を抜け出すためには，各相続人が自ら努力するほか，第三者に介入させる方法として，弁護士への相談や調停・審判といった裁判所の手続を積極的に利用することも検討すべきです。

(d)　感情に対するケアが特に重要な交渉である。

　一般のビジネスにおける交渉に比べて，多くの相続交渉では，この「感情」に対するケアをどのようにするかを特に入念に考えなければなりません。その中で，ハーバード流交渉術の第一テーゼともいうべき，「人と問題を分離せよ」という基本要素が，果たして実行可能なのか，仮に実行可能であるとして，どの程度実行可能なのかということも，慎重に検討していく必要がありますし，「感情」が，相続分や遺産分割の仕方に関する各相続人の主張に少なからぬ影響を及ぼすことは否定できません。したがって，人と問題の分離については，通常のビジネス交渉にも増して限界があることは明らかであって，最終的に分離できない部分がかなり出てくる可能性は否定できません。その場合，分離できない部分について感情の数値化（遺産分割額でいうと，どの程度の額（価値）と等価といえるのか等）を冷静に判断し，遺産分割案に数字として反映させていくべきと思われます（なお，**本章**，**第1**，**2**(2)・**第2**，**3**参照）。

　要するに，ハーバード流交渉術を始めとする既存の交渉理論の成果をそのまま直輸入するのではなく，その中から，主としてどのような場面において，これらの考え方が有用か，そしてどのような場面については修正をほどこす必要があるかを見極める必要があるわけです。**本章**，**第4**では，事例分析という形でのハーモニアス・ネゴシエーションの実践を通して，このことを具体的に試みています。

　(イ)　「立場でなく利害に焦点を合わせよ（②）」，「行動について決定する前に多くの可能性を考え出せ（③）」について

　次に，「②立場でなく利害に焦点を合わせよ」及び「③行動について決定する前に多くの可能性を考え出せ」については，相続交渉においても通用するものであり，また有用なものといえるでしょう。各々がいったん提示した1つの立場（主張）のみにこだわっては合意にはたどりつけません。遺産分割それ自体は，ある財産を取得できるか否かの問題ですが，各相続人がその立場を表明するまでには，親の介護や子供の就学，就労状況，住居という重要な生活の基盤についてのそれぞれの家族の事情など，ビジネス交渉の場合

以上に複雑な事情が背景にある場合が少なくありません。この背景にある利害に着目すれば，相続人自身がまだ気が付いていなくても，相続人らの様々な事情を考慮した選択肢の数はビジネス交渉以上にたくさんある可能性があります。ある立場を表明するに至った背景にある事情，すなわち利害をなるべく詳細に理解することは，それを踏まえた新たな選択肢を多数創造していくことに大きな役割を果たすと考えられます。このような作業は，最終的にすべての相続人にとって利益となる合意ができる可能性を広げるでしょう。

　(ウ)　「結果はあくまでも客観的基準によるべきことを強調せよ（④）」について

　このテーゼも，相続交渉において重要な役割を果たすと考えられます。相続人間で利害が対立した場合，いずれかの相続人の考え方によった基準に基づいた結論では，他の相続人に大きな不満が残るでしょう。これに対し，客観的基準あるいはそれを出発点として微調整した基準，あるいは，法律の規定や判例とは異なるものの，プレイヤー全員が納得・合意できる共通規範（基準）であれば，それに基づく結果はまだ受け入れやすいものであり，また，相続人間の対立を最小限に抑えられるものと考えられます。

　(エ)　事前準備の重要性について

　事前準備が相続交渉においても重要であることはいうまでもありません。事前準備は，上記①〜④を中心とする原則立脚型交渉（(2)(ウ)参照）の作業それ自体でもあり，また，交渉開始後にも継続して行うこととなる①〜④の作業をスムーズに進めるためのものでもあるのです。

　(オ)　結　　論

　以上のように，遺産分割相続交渉においては，ハーバード流交渉術の考え方に従って交渉を行っても，ビジネス交渉と異なり，効果を発揮できないと予想される場面が少なからず存在します。とりわけ，ハーバード流交渉術の第一の基本要素である「人と問題を分離せよ」（①）との点に関しては，大きな限界があると考えるべきでしょう。他方，ハーバー流交渉術の考え方やその応用が有効性をもつ場面ももちろん十分に存在します。では，前者，す

なわち「人と問題を分離せよ」との点に関する限界の問題に対して，私たちはどのように対処していったらよいでしょうか？　この問題は，原則立脚型交渉が効果を発揮しない場面の問題ともいえ，ここでは，原則立脚型交渉の４つの基本要素のうちの②，④を維持しつつ分配型交渉をいかに適正に行っていくか，ということがクローズ・アップされてきます。以下，項を改めて検討していきましょう。

(6)　遺産分割交渉と分配型交渉

(ア)　はじめに

　ここまで，原則立脚型交渉を提唱して統合型交渉を主として指向する「ハーバード流交渉術」の理念を相続交渉・遺産分割交渉にどのように活かすことができるかをみてきました。しかし，遺産分割における交渉は本来的には分配型交渉の要素が強いことは，本書でも折に触れて述べてきたところです（**第１章，第３，１**(1)／**本章，第２，８**等）。相続交渉においてハーバード流が目指すような統合型交渉での解決をはかろうとしても，徹底して分配型交渉の形で交渉が進められていく可能性も高いと思われます。また，途中まで統合型交渉が可能であっても，感情の問題等の限界にぶつかり，以後，分配型交渉に変わっていくケースも多数存在しますし，仮に統合型交渉がある程度実現されても，最後に相続人間の分配，すなわち分配型交渉のプロセスが残ります。そのため，相続交渉を有利に進めていくにあたっては，分配型交渉にも習熟しておくことは避けては通れません[*10]。いわば，統合型交渉と分配型交渉の間にもハーモニアスな使い分け，ないし連続的な使用が必要とされるのです。この点に関連して，レビスキー＆バリー＆サンダース157〜158頁は，「統合型交渉の基本的なステップ」として，大略，以下のように述べています。統合型交渉を進めるプロセスには，①問題点を特定し，その意味を明らかにする，②問題点を理解し，利害とニーズを明らかにする，③問題点に対する選択肢を編み出す，④その選択肢を評価し，選択する，の４つの基本的ステップがあり，このうち①から③は「価値の創造」に重要であり，他

方，④においては，「価値の分配」が関わってくる。④では，分配型交渉プロセスが伴うこととなり，このプロセスを統合型交渉に導入するときは用心深く行う必要がある。さもなければ，創造と分配の関係に悪影響を与え，進行方向が狂ってくる。大いに参考となる記述です。

さて，一般的な交渉においても，純粋な分配型交渉が行われることは稀であるとはされるものの（小林26頁），分配型交渉が色濃い様相の交渉を余儀なくされる場合や，交渉の相手方が駆け引き型の戦術で臨んできた時にこれに対応しなくてはならない場合など，分配型交渉に習熟しておくことも必要とされています。とりわけ，相続交渉においては，交渉の対象である相続財産の範囲が定まっていて，交渉機会としても1回限りの交渉という側面があるため，一般的な交渉にも増して，限られた大きさの利益を当事者間で分配するという分配型交渉（**第1章，第3，1(1)**）への理解を深めておくことは有効であると考えられます[*11]。

分配型交渉一般に通じる理解として，小林27頁以下では，まず分配型交渉の特性を詳述し，次に分配型交渉の準備，進め方を概説し，分配型交渉における戦術を紹介するという構成で解説がなされており，参考となります。このような分配型交渉に関する理解を相続交渉・遺産分割交渉においてどのように役立たせていくことができるかを順次みていきます。

㈣ 相手方の抵抗点を知ること

小林27頁以下では，分配型交渉においては，交渉の打切り点（本書では主として「抵抗点」との言い回しの方を紹介しています（**本章，第1，3(1)**））の認識と合意可能領域（ZOPA）の認識が必要であると述べた後に，交渉者の重要な役割として，みずからの交渉の打切り点についてできるだけ明らかにすることなく，相手方の交渉の打切り点をできるだけ明確にしていくことを挙げています（小林30頁）。相続交渉において相手方の抵抗点を探っていくことの重要性は，本書でも**本章，第5，1(6)㋐**等で触れていますが，分配型交渉の側面が色濃い相続交渉においては，交渉を有利に進めるために大変重要な手法であると理解できます。

(ウ) 入念な準備をすること

　小林34頁以下では，分配型交渉ではとりわけ入念な準備をしておくことが必要と述べ，交渉の打切り点（抵抗点）と目標点（目標値）(**本章，第1，3(1)**)を決めることが分配型交渉における準備の主たる中身であると指摘しています。そして，交渉力をもつことの源泉として，BATNAを交渉前からもつこと，すなわち交渉の席から立つことができるか，若しくは相手方にこちらがテーブルをひっくり返す可能性があると思わせることが重要であると解説しています（小林35頁）[*12]。相続交渉においても，BATNAをもっていることの有効性については**本章，第1，3(3)**でも詳しく触れているところですし，また，当事者間での任意交渉から調停・審判へと移行させることを交渉のBATNAとして用いることができることも**本章，第5，1(6)(イ)**でも触れています。このように，分配型交渉としての相続交渉においては，抵抗点，目標点の設定とBATNAも視野に入れておくことという準備の段階が極めて重要であることがわかります。

　本章，第4，1(1)「事前準備」でも事前準備の重要性を説いており，①状況把握・情報収集及び分析，②ミッションを考える，③目標点・抵抗点を設定する，④創造的選択肢を考える，⑤BATNA（合意できなかったらどうするか）を考える，という分類で解説しております。ここで，①については本項(エ)と，③については本項(イ)とも関連してくる内容となります。

(エ) 情報の入手

　小林47頁以下では，分配型交渉においては，情報戦，情報の収集方法が重要であることが述べられています[*13]。これには，交渉当初には判明していなかった相手方の情報が入手された場合の情報の取捨選択（小林44頁）や，交渉対象に関するデータとしての外部情報の利用（小林45頁）なども含まれています。相続交渉においても，上記の相手方の抵抗点を探ることや入念な準備をすることとも重なっていることではありますが，できるだけ有益な情報を多く有しているかどうかが交渉を有利に運べるか否かを左右する大きな要素と考えられ，統合型の交渉による解決を導けない状況では，相手方（他

の相続人）が合意を拒否する場合を除き，情報量の多寡によって交渉の帰趨が決せられてしまうことは，当然のこととも言えましょう。

　また，小林113頁では，交渉が進まなくなる阻害要因として，「戦略的な障害」という表現を用いて，情報の不足や情報の非対称性が原因となることを指摘しています（なお，**本章**，**第5**，**1** ⑴も参照してください）。このような見方によっても，情報不足の解消によって交渉の阻害要因が除去されていく可能性が窺えるのであり，やはり情報の収集，入手に努めることが分配型交渉をうまく進めていくための重要な要素となっていると考えることができます。

　㋺　**手続的な平等の実現**

　「ハーバード流交渉術」（フィッシャー＆ユーリー146頁以下）では，1人がケーキを切り，もう一方が選ぶという方式の有効性を解説しています。同書は，別の事例で，深海底の採掘場所を民間企業と国連所属の公団とで割り当てる際の解決策として，民間企業（豊かな国の企業であり，よい採掘区を選ぶ技術・知識に長けている）は，採掘区を2箇所申請し，採掘公団（貧しい国々から構成される）はこの2箇所のうちいずれか一方を直営区に選べるという方式をとることで，双方の手続的な平等を実現できた好例として紹介しています。手続的な平等を実現するという概念は，「ハーバード流交渉術」では客観的基準を打ち出すという統合型交渉の適用場面のようにも述べられていますが，パイの拡大が見込めない分配型交渉を円滑に進める方策としても矛盾するものではありません。つまり，統合型交渉の理念の実現というよりはむしろ，分配型交渉が避けられない場面での交渉方法に関しての有効性を示していると捉える方が正しい理解であるとも考えられます（なお，姉妹がオレンジを分ける逸話は価値創造の話であって，分配型交渉における手続的平等とは次元が異なっていることが，**本章**，**第1**，**3** ⑸「価値創造」に指摘されています）（＊14）。

　㋥　**相手方との関係改善**

　小林53頁以下では，分配型交渉では敵対的な雰囲気と緊張関係が強調されてはいるが，相手方と良い関係を構築することで，よりよい交渉結果を導くこともある，丁寧かつ誠実な交渉スタイルによっても，交渉結果を極大化で

きると指摘されています。パイの拡大を見込むことのできない分配型交渉においては，自己の取り分の増加はそのまま相手の取り分の減少となるために敵対的関係は避けられないとも思えますが，相手方に自己の取り分の増加を納得してもらうために当事者間の人間関係のわだかまりを解消していくということも極めて有効な手法と捉えることができ，ハーモニアス・ネゴシエーションは強く推奨します(＊15)(＊16)(＊17)。

　もっとも，相続交渉では，当事者は否応なく親族関係の存する者に固定されており，相続が生じる以前からの長い間の親族関係の積み重ねも影響していることなどから，親族間に一度生じてしまった人間関係の軋轢は容易に解消できるものでないことは間違いないことです(＊18)。そして，当事者間の人間関係の良し悪しを変えていくことは，代理人弁護士にも調停委員にもいかんともし難いものでありますから（**本章，第5.1(2)参照**），当事者自身の間で対処していくことが期待されるところです。しかし，パイの拡大が見込めないからこそ，相続人間で争うことは被相続人の本来の願いではないはずである等の感情面に訴えるなどすることで，人間関係を改善させて自己の取り分増加を相手方に承諾してもらえるよう配慮することも，相続交渉での1つの有効な手法となり得るものと考えます(＊19)。

　㈭　**複合的な駆け引き**

　レビスキー＆バリー＆サンダース88頁，144頁に指摘されるように，交渉の項目対象が1つだけということは滅多にありません。ですので，自分たちにとって重要なものと相手にとって重要なものとを峻別して，ある点については譲歩する一方で，自らが重視する点については自己の要望を実現させるよう相手方を説得するという手法が有効である場面は決して少なくないと思われます。レビスキー＆バリー＆サンダース89頁ではこれを「駆け引きミックス」とよんでいますが，複数の遺産が存在して各相続人がどの遺産を手に入れるかにつきそれぞれの指向がある場合などには，分配型交渉の色合いが強い相続交渉を有利に進めていくための方策として，いくつかの遺産について駆け引きミックスの手法を用いて妥結を目指すことも，分配型交渉の場面

を乗り切っていくにあたっての有用な指針になると考えます[*20]。

(ク) 小　括

上記のように，相続交渉においては，統合型交渉の手法を利用する機会よりは分配型交渉の手法を前面に出して交渉を進めていくことが有効な場合が少なくないとみることができます。そして，本書が推奨するハーモニアス・ネゴシエーションを実行するには，こうした分配型交渉への造詣を深めてその手法を適切に採り入れていくことが大切です。このことが，結局は交渉を有利に運ぶための近道になると理解してください。

2　説　得　術

(1) 説得技法の3類型

「説得」とは何でしょうか。端的にいえば，「主に言語的な手段で，相手の態度や行動を特定の方向に変容させようとする行為」のことです。それでは，どうすれば，受け手（＝相手）の態度や行動を特定の（＝こちらの求める）方向に変容させることができるのでしょうか。説得の技法にはどのようなものがあるのでしょうか。多くの考え方がありますが，ここでは，国際弁護士として名高い草野耕一弁護士による説得の3類型（草野86頁以下）を紹介します。

草野弁護士は，説得は，相手の何に訴えるかという観点から3つに分けて考えることができるとします。その3つとは，

① 功利的説得
② 論理的説得（規律的説得）
③ 感情的説得（情緒的説得）

です[*21]。

この考え方の有用なところは，相手のどこを勘所として説得するかという指針（軸といってもいいでしょう）を与えてくれるところにあります。つまり，相手のどこを攻めれば一番説得しやすいかを考える拠り所としてイメージが

湧きやすく，それだけ実践的であるという良さがあります。説得術については，この3類型とは異なる切り口のものからいわゆるテクニックといってもよい小技的なものまで実に様々なものが紹介されていますが[*22]，そういった様々な説得術を行使する上で大きな軸となり得る点にも，この考え方の有用性を見出せます。

　そして，人は，功利的側面，論理的側面，感情的側面を複合的に有する存在ですから，こうした側面が複雑に交錯する相続の場面においても，前記3つの説得類型を基本として説得技法を検討し，実践することが有用であると思われます。また，ある意味本人から一歩距離を置いた形で相続案件を取り扱う弁護士の実務感覚に，より合っていると感じます。

　この「相手の何に訴えるか」という観点から説得を実践するには，相手をよく観察し，よく知り，相手の立場に立って考えることが必要となります。このような姿勢をもつことは，交渉一般において重要なことです。さらに，遺産分割の局面に焦点を当てていえば，単に相手方の立場にとどまらず（ここでいう「立場」は経済的な利害得失に重点をおいているように思われますが，遺産分割の場合は，それにとどまらない，感情に関する他のファクターにより重点がおかれていることも多いのです），性格等も含め，一旦は相手自身になりきって考えてみることが，とりわけ重要です。ハーモニアス・ネゴシエーションは，相手の立場に立って，こうした説得技法を実践することを強く推奨します。

　もちろん，草野弁護士自身も述べているように，3つの説得類型のいずれに分類すべきか明らかでない場合や，2つ以上の類型に同時に当てはまる場合もあるでしょうから，そのことを踏まえて柔軟に説得方法を検討する必要があります。では，3つの類型を詳しくみてゆきます。

㋐　功利的説得

　第一は「功利的説得」です。これは，相手の利己心に訴えることによって，つまり，こちらの主張するように行動することが結果的に相手にとって得であること[*23]を理解させることによって，相手の自発的行動を促す説得方法です。

草野弁護士は，まず，功利的説得は，あらゆる時代，あらゆる環境にも耐え得る極めて普遍的な説得方法であり，日常社会でなされる説得の大半は功利的説得であるとして，人を説得しようとする者が最初に試みるべきは，常に功利的説得であるといえるかもしれない，と述べています。しかし，功利的説得は，相手の価値観，つまり，相手が自分の利益に適うと認めることを前提としており，この点についての同意が得られなければ成立しないという点には注意を要します。

相続の場面においては，遺産として複数の土地（A土地（50坪）とB土地（60坪））がある場合に，全土地を売却して相続人間で代金を分配するのではなく，「A土地は自分の自宅（40坪）の隣接土地なので自分が，B土地は，弟の自宅（30坪）の隣接土地なので弟が，という形で遺産分割するのが，自分のみならず相手（弟）にとって利益が大きくなる」ことを示して，こちらの提案に同意させるような場合が当てはまるでしょう。

なお，ここでいう「利益」は，財産的利益に限定して考える必要はありません。財産的利益に限定して考えてしまうと，基本的にパイが固定された分配型交渉である相続の場面では，功利的説得を使える場面はかなり限られてきます。

何に利益を見出すかは，人それぞれです。例えば，「相続問題で煩わされたくない（≒調停・審判まで行くことの精神的負担・時間的負担や，代理人を立てる場合の弁護士費用その他の経済的負担を避けたい）から，取り分では多少譲歩しても早く解決したい」と考えている相続人にとっては，早期に遺産分割協議が調うことの方が大きな利益となります。相続や相続税に関する手続が面倒臭いと感じている相続人も，こうした手続を他の相続人に代行してもらえるのであれば，取り分で多少譲歩してもいいと考えることがあるかもしれません。

このような相続人に対しては，自分の要求に応じてくれれば早期解決が可能であることや相続の煩わしさから解放されることをちらつかせながら条件提示すると有効でしょう。こうした説得の方法も，功利的説得と位置づけることができると考えられます。

また，見落としてならないことは，相続問題でもめることによる人間関係の悪化・崩壊を避けることに利益を見出す相続人が多いということです。自らは譲歩してでも，相続人間の良好な関係を維持したいという「利益」が，一定以上の財産的利益の確保という「利益」を上回ることが少なからずあるということです。筆者が実際に経験した事例でも，他の相続人Bから法定相続分以上の主張をされ，その分割方法も自分（A）の希望とは異なるものだったところ，Aが自分の希望に固執すれば，お互いに譲れなくなって調停・審判までなだれ込み，A，B間の関係が修復困難な程度まで悪化する心配があるが，Bはたった1人の血を分けた兄弟なのだから，そうなることは是非とも避けたい，その方が財産を多く取得するより大事だと考え，Bの要求をほぼそのまま受け入れる旨，Bに伝えたところ，BもAの気持ちに打たれたのか，それまでの態度が嘘のように譲歩しだし，急転直下協議が成立したというものがあります。

(イ)　論理的説得（規律的説得）

　第二は「論理的説得（規律的説得）」です。これは，相手の義務感ないしは規範意識など広い意味での理性に訴え，論理的筋道を立ててこちらの主張を相手方に受け入れさせる説得方法です。

　論理的説得が功を奏するためには，説得する側とされる側との間に一般的規範命題の合意が必要です。なぜなら，論理的説得の結論部分は必ず「相手は……すべきである（又はすべきではない）」という具体的規範命題の形をとることになりますが，その大前提として，その結論を演繹する一般的規範命題を相手方が受け入れていなければ，その説得が意味をもたないからです。法の価値を全く認めない者に対して法の遵守を求める説得を試みても意味がないのと同じです。

　ここで一般的規範命題と具体的規範命題の関係について補足説明しておきます。一般的規範命題とは，相手が理解し，行為規範として納得することのできるような命令文を言語化＝公式化したものです。この公式化された行為規範は特定の事案に対してだけでなく，一般的に妥当するものとして相手に

承認されているもののことをいいます。これを大前提として特定の事例の結論となるのが具体的規範命題です。例えば，「約束は守られるべきである」という規範命題と「君は私と合意した支払条件を守るべきである」という2つの規範命題を並べたとき，前者が一般的規範命題で，後者が具体的規範命題ということになります。

相続の場面における論理的説得は，民法の規定や，過去の判決や審判例を持ち出して「法律ではこうなっている，判決，審判例ではこうなっている。だから，本件でもこうなるはずだ。」といって説得する場合がこれにあたるでしょう。法律実務家にとっては，最もなじみの深い説得類型といえます。特に，こちら側の主張が法定相続分であるのに対し，相手方の主張が法定相続分を大幅に超過している場合などには，使いやすい説得法です。

また，相手が，こちらにとって好ましくない形で主張を変えてきたときには，変更を撤回させるべく，過去の言動との一貫性を指摘して説得を試みるのも，この類型の説得にあたります。ここでは，人は過去の言動と矛盾しないように行動すべきであるという一般的規範命題が前提となります。

このように，説得のために用いる規範命題は法的なものに限られるわけではありません。相手方において一種の規範意識や義務感をおぼえる内容のものであれば，説得が奏効する可能性が高まります。例えば，共同相続人間において，一族の同族会社を存続させていかなければならないとか，先祖代々受け継いできた土地を分割したり譲渡することを避けなければならない，といった意識が共有されている場合には，そのような意識に訴えかける説得が効果的であるといえるでしょう。

　(ウ) 感情的説得（情緒的説得）

第三は「感情的説得（情緒的説得）」です。これは相手の感性に訴えかけるメッセージを送ることによって，行動を促す説得方法です。人間は感情の動物であり，欲望，憎悪，愛情その他様々な感情を動機として一定の行動を起こし，同時に羞恥心，嫌悪感その他様々な感情を反対動機として一定の行動を差し控えますから，相手の感情に訴えてある感情を喚起することによって，

こちらの求める行動を相手が自発的にとるようにすることができれば，説得は成功したことになります。

相続の場面においては，例えば，被相続人の生前における言動から，どのようなことを懸念していたかを指摘した上で，「遺産をこのように分割することが，被相続人の遺志にも適うことになる」，「こんな形で争いあうのは，被相続人に申し訳ない」と説得することがこれに当てはまるでしょう。面子(メンツ)にこだわる相手なら面子が立つようにしてあげることも含まれるでしょう。

(エ) 3類型の関係

草野弁護士は，ゲームとしての交渉において最も有効な説得方法は功利的説得であり，論理的説得はこれに次ぎ，感情的説得はあまり有効でないと考えて良いように思われるとしています（草野95頁）。3類型の有効度をあえて単純化して示すと，

> 功利的説得　＞　論理的説得　＞　感情的説得

ということになります。

功利的説得はいつ，だれに対しても可能な説得方法であり，説得者が最初に検討すべきものであるのに対し，論理的説得は，相手の利己心が強く関わっている問題についてこれを行うことは困難であるので，それ以外の世界で機能することになると指摘します。感情的説得にも説得力はあるが脆弱であるとします。

まずは，一般論として，功利的説得を最初に試みるべきことは，先に述べたとおりであり，その次に，論理的説得を試みることになります。

しかし，ビジネスに関する交渉についていえば，現実の交渉場面で最も多く用いられるのは論理的説得であり，その理由は2つあります。

第一の理由は，論理的説得は功利的説得よりも格調が高く，説得される側が自尊心や体面を傷つけることなく受け入れることのできる説得方法であるということに求めることができ，第二の理由は，彼我の利害が対立する交渉の場において功利的説得を用いることができる状況というものは極めて限ら

れていることから，必然的に論理的説得が用いられることが多くなるということに求めることができます。

　第一の理由についてはもう少し説明が必要でしょう。功利的説得は確かに有効な説得方法です。しかし，功利を前面に主張すれば，どこか品性に欠け，浅ましいヤツだという印象を持たれかねないことが少なくありません。その裏返しとして，正面から功利的説得を試みる場合，その相手は，自分がそのような人物であるとみられていると考え，その説得を受け入れられなくなることもあり得ます。それゆえ，相手が説得を受け入れやすいように論理的説得を用いることが多くなるという構図が生まれてくるというのです。

　相続は，ビジネスに関する交渉に比べれば，論理的説得以外の説得を用いる機会が多いと考えますが，論理的説得が功を奏する場面もたくさんあります。例えば，遺産分割協議に参加しながら「財産が欲しいわけではない」と強調する相続人がときどきいます。それが本心かどうかは別として，このような相続人に対して正面から功利的説得を試みてもうまくいかないであろうことは，以上の説明から容易に想像できます。他方において，「財産が欲しいわけではない」と言った相続人には，その発言との一貫性を求められるという行為規範が生じますので，論理的説得がより効果的になる場合があります(*24)。ただ，ここで行為規範が生じるといっても，相続紛争は，義務感を伴いにくい親族間の紛争であるため，通常のビジネス交渉の場合と比べて，規範に対する抵抗が低い当事者が多く，規範の拘束を軽々と乗り越えてしまう方もよくみかけます。

　以上の話は，「ホンネ」と「タテマエ」の関係になぞらえることができます。功利的説得が働き掛ける「ホンネ」とは「正面切って言い出しづらい理由」であり，論理的説得が働き掛ける「タテマエ」はその反対概念といえます。つまり，論理的説得がタテマエの交渉を，功利的説得がホンネの交渉を司ることになるのですが，相続人同士ではホンネを言いやすく，タテマエが後退しやすくなるため，ビジネス交渉と比べれば，論理的説得が効きにくくなることが多くなります。

(オ) 感情的説得は補完的説得類型にとどまるか？

ところで，草野弁護士は，情緒的説得は，功利的説得や規律的説得と別の説得類型というよりは，これらを補うための補完的説得類型であるとも述べています。すなわち，功利的説得や規律的説得が有効に行えない場合に，やむを得ず用いる説得の技法として，又は，功利的説得や規律的説得が十分な説得力をもつ場合でも，その説得力をさらに高めるための技法として機能するものと位置づけています[*25]。

この点，相続の場面では，ビジネス交渉と比べて，はるかに多くの感情が渦巻きます。それゆえ，感情的説得がより前面に出てくるとも考えることができます。実際，相続紛争に関わる弁護士が最も悩むところの1つが，この感情的説得をどのように効果的に，かつ，効率良く使うか，ということです。相続紛争では感情にまつわる部分はセンシティヴな問題であることが多く，感情的説得を試みるにも機微を見極めることが重要であり，何度も使える手ではないからです。

相続の場面における感情の問題は，多くは，相続開始の時点にとどまらない，家族の長い歴史の中における財産分配や愛情分配における不公平感の是正といってもいいでしょう。その中には，特別受益や寄与分といった法制度に昇華しているものもあります。そのような法制度があれば論理的説得が前面に出ることになり，法制度ではカバーしきれないときに感情的説得が補完的役割，さらには主導的役割を果たすと考えることもできるでしょう。

(カ) 説得は「勝ち負け」の問題ではない：建設的説得には妥協が不可欠である

説得というと，相手を一方的に説き伏せることをイメージしがちですが，説得の目的は，説得相手の同意を得ることであって，相手を負かすことではないのですから，「議論に勝った，負けた」という観念を持ち込んではなりません。勝敗の観念にとらわれて議論をすることにより，相手の感情を害してしまっては，説得に失敗する可能性が高まってしまいます。

南カリフォルニア大学のジェイ・オールデン・コンガー教授は，そもそも

説得は意見の交換を通じて進むものであり，説得者が説得の過程で自分の行動や考え方を変えずに，他人の考え方や行動だけを変えることはまずできないのだから，有意義な説得には，他人の意見に耳を貸すだけではなく，それを自分の考え方の中に取り入れなければならない，と指摘しています（DIAMOND ハーバード・ビジネス・レビュー編集部編訳『「説得」の戦略』（ダイヤモンド社，2006年）38頁）。

　このように，説得の基本は，相手が反論できない状態に追い込むことではなく，どうすれば，相手がこちらの言い分に同意してくれるかを工夫することにあるといえるでしょう。コンガー教授も，「論理は本来，説得の一部にすぎない。説得者の信頼度も重要だし，双方が利益を得られるように調整する能力，相手の共感をよぶ能力，生き生きとした言葉遣いで具体的な議論を展開する能力など，他の要素も同じように重要なのである。」と述べています。

　これらの能力ないし要素を全て兼ね備えることはなかなかできませんが，説得という行為は，決して一方的な行為ではなく，ある種の双方向的な協同行為であるととらえ，こうした要素を少しでも意識することが，説得の成功率を高めることにつながるといえるでしょう。

㈎　遺産分割協議において3類型を用いる順序

　草野弁護士は，3類型を検討する順序として，その効果の大きさから，まずは功利的説得，続いて論理的説得，そして，感情的説得はそれらを補完するものと指摘しています。

　では，遺産分割の場面において，これらの類型を実際に用いる順序についてはどのように考えれば良いのでしょうか。この点について，草野弁護士は直接言及していませんが，新潟地方裁判所事務局長，東京家庭裁判所家事調停委員を務められた平柳一夫氏が，草野弁護士の説く3類型が有益であるとした上で，1つの考え方を示しております。やや長くなりますが，参考になると思われますので，以下に引用してみます。

　「遺産分割調停事件では当事者らは，『泣き泣きもよい方をとるかたみわけ』とか，『泣きながらまなこを配る形見分け』という古川柳があるように，当

初は功利面を表面に出したがらないから，通常はまず感情面の事実を語るにまかせる。このとき，当事者は，相手の不当をなじり，自分はやむを得ず争うのだという弁解を続けるから，これを聞いてやると同時に，被相続人の生前の話などを引き出したりして感情面に訴えてゆく。次に，論理的説得を行うことが主となるが，論理的説得は，調停委員会と当事者と双方の価値観が同一基盤上になければ意味をなさない。長男が現在の相続制度の理解が薄いときなどはその例であるから，このときは，相続制度を十分に説明して同一基盤上に立たせることが先決である。そうした上で，最終的には功利的説得で押し通すという順がよいと思う。しかし，いずれにしても類型は類型にとどまるから，臨機応変の活用が大切である。」（平栁152頁）

　要するに，感情的説得 → 論理的説得 → 功利的説得の順に用いるのがよいのではないか，というわけです。

　もちろん，これは，平栁氏の調停の場面における経験等から来る1つのモデルであって，常に妥当するものではないかもしれません。特に，調停段階という相当程度紛争状況が進捗しているステップ（段階）における説得の順序と，それ以前の任意の話合い（協議）の段階における説得の進め方は，当然には同じでないと考えた方が良いでしょう。例えば，各当事者間に感情面の鬱積がなく，当初から理性的な判断ができる状況であれば，感情的説得を用いる意味はあまりありませんから，論理的説得から入った方が良いといえます。

　それでも，説得の進め方の一典型としては，調停前の協議分割にあたっても役立つものと考えられます。もっとも，同氏も述べているように，臨機応変の活用が大切であることは，調停以前の段階において一層当てはまるといっても言い過ぎではありません。

　実際，遺産分割交渉で膠着状態が続いた局面から，感情的説得（この後すぐ紹介する「感情のこじれを修復するための説得技法」も含みます）のやり取りの末に，各相続人が言葉を発することなしに，一瞬の目線の交差や何気ない仕草，あるいは溜息をつくといったことで互いに説得し合い，納得して合意に達する，

「阿吽の呼吸」が生じたともいうべき瞬間というのが結構あります。冒頭で説得の定義を「主に言語的な手段で……」と紹介しましたが，上記の瞬間は，言語的手段を伴わなくても，説得効果が生まれることがあるという例でもあります。そして，このような説得効果は，調停委員を介して交互面接で行われるため当事者の接触が少ない調停分割より，協議分割の場面での方が，より生じやすいといえるでしょう。

　いずれにしても重要なことは，説得の類型を検討するにあたっても実際に用いるにあたっても，相手の立場やものの考え方を把握し，見極めることです。そうすることで，有効な説得方法，あるいはその組合わせ，順序などがみえてくるからです。

(2) 感情のこじれを修復するための説得技法

　交渉においては，全く脈のない交渉ではないにもかかわらず，双方又は一方の感情のこじれによって交渉がうまく行かなくなってしまうということが，しばしば起こります。相続紛争では特にそうです。

　相続紛争では，家族の長い歴史的経緯を背景として，相続人が他の相続人に対して負の感情を持っており，そうした感情の衝突が生じ，相続人同士が当初から犬猿の仲であるということが少なくありません。そこでは，自分のことは棚に上げて，相手ばかりを悪者にして一方的に非難し，相手もこれに応戦して，どっちが悪いかを競い合うという構図が生まれることもしばしばです。こうなってしまうと，感情の亀裂は深まるばかりで，上記で紹介した説得の3類型を駆使するどころの話ではなくなってしまいます。交渉事は，正常なコミュニケーションが成立していなければ，うまく進みません。有用な説得技法といえども，それを用いるのに適した環境が整ってなければ，役立たせるのは困難です。それゆえ，説得の3類型を駆使できるような環境を整え，相続交渉を円滑に進めることを可能にするためには，感情の対立を緩和してスムーズなコミュニケーションを可能とすることが必要となってきます。では，どうすれば，そのような雰囲気づくりができるのでしょうか。

これについても，いついかなる場合でも使える特効薬のようなものがあるわけでありませんが，ここでは，ストーン＆パットン＆ヒーン249頁以下から，「耳を傾ける」というやり方を紹介しておきます。

　ちなみに，相手にできるだけしゃべらせることが，単に関係を修復するだけでなく，その聞き手の説得力を増すことにもつながることは，立花薫著・榎本博明監修『論理的に説得する技術』（サイエンス・アイ新書，2014年）56頁以下などでも指摘されているところですし[*26]，「交渉上手は聞き上手」という指摘もあります（田村71頁以下）。確かに，いわゆる「争続」ないしその一歩手前に達した局面では，各相続人が自分の言いたいことばかりを主張して，他の相続人の意見に真剣に耳を傾けていないことが多いかもしれません。そのようなときは，一歩下がって相手の考え方に真剣に耳を傾けてみることが，「争続」や感情のこじれから脱却する近道になるかもしれません[*27]。

　それでは，「耳を傾ける」というやり方についてみていきたいと思います。

㋐　話合いにおける相手の不満とは

　私たちは，相手がこちらの言い分をちゃんと聞いてくれなかったり，なかなか理解してくれなかったりすると，往々にして，同じことを何度も繰り返し述べたり，新たな角度から説明しようとしたり，声を大きくしたりと，あの手この手で突破口を開こうとしてしまいます。

　しかし，これではかえってうまくいかないというのです。なぜかというと，相手が話を聞こうとしないのは，頑固だからではなく，自分の言うことを聞いてもらえないと感じているからであり，要するに，相手が話を聞いてくれないと感じているのは実はお互い様だというのです。実際，難しい話合いに取り組む人たちに多い不満の1つが，相手が話を聞こうとせず，自分の言うことを聞いてもらえないと感じていることだそうです。

　もし，相手の聞く気を損なっている障害が，自分の言うことを聞いてもらえないと感じていることにあるとすれば，その障害を取り除く方法は，ちゃんと聞いてもらえていると相手に感じさせること，ということになります。

　このあたりは，既に紹介した感情的説得に通ずるものがありそうです。

(イ) 心から聞くことに集中する

そして、そのためには、まず、相手の言いたいことに耳を傾ける必要があります。テクニックではなく、心から聞くことに集中します。ここにいう「心から」というのは、相手に対して純粋な好奇心を抱いて、とか、相手のことを気にかけて、ということを意味します。ストーン氏らは、とりわけ不満やプライドやおそれといった感情に耳を傾け、そうした感情を認めてあげることによって、頑固で他人の言うことなど何も聞き入れないような人でも、いくらかましな聞き手になると述べています。

感情がもつれているときは、こちらも相手に対して必ずしも良い感情をもっていないので、そういった感情が邪魔してなかなかできそうにないと思うかもしれません。しかし、そのようなときこそ、思い切ってやってみる価値はありそうです。

もっとも、この「心から聞く」ということは、感情の持ち主である本人が代理人を立てているときは少し難しいかもしれません。それでも、そういった不満が代理人を通じて直接又は間接に示されているときは、耳を傾ける姿勢を示し、そのことを相手方代理人を通じて本人に伝えてもらうように努めることも考えてよいでしょう。

(ウ) 話を引き出す3つのテクニック

上記では、相手の言いたいことに耳を傾けるに当たっては、テクニックではなく、心から聞くことに集中することが必要だと述べました。しかし、それは良い聞き手であるための内なるスタンスのことであって、そうしたスタンスをもつことを踏まえた上で、話を引き出すテクニックというものが必要となるのも事実でしょう。ストーン氏らは、良い聞き手が用いる主なテクニックは、質問すること、言い換えること、認めること、の3つだといいます。以下、その中身を簡単に紹介します。

① 具体的な情報を求めるための質問をする　　相手の結論がどこから来ているかを理解し、相手が思い描いていることへの理解を深める質問をすることが重要です。

例えば，
- あなたの見方について，もう少し話してもらえますか？
- あなたは私の知らないどんな情報をもっているのでしょう？
- 私のしたことはあなたにどんな悪影響をもたらしたのでしょう？
- これが私のせいだとあなたが考えている理由をもう少し話してもらえますか？
- あなたは何か私のしたことに反応しているのですか？
- こういったことについてあなたはどう感じていますか？
- もしそうだとしたら，それはあなたにとってどんな意味があるのでしょう？

こうした質問をしても答えがはっきりしないのであれば，さらに探りを入れ続け，明確な答えを求めて質問を重ねることも必要になります。

他方，質問にも「悪い質問」というものがあります。ここで質問をするのは，感情のこじれを修復するため，相手から具体的情報を引き出すべく良い聞き手になることにあるのですから，その趣旨に反しないよう，次のような点にも注意が必要となります。

(i) 質問の形を借りた断言をぶつけない　ストーン氏らが挙げている例の1つを紹介すると，「冷蔵庫のドアをあんなふうに開けっぱなしにするつもりなの？」（「冷蔵庫のドアを閉めてちょうだい」あるいは「あなたが冷蔵庫のドアを開けておくのがわたしには不満だ」に代わる質問）というものがあります。

　こうした質問は，受け手からすると，その根底にある感情や要請よりも，むしろ皮肉や攻撃の側面に焦点を当ててしまい，より事態を悪化させてしまいます。

　相続の場面でいえば，「お前は被相続人から特別扱いされて，さんざん良い思いをしてきたのに，なぜ，まだ財産を欲しがるのか？」といった言い方をすると，相手にとっては質問の形を借りた非難として映ってしまうでしょうから，悪い質問といえます。

(ii) 追及のための質問をしない　ストーン氏らが挙げている例の 1 つを紹介すると,「あなたはこれがわたしのせいだと考えているようです。でもたしかあなたは, わたしよりも自分のほうが多くのミスをおかしたと言っていませんでしたか？」というものがあります。

こうした質問は, 相手から学ぼうとするよりも, 正しいのはこちらだ, 間違っているのはそちらだということを相手に納得させようとするものですから, やはり, より状況を悪化させてしまいます。

相続の場面であれば,「お前は, 私に特別受益があったというが, それを言うなら, お前が被相続人からもらっていた○○も特別受益ではないのか？」といった質問の仕方がこれに当たるでしょう。

(iii) イエス・ノーを迫ったり, 選択肢を用意しない　このような回答範囲を限定した質問の仕方を「クローズド・クエスチョン」といい, 反対に,「どう思うか？」などのように, 制約を設けずに相手に自由に回答させる質問の仕方を「オープン・クエスチョン」といいます。

クローズド・クエスチョンは, オープン・クエスチョンに比べ, 相手にとってはある種の答え易さがある反面, 相手方の言葉で多くの情報を引き出すことが難しくなります。また, 自分が言いたいことを聞いてもらえない不満をもっている相手にこのような質問をすると, 本当に言いたいことを制約してしまうおそれがあります。それでは, 感情のもつれを修復するという目的から遠ざかってしまいます。上記で紹介した具体的な情報を求めるための質問の数々が, 基本的にオープン・クエスチョンの形をとっていることには, こうした理由もあります。

もっとも, このような場面でのクローズド・クエスチョンが全くダメということではなく, 相手にとってある種の答え易さがあるというメリットも捨て難いので, 自由回答を引き出す質問への呼水として使うのが良いのではないかと考えます。

(iv) 答えを強要しない　どんな質問でも, ときには防御的な態度を引

き起こすことがあります。それでも答えを求め続けた場合，相手が余計に抵抗してしまうことがあるかもしれません。そんなときは，その質問は要求ではなく誘いかけということにして，無理に答えなくても別に構わないということを示せば，信頼関係を損ねずに済みます。そして，そのことが後日の回答を得ることにつながるかもしれません。

② 相手の言葉を言い換える　言い換えるとは，自分が理解した相手の言葉を，自分自身の言葉に直して伝えるということです。

この言い換えには2つの重要な効用があります。

第一に，自分の理解の程度をチェックでき，相手にとっても，訂正するチャンスが与えられるということです。

第二に，言い換えることで，こちらがちゃんと聞いていることを相手に知らせることができ，ひいては，相手がずっと熱心に自分の言うことに耳を傾けてくれるようになる，ということです。

もっとも，相手の言葉を言い換えるとはいっても，心から聞くことに集中すればするほど，相手が自分の真意をうまく言葉に表すことができていないのではないか，と感じることも出てくるでしょう。そのような場合には，相手の言葉をただ言い換えるのではなく，「あなたが言いたいことは，本当はこういうことではありませんか」と聞き返すことにより，相手の潜在意識や無意識にあるものを聞くことも可能となります（廣田尚久『和解という知恵』（講談社新書，2014年）126頁）。そのことが上記2つの効用を得ることにつながります。

③ 相手の感情を認める　ストーン氏らは，感情は認められることを熱望している，すなわち，感情はふらふらと会話の周辺をさまよい，あの手この手で自らの存在を認めさせようとする，それゆえ，それができなければ，会話の中でトラブルを引き起こす，と述べています。逆に，相手の感情の存在を認めれば，対話の進展をもたらすことになるわけです。

では，どのようにして相手の感情を認めるのでしょうか。「認める」とは，相手の言っていることの感情に関わる内容について，自分が理解しようと努

めていることを何らかの形で伝えることです。言葉で返さなくても，ただ頷いたり，相手の目を見るだけで足りる場合もあるかもしれません。

　ここで注意を要するのは，「認めることは，同意することではない」ということです。たとえ相手の言っていることの内容に同意できなくても，その背後にある感情の重要性を認めることはできます。「ご意見には同意できないが，あなたがそのようにおっしゃる気持ちもよくわかる」といった表現がそれに該当しようかと思われます。

　もちろん，その区別が容易ではない場合もあり，こちらが同意できない場合に，同意したと相手に誤解されることがないように，慎重に対応しなければなりません。しかし，相手の意見に同意するかしないかの二者択一しかないと思い込むのと比べ，相手の感情を認めることができれば，ずっと解決の糸口を摑みやすくなるのではないでしょうか。

(エ) 相手から批判されたときの考え方も基本は同じ

　元フォーラム・コーポレーション・シニア・バイス・プレジデントのトーマス．C．カイザー氏は，交渉中に相手から攻撃をされた場合の最善の対応は，(「信じられないかもしれないが」と前置きしつつ) 相手に話をさせること，すなわち，相手の話に耳を傾けるのが得策であるとして，次の3つの理由を挙げています（DIAMOND ハーバード・ビジネス・レビュー編集部編訳『「交渉」からビジネスは始まる』(ダイヤモンド社，2005年) 36頁以下)。

①　新しい情報を得ることにより，活動の機会と切り札の数が増やせる
②　防御せずに相手方の言い分に耳を傾けることで怒りが鎮まる
③　聞いているだけなら譲歩したことにはならない

　交渉中であっても人は攻撃を受けると，自然な反応として防御又は反撃に転じてしまいます。しかし，目の前の相手が感情的になって怒っているときに，こちらも感情的になって反論してしまうと言い争いになり，意見の相違はますます広がり，関係修復が不可能になってしまうかもしれません。

　そんなとき，相手の話に耳を傾けることに上記のような積極的な意味＝利点があることに思いが至れば，自分の感情をコントロールして「相手の話を

ちゃんと聞いてみよう」と考えることができるのではないでしょうか。この3つの理由は，相手から攻撃されたときに限らず，相手の話に耳を傾けること全般に通ずるものといえるでしょう。

　ここで大事なことは，あくまでも感情のもつれによって関係修復が困難になるのを避けることにあります。したがって，その場でどちらが正しいかをはっきりさせようとせず，相手の話を「遮らず」「最後まで」聞いてみることです。反論や意見があっても，せいぜい簡単に指摘するにとどめ，どちらの主張に分があるかを明らかにするのは時間の経過に委ねる，くらいの感覚で良いのではないかと思います。

▷▷▶**2　「説得術」のまとめ**
- 説得技法には様々なものがあるが，相手の何に訴えるかという観点から，「功利的説得」「論理的説得」「感情的説得」の3類型に分類する考え方が，実践的かつ実務感覚にも合っており有用である。
- 「功利的説得」とは，こちらの主張するように行動することが結果的に相手にとって得であると理解させることによって，相手の自発的行動を促す説得方法である。何が「得」＝「利益」であるかは，人それぞれであるし，経済的利得であるとは限らないから，柔軟に観察する必要がある。
- 「論理的説得」とは，相手の義務感ないしは規範意識など広い意味での理性に訴え，論理的筋道を立ててこちらの主張を相手に受け入れさせる説得方法である。遺産分割も法律問題を伴う以上，重要な説得技法であるが，タテマエよりホンネをぶつけやすい親族間紛争でもあるため，義務感を伴いにくく，ビジネス交渉と比べると，効果が落ちるときがある。
- 「感情的説得」とは，相手の感情に訴えてある感情を喚起することによって，こちらの求める行動を自発的にとるようにする説得方法である。ビジネス交渉では，補完的説得類型になりがちであるが，相続の場面では，大きな比重を占め，主導的役割を果たすことも少なくない。

- 説得の基本は，相手が反論できない状態に追い込むことではなく，どうすれば，相手がこちらの言い分に同意してくれるかを工夫することにある。説得という行為は，勝ち負けの問題ではなく，ある種の双方向的な協同行為である。
- 遺産分割において３類型を用いる順序は，感情的説得 → 論理的説得 → 功利的説得を基本仕様として，臨機応変に対応するのが良いと考えられる。
- 双方又は一方の感情のこじれによって交渉が上手くいかなくなったときは，相手の考えに真剣に耳を傾け（「心から聞く」），相手にできるだけしゃべらせることによって活路を見出せる可能性が出てくる。
- 「心から聞く」というスタンスをもちつつ，相手から話を引き出すには，①具体的な情報を求めるための質問をする（オープン・クエスチョン），②相手の言葉を言い換える，③相手の感情を認める，といった３つのテクニックが有用である。
- 相手から批判・攻撃されたときも，感情的にならず，相手の話に耳を傾けるのが得策であることが少なくない。
- 説得するにしても，感情のもつれを修復するにしても，一旦は相手自身になりきって考えてみることが重要である。

3　用　　語

　ここで交渉の基礎理論でよく使われる用語を紹介しておきます。

　交渉の基礎理論としては，経済学的なアプローチも有力であり，パレート最適や情報の非対称性などといった経済学の概念や用語を利用して論じられます。また，近頃では認知心理学や行動経済学など人間の心理・行動に注目した議論の発展も目立っています。以下，経済的・数量的な面に着目した用語や人間の心理や行動の傾向を取り入れた用語も織り交ぜながら，交渉学における基本的な用語や概念（考え方）を取り上げます。

(1) 目標点と抵抗点

目標点（目標値）とは，交渉開始前にあらかじめ想定した最大限どこまで期待するのかという額のことで，いわば交渉人の到達目標です。

これに対し，**抵抗点**（resistance point）とは，交渉を絶対的に打ち切ることを決断するポイント（**交渉打切り点**）のことをいい，**留保価値**（reservation value），**留保価格**（reservation price）又は**ボトム・ライン**などともよばれます。

交渉における広義の目標は，上限を目標点（狭義の目標），下限を抵抗点とするものであるといえます。

● **目標点を設定する意義**

交渉人は，往々にして，合意することだけに関心を向ける余り，いわゆる「落としどころ」を探してしまいます。しかし，それでは，駆け引きを挑んでくる可能性が高い相手方に対しては，大きな譲歩を余儀なくされる場合が多くなってしまいます。また，曖昧な目標設定は，アンカリング効果（後記(12)）の餌食となりやすいとの指摘もあります（田村99頁）。そこで，そうならないよう，事前の準備で目標点として高い目標を設定し，それを実現するための努力をすることによって，交渉の成功確率を高めることができます。

● **抵抗点を設定する意義**

人は，一生懸命努力してきた大事な交渉であればあるほど，それが決裂することを恐れる余り，必要以上に譲歩し，その結果，本来であれば拒否すべき取引を成立させてしまうことがあります。そこで，そうならないよう，事前の準備で交渉を打ち切るポイントを決めておくことが効果的です。ただし，多くの交渉家は，本来もっと譲歩できる余地があるにもかかわらず，勝手に高めの抵抗点を措定する過ちを犯すとの指摘もあります（草野76頁）。そこで，現実的な評価に基づいて合理的な抵抗点を計算しようとするなら，後述するBATNAを慎重に見極めることが不可欠となります。

なお，相手の抵抗点を見極めることができれば，交渉を有利に展開することができます。逆にいえば，交渉を有利に展開するには，自己の抵抗点を相

手に悟られないようにすることが重要となります。

(2) 合意可能領域（ZOPA）

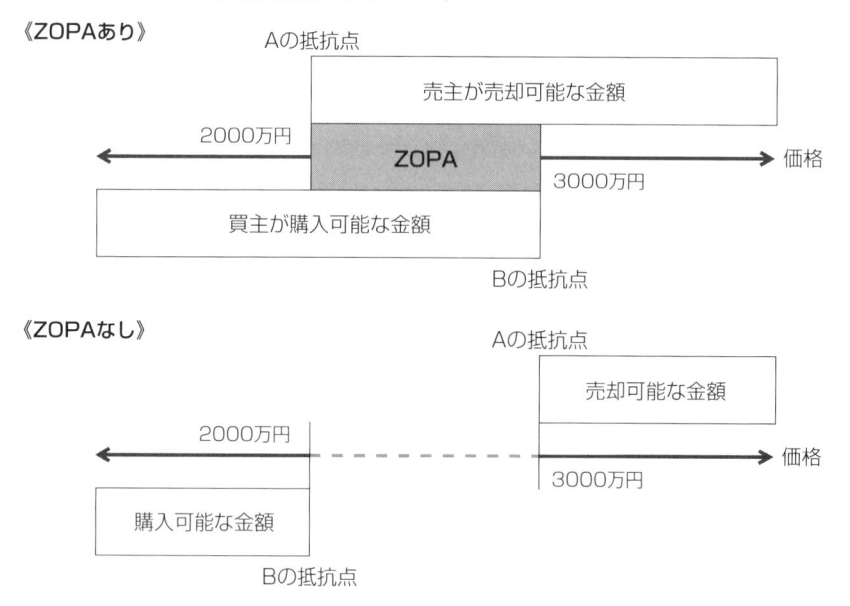

合意可能領域（ZOPA）とは，すべての交渉当事者が受入れ可能な取引の集合を意味し，ZOPAはZone of Possible Agreementの頭文字をとった言葉です。交渉当事者にとって受入れ可能な取引とは，抵抗点を上回る条件を有している取引ですから，一方当事者の抵抗点を上回る部分と他方当事者の抵抗点を上回る部分との間に重なり合う領域があるときに初めてZOPAがあるということになります（**図表2－1－1**参照）。つまり，ZOPAは，両当事者の抵抗点によって画されることになります。

この図をご覧になりながら，考えてみてください。例えば，AがBにある物を売ろうとしているとき，Aは売っても良いと考える最低価格が2000万円であるができるだけ高く売りたいと考え，Bは買ってもいいと考える最高価

■図表2－1－1　合意可能領域（ZOPA）

《ZOPAあり》

《ZOPAなし》

格が3000万円であるができるだけ安く買いたいと考えているとします。そうすると，売主Aにとっての抵抗点が2000万円で，買主Bにとっての抵抗点が3000万円ですから，2000万円と3000万円の間でZOPAがある，ということになります。

逆に，Aは3000万円以上でないと売らないと考えており，Bは2000万円以下でないと買わないと考えているのであれば，受入れ可能な取引条件の重なり合いがないので，ZOPAは存在しないということになります。

次に，相続の例で考えてみます。遺産は5000万円の預金だけしかないと仮定し，Aは最低でも法定相続分の2500万円はもらいたい，できればBに譲歩してもらって更にたくさんもらいたいと考えているのに対し，Bはあまり欲がなくて2000万円もらえれば十分だが，遺留分に相当する1250万円を割り込むなら調停だと考えているとします。

この場合，Aの取り分に着目してZOPAを考えれば，Aの抵抗点が2500万円，Bの抵抗点が3750万円（5000万円 - 1250万円）ですから，2500万円から3750万円の範囲がZOPAということになります。

これに対し，相続人全員が法定相続分にこだわる場合は，価額面からみたZOPAは極めて狭いものとなり，ただ，特定の財産に対するこだわりの有無や強弱などによって，分配方法の面における抵抗点がZOPAの広狭を左右することになるでしょう。

(3) **BATNA**（バトナ）

BATNA（バトナ，決裂時最良代替案）とは，交渉で合意が成立しない場合の最善の選択肢のことで，Best Alternative To a Negotiated Agreement の頭文字をとった言葉です。

例えば，自分が所有するマンションを売却しようとして交渉しているとき，その相手以外にも買い手の候補がいる場合，その中で最も高値で買ってくれそうな代替候補がBATNAです。その他，紛争解決型交渉にあっては，裁判への移行がBATNAとなり得ます（草野101頁，小林39頁）。

BATNAは，交渉力を高め，意思決定の質を高めるための交渉ツールです。すなわち，BATNAを用意してノーといえる準備をしておけば，今行っている交渉がBATNAより優れているかどうかを常に吟味することにより，交渉の決裂を恐れる余り際限なく譲歩してしまうことを避けることができます。逆に，有利な条件を拒否してしまうことも防ぐことができます。また，BATNAが強力であれば，それを相手方に示すことにより，相手方から大きな譲歩を引き出せる可能性が高まります（ただし，相手がこちらのBATNAに影響を及ぼすことができるときは，その選択肢を消して抵抗点を引き下げようとすることもあり得るので，開示には慎重な判断が必要です）。このように，BATNAは交渉力の源泉として非常に重要な考え方であるといえます。

● BATNAと抵抗点の関係

　交渉を客観的・経済的に捉えた場合，抵抗点は，経済学の**機会費用**（opportunity cost。ある行動を選択することによって失われる，他の選択可能な行動のうちの最大利益）を基準に決定されることとなります（草野77頁）。交渉における機会費用に通ずるのがBATNAですから，抵抗点はBATNAを基準とすることとなりますが，両者が同じ値をとるとは限りません。例えば，ある示談交渉において，訴訟へ移行すれば，高い確率で1000万円の利益を獲得できることが見込まれると仮定します。そこで，訴訟への移行をBATNAと見立てたとします。では，抵抗点も1000万円かというと，そうはなりません。訴訟による解決には，弁護士費用や時間が掛かりますし，想定した結果が得られないリスクもあります。そのため，こうした要素を考慮して，BATNAより低いところ（例えば800万円）に抵抗点を設定するのが通常でしょう。このように，BATNAは，抵抗点を客観的合理的に算出してこれを下支えする関係にありますので，交渉を始める前にBATNAをみつけておくことが重要となります。

● BATNAは交渉の過程でも変動し，抵抗点，ZOPAを左右する

　AとBが示談交渉をしており，過去の裁判例は，Aに有利なものとします。そこで，Aは訴訟への移行をBATNAと見立てていました。Bにはこれといった BATNAはありません。ところが，交渉の最中に，最高裁判所が，過去

の裁判例を覆して，Bに有利な内容の判決を出すと，Aにあったはずの BATNAがBに移行するという逆転現象が生じ，したがって，Aの抵抗点は下がり，Bの抵抗点は上がりますから，ZOPAも大きく変動し，双方の交渉力は一変します。相続事例でいえば，非嫡出子の相続分に関する紛争が，これに似た利益状況といえるでしょう（最大決平25・9・4民集67巻6号1320頁。**第3章，第2，3参照**）。

これ以外にも，売買交渉で，BATNAであると頼りにしていた取引の代替買主候補が他の物件を購入してしまったとか，その他の取引環境の変化によってBATNAが変動して，交渉の力関係が大きく変動することは十分起こり得ます。つまり，BATNAも不変のものでは決してなく，常に見直しをかけることが望ましいものであると理解してください。

- **相続交渉におけるBATNAとは**

相続交渉においては，交渉の選択肢は大幅に限られるのが通常です。すなわち，①各交渉者には取引相手を選ぶ自由がなく，②取引が決裂するということはあり得ない（必ず合意を成立させなければならない）という条件があるからです。

しかし，相続交渉にも複数の取引局面を想定することは可能です。わが国の相続法では，協議分割＝調停前の任意での交渉(ⅰ)が暗礁に乗り上げた場合，遺産分割調停(ⅱ)という場に移動し，さらにはそこでも合意が成立しなかった場合には，審判手続(ⅲ)に移行し，審判官（裁判官）が法定相続分に準じた分割方法を決定するという仕組みになっています。そして，(ⅰ)から(ⅲ)のステージ（段階）へ進むに従って法定相続分（及び分割基準についての裁判例）の縛りが強くなっていきますから，(ⅰ)のステージで合意を拒否しても，最終的には(ⅱ)又は(ⅲ)のステージで法定相続分ないしはそれに近い額を取得することができると期待することができます。つまり，任意の交渉が決裂しても，調停又は審判で法定相続分に見合う財産はほぼ確実に取得できるはずだと考えれば，これを一種のBATNAとみることができます。

(4) 分配型交渉と統合型交渉（原則立脚型交渉）

分配型交渉（distributive bargain）とは，限られた大きさの利益（パイ）を当事者間で分配するための交渉です。したがって，一方が得をすれば，その分他方が損をするという関係にある交渉なので，ゼロ・サム（zero-sum）交渉とか「win-lose型」交渉などとよばれる場合もあります。分配型交渉においては，両当事者は，それぞれ自らの取り分を増やそうという利己的な動機が前面に出た交渉を行いやすく，そうなると交渉が熾烈になりやすいのです。

これに対し，**統合型交渉**（integrative negotiation）とは，一方当事者の利得が相手方の損失と表裏の関係になっていない交渉，すなわち，交渉当事者の双方が利益の最大化に向けて協力し当事者双方の利益となる解決案を探求することによって，新たな価値を生み出し（価値創造），その獲得を目指す交渉のことをいいます。非ゼロ・サム（non-zero-sum）交渉とか「win-win型」交渉などとよばれる場合もあります。なお，「ハーバード流交渉術」が提唱する**原則立脚型交渉**（**本章，第1，1参照**）も同義とされることが多いですが，原則立脚型交渉は，統合型交渉を実現するための基本的な交渉手法と捉えた方が理解しやすいです。

遺産分割は，双方が遺産の一部というプラスの価値を得るものではありますが（もちろん遺産の合計がマイナスの場合などの例外はあります），全体としてのパイ＝相続財産の総額が決まっているため，合計額が一定の財産を争うことになり，基本的に分配型交渉の性質をもちやすいのです（**図表２－１－２参照**）。

(5) 価値創造

価値創造（value creation）とは，交渉において獲得できる価値の総額を拡大する行為のことをいいます。統合型交渉における重要なプロセスをなすものです。

一般に，統合型交渉の説明として，協同してパイ（共同の価値）を拡大した後，そのパイを分配するというプロセスで語られることが多いのですが，相

■図表2－1－2　分配型交渉と統合型交渉

項　目	分配型交渉	統合型交渉
分配構造	固定的な量の資源の分割	可変的な量の資源の分割
目　標	相手の犠牲において目標を追求	相手と共有する目標の追求
関　係	短期的：長期的な関係は無視	長期的関係を重視
動機づけ	自分の成果を最大にする	共同で成果を最大にする
信頼と率直さ	秘密主義，防御的：相手への信頼が低い	信頼，率直性，傾聴，選択肢を共同で研究
ニーズの理解	自己のニーズは分っているが相手には隠す，またはだます	真のニーズを伝え合う
予測可能性	相手を混乱させるため，予測不可能な動きをする	互いに予測可能，相手を不意打ちしない
攻撃性	脅迫，脅しを使い優位に立とうとする	情報を互いに正直に共有する，相手に理解と敬意を示す
問題解決行動	立場に固執しているように見せる，論争とごまかし	相互に満足する解決策を探る，論理的，創造的，建設的
成功の手段	相手が持つ悪いイメージが高まる，敵対心が強まりグループ内の忠誠心は高まる	相手についての悪いイメージと自分の利点を考慮しない
不健全性の極度	どちらかがゼロサムゲームと割り切るとき，相手を負かすことが目標になったとき	共通の利益のなかに，自己の利益すべてを組み込もうとするとき
基本的な態度	「こちらの勝ち。そちらの負け」	「双方のニーズに対応するベストな方法は何か」
対立解消法	交渉が行き詰まると，調停者または仲裁者が必要	困難が生じたら集団力学の専門家が必要

レビスキー＆バリー＆サンダース225頁を一部改変して引用

続交渉の多くがそうであるように，パイそのものは拡大できないことが少なくありません。しかし，双方の優先事項と非優先事項をトレードオフすることにより（ログローリング），パイが拡大したのと同じ結果がもたらされるのであれば，交渉をただの分配から，価値を生み出すメカニズムに変換することができます。つまり，分配方法そのものを工夫することも，価値創造につながり得るのです。

　このことをイメージしやすくするためによく引き合いに出されるのが，1

個のオレンジを巡る姉妹の駆け引きの寓話です。これは，2人の姉妹がともにオレンジが欲しいといって譲らないので，困った母親が不公平にならないようにと半分に切って分けたところ，1人は実を食べて皮を捨て，もう1人は実を捨てて皮でマーマレードを作ったという話です。しかし，実を食べたい方が実を全部とり，皮でマーマレードを作りたい方が皮を全部とれば，オレンジは1個のままでもパイが拡大したのと同じになり，満足度が高くなったであろうことは容易に想像がつきます。それなのに，なぜこんな結果になってしまったかといえば，なぜオレンジが欲しいのかという動機やニーズに関する情報がこの姉妹間で共有されていなかったため，分配について競争的にならざるを得なかったからです。このことから，価値創造のためには，信頼関係やコミュニケーションに基づく情報交換が重要であることがわかります（このオレンジの寓話は，対象物を切るという点で，**本章，第1，1（6）(オ)**に出てきた「1人がケーキを切り，もう一方が選ぶ」の話と共通しています。しかし，この話は，分配型交渉において当事者から不平が出にくいようにするやり方の話で，オレンジの寓話は，当事者の異なるニーズを生かせば，より高い満足を得るやり方があるという教訓の話です。平たくいうと，前者はきれいに真っ二つに切るための工夫であり，後者はきれいに真っ二つに切るのが良い解決であるとは限らないという話ですから，両者は次元の異なることをテーマにしています）。

相続交渉もこれと同じで，財産に対する評価が各相続人間で異なる場合に，それぞれ自分が相手より高く評価する財産を取得することができれば，双方ともより高い満足を得ることができます。これは，見方を変えればパイとして総額が決まっていたはずの遺産から新たに価値を見つけ出したと評価することができるでしょう。

そして，自分が高く評価する財産がどれであるかを相手に明かさずにこっそりそれを取得しようと考えるのではなく，むしろ，自分の現実のニーズや優先事項を率直に話し，情報を共有することができれば，最大限にお互いにハッピーな結果（win-win）を実現することに近づきます。また情報を共有するその過程で，お互いのコミュニケーションがスムーズに行く友好的な交渉

スタイルが実現し，人間関係も良好になるというメリットもあるのです。

　交渉は，最終段階では価値の分割に至りますから，分配型交渉の側面が出てくることは避けがたいのですが，その前に価値創造の段階を明示的に設けることができればより交渉はスムーズになります。

(6)　パレート改善，パレート最適

　パレート改善，パレート最適という考え方は，イタリアの経済学者ヴィルフレド・パレート（1848年～1923年）が発見したといわれる考え方で，端的には交換取引により達成される満足度には限界がある，ということです。まず，**パレート改善**とは，ある社会の構成員全員の間で財貨やサービスを配分するとき，構成員のだれをも，その者の判断として不利にすることなしに，最低1名の構成員をその者の判断としてより有利にすることです。ある社会Aから社会Bに移ったときに，少なくとも1人は得をする，そしてそれ以外にだれも損をしたり不利になる者が出てこないというとき，社会AからBへの改革はパレート改善であるといいます。

　次に，**パレート最適**とは，パレート改善を突き詰めていった先，それ以上パレート改善できない社会状態です。それは，ある社会の構成員全員の間での財貨やサービスの配分において，構成員のだれかを，その者の判断として不利にすることなしには，どの構成員をもその者の判断としてより有利にすることができない状態となります。だれかを得させれば必ずだれかが損をする状態ともいえます。価値創造の理想ないし究極の状態といってもいいかもしれません。統合型交渉は，このパレート最適を確認するプロセスともいえます（レビスキー＆バリー＆サンダース159頁）。

　パレート改善とパレート最適の関係は**図表2－1－3**のように示すことができます。現在ある価値分配の曲線を右上方に押し上げるのがパレート改善で，もうこれ以上右上方に押せなくなったときの曲線をパレート最適曲線といいます。この曲線上に，パレート最適となるポイントが存在しています。

　交渉において，パレート最適を実現するような合意に至る見込みが高いと

■図表2-1-3　パレート改善とパレート最適

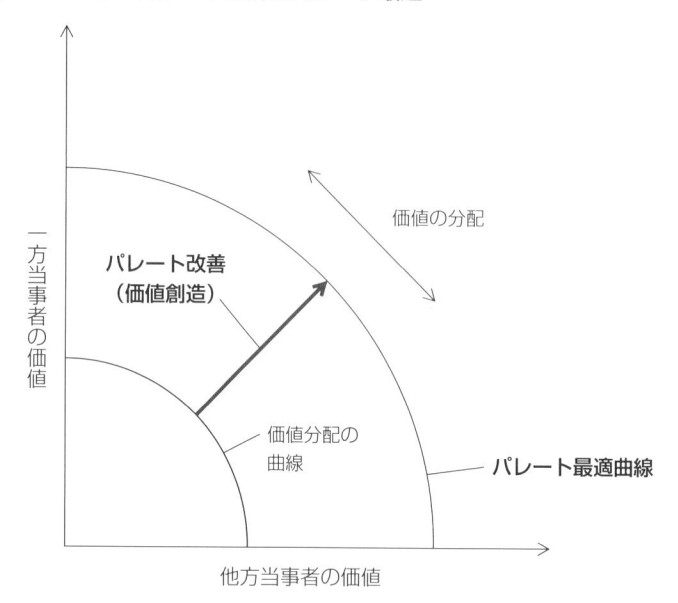

（図：縦軸「一方当事者の価値」、横軸「他方当事者の価値」、内側の円弧「価値分配の曲線」、外側の円弧「パレート最適曲線」、矢印「パレート改善（価値創造）」、両矢印「価値の分配」）

き，その交渉は良い交渉であると考えられます。

(7) ログローリング

ログローリング（logrolling）とは，交渉において論点を跨いでトレードオフを行うことをいいます。特に，相手がより重視しているものを与える見返りに，自分がより重視しているものを得ることです。統合型交渉における価値創造の手段となるものです。

売買交渉を例にとりますと，価格だけを論点とするのではなく，納期，支払条件，品質，保証などにも議論の対象を広げて論点を増やすことにより，各当事者が最重要視するものを手に入れ，かつ，さほど重視しない論点については妥協することが容易になります。

(8) パイの大きさは変わらないという思い込み (fixed-pie bias)

これは，交渉者が「相手にとって良いことは，何であれ自分にとっては悪いこと」であると思い込んでいるため，価値を創造できなくなる（統合型の解決策はない，互いの利益になるトレードオフ（交換）はありそうもないと決め込む）傾向のことをいいます。価値創造を行うためには，率直な自己開示と柔軟な考え方が必要ですが，その障害となるのが，交渉とは決まった大きさのパイを分け合うことだけだという思い込みです。この考えは非常に根強いので，意識的にこの思い込みから自由になれるように心掛けねばなりません。

(9) 情報の非対称性（情報の偏在）

情報の非対称性 (information asymmetry) とは，交渉において各当事者が相手の知らない事実やデータを知っている状況が不可避であるという事実をいいます。**情報の偏在**ということもできます。

交渉の場で，情報は最も一般的な力の源泉です。情報の力は，交渉人が自分の立場，論拠，希望する成果を収めるために情報を集め，体系化する能力から発生します。また情報は，相手の見解や希望する結果に対抗したり，相手の主張の論拠を崩す道具としても利用されます（レビスキー＆バリー＆サンダース359頁）。それゆえ，一方的に情報をもっていれば，相手に対して圧倒的に有利になります。

交渉当事者には情報格差があるのが普通ですから，情報の少ない当事者は，この格差を埋める作業をしなければなりません。では，どのようにして情報を収集すれば良いのでしょうか。1つは，聞き上手に徹して，相手から情報を引き出すことが重要です。それを分析して交渉相手のニーズやBATNA，抵抗点などがわかれば，交渉決裂のリスクを最小限にして，すばやく自己に有利な合意に到達できる可能性が大きくなります。また，交渉の準備をする上で若しくは相手を説得する場面で専門知識が関連している範囲では，弁護士をはじめとする専門家のアドバイスを求めることも重要となります。さら

に，交渉技術の知識も情報の非対称性の典型例とされますので（アラン・ランプルゥ＝オウレリアン・コルソン『交渉のメソッド』（奥村哲史訳，白桃書房，2014年）272頁），交渉技術の確認も抜かりなく行っておきたいところです（**巻末付録２**「弁護士が用いる交渉戦術」などをご参照ください）。

　相続交渉においても，当然，情報の非対称性が存在します。相続の場面では，まず，初期には遺産の内容として何があるか，交渉相手が望む分配額などが重要です。

　例えば，①相続財産の範囲についても，被相続人と同居していた相続人と，そうでない相続人の間では，現金や預金の種類・額について大きな情報格差があります。また，②被相続人とともに家業に携わっていた相続人は，事業の価値について最もよく知る立場にあります。さらには，③ある不動産や宝石が相続人の１人にとって特に高い主観的価値がある場合などもこれに含めて考えることができます。

　相手の知らない情報を隠したままで交渉ができれば，相手よりも有利に交渉を進めることができるのですが，いずれ開示しなければならない情報であれば，それを隠したままでいるのはかえって信頼関係を損なう行為であって，得策とはいえません。例えば，①における預金額は銀行の残高証明という形でどの相続人も知り得るし，税務申告の場面で明らかにしなければならない財産もあります。一方で，②の情報などはあえてオープンにせずに交渉を進めても，非難はされないでしょう。したがって，相手の行動からその主観的価値をできるだけ正しく把握することも，交渉のテクニックとして重要になってきます。

⑽　ゲーム理論

　ゲーム理論（game theory, theory of games）とは，利害対立を含む複数主体の行動原理をゲームの形で一般化した理論です。ゲーム理論の基礎として有名なものに，**「同時進行ゲーム」**，**「交互進行型の繰返しゲーム」**，**「絶対優位の戦略」**，**「囚人のジレンマ」**，**「ナッシュ均衡」**，**「しっぺ返し戦略」**などがあ

ります（ここでは詳細な説明を省略しますが，このうちの一部は，**本章**，**第2**，**7**以下で検討を加えています）。

　交渉は1人で行うものではなく，相手方がいて様々な駆け引きをしながら進めていくものでありますから，相手方がどう出てくるかを予測して，こちらの打つ手を考えておく必要がありますが，こうしたときにゲーム理論により意思決定主体（プレイヤー）の行動原理を知っておくと有用です。

　ただし，ゲーム理論は，プレイヤーが合理的かつ合目的的存在であることを前提としていますが，実際の交渉におけるプレイヤーは，必ずしも合理的でない行動をとることが多いため，行動経済学や社会心理学など，経済合理性以外の観点をも加味して相手方の行動を予測することが重要となります。

⑾　行動経済学

　行動経済学（behavioral economics）とは，典型的な経済学のように合理的経済人を前提とするのではなく，実際の人間による実験やその観察を重視し，人間がどのように選択・行動し，その結果どうなるかを究明することを目的とした経済学の一分野です。人がものごとを決定するまでのプロセスについて，いかなる決定も当事者が最大の利益を引き出せるかどうかにかかっているという経済理論が的を射ていないこと，どういうわけで，どんな風にして非合理な決定をしてしまうのかというメカニズムを明らかにしたものです。その重要な成果である**プロスペクト理論**でノーベル経済学賞を受賞したダニエル・カーネマンは心理学者ですが，その事実が示すように，行動経済学は心理学との関連が深い分野でもあります。

　交渉に携わる現実の人間が必ずしも合理的に行動しないものである以上，当然，交渉学にも行動経済学の議論が取り入れられることになります。その中でよく用いられる重要なものとして，アンカリング効果（後記⑿），フレーミング効果（⒀），損失回避傾向（⒀）などがあります。

⑿ アンカリング効果

アンカリング効果（係留効果。anchoring effect）とは，認知バイアスの1つで，最初に示された数値や条件が印象に残り，それを基点にして物事を考えてしまう傾向のことをいいます。船が錨（アンカー）を降ろすと，錨と船を結ぶロープの範囲でしか動けないことからくる比喩です。

人間は必ずしも合理的な根拠に基づいて交渉対象の価値を判断しているのではなく，特に，不案内なあるいは不確実な対象や事象のもつ価値を算出する場合には，最初に提示された値段から始めてしまい，調節もそこを基準にして行ってしまう傾向があるのです。そして，このアンカーの威力は，経験豊富で専門知識のある交渉者ですら影響を受けてしまうほど絶大であるとされています（D.マルホトラ29頁）。

● 最初の条件提示とアンカリング効果

実は，交渉において最初に条件提示をすることがベストか否かについての研究事例はほとんど存在しないようです（小林207頁）。しかし，アンカリング効果を手掛かりとすることにより，次に述べるように，ある程度の方針を決めることができます。

交渉において，最初に条件を提示することの最大の利点は，アンカーを設定できる点にあります。アンカリング効果が最も発揮されるのは，通常は交渉の初期段階です。相手の抵抗点について十分な情報があれば，最初に大胆な条件提示をして，自分に有利になるアンカーを設定するのが良いでしょう。しかし，相手が考えもしないような極端なものであっては相手の注目を引けないので，アンカリング効果は期待できません。また，法外な要求は相手を不快にし，交渉をご破算にしてしまう可能性もあります。しかし，そのことを恐れる余り，控えめな条件提示をしたところ，実は相手はもっと高い条件でも取引に応じていた，というケースは十分にあり得ます。これはもったいない話です。そのため，その取引や相手方について情報が不足している場合には，最初の条件提示をすることに慎重さが要求されます。例えば，相場が

あってないようなもの（骨董品等）の取引で，相手がそのものにどこまで価値を認めていくらまでなら支払えるのか皆目見当がつかないような場合には，もっと情報が手に入るまで最初の提案をしない，若しくは，相手に最初の条件提示をさせるのが賢明かもしれません。

⒀　フレーミング効果

フレーミング効果（framing effects）とは，意思を決定する場合，情報の意味する内容が同じであっても，質問や問題の提示のされ方によって，選択や選好の結果が異なる現象をいいます。この提示の仕方を「フレーム」とよぶことから名付けられた現象で，同じ絵画であっても，額縁（フレーム）によって見え方が変わることに由来しています。

フレームにはいろいろな型がありますが，交渉において最も重要なものの1つが，損得についてのフレームで，人間の損失回避傾向によるものです。**損失回避傾向**（loss aversion）とは，利得を求める以上に損失を回避しようとする傾向のことをいいます。この傾向から，相手の説得を試みるときは，経済的に同じ内容であっても，「こうすれば○○円お得ですよ」という利得のフレームを用いるより，「こうしないと○○円損しますよ」という損失のフレームを用いた方が効果的であると考えられます。

⒁　コミットメント（commitment）

コミットメントは，なかなか日本語に訳しづらい言葉です。英和辞典には，「言質」「公約」などとありますが，交渉論においては，「確約」（野村美明「ハーバード型交渉法再考」国際公共政策研究17巻2号（2013年）1頁），「責任引き受け」（ロジャー・フィッシャー＆ウィリアム・ユーリー＆ブルース・パットン，金山宣夫＝浅井和子訳『新版 ハーバード流交渉術』TBSブリタニカ，1998年）などと訳されることもあります。大雑把に言ってしまえば，こちらの本気度を相手に示して信用させることです。

コミットメントを交渉における用語として取り上げたのは，トーマス・シ

ェリングの『紛争の戦略』（"The strategy of conflict". 1963年。邦訳は勁草書房から出版されています）に遡ります。シェリングは，「プレイヤーがとるべき行動を事前に公表し将来確実にその行動を実行するという意思表明」と定義し，コミットメントを解明することによって交渉をめぐる各主体の利害，合意や決裂の可能性を明らかにしたという業績がノーベル経済学賞の受賞理由の1つとなりました。

　彼が挙げたチキンゲームの例は，フィッシャー＆ユーリー233頁において，「追いつめ戦術」（lock-in tactics）として紹介されています。ダイナマイトを積んだ2台のトラックが，1本道の両端から向き合って突っ込んできており，事故を避けるためにどちらのトラックが道をよけるかというゲームにおいて，一方の運転手がハンドルを引っこぬいて，相手の運転手が見えるように窓から放り出すという戦術をとります。相手の運転手は，そのままでは正面衝突して爆発するのは必至ですから，譲歩せざるを得なくなります。事態をコントロールする力を自ら弱めることによって，駆け引き上の自分の立場を強めようとするという戦術です。

　これはコミットメントが脅迫的に使われる非常に極端な例ですが，コミットメントが戦術としてどれだけ有効かは，コミットメントがどこまで相手に信用してもらえるか（クレディブル，credible）どうかにかかってきます。逆に言えば，本気ではなく一種ハッタリのように使われる場合でも，相手がそれを見抜けなければ同様の効果があるということになります。よくあるのが「これ以上こちらは譲れません。交渉決裂です。」というやり方です。「私はよいのですが，これでは上のOKが取れません。」というのも，このバリエーション（変形）とみてよいでしょう。

　フィッシャー＆ユーリーは，このようなコミットメントの使い方は「汚い手」（dirty tricks）と位置づけて，相手が使ってきた場合の対応策のみを述べるにとどめていました。しかし，その後，コミットメントに積極的な意義を見いだし，「慎重につくり上げた『責任引き受け』は交渉力を高める」（フィッシャー＆ユーリー＆パットン・前掲281頁）として，①自分のやりたいことを明

確にする，②自分がやるつもりのないことを明確にする，③相手にしてもらいたいことをはっきりさせる，の３つを交渉力として活かす方法であると説明しています。

⒂　部外者のレンズと部内者のレンズ

部外者のレンズ（outsider lens）とは，交渉者が意思決定や交渉に自ら関わっていない場合，一般的に採用する視点をいいます。これに対し，**部内者のレンズ**（insider lens）とは，交渉者が意思決定や交渉に自ら関わっている場合に採用する典型的な見方をいいます。交渉の渦中にある者は，通常その状況にどっぷり浸かりながら意思決定をする際，部内者のレンズを採用してしまいます。これに対し，状況から離れると，部外者のレンズを採用します。部内者のレンズは曇っていて，部外者のレンズはより透明ですから，部外者のレンズを採用した方が判断や見通しが正確になります。日本語にも「傍目八目」というよく知られた表現があるように，人間は利害関係をもってある状況にはまり込むと，普段よりもものが見えなくなることは経験的にも知られているところです。

　問題は，どうやってこの状況から抜け出るかでしょう。これには，「部外者を巻き込む」方法と「部外者の視点を取り入れる」方法があります（D. マルホトラ155頁）。**部外者を巻き込む**方法の典型例は，弁護士などの専門家に相談することです。部外者である専門家には，自分が無視していた要因に気付き，マイナスの情報を自分より適切に勘案し，自分ではなかなかできない客観的な状況判断をしてくれることが期待できます。**部外者の視点を取り入れる**方法とは，自分がその状況にどっぷり浸っていなかったら，状況をどう判断するか自問したり，親しい知人から助言を求められたらどのように助言をするか，という単純な質問を自分に問い掛けることによって，部外者を巻き込むのと同じような効果を狙うものです。

⒃　バルコニーから状況を見る

バルコニーから状況を見るとは，自分の内側に自然に湧き起こってくる衝動や感情と距離をおいて交渉にあたることにより，相手と自分の交渉を一段高いところから第三者の立場で客観的に見つめるということです（ユーリー74頁，田村152頁）。交渉全体を俯瞰して見ることを比喩的に表現したものです。部外者のレンズと同様の効果を目指したものといえます。交渉において，感情的な面からの判断が先に立ってしまうと冷静な判断はできなくなります。しかし，いったんは冷静さを失いそうになっても，そのままの判断を最終決定とせず，コントロールすることは可能です。そのために必要なのは現在の自分を客観視することです。ユーリー72頁は，次のようなイメージを心に描くと理解しやすいと述べています。

① まず，自分が劇場の舞台で交渉の演技をしているとイメージします。
② そして，今度はその劇場の2階のバルコニー席から舞台の自分を見下ろしているとイメージするのです。

舞台の上にいるときは，自分のことしか考えられなくなり，相手の理不尽な要求にまともに反応しがちですが，その後どうなるのか，また，相手が背後に抱えているものを常に考えることを通じて，全体を離れたところから見渡すことで，第三者的な視点をもち，冷静な判断をしやすくなるのです。

⒄　フット・イン・ザ・ドア技法

フット・イン・ザ・ドア技法（foot-in-the-door technique）とは，最初は簡単な要請をして承諾をとり，のちにより大きな要請をすることで，本来の目的である大きな要請を最終的に承諾させるという交渉技法です。つまり，小さな承諾を積み重ね，大きな承諾を獲得する手法です。**段階的要請法**ともいいます。最初から大きな要請をするよりも，この方法を使った方が同意をとりつける確率が高くなることが，社会心理学者のジョナサン・フリードマンとスコット・フレイザーの実験で確かめられています。実験結果は，大きな要

請は，最初の小さな要請とほとんど関連のないものであっても受け入れられやすいという驚くべきものです。その理由として，簡単な要請なら同意しやすく，人間には一度同意してしまうと，最初の行動によって作られた自己イメージを一貫させようとする習性があり，同意をしやすくなるのだという説明がなされています。

⒅　ドア・イン・ザ・フェイス技法

ドア・イン・ザ・フェイス技法（door-in-the-face technique）とは，最初に断られるであろう大きな要請をしておき，断られた段階で本来要請したかった本題を切り出す交渉技法です。**譲歩的要請法**ともいい，フット・イン・ザ・ドア技法とは逆のアプローチにより合意を取りつけようとするものです。

要求された側は，相手が要求を下げてくれた，譲歩してくれたと考えて，今度は自分の方がお返しに譲歩をしなければならないと考えてしまう（返報性），また，最初の要求との対比で次の要求が実際以上に小さなものにみえてしまう，このような人間心理につけ込んだテクニックです。最初の要求が法外すぎると，誠実な交渉者とは認めてもらえないとか，要求を引き下げる段階や回数にバランスを欠くと相手の感情を逆撫でする場合もありますが，うまく使えば大きな効果をもたらします。

⒆　ローボール技法

ローボール技法（low-ball technique）とは，受け入れやすい第一提案を受け入れてもらった後に，悪い条件を追加したり，良い条件を削除したりする悪条件の提示（第二提案）を行う交渉技法のことです。つまり，良い条件を出して承諾を得てから，条件を変更していくやり方です。**承諾先取り法**ともいいます。人は最初に決めたこと，口に出して承諾したことを翻しにくいという（人間心理の一貫性）を利用したテクニックです。

この手法はどうしても相手に不満が残りやすく，信頼感を損なうリスクもあるため，相手や状況を慎重に判断した上で使う必要があります。

※ 以上のフット・イン・ザ・ドア技法，ドア・イン・ザ・フェイス技法，ローボール技法は，いずれも，本来要求したい事項の前後に難易度の異なる要求を織り交ぜることで，相手の態度を操作しようとするものです。

4 ディシジョン・ツリー

(1) 相手の立場になって「先の手」を読む

当然のことですが，「交渉」には必ず相手がいます。**本章，第4**で，相続人（プレイヤー）が少数（2人）の場合と，多数（3人以上）の場合に分けて，事例に基づいて相続交渉を実際に検討していきますが，その際，非常に大切なことは，事前準備段階はもとより，交渉の節目節目で，相手方の立場になって相続交渉の帰趨(きすう)を考えてみるということです。行動を起こすか否か，どのような行動を起こすかを選択する前に，自分の行動に対して相手がどう反応するか，それによってどのような結果がもたらされるのか検討する必要があるのです。その際，留意すべきことの1つとして，短期的な目先の利益の獲得を目指してはならないということが挙げられます。例えば，預金は可分債権であり，当然分割されるため，他の遺産については何ら協議もしないままとりあえず法定相続分に従った預金を確保しようとあなたが単独で銀行に行ってこれを引き出してしまったとしましょう[*28]。あなたは，直ぐに預金が手に入ったため，一時的に利益を獲得できたことにはなります。しかし，あなたのこうした行動をみた他の相続人は，抜け駆けされたと感じ，以後，同様にあなたを出し抜くことを考え，協力関係を築こうとはしなくなるかもしれません。その結果，本来協力していれば得られたであろう利益を手に入れることができなくなるおそれがあります。

そこで，本項では，まず同時進行ゲーム（プレイヤーが互いに相手の次の行動

を知らない状態で，相手の行動を予想しながら自分の行動を選択するゲーム）における代表的な戦略である「ミニマックス戦略」をご紹介し，次に交互進行ゲーム（プレイヤーが交互に行動を選択し，次のプレイヤーは前のプレイヤーが選択した行動を認識した上で，自分の行動を選択するゲーム）において自分の行動を選択する際に役立つ「ディシジョン・ツリー」という手法をご紹介した後，相続交渉における活用についてご説明したいと思います。

(2) ミニマックス戦略

では，同時進行ゲームにおいて，自分のとるべき行動を選択するには，具体的にどのような方法があるでしょうか。ここで，ゲーム理論で良く検討され，交渉論にも少なからぬ影響を及ぼしてきた「ミニマックス戦略」とよばれる手法をご紹介しましょう。この戦略を一言で説明すれば，「自分が選択した行動に対して予想される最大（マックス）の損失を最小（ミニ）にする戦略」です。この戦略は，ゲームの性質が，プレイヤーのうちだれかが利益を得れば，その分だけだれかが損失をこうむり，各プレイヤーの利益と損失を合算するとちょうどゼロになるという「ゼロサムゲーム」である場合に典型的に用いられます。ゼロサムゲームの例として，オセロゲームを想像すればわかりやすいと思いますが，サッカーや野球なども，一方のチームが得点すれば，その分，相手方のチームは失点したことになりますので，ゼロサムゲームですね[*29]。

さて，そこで，例えば，次のようなサッカーゲームを考えてみましょう。あなたはAチームの監督です。あなたは2つの戦略を選択することができ，「攻撃的」な戦略はチーム全体が積極的に相手方の陣地に攻め入りゴールに向かっていくというもので，「守備的」な戦略は「ここぞ」というとき以外は自陣から出ずに守りを固めてカウンターを狙うというものです。各チームがそれぞれの戦略を選択したときのAチームとBチームの得失点差は，**図表2－1－4**のとおりです。例えば，「3」は，Aチームの得点がBチームより3点多いことを，「－2」は逆に2点少ないことを表しています。サッカ

■図表2－1－4　Aチームから見た得失点差

Aチーム＼Bチーム	攻撃的	守備的
攻撃的	3	－2
守備的	2	1

ーをやったことのある方ならおわかりだと思いますが，必ずしも攻撃的な戦略を選択したからといって大量得点をとってリードできるというものではなく，決定力を欠いて全く点をとることができずに，かえって相手方の一発のカウンターで点をとられ，リードを許すということもしばしばありますね。また，サッカーでは，両方のチームがどちらも守備的な戦略を選択すること，つまり，一方のチームが積極的に敵陣に攻め込まず自陣にとどまっているときに，他方のチームもまた敵陣に攻め入ることなく自陣にとどまるという戦略をとることは想像しづらいかもしれませんが，ここでは練習のために考えてみてください（図表2－1－4参照）。

　さて，あなたはAチームの監督として，攻撃的と守備的，どちらの戦略を選択すべきでしょうか。Aチームが攻撃的な戦略を選択した場合に，もしBチームも攻撃的な戦略を選択してくれれば，AチームはBチームより3点多くとることができます。やはり，勝負は時の運，一か八か，大量リードを狙って攻撃的な戦略を選択してみるべきでしょうか。

　しかし，それでは名将とはいえません。上の得失点差表をもう一度よくみてください。そして，まずBチームの監督の立場になって考えてみてください。Aチームからみた得失点差を示した図表2－1－4をBチームの立場からみれば，■図表2－1－5のとおりになります。

　これをみると，Bチームとすれば，Aチームがどちらの戦略を選択しようとも，常に守備的な戦略を選択したときの方が，Aチームとの得失点差を少なくできている（むしろ，Aチームが攻撃的な戦略を選べば，Bチームが2点リード

■図表2－1－5　Bチームから見た得失点差

Aチーム ＼ Bチーム	攻撃的	守備的
攻撃的	－3	2
守備的	－2	－1

している）ことに気づくでしょう。したがって，Bチームの監督は，Aチームの戦略に関わりなく，守備的な戦略を選択します[*30]。そうすると，Aチームの監督であるあなたは，守備的な戦略を選択し，確実に1点リードをとりにいくべきです。これが，Aチームの最大の損失を最小化するミニマックス戦略になっています（Aが攻撃的な戦略を選んだときの最大の損失は「－2」であるのに対し，守備的な戦略を選んだときは「1」です）。攻撃的な戦略を選択すると，Bチームからカウンターを食らって，Bチームにリードを許してしまいます。

このように，自分がいかなる行動を選択すべきかを判断するにあたっては，自分に都合の良い勝手な予測や期待に基づくべきではなく，相手方がどのような行動を選択するか先読みし，それに応じて決することが重要です。

(3) ディシジョン・ツリー

(ｱ) 交互進行ゲームの類型

ところで，前記(2)の事例では，すべてのプレイヤーが同時に行動することが前提とされており，冒頭に説明したとおり，こうしたゲームは「同時進行ゲーム」とよばれています。例えば，兄弟が1個のケーキをどちらが食べるかをめぐってじゃんけんをするとき，兄弟が同時に手を出すことになりますが（お兄ちゃんが「後出し」はダメです），これも同時進行ゲームですね。

しかし，賢明な読者の皆さんはお気づきのことと思いますが，サッカーゲームでは，必ずしも，自分と相手のそれぞれのチームが同時に戦略を決定するというものではありませんね。つまり，実際のゲームでは，相手方の選択

した戦略をみて，こちらは柔軟に戦略を変えることができますし，さらに相手方もこちらの選択した戦略に応じて自身の戦略を転換することもあります。そして，お互いに，他方が選択した戦略を知ることができます。このように，一方のプレイヤーが先に選択肢を選び，その後，他のプレイヤーが選択するゲームは「交互進行ゲーム」とよばれ，さらに，自分の前のプレイヤーが選択した内容がわかるゲームを「完全情報ゲーム」とよんでいます。将棋やチェスがその典型です。また，各プレイヤーの選択した行動の結果，得られる利益がわかっているゲームを「完備情報ゲーム」といいます。

(イ) ディシジョン・ツリーの作成

そこで，以下のような，交互進行型で，完全情報・完備情報の性質を有するゲームを考えてみましょう。あなたは，美味しいからあげで定評のある定食店Aのオーナーです。今，人口1000人の甲市に出店するか，それとも人口600人の乙町に出店するか悩んでいます。他方，おしゃれな雰囲気で人気のあるリストランテBもいずれかの街に出店することを検討しています。AとBがそれぞれ別の街に出店すれば，互いに，千客万来となり人口すべてのお客さんを獲得することができます。しかし，AとBが同じ街に出店すると，甲市及び乙町は新興住宅街で若い世代が多いため，雰囲気に勝るBがAの3倍の客を獲得することができます（もっとも筆者は，断然「からあげ」を選びますが）。これを表で示すと，**図表2－1－6**のとおりになります。

さて，あなたはAのオーナーとして，Bよりも先に出店することができますが，いずれの街に出店すべきでしょうか。商売人としてだけではなく，料

■図表　2－1－6　出店地ごとの獲得顧客数

A店＼B店	甲市	乙町
甲市	250 / 750	1000 / 600
乙町	600 / 1000	150 / 450

理人としても，1人でも多くのお客さんに自慢のからあげを食べてもらうべく，Bが乙町に出店することを期待して，あなたは1000人のお客さんを獲得できる甲市に出店すべきでしょうか。いいえ，この選択は誤りですね。あくまで，自分の行動に対して，相手がどう行動するのか，先の手を読むことがとても重要です。

そこで，この問題を考えるときに，「ディシジョン・ツリー」(ゲームの木)という手法が有益です。この問題をディシジョン・ツリーで表すと，**図表2－1－7**のようになります。

このツリーをみればわかるように，Bは，Aが甲市・乙町のいずれに出店しようとも，甲市に出店した方が多くの顧客を獲得できます。したがって，Bは甲市に出店することが予想されます。そこで，Aは，Bが甲市に出店することを前提として自分の行動を決定することになり，より多くの顧客を獲得できる乙町に出店すべきでしょう。

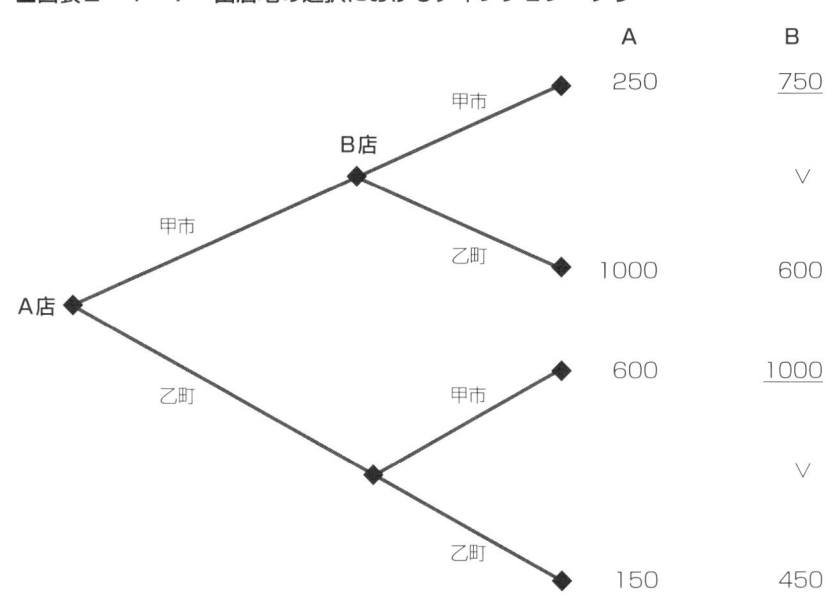

■図表2－1－7　出店地の選択におけるディシジョン・ツリー

	A	B
A店→甲市→B店→甲市	250	750
		∨
A店→甲市→B店→乙町	1000	600
A店→乙町→甲市	600	1000
		∨
A店→乙町→乙町	150	450

このように，ディシジョン・ツリーでは，すべてのプレイヤーの選択を順番に書き入れていき，選択の組合わせごとにおける各プレイヤーの利得を記載します。その上で，最後に選択するプレイヤー（前記事例ではB）の利得が最も大きくなる選択肢を選び，その後これが変わらないものとして，その1つ前のプレイヤー（前記事例ではA）の利得が最も大きくなる選択肢を選んでいきます。これを繰り返していき，最終的に，最初のプレイヤーの選択肢を選ぶことになります。このような方法を「バックワード・インダクション」（後退帰納法）とよびます。バックワード・インダクションは，ある時点で一度行えばそれで十分というものではなく，状況が変わる度に情報を更新し，繰り返し行うことが重要です。

(ウ) 利得構造の転換――コミットメントの活用――

ここで，Aとしては，自分が甲市と乙町のいずれに出店しようとも，Bは甲市に出店してくるものとして，何もせずに，甲市に出店することを潔く諦めるべきでしょうか。いいえ，そのようなことはありません。

Aとしては，例えば「Bが出店してきたら安売り攻勢を仕掛ける」などと事前に宣言しておくことにより，Bの利得構造を変化させ，Aが甲市に出店することを選択したときに，Bも甲市に出店してくることを阻むことも考えられます（例えば，Bも甲市に出店してきた場合，Aが安売り攻勢を仕掛けることにより，Bの利得を乙町に出店したときの利得600よりも低くします）。こうした将来の自分の行動について，他のプレイヤーに宣言するなどして縛っておき，ゲームを有利に進める方法を「コミットメント」と呼びます。

ただし，コミットメントは，他のプレイヤーに対し，それが現実に実行されると思わせることが重要であり，例えば，Bが「Aが安売り攻勢をすれば，A自身が赤字となって閉店に追い込まれる」と分かっているような場合には，その効果を発揮しません。

(エ) 現実社会の複雑性

前記事例では，ディシジョン・ツリーの概念を示すために，その内容を簡略化しましたが，現実の社会においては，例えば，客単価は乙町の方が高く，

顧客数は甲市に劣っても，売上げは乙町に出店した方が大きくなるとか，あるいはある一定時点の静的な評価だけではなく，向こう3年間の人口増加率は乙町の方が高く，いずれ甲市を追い抜く見込みであるといった動的な評価など，様々な要因を総合的に考慮することになります。

また，選択の組合わせごとにおける各プレイヤーの利得が完全に判明していることは稀で，ある程度幅をもった確率を考慮して選択肢を選んでいくことになります。

(4) 相続交渉での活用方法

今，相続人として，子A，Bの2人がいて，相続財産が土地と株式の2つだけである場合を仮定してみましょう。土地の上には，B名義の建物があり，Bはそこに家族と居住しています（図表2－1－8参照）。

■図表2－1－8　相続財産

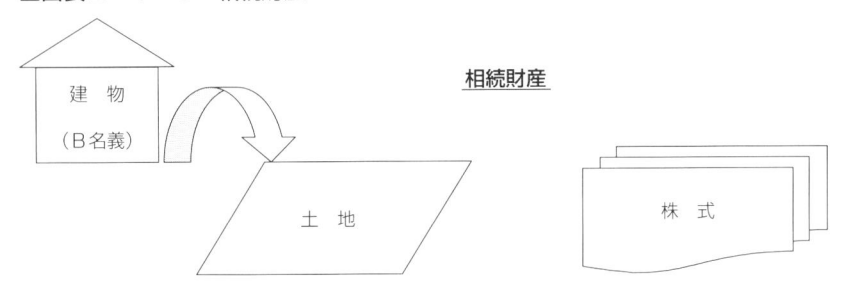

AとBが遺産分割について話し合っている最中，世界的に有名な投資銀行が倒産したことをきっかけに世界同時株安に陥り，株価がみるみる下落しています。そこで，Aは，遺産分割について合意が成立する前に，Bの同意を得て，株式を売却して現金化することを考えています。Bは，何よりも，B名義の建物がたつ土地を単独で相続することを望んでおり，そのためには株式の相続について譲歩することも考えているため，株式価格の下落についてはあまり関心がありません[*31]。そのため，Aが株式を売却したいといえば，

Bがこれに同意してくれる見込みは十分あります。しかし，いざ株式が現金化された場合，Bが欲を出し，株式の売却代金について，自分（B）にも分配するよう要求してくる可能性があります。

　もし，Aが株式を売却することを希望しない場合，そのまま株価は下落し続け，Aの利得は－10となりますが，株式に関心を抱いていないBの利得は±0とします。他方，AがBの同意を得て株式を売却した場合，Bが土地の単独相続を優先し，株式の売却代金の分配を要求しないとき，Aの利得は10，Bの利得は±0となりますが，Bが分配を要求するとき，Aの利得は－15，Bの利得は5となります（ここでは，もし，今，株式を売却しなければ株価は下落し続けますが，数年かけて上昇に転じ現状の株価水準を回復する可能性もあるため，株式を売らない場合のAの利得を－10とするのに対し，売った後，Bから売却代金の分配を要求された場合，遺産分割協議が紛争化・長期化し，Bとの仲が険悪になってしまうおそれもあるため，Aの利得を－15としています）。さて，そこで，Aは株式の売却を希望すべきでしょうか，ディシジョン・ツリーを用いて「先読み」してみましょう。

　Bにとっては，Aから株式売却の提案を受ければ，これに同意した上で，売却代金について分配を求めた場合に，最も大きな利得を手に入れることができます。そのため，Aが株式の売却を希望し，これを実行すれば，Bが売却代金の分配を求めてきて，結局，Aの利得は－15になってしまいます。しかし，だからといって株式を売却しなければ，Aの利得は－10です。そこで，Aがプラスの利得を得るためには，前述したように，コミットメントを用いることにより，株式の売却代金についてBが分配を要求した場合のBの利得を，これを要求しない場合の利得よりも，低いものとすれば良いのです。例えば，現実に株式を売却する前に，Aが，「もしBが株式の売却代金について分配を要求しないのであれば，Aは土地の相続については譲る考えもある。しかし，Bが売却代金の分配を要求するのであれば，Aは土地の共有持分を徹底的に主張し，絶対に譲らない。Bが土地を単独で相続したいのならば，代償金を支払うよう求める。」などと宣言しておけば，Bは売却代金につい

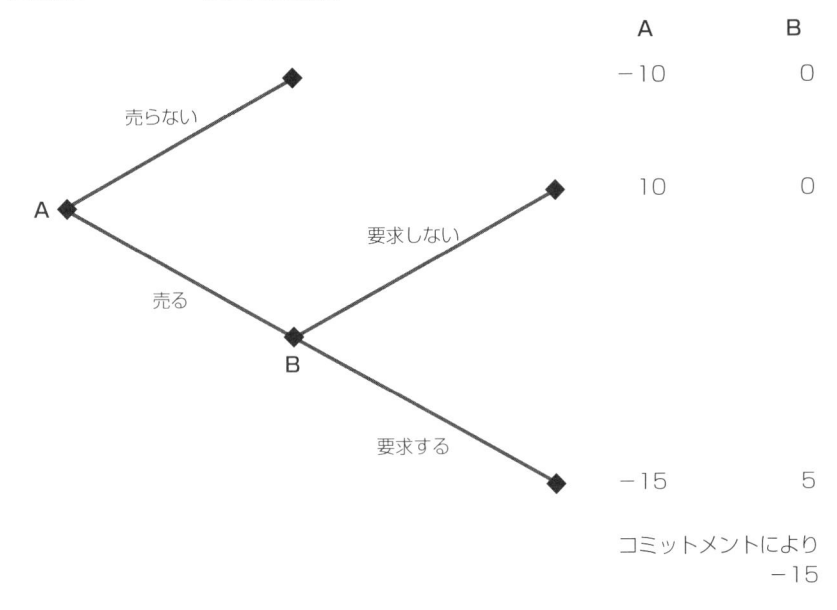

■図表2-1-9　遺産分割協議におけるディシジョン・ツリー

```
                                        A      B
              ◆                        -10     0
        売らない
                                  ◆    10      0
   A◆           要求しない
        売る
              ◆B
                 要求する
                          ◆           -15      5
                              コミットメントにより
                                        -15
```

て分配を要求してくることはないでしょう[*32]。

これをディシジョン・ツリーで表すと**図表2-1-9**のとおりになりますので，皆さん参考にしてみてください。

(5) ま と め

ここでは，自分のとる行動を選択するに際し，他のプレイヤーの行動について先の手を読むことの重要性，そのための手法としてディシジョン・ツリー（バックワード・インダクション）を紹介し，ゲームを有利に進める（相手の利得構造を転換する）方法の1つとしてコミットメントがあることを説明しました。こうした手法は，相続交渉においても応用できる局面があると思います。いざというときにはこれを活用することが有益であると考えますので，それぞれの局面に応じて検討してみてください。

《注》

*1 カーネギーの「人を動かす」の内容は，現在の交渉でも大いに役に立ちます。もちろん，遺産分割もその例外ではありません。ここで，同書のPart 1 からPart 3 までの目次を紹介しておきますが，目次そのものが各原則となっており，交渉スキルのエッセンスとなっているといえます。

　Part 1　人を動かす三原則
　　1　盗人にも五分の理を認める，2　重要感を持たせる，3　人の立場に身を置く
　Part 2　人に好かれる六原則
　　1　誠実な関心を寄せる，2　笑顔を忘れない，3　名前を覚える，4　聞き手にまわる，5　関心のありかを見抜く，6　心からほめる
　Part 3　人を説得する一二原則
　　1　議論を避ける，2　誤りを指摘しない，3　誤りを認める，4　おだやかに話す，5　"イエス"と答えられる問題を選ぶ，6　しゃべらせる，7　思いつかせる，8　人の身になる，9　同情を持つ，10　美しい心情に呼びかける，11　演出を考える，12　対抗意識を刺激する

*2 例えば，本書で別途言及する，ジム・キャンプの「N式交渉術」（**コラム2**参照）や，スチュアート・ダイヤモンドの『ウォートン流交渉術』（**本章，第4，2(4)(イ)(a)**参照），アラン・ランプルゥ＆オウレリアン・コルソンの『交渉のメソッド——リーダーのコアスキル』（**本章，第4，2 *10**参照）なども，そうした交渉論の1つでしょう。交渉論に関する知見の発表そのものは，未だにアメリカ発のものが圧倒的に多く，ハーバード大学ロー・スクール（法科大学院）にあるProgram On Negotiation（PON）と，ノースウエスタン大学ケロッグ経営大学院にあるDispute Resolution Research Center（DRRC）が，現在の二大研究拠点となっているようです。本書で引用している交渉論の著作（日本語訳）の多くも，これらの研究施設に所属する研究者が発表しているものです。

一方，わが国に目を転じてみますと，交渉論の研究は次第に盛んになってきており，例えば，法科大学院等のカリキュラムにも入ってきていますし，米欧のロー・スクール（法科大学院）やビジネス・スクール（経営大学院）に留学した研究者や交渉を業とする弁護士らの実務家が，わが国の実情に合わせたアレンジを加えた交渉に関する書籍を著しており，近時，その数は徐々に増えてきています。ただ，本格的な書籍はまだ少ないのですが……。

*3 ここでいうブレインストーミングは，先ず自分の仲間内で行うことを前提にしています。したがって，相続交渉の場合には，例えば，自分の親を被相続人とする遺産分割協議の場合には，その相続人ではない自分の配偶者や子，あるいは信頼できる友人らとブレインストーミングをしてみることになるでしょう。

もっとも，フィッシャー＆ユーリーは，交渉の相手方とのブレインストーミングについても，関係者全員の利害を考慮に入れたアイディアが生まれ，共同で問題を解決しようという機運が醸成され，また互いに相手の利害を知るという利点があると説いています。ただし，相手方とのブレインストーミングでは，その場での発言が公式見解ではなく，またいかなる約束をするものでもなく，ただ意見交換であることを確認すべきとされています。その上で，フィッシャー＆ユーリー118頁以下では，選択肢を創造する具体的な思考方法として，以下の4段階が提案されています。
　① 問題点を考えること　何が問題か，好ましい状態と比べて何が異なっているのか考える。（例：父の遺産である土地を後妻の子Aと，前妻の子Bでどのように遺産分割するか）
　② 問題の分析　一般論として問題を分析し，その原因は何か，何が欠けているのか，問題の解決を妨げている要因は何かを考える。（例：AもBも，土地の相続を希望している。Aは自ら所有する土地に家を建てて住んでいるが，既に死亡している後妻の母と父が生前居住していた土地を他人に取られたくないと思っており，Bは借家住まいで金銭的にも余裕がないため，土地に小さな家を建てて住みたいと思っている）
　③ 対処法の検討　一般論として考え得る戦略・対策は何か，どうすれば解決するかを考える。（例：土地をAとBで半分ずつに現物分割するか，AがBに代償金を支払って代償分割するか，土地を売却してその売却代金を換価分割するか，あるいはAが土地を単独で相続し，Bに対して期限を定めて使用貸借するか）
　④ 実施案の検討　前記③の中で，具体的で実行可能な方策は何かを考える。（例：Aが土地を単独で相続し，Bに対して期限を定めて使用貸借する）
　前記①の問題点の整理から，直ちに④の実施案を考えるのではなく，これに先立ち，前記②③のように，一般論を検討することにより，様々な有用なアイディアが創出されると考えられています。その理由は，1つの良いアイディアは，その背後にある一般原則の1つの適用例にすぎないため，一般原則を見出せれば，そこからこれを応用した種々のアイディアが生まれることにあります。また，③で考えた一般原則が有益であれば，その前段階である②に遡って，その背後の「問題の分析」について再考し，さらにまた問題に対する別のアプローチが生み出され，それに伴い新たな対処法や実施案が創造できるとされています。
　実施案を検討するにあたっては，当事者の共通の利害を見極めることが重要とされています。しかし，共通の利害は，通常，表面に現れません。そこで，潜在的な利害を明らかにするためには，「お互いに，今後も両者の関係を継続することに関心を持っているか」，「将来，協力したり，互いの利益を図っていく上で，どのような機会があるだろうか」，「もし交渉が決裂すればどのような損失をこうむるだろうか」，「互いに尊重できる基準があるか」などと自問自答してみるべきであるとされています。そして，共通の利害を見出したときには，それを強調することで両者の関係を友好的に

し，共通の利益の獲得を共通の目標として設定することによって協同して問題解決にあたることを促進することになります。

　他方，利害や信念，時間に対する価値の置き方，将来に対する予想，リスク回避に対する評価等に異なる点があったとしても，むしろ，こうした互いの「違い」を利用して，双方が満足する合意を導き出すことも可能であるとされています。例えば，双方ともに自分が正しいという信念を抱く場合は，他の関係者の投票によって判断を下すとか，相手方が早期に問題を解決したい，リターンの取得よりもリスクを回避したいという場合は，その余の条件で譲歩を求めることなどが考えられます。こうした様々な相違点に着目し，これを組み合わせることにより，多くの解決案を創造することが可能になるでしょう。

*4　見出しは『新版 ハーバード流交渉術』(フィッシャー＆ユーリー＆パットン，金山宣夫＝浅井和子訳，TBSブリタニカ，1998年〔第2版〕）を利用しました。

*5　ロジャー・フィッシャーは，説得性と納得性を満たすチェックポイントの1つに正当性を挙げ，「すべての関係者が『だまされた』『うまくしてやられた』と感じることのない提案であるか」，と説明していることが客観的基準を考える上で参考になります。ロジャー・フィッシャー「ハーバード流交渉学講義」『「交渉」からビジネスは始まる』(Diamondハーバード・ビジネス・レビュー編集部編訳，ダイヤモンド社，2005年）256頁。

*6　ユーリー39頁では「交渉のほとんどは，準備のよしあしで，つまり会話が始まる以前に勝敗が決してしまっている。」とされ，田村82頁においても「準備なくして成果なし」として，いかに準備が重要であるかが述べられています。さらに，レビスキー＆バリー＆サンダース34頁では，準備不足のときは交渉などしてはならないとされています。

*7　①「利益」については，自分と相手それぞれの利益を理解しなければなりません。自分の利益は，なぜそれを望むのかを自問してみると優先順位がはっきりしてきます。相手の利益を理解するには，相手の立場に立って，その人が一番重視していることは何かを想像することが重要です。友人や同僚などに相手を知る者がいれば，その人たちから情報を収集するのも有益です。相手を知れば知るほどうまく相手を動かせるチャンスも増大します（仕事や私生活のことがこちらに対する態度に影響することがあるか，等）。

　②「選択肢」については，双方の利益を見極めた上で（①「利益」），自分の利益に合致し，なおかつ相手の利益も満足させるようなクリエイティブな選択肢を作り出せるかどうか（パイを膨らませられるか）を考えます。アイディアを出す際には，評価は後まわしにして，まずは荒唐無稽なアイディアでもかまわず，できるだけ多くの選択肢を考案することが重要です。同時にやろうとすると，どうしても想像力のスケールが小さくなってしまうからです。

　③「基準」については，②の段階で考案した選択肢のどれを選ぶか（膨らませたパ

イの分け方）を考えます。どちら側の意思からも独立した公正な基準であれば，受け入れられやすくなります（例：事情相場，科学的数値，コスト，前例等）から，どんな基準を持ち出せるか前もって下調べをして考えます。

　④「代替手段」とは，交渉による合意に代わる「最良の選択」のことです。いい「最良の選択」をもっていれば，交渉で優位に立つことができます。交渉がうまくいかなくなってから代替手段を考え始める人がほとんどですが，事前に考えておくべきです。自分だけで何ができるか，相手に自分の利益を尊重してもらうために直接どんな働きかけができるか（例：ストライキ），自分の利益のためにどうやって第三者を引き入れたらよいか（例：裁判，調停），という３種類の代替手段を考えます。代替手段を考えたら，それを実現可能なものとし強化する作業を行います（例：交渉をやめて他の買主と交渉するのが代替手段であれば，買主候補を探し続ける）。相手にとっての「最良の選択」も考え，「交渉すべきか」を見極められるようにします。

　⑤「提案」については，内容のしっかりした提案をつくり上げるためには，自分の望みを確実にいい形で満たしてくれる選択をすべきであり，かつ相手方の望みも相手側の「最良の選択」より良い形で満たすものであって，公正な基準に基づいた選択をすべきとされます。相手側があなたの提案に賛成するかどうかは，はっきりとはわからないので，(ⅰ)目標を高く掲げた提案，(ⅱ)次善策の提案，(ⅲ)最低ラインの提案の３段階の提案を用意します。

　そして，上記①〜⑤の作業に入る前の前提として十分な情報収集がなされていなければなりません。田村82頁以下では事前準備の第１段階として「状況を把握する」ことを挙げており，そこでは，交渉開始段階でまずは聞き役に徹し相手から情報を得ること，双方の情報を図式化することが説かれています。

＊８　日本で多くの企業のコンサルタントとして交渉に携わり，上智大学で国際交渉学の教鞭をとった経歴をもつラリー・クランプは，ハーバード流交渉術を日本人に教えてきた４年間に一番耳にした質問が，「本当に人と問題を切り離すことなどできるのだろうか。日本においてそれは可能なことだろうか」というものであったと述べています（『日本人のためのハーバード流交渉術』（小森理生＝住友進訳，日本能率協会マネジメントセンター，1998年），74頁）。その上で，ラリー・クランプは，「人と問題を切り離す」という指針が，むしろ日本流の交渉様式に近いものであり（103頁），西洋人に伝統的な西洋様式を乗り越える方向に仕向けるための標語であるといいつつも，日本人にこのアドバイスに従うことは無理だと思うとも述べています（107頁）。しかし，さらに続けて，「感情と理性のバランスをとる」ことが大切（すなわち，目的）で，その手法が西洋では「人と問題を切り離す」という手法であるのに対し，日本は別のようだと結論づけています。本書とは基本的スタンスが違いますが，参考になります。

＊９　キンバリン・リアリー，ジュリアナ・ピレマー＆マイケル・ウィーラーの"Negotiating with Emotion"（「『ハーバード流交渉術』を超えて　交渉から感情を排除できるか」）ハーバード・ビジネス・レビュー2013年９月号122頁は，実際には，実生活の取引で

も紛争解決でも，感情が重要な意味をもつとして，従来のハーバード流交渉術からさらに進んで，「人と問題を切り離すことは可能でもなければ，望ましくない。しかし交渉論は，いまだに神経科学や心理学のブレークスルーに完全に追いついていない。これらの分野では，意思決定，創造性，人間関係の構築において，感情が果たす大事な役割が明らかになっている」と述べています。

*10　レビスキー＆バリー＆サンダース51頁でも，交渉の目的として「価値の分配」の重要性が指摘されています。
*11　**本章，第4，1（2）**「二当事者間交渉の特徴」においても，二当事者間の相続交渉では，交渉の全体像（パイ）がわかりやすいこと，両当事者の利害が直接対立しやすいことが指摘されていて，分配型交渉の手法が有効となる局面があることの指摘がなされています。
*12　フィッシャー＆ユーリー172頁でも，「だめな場合の代替案を徹底して探し出せ！」として，BATNAの重要性が述べられていて，これは統合型交渉に限られない分配型交渉の場面にも妥当する考え方であると理解できます。
*13　情報管理の重要性については，レビスキー＆バリー＆サンダース77頁でも，直接的に対立する相手方当事者との交渉を有利に進めるには，情報の慎重な管理や採用する戦略や戦術にかかっていることが述べられています。
*14　なお，フィッシャー＆ユーリー149頁ではこの手続的平等の章で，多くの遺品を相続人間で分配する際に，順番にするのが良い方法であり，後で交換したければ交換すればよいとして，相続交渉が分配を順番にすることで解決につながると説明していますが，本書が分析してきているとおり，相続交渉においては複合的な要素が絡み合ってくることから，ここに述べられているように容易に相続交渉が妥結することは多くはないと思われます。
*15　『ハーバード流交渉術』でも，交渉前に打つべき先手として，事前に友好関係を築くことや相手方との共同作業として交渉を進めることの有効性が指摘されていて（フィッシャー＆ユーリー73頁以下），分配型交渉を進める場面でも役立つものと考えられます。
*16　小林355頁では「心理上の障害」という言葉で交渉が進まなくなる要因を説明していて，これは小林114頁での「互恵関係の欠如」と意味合いは異ならないようであり，分配型交渉において，相手方との関係改善をすることが交渉阻害要因を取り除くことになり交渉を円滑化させることにつながることが述べられています。
*17　**本章，第4，1（7）**「情報の偏在とその解消」でも，相手との信頼関係の重視がよりよい解決に導かれることが触れられています。
*18　**本章，第4，1（6）**「相続人の個性が相続交渉に与える影響（総論）」でも，各相続人の個性・性格により相続交渉においてとり得る戦略が異なってくることが述べられていて，相手方（他の相続人）との人間関係が相続交渉における重要な要素であると認識することができます。

* 19　交渉相手に対してフェアプレーで臨むことが得策となるか否かについては，**本章，第４，１⑽㋕**「フェアネス（提案の撤回）」に詳述されています。
* 20　**本章，第４，１⑷**「相続財産の組合わせ（可変性・非可変性）の視点」でも，相続財産が複数あることで各相続人がとり得る選択肢にも影響が与えられる点が指摘されていて，複合的な駆け引きの考え方が有効であることが窺えます。
* 21　草野弁護士は，説得の３類型について，『ゲームとしての交渉』の中では，「功利的説得」「論理的説得」「感情的説得」という言葉を用い，『説得の論理３つの技法』（日経ビジネス文庫，2003年）の中では，「功利的説得」「規律的説得」「情緒的説得」という言葉を用いています。
* 22　一例を示すと，社会心理学のアプローチによるものとして，チャルディーニが『影響力の武器』〔第３版〕（社会行動研究会訳，誠信書房，2014年）で指摘する，人間行動を導く６つの基本的な心理学的原理（返報性，一貫性，社会的証明，好意，権威，希少性）を利用，応用するものがあります。
* 23　「得であること」……行動経済学などの研究によって，人は，利益を得るよりも損失を回避したいという動機が強いことが明らかにされています（「損失回避傾向」）。このことから，功利的説得をするにあたっては，同じ提案をするにしても，「こうした方が得だ」と言うより，「こうしないと損だ」と言った方が効果的である場合が多くなると考えられます。相続の場面であれば，同じ分割案でも，「こうすれば相続税が節約できる」と言うよりは，「こうしないと相続税で損をする」と言った方が，相手に訴えかける力が強いと考えることができます。このような視点も持ち合わせると，功利的説得をより効果的に用いることができるといえます。
* 24　例えば，「財産が欲しいわけではない」と強調した相続人が，法定相続分に基づく分配の公平性について意見することは，自らの立場と必ずしも矛盾しないといえるものの，「ある特定の財産が欲しい」と主張してしまうと，「財産が欲しいわけではない」と強調した立場とは矛盾する契機を多く孕むことになります。したがって，かかる強調をした相続人が特定の財産を取得したい旨の主張をしたときには，その矛盾点を指摘することによって，その主張に歯止めをかけるという効果を期待できるときがあります。
* 25　草野・前掲＊21『説得の論理３つの技法』93頁以下。
* 26　同書は，説得したい相手にしゃべらせることが説得につながる理由として，①心理的一体感，②認知的不協和の解消といった心の機能を挙げています。①は，しゃべった側に，聞き手が自分の経験や思いを分かってくれたのだという思いが芽生え，心理的距離が縮まり，好意的感情が湧いてくることを意味します。②は，しゃべった側の頭の中に「Aは争っている相手であり信用できない」という文（認知）と「Aに本音を話した」という文とが共存すると，「なぜ信用できないはずのAに自分の本音を話したのだろう」というモヤモヤした気持ち（＝認知的不協和）が生じ，これを解消するために，前者の認知を「Aは信用できそうな人だ」と無意識のうちに書き換えてし

まうことを意味します。こうした心の機能によって、しゃべらせて心を開いてもらえば、こちらに好意を抱いてもらえるという図式が成立し、説得に繋がるというわけです。

*27　ただし、代理人の立場で、自分の依頼者に対して、不用意に、相手の話に耳を傾けることの重要性を強調すると、「どちらの味方なのか」という指弾を受けることになりかねませんので、注意を要します。

*28　ただし、現実には、金融機関は相続人全員の同意書がないと、被相続人名義の預金の引出しには応じない傾向にあります。

*29　なお、プレイヤーが2人しか存在しないゼロサムゲームにおいては、「自分が選択した行動に対して予想される最小の利益を最大にする戦略」（これを「マクシミン戦略」といいます）により選択する行動と、ミニマックス戦略により選択した行動は一致します。

*30　このように、相手がいかなる戦略をとっても、自分のある特定の戦略が自分の他の戦略より優れている場合、これを「絶対優位の戦略」といいます。Bチームにとっては、守備的な戦略が絶対優位の戦略になります。Aチームの監督は、Bチームが絶対優位の戦略を選択することを前提として、自分のとる戦略を選択すべきです。

*31　現実には、株式の価格が土地の価値よりも低い場合に、Bが「株式は全てAが相続することを認めるが、土地は自分が単独で相続したい」と希望したとしても、Aが法定相続分どおり、つまり2分の1ずつの相続を希望したとき、Bが不動産を単独で相続するためには、Aに対して、代償金【具体的には、（土地価格＋株式価格）÷2－株式価格】を支払うことになります。したがって、株式価値の下落を食い止めるためにこれを売却することは、Bにとっても、代償金の額を減少させることができるため、メリットがあります。しかし、本事例では、Aは、株式さえ全て相続できれば、欲張ってBに対して代償金の支払を求めるつもりはなく、BもこうしたAの心情をある程度分かっているため、代償金についてはあまり関心を持っていないという場合を想定しています。

*32　現実には、このようなコミットメントをするくらいなら、株式を売却する前に、Aは株式を相続し、Bは土地を相続するという内容の遺産分割協議を成立させ、その後Aが単独所有となった株式を売却すれば良いようにも思いますが、そのような合意を成立させるとしてもそれなりの時間を要する一方、株価は日々刻々と下落してしまいます。また、ここでは、ディシジョン・ツリーを紹介するために事例を設定していますので、多少リアリティーに劣ることはご了解ください。

第2

交渉の場としての相続の特徴

1 はじめに――相続における交渉の開始時期等

　遺産分割協議は，交渉の場としてみた場合，ビジネス交渉などと比較して，かなり特殊な性質を帯びているというのが，多くの弁護士の偽らざる感想だと思います。しかし，それはなぜか？　ということについては，残念ながらこれまできちんと分析されてきませんでした。本項では，この問題に正面から取り組んでみます。

　さて，「相続は，死亡によって開始」（民882条）し，「相続人は，相続開始の時から，被相続人の財産に属した一切の権利義務を承継する。」（同法896条）とされています。そのため，相続における交渉は，被相続人が死亡したときから始まります。ただし，例外的に，相続開始前においても，被相続人は，一定の場合に遺留分を有する推定相続人の廃除又はその取消し（同法892条）や（**第3章，第5**参照），養子縁組又は離縁を行ったりすることによって相続人の数を増減させることができます。また，当然ですが，自らの財産を生前に贈与することによって，将来相続の対象となり得る財産を減少させることもできますし（ただし，一定の要件に該当する贈与については，特別受益としてみなし相続財産に加算される場合があります（同法903条1項）。**第3章，第3**参照），例えば不動産を売却して金銭化するなどして，相続財産の形態を変化させることもできます。さらに，遺言によって，相続分・遺産分割方法の指定，遺贈，認知，遺留分減殺方法の定め等種々の事項を生前に定めておくこともできます（**第3章，第7**参照）。他方，推定相続人においても，相続放棄（同法938条以下）や，相続分の譲渡（同法905条1項）は相続開始後でなければできませんが，遺留分

の放棄は，家庭裁判所の許可を得れば，相続開始前でもすることができます（同法1043条1項）。

こうしてみると，相続それ自体は，被相続人の死亡したときから開始されますが，被相続人のいかなる財産を，だれに，どのように（どれだけ）帰属させるかという相続を巡る関係者の協議は，実際に被相続人の生前にそれを実行するか否かはさておき，法律上は，被相続人が死亡する前から開始することができます。したがって，被相続人が死亡したときから始まる交渉とは，相続を巡る交渉のうちでも，主として遺言が存在しない場合に，相続人間において，共同相続財産をどのように分割するのかという遺産分割協議に係る交渉です。

本項では，こうした遺産分割協議に係る交渉の特徴について，日常的に行われているビジネス交渉，とりわけ売買取引に係る交渉との相違という観点から考察してみることにします。ここで，比較の対象として売買取引を取り上げる理由の1つとして，ハーバード流交渉術をはじめとする主要な交渉論が，外交などと並んで，取引行為，中でも，売買取引を考察の対象にして，その理論を作り上げてきたことが挙げられます。なお，売買取引には，単発的取引（例えば，消費者による家や車の購入）と，ある程度長期間繰り返される継続的取引（例えば，製造業者による原材料の継続的な仕入れに関する取引）がありますが，以下においては，両者に共通する事項については特に区別せずに「売買取引」といい，後記7「ゲーム理論の観点からみた遺産分割協議の特徴」で，遺産分割協議と継続的売買取引の比較を行います。

2　対価性の有無

(1)　エスカレーションが生じる素地

売買取引と遺産分割協議の最大の相違点は，前者には対価性の概念がありますが，後者にはそれがないということです。つまり，売買取引の場合，当

事者間においては，売主が買主に売買目的物の所有権を移転させる反対給付として，買主は売主に目的物に見合った代金を支払うという対価関係が存在します。そして，主としてこの「見合った代金」の額を巡って交渉が行われることになります。これに対し，遺産分割の場合，いわば被相続人からの「もらい物」である遺産をどう分けるかという問題であるため，各相続人は，何らの対価も支払うことなしに，遺産を取得することができます。

　少し詰めて考えてみましょう。売買においては，目的物と代金との間に対価性があるため，当然ですが，買主がより多い量や高い品質の目的物を譲渡するよう要求すると，その分支払うべき代金も増額され，他方，売主がより少ない量や低い品質の目的物を譲渡しようとすれば，その分受け取ることができる代金は減額されるという代償を払うことになります。そのため，各当事者は，各人が受け取る対価とは無関係に，自らの要求を一方的にエスカレートさせていくという不合理な事態は生じ難い関係にあります。特に，売買の場合，目的物に応じてこれを取引する市場が存在し，そこでは需要と供給のバランスに基づき市場価格が形成されています。通常，当事者である売主と買主は，この市場価格を意識して交渉を進めていくため，最終的な合意に至る段階において，目的物とその対価との間では，各当事者における主観的価値（買主が目的物を手に入れるために支払っても良いと考える値段や，売主がこれを手放しても良いと考える値段）はもちろん，客観的価値（目的物を製造するために要した費用や売主の利潤等を考慮した物質的な価値）も均衡がとれています。

　しかし，遺産分割協議においては，相続人は遺産を取得するにあたり何らの対価も支払わないため，相続人各人に，「タダでもらえるなら，自分の望むものを，よりたくさんもらっておこう」などと，気楽に要求をエスカレートさせる動機が存在し，紛争に繋がる潜在的な可能性があります。また，対価性のみならず，サンクコスト（埋没コスト。交渉決裂の結果，無駄となってしまう交渉に投資した労力その他の費用を意味します）という点からも，遺産分割協議にはエスカレーションの素地があるといえます。すなわち，売買をはじめとする通常の商取引の場合，交渉している者は，サンクコストを意識して，交渉

の決裂を避けるべく相互に譲歩し合って合意に達するということがよくあります。これに対し，遺産分割協議の場合，こうしたサンクコストが想定しづらく，その点からもお互いに譲歩し合うどころか，各自の要求がエスカレートし，時間ばかりが過ぎてしまうという事態が生じやすいのです。もちろん，「遺産の総額」という枠と，「法定相続分」という縛りはありますが，そうだからといって紛争が生じないわけではありません。

なぜならば，各相続人が複数ある遺産の中から具体的に何を相続するか（分割方法）ということについて，客観的な基準が存在しませんし[*1]，また，遺産分割協議においては，全ての相続人が合意すれば，法定相続分と異なる分割内容とすることも可能であるため，少なくとも協議の場においては法定相続分に当然には拘束されず，自らの要求を自由に述べることができるからです。そのため，例えば，相続人の１人が自らの要求を増加させると，これをみた他の相続人も，対抗して同様の行為をとり，その積重ねによって各人の要求が徐々に増大することがしばしばあります。また，場合によっては，自らが当初希望した特定の遺産を相続するということよりも，単純に自らの要求を相手に受け入れさせるということ自体，あるいは相手方の要求を実現させないこと自体が主目的となってしまうといった不合理な事態が生じやすい環境にあります。この点を交渉論の視点からみた場合，当事者の最初の要求がその人の目標値（**本章，第1，3 (1) 参照**）の上限とは限らず，交渉を進めていく中で要求額が増えていくことがままあり，かつ，そのような交渉の仕方を相手方はなかなか非難できない（非難することによって，要求を増長した当事者を改心させられない）という特徴があると捉えることも可能です。

もっとも，例えば，各相続人が自らの要求を自由に述べ，これに固執して譲歩をしない結果，協議がまとまらず最終的に審判手続に移行すれば，理論上は[*2]，裁判所により法定相続分の定めが強制的に適用されることになります。さらに，審判になれば，相続人が自らの法定相続分を超える量（価額）の遺産を相続する場合には，他の相続人に対し，その代償を払う必要が生じます（代償分割）。

(2) エスカレーションを回避するため考慮すべきこと

　遺産分割協議に臨むにあたっては，次第に各人が要求をエスカレートさせて紛争化しやすい環境にあることを考慮して，これを回避するために，そもそも遺産は被相続人からの「もらい物」という視点をもつことが重要です。そして，一旦自らの要求内容とその理由を他の相続人に明らかにした後は，相手方が要求を多少エスカレートさせるなどしてぶれようとも，自分は，「目には目を」（ハンムラビ法典）というような対抗的・攻撃的な姿勢に軽々に転じないようにし，あくまで軸のぶれない，謙抑的な姿勢を維持することが大切だと思います。また，協議がまとまらなかった場合にどうなるのか，つまり，BATNA（**本章，第1，3(3)**）はどうなるかということも，事前に十分検討した上で，自らの要求を決めることが重要です。端的にいえば，相続人間だけでの自由な交渉により合意することが不可能となった場合，裁判手続である調停→審判と移行することになりますが，その結果，法定相続分の縛りを格段に強く受けるようになり，各相続事案の実情に応じた当事者の自主性の発現の余地が狭まるため，相続人間だけでの交渉段階であれば獲得を期待できた成果（相続分・額）を得られないということも起こり得ます。

3　濃い人間関係

　売買取引においては，交渉の当事者たる売主と買主との間に面識がなかったり，面識があったとしても相手方の性格や好み等についてまではわからなかったりする場合があります。また，売買取引の交渉では，通常，自分が相手方にどうみられるかを気にします。つまり，Reputation risk（評判・風評リスク。例えば，市場価格と大きく乖離するような不合理な要求に固執したり，容易に前言を撤回するような一貫性のない態度は，相手方から警戒を要する人物との烙印を押され，その信用を失ってしまうおそれが多分にあります）を気にかけたり，次回以降の継続取引の交渉に対する影響を意識したりします。また，売買取引においては，

主として売買目的物の経済的価値等を巡って交渉が行われ，交渉当事者の個性や人間関係というものは，交渉結果に与える影響という意味において，必ずしも大きなウェイトを占めていません。

これに対し，遺産分割協議においては，交渉の当事者は肉親であり，一般に，当事者は互いにその性格や嗜好等について一定の情報をもっています。また，遺産分割協議に至るまでには，親族特有の一定の人間関係が構築されており，たとえそれが善くても悪くても，他人と交渉する場合に比べて本音が出しやすい，あるいは，かえって本音を出しづらい状況にあり，感情的な問題も絡んでくるため，そうした関係に基づく個々人の影響力の有無・程度等が遺産分割協議の際に反映される場合が極めて多いように思います。さらに，当事者は，基本的に，親族という閉じられたサークルのメンバーであるために，相手方にどうみられるかをあまり気にしないことが多いようです。そのため，遺産分割協議においては，相続財産の経済的価値よりも，交渉当事者の個性や相手方に対する感情，人間関係等が前面に現れ，これが交渉の結果に大きな影響を与える場合が多いように思います（既に，当事者間の人間関係が破綻しているときには，そもそも交渉を開始することが困難な場合すらあります）。

なお，遺産分割協議の場合，こうした当事者間の人間関係の問題や，交渉が決裂した場合に調停や審判といったステップに進むことのデメリット（時間的・心理的損失や手続には費用がかかること等）が，売買における目的物の経済的価値と同じような働きをすることがあります。つまり，例えば，2人の相続人AとBが，1億円の相続財産を分割するという場合に，Aは均等な分割（5000万円ずつ）を希望しているのに対し，Bは7500万円（B）対2500万円（A）という分割を希望したとしましょう。このとき，Aが，Bとの人間関係が破壊されるくらいなら譲歩した方が良い，あるいは，交渉が決裂した場合に調停・審判手続に移行し，これに時間を費やすことや紛争を抱えること自体による心理的損失，さらには予想される手続費用等の負担を回避したいと考え，Bの希望する分割案を受け入れて遺産分割協議が成立した場合，Aにとって「人間関係の破壊」や「時間的・心理的損失」を回避することの経済的価値

は2500万円相当であると評価することができます。**本章，第1，1 (5)(ア)(d)** で述べた「感情の数値化」も，まさにこの問題の一形態といえます。

4　過去の行為の評価

　売買取引においては，主として，売買代金の額や支払期限，商品の品質・性能，納期等といった，「これから行おうとする行為」に関して交渉することが目的となります。

　遺産分割協議においても，被相続人が残した様々な遺産を，具体的に，どのように相続人間で分けるかという，これから行う行為が協議されます。しかし，遺産分割協議においては，相続人の一部から，例えば，「自分は，生前，被相続人と同居して介護するなどし，その財産が減少することを防いだ。」とか，「次男は，家を購入するに際して，生前，被相続人から資金を出してもらった。」といった主張がなされることがしばしばあります。これは，法的に認められるかどうかという点をとりあえずおくとして，相続人において，寄与分あるいは特別受益があるとの主張と解されますが（**第3章，第3，第4**参照），そこで問題となっている行為は，いずれも被相続人の生前に行われたものです。つまり，遺産分割協議は，被相続人の死後に行われるものであり，相続人間において共同相続財産をどのように分割するかということを最終目的としてなされるものですが，そこでは，しばしば，「被相続人の生前における行為」の評価（過去の行為の清算）が協議の対象とされる場合があります（前述した交渉当事者が親族であるということに加えて，こうした事情からも，遺産分割協議を開始する時点で，すでに交渉当事者間において，被相続人の生前における各当事者の行為に関して種々の感情を抱いており，いざ相続財産を分割するという段階になって，被相続人の存命中には表に出すことを抑えていた感情が一気に噴出する素地があります）。そのため，交渉を開始するにあたっては，事前に，自らの寄与分あるいは他の相続人の特別受益として主張するものがあるか否か，逆に他の相続人から主張されるべきものがあるか否かなど，被相続人の生前に行われた行為をよく

振り返って十分に検討し，どのような交渉を行うべきか準備しておく必要があります。

5 交渉当事者の固定性・非選択性——交渉の不回避性

(1) 交渉当事者を変更するというBATNAの不存在

　売買取引の場合，例えば，売買目的物が自動車や冷蔵庫などといった取替えが可能な代替物である場合，買主は，ある売主との交渉がまとまらず決裂したとき，同じ物を販売している別の売主から購入することとして，交渉の当事者を変更することができますし，購入すること自体，すなわち取引そのものを断念することもできます。また，「契約自由の原則」から，交渉が決裂した場合に，その一方当事者が裁判所に訴えることにより，判決で契約の締結を強制されるということも，原則としてありません。

　しかし，遺産分割協議の場合，その交渉当事者は，相続人又は受遺者に限定されており，交渉が決裂したとしても，原則として，その当事者を変えることはできません[*3]。これは，交渉決裂の場合には交渉当事者を変えて別の相手と再交渉に臨むという最も強力で一般的なBATNAが，当初から存在しないことを意味します。また，共有状態となっている共同相続財産を分割するためには，相続人間で遺産分割協議を行い分割方法について合意をするか，それが不調であれば，最後は家庭裁判所の審判を仰がなければなりません。つまり，遺産分割とは，最終的に「決めなければならないもの」なのです。したがって，遺産分割協議においては，原則として，交渉当事者が変わらないことを前提として交渉に臨むべきであり，交渉を円滑に進める上で，売買取引の場合に比べて，当事者間で従来からの信頼関係を維持すること，疎遠であった場合は新たに信頼関係を築くこと，あるいは一旦壊れた信頼関係の修復に努めることがよりいっそう重要になってきます。

(2) 一般的なBATNAが存在しないことを踏まえて考慮すべきこと

　そこで，遺産分割協議においては，それが交渉である以上は，当事者間に意見の対立が生じた場合には，各相続人の利害得失等に着目して駆引きを行うことも重要ですが，その後の円滑な交渉の促進や，将来も残る親族関係について健全な人間関係を重視するという観点からも，自らの提案の背景には「公平性」という視点があることを常に意識し，これを強調しながら，交渉相手である他の相続人を説得することが大切です（実質的公平性は，ハーモニアス・ネゴシエーションの7つの基本姿勢の1つです。**第1章，第3，2(1)参照**）。同時に，他の相続人が提案してきた遺産全体の分割案や自らの相続分に関する要求についても，その内容が公平かどうか，どのような考えから公平といえるのかといった観点から，その相続人の考えについて質問してよく耳を傾け，真剣に議論し，自分の提案は譲歩が必要なのかどうかなどについて検討するべきです。いわば，相手と共通の問題に取り組む姿勢をとり，実践することが大切です[*4]。

　ただし，そこでいう「公平性」の意味については，単純に各人の分配割合（取り分）だけに焦点をあてて考えることも1つの理解の仕方でしょうが，たとえ分配割合が異なっていたとしても，各人の置かれた立場・状況等を考慮した実質的な公平性[*5]を指すものと理解することも十分に可能です。また，ここでは，客観的な公平性ではなく，当事者各人における「公平感」（当事者が公平であると受け止めること），すなわち「主観的公平性」とでもいうべきものの実現が問題となります。そうすると，結局は，何が「公平」であるのかを巡って，各当事者の考えが対立することが予想されますが，少なくとも，関係者が何となくにせよ一応理解，納得できるレベルでの公平性という視点をもった提案でなければ，それが自らの提案であるにせよ，他の相続人の提案であるにせよ，その正当性を根拠づけることができず，提案者以外の相続人を説得してその賛同を得ることは極めて困難であると考えます。そのため，自らの提案は，いかなる根拠により公平又は正当であるといえるのか，常に

準備しておく必要があると思います。

(3) 交渉の不可避性とその基準

　遺産を具体的に分割するにあたっては，事前に，相続人間で協議することが求められています（民907条2項）[*6]。このように，あえて，民法が，事前に相続人間で協議を行うことを義務付けている根拠は，遺産の分割という行為が，個人の私的自治の範疇に含まれる事柄であるからと考えられています。しかし，それに加えて，遺産分割とは，相続人間で共有状態にある相続財産を分割するという財産法的側面を有する一方，具体的な分割にあたっては，裁判所が各相続人の法定相続分に従い粛々と分配方法を判断するのではなく，まずは，互いに親族関係にある当事者（相続人）間の協議に委ね，その過程において，法律上は必ずしも寄与分や特別受益として主張できない行為や，旧来の「家」の存続などをはじめとする，各相続事案によって異なる種々の事情を総合的に考慮して最終的な分配方法を決することを期待するとともに，その方が結果として適切な分配が図れるとの発想があるように思われます。

　また，民法は，「遺産の分割は，遺産に属する物又は権利の種類及び性質，各相続人の年齢，職業，心身の状態及び生活の状況その他一切の事情を考慮してこれをする。」（同法906条）として，各相続人及び相続財産に応じた公平・妥当な財産分配がなされるよう裁判所が遺産の分割方法につき判断する際の主たる考慮要素を例示的に定めており[*7]，各相続人の相続分についても規定しております（同法900条）[*8]。こうして，遺産の分割に際して考慮すべき要素や，各相続人の相続割合が法定されていることも，遺産分割に係る交渉の1つの特徴です。

6 その他の特徴

(1) 相続財産の範囲に関する情報の偏在

　売買取引においては，一般に，売主及び買主において，具体的にだれと交渉するか，売買目的物は何かということは，交渉の当初から自明です。

　これに対し，遺産分割協議においては，相続開始時点で，だれが交渉相手か（相続人の範囲）は原則として明らかですが[*9]，何が相続財産となるのか（相続財産の範囲）については不明な場合があります。相続財産の範囲について，通常，被相続人の財産関係を示した貸借対照表のようなものは存在しないため，遺産分割協議を行うにあたっては，まず相続財産の範囲を正確に把握すべく，その調査に努めることが極めて重要となります。もっとも，実務的な感覚に即していえば，被相続人と同居している場合はともかく，そうでない場合は，相続財産のすべてを正確に把握することは困難であり，その調査には限界があります。被相続人の同居者たる相続人と，非同居者たる相続人との間では，相続財産の範囲に関する情報の偏在（同居者たる相続人に情報が集中する）の問題が横たわっているといえ，事実，多くの相続紛争案件においては，その出発点に，この問題が認められます。

　情報の偏在がある場合に，相手方が知らない情報（例えば，被相続人が有していた預貯金や有価証券の存在や，生前被相続人から自分が受けた特別受益の存在等）を保有している当事者が，いつ，どの範囲でこうした情報を相手方に開示するか，あるいは開示しないかということは，非常に難しい問題です。一般的な基準を述べるとすれば，相手方から具体的にたずねられた場合には「嘘はつかない」ということが最も重要です。前述のとおり，交渉を円滑に進め，当事者双方においてより良い結果を導くためには，当事者間の信頼関係が極めて大切です。もし，嘘をついたことが後日発覚した場合，あるいは自分の主張と矛盾を来すようなことがあった場合，信頼関係は一気に崩れ，相手方も態度を硬化させたり，より過大な要求をしてくるなどの対抗措置をとったりして，

結局，交渉が決裂するおそれがあります。また，相手方が調査すれば明らかになってしまう事実については，早期に，自ら積極的に開示すべきです。そうした姿勢を相手方に示すことにより信頼関係を構築することに努めることで，相手方の協力的で柔軟な姿勢を引き出し，結果として円満な交渉が可能となると考えます。

ただ，いずれにしても，現在の調停実務の運用を踏まえれば，調停前の交渉段階か，遅くとも調停の早い段階で相続財産の範囲を明確にする必要があります。この点は，情報の開示にあたっても，十分に留意すべきです。

(2) 事前準備の重要性

売買取引においては，当然のことですが，買主は，身銭を切って対価を支払ってでも当該商品が欲しいからこそ，その購入に向けた交渉を開始するのであり，通常，交渉に入る時点で，購入した商品に付加価値をつけて転売したり，自ら有効活用したりするといった明確なビジョンをもっています。そのため，売主は，多くの場合，こうした買主のビジョンを認識又は予想することができ，なぜ買主がその商品を欲しがっているのか，場合によっては，買主が代金や納期といった条件について，どこまで譲歩する可能性があるのかについて，交渉を開始した早い時期に，ある程度予測できることがあります。例えば，買主が売主から部品を購入し，完成品を製作してこれを転売するというビジョンを有している場合，売主は，当該完成品の販売価格について相場を予測し，これから逆算することで，買主が当該部品の購入費用としていくらを想定しているのか，大体の予想をすることができます。

これに対し，前述したとおり，遺産分割協議においては，そもそも，各相続人は自己の法定相続分に応じた相続財産を取得するために対価を支払うことはありませんし，相続財産の範囲はすでに決まっているものであって，何を遺産分割協議の対象財産とするかは相続人がその好みに応じて自由に選択するというものではありません[*10]。したがって，各相続人が，どの相続財産を，どの程度欲しがっているのか直ちにわからない場合があります。つ

まり，相手方のZOPA (**本章，第1，3 (2) 参照**) がわかりづらい状況にあります。また，被相続人である親と，その相続人である子が，相続財産たる土地建物で同居していたなど，当該相続財産を一部の相続人が自己利用していた場合等は別として，各相続人が，なぜその財産を欲しがっているのか，その財産を相続するためにどの程度譲歩するのか全くわからない場合もあります。

　そこで，遺産分割協議を始めるにあたっては，前述したとおり，相続財産の範囲について十分に調査し，これを確定することに加えて，各相続人が，どの相続財産を欲しがる可能性があり，それはなぜかということについて，各相続人が保有する個人資産の内容やその置かれている経済的状況といった観点[*11]も含めて可能な限り綿密に検討してから交渉に臨むことができれば，その後の交渉を有利に進めること，少なくともいたずらに回り道をすることを回避することができます。そして，交渉過程においても，なぜその相続人が特定の相続財産を欲しがるのかということを常に意識してその相続人から情報を引き出し，特定の財産を欲しがる相続人の意思が真意によるものか，あるいは，他の相続人から譲歩を引き出すためのブラフ (bluff) に過ぎないのか，真意に基づくものであれば，当該相続人はその財産を相続するためにどの程度譲歩する可能性があるのかなどを分析する必要があります。

　さらにいえば，こうした相手方の事情について分析・検討するよりも，端的に直接相手方に質問したり，相手方が答えない場合には，自分の考えを先に述べることにより，相手方の回答を引き出す呼水にするという方法も考えられます。

7　ゲーム理論の観点からみた遺産分割協議の特徴

(1)　交互進行型の繰返しゲーム

　売買取引においては，これが1回限りの単発的な取引である場合もありますが，継続的製品供給契約等のように，複数回取引が繰り返される場合もあ

ります。また，同一当事者間で，かつて売買取引をした際の商品とは異なる商品を目的物とする新たな売買取引が行われることもしばしばみられるところです。

　遺産分割においては，人は1度しか死なず，同人を被相続人とする遺産分割協議は1回きりであるといえます（協議後に新たに財産がみつかった場合や，二次相続，再転相続が生じた場合の問題はここでは措きます）。もっとも，遺産分割は，それが裁判所による審判に至らない限り，基本的には，すべての相続人が合意しなければ成立し得ないものです。つまり，相続人各人が「拒否権」をもっています。そのため，他の相続人が提案した分割方法について納得がいかなければ，これを拒否して，自ら新たな提案をすることも当然可能です。したがって，例えば「じゃんけん」のように，相手が何を出すかわからない状況において，自分の出す手を考え，1回限りの勝負で結論が出てしまうようなものではありません。このような遺産分割協議における当事者間の交渉経過を細分化した上で，ゲーム理論の観点[*12]から分析すると，遺産分割協議は，「交互進行型の繰返しゲーム」と捉えることもできます[*13]。つまり，ゲームに参加する各プレイヤーは，他のプレイヤーがとる行動をみてから，自らの戦略を考えて行動を選択することができ，しかも，こうした行動が繰り返されること（他の相続人が示した提案に対して，自ら対案を示し，さらに別の相続人が異なる案を提示すること）が想定されます。

(2) 相続交渉における「囚人のジレンマ」

　ゲーム理論の「囚人のジレンマ」とよばれるモデルにおいては，同時進行型（両方のプレイヤーが同時に行動し，相手のとった行動をみてから，自分のとる行動を決めることのできない——つまり，相手方がとる行動がわからない——ゲーム）の1回限りゲームでは，各プレイヤーが「協調」と「非協調」のいずれの行動をとることが最適かという問題に関して，相手方のとる行動にかかわらず，非協調を選択することが「自分にとって」最適（絶対優位の戦略：相手方がどのような行動を選ぼうとも，自分は常に一定の行動を選んだ方が高い利得を挙げられる戦略）な

行動となりますが,「両者にとって」最適（パレート最適：一方当事者に損失を与えることなく,他方当事者の利得を増やすことができない——つまり,無駄がない——状態。**本章**,第 1.3 (6) 参照）な行動とはならないとされます。

　ここで,囚人のジレンマを説明するため,例えば,遺産分割協議においても,相続人がAとBの2人であり,相続財産が不動産と株式であるとき,
- Aは〔被相続人と同居していた不動産の相続を希望し,株式はいらない〕,
- Bは〔かつて被相続人が経営し,Bも取締役として勤務している会社の株式の相続を希望し,不動産はいらない〕

という場合を想定します。この際,各プレイヤーが協調・非協調の行動をとったとき,各人の得ることができる効用（満足度）を,以下のとおりと仮定します。
① 　A,Bともに,自らの欲しい相続財産を正直に話した（いずれも協調を選んだ）場合,各人はそれぞれ希望する財産を1人で相続することができ,80の効用を得ることができる。
② 　A,Bともに,本当に自分が欲しいものに加えて,相手の譲歩を引き出すために,ブラフとして,それぞれ自分の真意とは異なり,あえて相手の欲しがっているもの（本当は自分はいらないもの）も欲しいと表明した（いずれも非協調を選んだ）場合,結局,不動産と株式について,半分ずつ分け合うことになってしまうこととし,各人は50の効用を得ることができる。
③ 　A,Bいずれか一方だけがブラフを用い,他方が自ら欲しいもの及びいらないものを正直に話した場合,ブラフを用いた側は,相手方の譲歩を引き出すことができ,本当に自分が欲しい財産（相手方が正直に「いらない」といった財産）について独り占めでき,さらに,ブラフを用いたため本来必要としていない相続財産についても一部を獲得することができることになり,非協調行動を選択したプレイヤーは90の効用ができるが,協調行動を選択したプレイヤーは10の効用しか得ることができない[*14]。

■図表２－２－１　選択した行動から得られる各人の効用

		Bの選択	
		不動産（非協調）	株式（協調）
Aの選択	不動産（協調）	A10　B90	A80　B80
	株式（非協調）	A50　B50	A90　B10

　この関係を図示すると，**図表２－２－１**のとおりになります。

　このように，A，B相互に相手方の真意を測りかねるときは，互いに非協調をとることが絶対優位の戦略になりますから，お互いに相手を裏切ることになります。しかし，その結果得られる両者の効用は，本来，A，Bともに協調すれば得られた効用よりも低いものですから，パレート最適の状態にはなっておらず──A，Bともに協調すれば，相互に相手の利得を減らすことなく，より大きい利得を得ることができた──，囚人のジレンマが生じることになります。

(3)　無限回の繰返しゲームにおける「協調」の重要性

　これに対し，無限回の繰返しゲームにおいては，互いに協調することが「両者にとって」最適な解となることが知られています（これは「フォークの定理」とよばれていますが，その詳細は渡邊隆裕『ゼミナール　ゲーム理論入門』（日本経済新聞出版社，2008年）312頁以下等参照）。そこで，もし相手方が非協調の行動をとってきた場合，自分のとり得る戦略としては，トリガー戦略（最初は協調するが，相手が一旦裏切って非協調になったときは，以後一貫して非協調をとり続けるという戦略），あるいは，しっぺ返し戦略（最初は協調するが，相手が裏切って非協調になったときは，こちらも直ぐさま非協調となり，再び相手が協調になったときは，こちらも協調に戻るというように，相手と同じ行動をとり続けるという戦略）が考えられています。例えば，前述した事例において，トリガー戦略とは，最初の提案では，Aが不動産の相続を希望（協調）し，Bも株式の相続を希望（協調）したところ，

BがAの様子をみて欲を出し，株式に加えて不動産の相続も希望（非協調）した場合，Aも「それなら自分も不動産の他に，株式の一部もよこせ」などと要求することとし（非協調に転じる），以後，その要求を貫くというものです（その結果，協議がまとまらずに審判手続にまで進むことになり，Bは長期にわたって株主としての権利を行使できずに，損失を被ることが想定されます）。また，しっぺ返し戦略とは，欲を出したBに対し，Aも一旦は非協調に転じ不動産に加えて株式の一部についても要求するが，その後，BがそのようなAの様子をみて改心し，「やはり自分は株式だけを相続できれば良い」と再び協調することにした場合には，Aも「そうであれば，自分も不動産だけを相続できれば良い」と協調に戻るというものです。相手方が非協調行動を選択した場合には，このような戦略を駆使することにより，最終的には，お互いの真意を打ち明けることで，A，B双方にとってパレート最適な解，すなわち，Aは不動産を，Bは株式をそれぞれ単独で相続することにつながります。

　遺産分割協議において，前述した，無限回の繰返しゲームにおけるフォークの定理を応用し，互いに協調することが最適解を導くことになると理論的に実証できるかというと，この点，新たな研究が必要でしょう。しかし，少なくとも，ある相続人が非協調的な行動をとり続けることにより，遺産分割協議がデッド・ロック（deadlock：決められない状態，にっちもさっちもいかない状態）に陥って裁判所による審判手続に移行した際には，法律に従った遺産分割が強制的に実現されてしまい，各相続人が当初考えていた，必ずしも法律の規定や解釈にしばられない柔軟な解決が図れなくなるおそれがあることに注意すべきです。そのため，非協調的行動をとる相続人に対しては，しっぺ返し戦略を適切に駆使したり，あるいはそのまま非協調的行動をとり続けるならば，自分はトリガー戦略をとることを警告したりするなどして，協調的行動への転換を促すことが重要になってきます。

8 相続財産（パイ）の固定性

　売買取引においては，例えば代金額で当事者の折合いがつかない場合，買主は，売買目的物の数量を減らしたり，より品質の低い同種の商品に換えることで，代金額を下げることができます。また，買主が購入を予定している商品について，納期がその希望に添わない場合，売買目的物を，より早く納品できる他の商品に換えることもできます。

　これに対し，遺産分割協議においては，交渉の対象たる相続財産の総体・範囲（パイ）は既に決まっています。そのため，遺産分割協議は，各相続人が協力することでパイをより大きくし価値を最大化した上で，その配分を決める「統合型交渉＋分配型交渉」（定義については，**本章，第1，3(4)**参照。なお，交渉理論によっては，配分面までも含め「統合型交渉」と一括りに述べるものもありますが，本書では，パイを大きくする部分を「統合型交渉」とよぶこととします。この場合，その後の配分に係わる交渉は「分配型交渉」になります。**本章，第1，1(6)(ア)参照**）ではなく，専ら既に決められているパイを各相続人が奪い合う「分配型交渉」であると考えられがちです。それゆえ，各相続人は，他の相続人と協力してパイを大きくするということに思いが至らず，単に自らの具体的相続分をいかにして多くするかという発想だけに陥る場合があります。

　しかし，相続財産の範囲は固定的であるとしても，その個々の相続財産の評価額（ひいては，各人に分配される実際の額）を増やすことは可能な場合もあります。つまり，例えば，相続財産である土地を換価しその代金を各相続人で分配しようとしたとき，残存価値が全くない古い建物が建っている場合や，建物が当該土地の利用方法に適合しておらず建付減価が生じているような場合には，当該建物を収去して更地にした方が土地の評価額が上がるということが考えられます。あるいは，相続財産として株式があり，遺産分割協議はまだ成立していないものの，株価の下落が予測されるようなときには，全相続人が協力して当該株式を適時に売却することにより，相続財産の減少を食い止めることができます。

もっとも，遺産分割協議が「分配型交渉」の性質を強く有していること自体は否定できず，このことは強く肝に銘じておくべきでしょう。しかし，そうだからといって，協議の当初から，相続財産（パイ）が固定されており，これを実質的に拡大する統合型交渉の余地が全くないものと決めつけて交渉に臨むことは，以上の例が示すように，すべての相続人にとって得策ではありません。また，ハーバード流交渉術が掲げる原則立脚型交渉（統合型交渉の基本的な交渉手法です）の内容は，基準（Criteria）やコミュニケーションなど，分配型交渉でも重視されるべきものがあることに留意する必要があります（**本章，第1，1**(2)(ウ)～(キ)参照）。

9　包括的一括的合意形成

(1)　ログローリングの可能性

　売買取引においては，当事者が交渉して合意すべき内容として，代金額のほか，代金の支払期限・方法，納期，品質，保証期間等種々の事項が考えられます。そこで，当事者間で協議すべき複数の事項がある場合に，その中でも，各当事者がどの事項を，どの程度重視しているか（価値を置いているか）は一様ではありません。例えば，買主は納期を重視しており，代金の支払期限や方法にはこだわっておらず，他方，売主は支払方法を現金とすることを重視しており，納期にはこだわっていない場合，両者はこれを相手に打ち明けて互譲することにより，買主は希望通りの納期を実現することができ，売主も代金を現金で受け取ることができるという統合型の交渉になります。このように，複数の協議事項があり，各々が個々の事項について異なる価値をおいているとき，相互に相手方の重視している事項についてその希望を受け入れることにより，両者にとって他者に損失を与えることなく自らの希望を実現できる取引をログローリング（logrolling）といいます（**本章，第1，3**(7)）。こうした取引においては，当事者は互いに譲歩して合意できる事項について，

他の事項とは切り離して優先的に合意していくという手法をとることができます。

遺産分割協議においても，相続財産が複数あるような場合に，各相続人が欲している相続財産が異なっているときは，ログローリングが可能です。あるいは，例えば相続財産が不動産だけであったとしても，それが欲しい相続人と，不動産自体はいらないが代償として金銭が欲しい相続人がいる場合，さらに代償金の額についてはそれほどこだわらないが，その支払時期を早期にして欲しい相続人がいる場合等には，ログローリングを行うことにより，統合型交渉を行うことができます。もっとも，ログローリングが成立する前提として，交渉当事者が互いに協調し，自らの真意を打ち明けることが必要不可欠です。互いに相手の真意を図りかね，疑心暗鬼に陥っている状況では，ログローリングは成立せず，統合型交渉は実現しません。

(2) 一部分割合意の利用

かくしてログローリングを行うことができ，相続財産のうち一部について，各相続人の合意が成立しそうな場合であっても，一般に，遺産分割協議では，当該部分についてだけ先行して分割を合意するという方法はとられず，すべての相続財産につき，その分割方法を包括的，一括的に決めて合意するという場合が大半です。その理由は，遺産分割においては，各相続人は，一部の相続財産ではなく，すべての相続財産を俯瞰して，各自にとって均衡のとれた分割方法を希望していると考えられるからです。

しかし，遺産分割協議においても，全相続人が承諾した一部の財産についてだけ分割方法を合意し，分けてしまうことも可能です。ただし，一部分割の合意をする際には，同時に，残りの相続財産につき，その一部分割により特定の相続人が取得した相続分も考慮して全部の相続財産を具体的相続分に従って分割するのか，それともこれを考慮せず当事者間で合意した相続割合又は具体的相続分に従って分割するのかについても明確にしておく必要があります（今井理基夫「一部分割の問題点」判タ1100号398頁）。こうした事項を定め

ずに一部分割の合意をし，残された相続財産について当事者間の協議がまとまらず審判に至った場合に，残余財産の分割について，一部分割による取得分を考慮しないという意思が明確に表示されていないとして，一部分割により生じた各相続人間の具体的相続分の不均衡を修正して遺産全体の総合的配分の公平を実現するため，全部の相続財産を具体的相続分に従って分割する内容の審判がなされた事案もあります[*15]。

　また，調停段階において，当事者間で一部分割の合意を形成することが可能だとしても，調停委員会は合意が相当であるか否か判断する権限を有しているため（家手272条1項本文），残余財産につき分割の割合を合意ができるか，これが合意できないとしたら残余財産の分割により相続財産全体につき民法906条の分割基準に従った公平な分割が実現できるのかを検討し，一部分割の合意が相当であると判断されれば調停を成立させることとされています。調停の実務においては，一部分割の調停が成立することにより，自己の具体的相続分を満たす財産を取得する相続人には，残余財産に対する相続分を放棄させて，その後の残余財産の分割に関する調停手続からは脱退させ，当事者の数を減らし，対立が深刻化している当事者や争点を絞り込んだ上で，合意が成立しない場合に残余財産を審判で分割するという段階的分割方法もとられています。

　なお，そもそも合意が成立しているのか否かという争いを回避するためには，合意した内容を書面に記載して各自が署名押印するなどして固定しておくことが重要です。

10　交渉終了後の人間関係修復可能性

　売買取引においても，特に，継続的製品供給契約のように取引が繰返し行われることが想定されている場合，相手方当事者との間で信頼関係を築き，これを維持することは，その繰り返される交渉・取引を円滑に行う上で，とても重要です。しかし，もし，何らかの理由で，相手方との信頼関係が破綻

してしまった場合でも，売買取引であれば，他の売主又は買主を探すことで，事態を打開することができます。

　これに対し，遺産分割協議の当事者たる相続人は，いうまでもなく親族であり，ことに血族は自らの意思で自由に取り替えることはできません。確かに，1人の被相続人の遺産を巡る遺産分割協議は1度きりですが，親族関係にあれば，遺産分割協議後も，冠婚葬祭に参加する等交流をもつ機会が訪れます。遺産分割協議においては，相続人同士の感情のもつれから，「今後，あいつとは親戚付合いをしない」という趣旨の発言がなされ，実際に，遺産分割案件を取り扱う弁護士であれば，人間関係が断絶してしまった事例もしばしば経験してきているはずです。しかし，親族は自分1人で成り立っている（つながっている）ものではありません。たとえ相続人同士に感情のもつれが生じ，いがみ合っていたとしても，各々の子や孫といった次の世代にとっては，こうした相続人同士のいさかいは本来無関係なものです。親同士が争っていたとしても，その子供たち，あるいは孫たちの世代では，良好な親族関係を築くことができるかもしれないにもかかわらず，1人の相続人の代で，他の相続人との親戚付合いを一切断絶し，その可能性を排除してしまうことは，非常に残念な事態だと考えます。そのため，遺産分割協議に臨むにあたっては，具体的な自らの相続分を意識して行動するだけではなく，より大きな視点から，今後永々と続くであろう自らの親族関係の行く末にも十分配慮することが肝要であると考えます。

　相続という事態は，一生のうちにそれほど多くは経験しないものであり，そこでひとたび人間関係が破壊されてしまうと，これを修復することは一生困難です。したがって，遺産分割協議においては，先ずは無用に当事者間の感情的対立を煽らず，相互に信頼関係が破壊されないよう努め（互いが協調することにより，新たな価値を創造し，統合型交渉への道が開けることは前述したとおりです），交渉の過程において，信頼関係が失われそうな事態に直面したときには，自らの要求を多少譲歩してでも，信頼関係の維持を優先しこれに努める方が望ましいと考えます。自分がそのような姿勢を相手方に示すことで，相手方

も譲歩する可能性も考えられます(*16)。そして，やむを得ず，信頼関係が破壊されたとしても，その修復のために力を注ぐべきです。それでも，破壊された信頼関係の修復がかなわなかったとしても，次の世代に禍根，遺恨を引き継がせないことが求められているように思います。

11 ま　と　め

遺産分割協議は，売買取引と比較し，以下のような特徴があります。

① 対価性がないため，各人が不合理に要求をエスカレートさせる動機がある。

② 各人の間には濃い人間関係があり，過去の行為の評価が交渉の対象となる場合があるため，各人のもつ個性や感情，それまでに築かれてきた上下関係等が交渉の過程や結果に大きな影響を与え，経済的合理人を前提とするゲーム理論の考え方を応用できる場面は少ないかもしれないが，局面によっては有用性が認められる場合もある。

③ 交渉の当事者は決められており，原則として変えることができないし，交渉を回避することもできない（決めなければならない）ため，当事者間で信頼関係を構築し，各人が「公平感」を抱くことができる提案をすることが重要となる。また，相手方の提案が「公平感」を有する場合は，その内容をも十分考慮した再提案をすることが望ましい。

④ 相続財産の範囲について，相続人間で情報の偏在があるため，その調査などの事前準備が極めて重要となる。

⑤ 相続財産の範囲は固定的であるため，基本的には，だれが，どの財産を，どれだけ相続するかという分配型交渉となってしまい，統合型交渉（＋分配型交渉）やログローリングを行う余地は限られている。

⑥ 交渉後においても親族関係は生涯続き，次の世代にも受け継がれていくものであるため，人間関係の維持及び修復が重要となる。

（図表２－２－２も参照）

■図表2-2-2　遺産分割協議と売買取引交渉の特徴の異同

	遺産分割協議	売買取引交渉
対価性	なし	あり
交渉当事者間の人間関係	濃い	薄い又はなし
評価の対象となる行為の時点	被相続人又は相続人の過去の行為を含む	将来の行為
交渉当事者の可変性 （当事者変更のBATNAの有無）	なし	あり
情報の偏在 （事前準備の重要性）	あり	あり
パイの固定性	原則あり	なし
ログローリングの余地	狭い	広い
交渉終了後の人間関係修復の重要性	極めて重要	単発的な取引の場合、軽視される傾向

　こうした遺産分割協議の特徴を踏まえると、抽象的にいえば、協議に臨むにあたっては、各人が交渉当事者の不変性や交渉の非回避性、親族間の人間関係維持の重要性を考慮し、不合理に要求をエスカレートさせる素地があること（相続財産は被相続人からのもらい物であること）を自覚した上で、互いに「公平感」を得られるような提案をし、場合によっては自ら積極的に情報を開示することによって、相手方の柔軟な姿勢を引き出して互いに協調するよう努め、常に統合型交渉やログローリングを行う余地がないか検討するべきであると考えます。遺産分割協議の場において、いかにしてこのような交渉を行うのかにつき、本書は、分配型交渉に基礎を置きつつも、遺産分割交渉特有の事情を踏まえた「ハーモニアス・ネゴシエーション（ハーモニアス・チョイス：調和型交渉論）」を提唱しますが、次節以降において、その内容を明らかにするべく交渉学の見地から様々な検討を行うこととします。

《注》
*1　もちろん、例えば不動産など個々の相続財産の中には、市場価格が存在する物もありますが、ここで説明しているのは、そうした相続財産を構成する個別の物について、

各相続人が何を相続するかということに関する客観的基準はなく，各人が，あれが欲しい，これが欲しいと自由に要求を述べられるということです。
＊2　「理論上は」といったのは，実際には，審判まで手続が進む遺産分割案件は稀だからです。
＊3　ただし，相続人は，相続放棄したり，自己の相続分自体を第三者に譲渡したり（民905条），あるいは個々の遺産に対する共有持分権を個別に第三者に譲渡することにより，遺産分割を巡る交渉から離脱することができます。もっとも，現実の事例においては，他の相続人に対しては格別，全く無関係の第三者に対して，自己の相続分や特定の遺産に係る共有持分権だけを譲渡することはほとんどみかけません。
＊4　ちなみに，W. ユーリーは，どんな相手にも「ノー」と言わせないための5つのステップとして，ステップ①相手の態度にまともに反応するな！，ステップ②相手を冷静にさせる，ステップ③相手と共通の問題に取り組む，ステップ④相手に「交渉成功」と思わせる，ステップ⑤「相互協力が最善の策」と理解させる，を挙げています（ユーリー32頁以下）が，いずれのステップも，遺産分割交渉において役立つと考えます。
＊5　例えば，相続人の中に病弱で働けない者がいれば，その相続人の居住先を確保するため不動産を相続させるとか，未成年者や経済的にひっ迫した者がいれば，他の相続人よりも多くの現預金を相続させるといった，必ずしも配分割合にとらわれない公平性を意味します。
＊6　法律上は，遺産分割事件に調停前置主義は適用されず，直ちに審判を提起することも可能となっています。しかし，実務上は，調停を経ずして審判を申し立てた場合，調停によって協議がまとまる可能性がないことが明らかな事情があるときを除き，裁判所の職権で調停に回すという運用がなされています。
＊7　今井理基夫「一部分割の問題点」判タ1100号398頁によれば，民法906条の分割基準は，共同相続人にとって実質的に公平な分割を図るための基準であるとされています。ただし，当事者間における任意の遺産分割協議においても，同条の基準に従うべきか否かという点に関して，熊本地判昭30・1・11下民集6巻1号1頁は，同条は「遺産分割の基準について規定を設け相続人間に於ける遺産の分割が適正公平に行われることを要求しているがそれは原則的な訓示規定たるに止まり自由意思に基く任意の合意がある限り同条の基準に従はないからといつて分割の協議が無効であると謂うこともできない」と判示しています。また，同条は，「……その他一切の事情」とされているため，条文上，要素として個別に取り上げられていない事情であっても考慮され得ます。
＊8　なぜ民法900条は法定相続分を定めているのでしょうか。もし，法定相続分が規定されていなかったとしたら，当事者間で協議がまとまらなかった場合，裁判所は，誰に，どのくらい相続財産を分けるのかを判断する基準がなく，これを決めることは極めて困難です。筆者は，遺産分割は最終的に決めなければならないものであるからこそ，民法において法定相続分が定められているのであって，各相続人の「権利」とし

てこれが定められているとみるべきではなく，相続財産というものは，あくまで被相続人からの「もらい物」であると考えます。
* 9 相続人の範囲について，通常，被相続人の戸籍を見れば把握することが可能ですが，例外的に，死後の認知請求による場合（民787条）や，未だ胎児であり出生していない場合（同法886条1項）等，戸籍に現れていない当事者が存する場合もあります。なお，胎児については，遺産分割協議に際して，特別代理人を選任できるとする説と，実際に出生してからでないと選任できないとする説があります。
*10 ただし，預金債権は，相続開始とともに，各相続人の法定相続分に応じて当然に分割され，遺産分割協議の対象とはならないとされていますが（最判昭29・4・8民集8巻4号819頁），相続人間で合意することにより，これを遺産分割の対象とすることもできます。
*11 例えば，既に戸建て住宅を所有している相続人であれば，相続財産のうち居住用の不動産を欲しがる動機は通常低いですし，逆に借家住まいの相続人であれば，これを欲しがる動機は高いと予想されます。また，被相続人の所有していた田畑で被相続人と共に農業に従事していた相続人は，当該田畑を欲しがる動機は高いと予想されます。さらに，教育費等がかかる子女を養育している相続人は，直ちに換価することが困難な不動産よりも，現金を欲しがる動機があります。
*12 ゲーム理論においては，ゲームに参加する各プレイヤーは経済合理性を追求する行動をとることを前提に分析を行っていますが，遺産分割協議のプレイヤーたる相続人は必ずしも純粋に経済合理性だけを追求して行動するとは限りません。むしろ，遺産分割協議においては，たとえ経済的に不合理であったとしても，プレイヤー間の様々な感情により，交渉が展開していくことが多いです。しかし，ゲーム理論における考え方は，様々に展開する遺産分割協議の局面で応用できる場合もあり，有用性が認められるものと思料します。
*13 子は原則として父母の相続人となりますので（民887条1項），父母を被相続人とする遺産分割協議においては，相続人たる交渉の当事者は，被相続人の配偶者1名を除いて，重複することになります。つまり，父母と子2人の家族では，子は父母の遺産分割を巡って，2回遺産分割協議を行うことになります。仮に，1人の被相続人に係る遺産分割協議自体を1回のゲームと捉えるとしても，相続人としての子の立場からすると，父母を被相続人とする遺産分割協議は，その対象とする遺産の範囲は異なるものの，2回の繰返しゲームと考えることも十分に可能です。しかし，本稿においては，こうした再転相続についてはとりあえず措いておき，単純な相続を想定します。
*14 このような不公平な相続割合について，実際の遺産分割協議において協調行動を選択した者が納得するかどうかという問題はあります。しかし，例えばBが被相続人の後を継いで会社経営を行おうとしているが，遺産分割協議が調うまでは株主としての権利が行使できず，その結果会社に大きな損害が生じるおそれがあるため，早期の遺産分割を希望しており，遺産分割協議が決裂して裁判所による審判手続に移行するこ

とを避けたい等の事情が存する場合は，多少の不公平な相続割合でも，早期に株式を確保できるのであれば，これを承諾して遺産分割に応じることもあり得るものと考えます。
* 15　東京家審昭47・11・15家月25巻9号107頁は，一部分割における自己の法定相続分に不足する部分について，各当事者が持分放棄あるいは譲渡の意思で一部分割を行うなど特段の意思表示がないときは，残余遺産につき遺産全部について法定相続分に従って分割を行うことを承認したものと推認すべきものと解されると判示しています（大阪家審昭51・11・25家月29巻6号27頁同旨）。
* 16　「返報性の原則」といって，一般に，人は他人から何かを与えられたときは，自分も何かお返ししなければならないという心理が働くものとされています。

column 1

遺産分割協議の複雑化──●

　共有状態を解消するためには遺産分割することを要しますが，被相続人が死亡したとしても，生前同人を取り巻いていた法律関係に空白が生じることはないため，現実には，かなりの資産価値のある不動産などが，被相続人の死亡後も長期間遺産分割を行わず共同相続人間で共有状態となったままとなっている例が散見されます。その背後には，故人が残した遺産について，親族同士でその配分を巡って話し合うという行為自体をはばかる傾向があることや，遺産分割協議を積極的に主導するリーダーが不在であること，限界集落の不動産や長年だれも利用していなかった別荘など遺産の価値が低い（端的にいうと，売れないため，固定資産税のみかかってきます）ためにだれも欲しがらない等の理由から，共有状態のままでも特段不都合が生じていないのであれば，具体的な問題が露見するまでは放置しておこうという心情が相続人間にあるのではないかと思われます。

　しかし，長期間にわたって遺産分割協議を行わず，共同相続財産を共有状態のまま放置しておくと，いずれ共同相続人の一部も死亡し，当該共同相続人を巡る相続（再転相続）も開始されて共有者が次第に増え，いざ分割しようと思ったときには当事者数が多くなり過ぎ，交渉が極めて複雑になってしまうおそれがあります。

　なお，民法には，被相続人の子が，相続開始前に死亡する等して相続権を失ったときは，その者の子がこれを代襲して相続人となり，相続開始前に当該代襲相続人も死亡した場合は，さらにその子が代襲相続人になるとの規定があります（民887条2項・3項）。また，代襲に関する民法887条2項は，兄弟姉妹が相続人となる場合にも準用されていますが（同法889条2項），再代襲に関する同法887条3項は準用されていないため，兄弟姉妹の孫は代襲相続人とはなりません。しかし，相続開始後に，共同相続人が死亡した場合は，こ

うした代襲に係る問題ではないため，一度生じた相続権については，たとえ兄弟姉妹の孫であったとしても，相続されることになります。かくして，遺産分割に係る交渉は，長期間放置することにより，かえって交渉参加者が増加し，より複雑となっていくという特徴があります――ただ，最近では，独身のまま生涯を終える者が男女ともに増えてきているため，複数の被相続人の各相続財産が，特定の者（相続人）に集約されていくという全く逆のパターンの事例もあり，このパターンは，今後，一層増えていくものと思われます。なお，相続人が１人もいないと，最終的な残余財産は国庫に帰属します（民959条）。

第3

遺産分割交渉の基本的検討課題（その1）
――相続財産の範囲及び性質（パイの問題）――

　ここでは，相続の中でも，交渉の対象となる相続財産（パイ）の問題を取り上げます。専門的には実体法上の諸問題とよばれる分野に関連する部分です。
　相続の実体法上の諸問題は，大きく3つに分けられます。1つ目が，分割の対象となる遺産の範囲の問題，2つ目が，遺産の価値評価の問題，3つ目が，遺産分割の方法です。

1　遺産分割の対象となる遺産の範囲

(1)　分割対象財産とは

　遺産分割の対象となる遺産とは，「相続開始時に存在」し，かつ，「分割時にも存在」する「未分割」の遺産をいいます。つまり，被相続人が死亡した時の財産であって，分割時までに分割されることなく現存している遺産をいいます[*1]。
　交渉の場として相続をみた場合には，分割の対象となる遺産の範囲は，何を遺産分割協議の対象とし，何を遺産分割協議の対象としないのか，を整理・選別することを通じて，いわゆる「パイ」の大きさを決める問題といえます。
　遺産分割協議は，基本的にはいわゆる「分配型交渉」に属しますから，このパイが定まらないまま遺産分割協議をしてみたところで，実効性のある解決には至りません。家庭裁判所の遺産分割調停では，最初期の段階で，相続人や相続分の確定とともに遺産の範囲を確定していきますが，遺産分割協議

でも同様の手順を踏む必要があるわけです。

　遺産分割協議では，とかく相続人間の感情対立の激しさや，寄与分，特別受益など当事者が特に強調して主張したい事柄にとらわれがちですが，遺産分割事件の基本は，①分割対象遺産は何か，②遺産総額と各自の取得額はいくらか，③遺産の現況はどうなっているか，であり，これらの基本事項を曖昧にしたまま分割方法に関する協議を重ねても，いずれは頓挫することが多くなってしまいます（荻原弘子「当事者多数等複雑困難な遺産分割事件の処理」判タ1100号364頁）。一般の交渉においても，何を交渉のテーマとするのかが明確に設定されていなければ，実のある交渉をすることは困難です。それゆえ，上記①，②，③の基本事項の確定が重要となります。

(2)　分割対象財産の範囲をどう設定するか

　ここで留意すべきことは，相続財産の中には，相続開始と同時に法律上法定相続分に従って当然に分割されるものと，そうでないものとが存在し，本来的に分割対象財産となるのは後者のみであるということです。

　実際の遺産分割協議では，法律上は当然分割されているため本来的には分割対象財産とはならない財産（預貯金債権など）であっても，分割協議の対象とすることが多いですが，これを法的に説明すれば，当事者である共同相続人全員の（黙示の）合意によって分割対象財産として取り扱っていることになります。ですから，共同相続人中1人でも既に分割済みとして対象分割財産から外すことを主張すれば，そうせざるを得ません。メリットがあるかどうかは別として，いざとなれば分割対象財産から切り離すことができるということです。

　このことは，分割対象財産の範囲は，完全に固定的なものではなく意外と可変性があることを意味していますので，そのことを自己に有利なパイ設定のために利用することもできます。もっとも，あまりに恣意的なパイ設定（他の相続人が望んでいないのに，預貯金を分割対象財産から外す，審判対象となり得ない財産（後掲(3)(ウ)参照）を多く分割対象財産に組み入れる，など）は，他の相続人の了

解が得られず，とりわけ進行役の立場でそのようなパイ設定をしようとすると進行役としての信頼を損ないかねませんので，注意を要します。この対象財産の範囲の問題は，どうするのが自己に有利なものとなるかという視点より，葬儀費用や生命保険金請求権など，相続にまつわる諸々のことが遺産分割協議に持ち込まれて協議が錯綜することを防止するための交通整理的なツールと位置づけ，使用した方が，有用なことが多いかもしれません。

　どのようにパイ設定をするのが円満な解決に資するのかは，ケース・バイ・ケースの判断となりますが，上述した3つの基本事項を踏まえ，

　ⓐ　何が相続財産となり，何が相続財産とはならないのか，

　ⓑ　相続財産となるもののうち，何が遺産分割の対象となり，何が遺産分割の対象とはならないのか，

　ⓒ　本来遺産分割の対象とはならないが，当事者の合意により分割の対象とすることができるものは何か，

の3点を明確に把握しておく必要があることはいうまでもありません。こうした前提情報をきちんと押さえた上で，パイであるところの分割協議の対象をコントロールする（何を分割の対象とし，何を分割の対象から外すか。何をどのくらいの金額で評価するようにするか）という視点を早い段階からもつことが必要となります。

　そして，このような作業を通じて遺産分割協議の対象を整理することによって，何を協議＝交渉の目標とすべきかを的確に把握することが可能となり，その目標に到達するための課題や当事者ないし関係者の利害といった点も，より明確となってきます。

　しかし，対象の整理を的確に行うためには，やはり，判例・実務の知識が欠かせません。また，交渉を進めるに当たっても，裁判例や実務がどうなっているかということが重要な判断材料・説得材料になることは間違いありません。協議がまとまらなければ，調停・審判へと移行し，結局は，そうした基準に基づいて審判がなされることになるからです。しかし，それらの裁判例や実務を網羅的に詳しく紹介することは本書の守備範囲ではありませんの

で，本書で紹介しきれないところは，上原裕之ほか編『リーガル・プログレッシブ・シリーズ10 遺産分割』（青林書院，2010年）や東京弁護士会相続・遺言研究部編『遺産分割・遺言の法律相談』（青林書院，2011年）などの文献等でご確認ください。

(3) **最後に審判が控えていることとの関係**

ちなみに，分割協議の場面では，合意によって分割対象財産の範囲を柔軟に設定できるものの，審判に至った場合には合意の効力がそのままでは維持できなくなることがあります。審判に至った場合の，分割対象財産の範囲と当事者の合意との関係についてみると，
- 本来的に遺産分割の審判対象となるべき財産
- 合意があれば審判対象にできる財産
- 合意があっても審判対象となり得ない財産

といった形に分類することができます。以下，それぞれの類型の代表的なものを紹介します。

(ア) **本来的に遺産分割の審判対象となるべき財産**

代表的なものは何といっても不動産（土地や建物その他の土地の定着物）です。不動産賃借権，株式，社債，国債，投資信託受益権（最三小判平26・2・25判時2222号53頁）なども，不可分的権利であって当然に分割されるものではないので，遺産分割の対象となります。現金も当然には分割されません（最二小判平4・4・10家月44巻8号16頁，判タ786号139頁）。

家財道具や宝飾品などの動産は特定できれば遺産分割の対象となりますが，通常，特定は困難で，それほど高価なものがあるわけでもないので，形見分けなど適宜の方法により調停外で分割してしまうことがほとんどだと指摘されています。

(イ) **合意があれば審判対象にできる財産**

代表例は金銭債権その他の可分債権です。銀行預金がその典型例です。これは相続開始と同時に法律上当然分割され各共同相続人がその法定相続分に

応じて権利を取得しますが（最一小判昭29・4・8民集8巻4号819頁），相続人全員の合意によって分割対象とすることが可能とされています。そして，実務では分割対象とするのが一般的です。

旧郵便局の定額郵便貯金（最二小判平22・10・8民集64巻7号1719頁，判タ1337号114頁），遺産から生じた果実である賃料債権（最一小判平17・9・8民集59巻7号1931頁，判タ1195号100頁），代償財産[*2]（最二小判昭52・9・19家月30巻2号110頁，最一小判昭54・2・22家月32巻1号149頁など）もこれに当たります。

(ウ)　合意があっても審判対象となり得ない財産

債務及び葬儀費用，祭祀財産（系譜・祭具・墳墓など祖先の祭祀に必要な用具）等は合意があっても審判対象とはなりません。受取人が自己の固有の権利として取得することとなる場合の生命保険金請求権も同様です。

しかし，上記にいう合意があっても審判の対象とならないのは，あくまでも審判に至った場合のことであって，協議分割，調停分割であれば，より柔軟に相続財産の範囲を設定することができます。したがって，審判では対象とはならない財産を加えて遺産分割の対象とした方が有利な当事者は，審判分割になるのを避けることに強い動機付けが生じることになります。

これは，遺産分割が通常の契約締結交渉などと異なる点です。すなわち，契約締結交渉では，話合いが決裂すれば，何もなかったことになるだけですが，遺産分割の場合は，最後に審判が控えており，必ず何らかの形で分割されることになる点が大きく異なります。それゆえ，分割協議においては，常に審判分割になったらどうなるかの予測と照らし合わせながら，自己の主張を展開することも必要となります。

2　遺産の評価

分割対象財産の可変性は評価額の面からも認めることができます。分割財産の時価評価は，分割時を評価時点として行われますが[*3]，分割財産の中には，現金のように評価を要しないものもあれば，不動産や株券等のよう

に評価を必要とするものがあります。

　評価を必要とする場合，評価手法が複数あり，また評価手法が異なれば評価額も異なるのが通常です。評価手法が同じであっても，評価人（鑑定人）によって評価額が異なるのも通常ですし，その幅が大きくなることも少なくありません。

　このように評価が可変的な財産は，金額面からみたパイとしての遺産を変動させる要素をもちます。例えば，遺産が預貯金と不動産から構成されている場合，不動産の評価額によっては，遺産の総額（金額面からみたパイの大きさ）が変動しますし，各財産の遺産に占める割合も変動します。こうした変動は，具体的な取り分や，代償金等の額に大きな影響を与えます。すなわち，預貯金が5000万円，不動産評価額も5000万円のとき，不動産を取得するAの相続分が2分の1であれば，他の相続人に対して代償金を支払う必要はありませんが，不動産評価額が6000万円であれば相続分を超えるので代償金を支払う必要が生じ，4000万円と評価されれば相続分に満たないので逆に預貯金に対する取り分も残ることになります（**図表2－3－1**参照）。この差は無視できま

■**図表2－3－1　評価による遺産の可変性**

　AとBの法定相続分がそれぞれ2分の1，相続財産は預貯金5000万円（評価固定）と不動産が全てであるとして，

a）不動産評価額が6000万円のとき

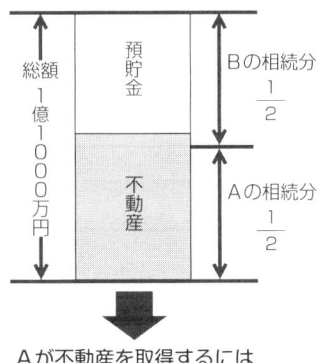

　総額1億1000万円
　預貯金／不動産
　Bの相続分 1/2
　Aの相続分 1/2

　⇩
　Aが不動産を取得するには
　代償金の支払が必要

B）不動産評価額が4000万円のとき

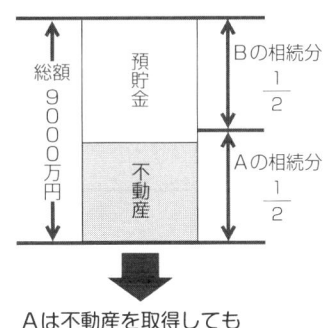

　総額9000万円
　預貯金／不動産
　Bの相続分 1/2
　Aの相続分 1/2

　⇩
　Aは不動産を取得しても
　預貯金の一部を取得できる

せん。したがって，その評価額に幅が生じることもそれ自体が交渉のためのツールとなります[*4]。

それだけに，遺産分割協議の中でも解決が難しい案件には必ず評価の問題が含まれているといってよいでしょう。評価は幅のある概念なので，争いのある当事者間において意見の一致をみることは容易ではありません。しかし，幅があるということは，その点をいかして交渉に反映することができるということでもあります。そこで，まずは，遺産の評価に関する基本的事項を押さえておきたいと思います。

(1) 遺産の評価の必要性

遺産の評価とは，遺産に属する個々の財産の一定の時点における客観的な交換価値（時価）を把握することをいいます。遺産分割手続は，遺産を各相続人の具体的相続分の額に応じて分配する手続ですから，遺産の範囲確定後は，対象財産の評価額を算定しなければなりません。

遺産分割手続において，特別受益・寄与分の主張がなく，かつ，①遺産を現物分割して清算を求めない場合，②遺産を法定相続分に従って換価分割する場合，③単に共有分割する場合は，遺産を評価する必要はありませんが，それ以外の場合には，遺産の評価が不可欠となります。

(2) 遺産評価の基準時

遺産の評価が問題となるのには2つの場面があります。まず，①法定相続分を相続分の指定や特別受益及び寄与分によって修正し，各共同相続人の具体的相続分（**第3章，第2，4(2)参照**）を算定する段階であり，次いで，②この具体的相続分に従って遺産を現実に分割する時点です。

共同相続人の具体的相続分を算定するに際しては，その前提として，特別受益及び寄与分を算定しなければなりません。では，そのための評価基準時はどうなるのでしょうか。

特別受益及び寄与分は，民法903条，904条の2により，被相続人が相続開

始の時において有した財産の価額に加算され又はこれから控除されて，いわゆるみなし相続財産を構成するものとされています。そして，これを基礎に具体的相続分が算定されることになることから，上記①の具体的相続分算定の評価基準時は相続開始時とするのが実務上ほぼ確立された運用です。

そして，上記②の分割すべき遺産の評価は，遺産分割の対象となるのは現に存在する財産又はその代償物であることなどから，分割時とするのが大多数の裁判例です[*5]。

したがって，理論的には，遺産分割は上記のような2段階評価に基づいて行うのが原則ですが，特別受益及び寄与分が問題とならない場合においては，分割時の評価のみで足りることになります。

これに対し，特別受益・寄与分が問題となる事案では，相続開始時の評価額に基づき，具体的相続分を計算することとなりますので，相続開始時の評価も求められます。つまり，遺産分割時と相続開始時の2時点の評価を要することになります。もっとも，これは，調停分割・審判分割の場合のことであり，その前段階である協議分割では，厳密に2時点評価をするまでの必要はないでしょう[*6]。

(3) 遺産評価の方法

遺産分割事件は，基本的には当事者の任意処分を許す私的な財産紛争事件ですから，当事者の合意を可能な限り尊重する当事者主義的運用が許容されます。このような運用は，迅速で効率的な事件処理につながり，真に公平適切な分割を行う上でも望ましいといわれています。成立した合意については，それが不相当なものでない限り尊重して，調停や審判の基礎とされます[*7]。このような考え方は，協議分割にも当てはまります。

ここで遺産の評価について合意の対象となるのは，評価額そのものに関するものと評価方法に関するものとがあります。

評価額そのものについて合意が成立しない場合でも，評価方法についてなら合意できる場合もありますので，少しでも解決に近づける合意点を探るこ

とが必要となります。

　もっとも，評価額については合意できず評価方法に関する合意が成立する場合というのは，当事者間において相当と考える評価額に大きな開きがあり，中立公正な立場からの鑑定を行うことになるのがほとんどでしょう[*8]。しかし，鑑定には多額の費用がかかりますし，評価にも幅が出るのが通常であるため，出て来た評価額が予想以上に自己に不利なものとなるリスクも考慮しなければなりません（もっとも，程度の差はあっても，リスクを考慮しなければならないのは相手方も同じです）。

　こうした負担やリスクをヘッジするために，鑑定に委ねることなく評価額そのものについて譲歩して合意した方が良い場合もあります。その場合でも，単に自己のリスクヘッジという意味だけで一方的に譲歩するにとどまらず，譲歩の見返りとして，相手方に別の論点（他の財産の取得割合など）での譲歩を求めることも忘れずに検討されるべきでしょう。

(4) 各遺産評価における留意点

　ここでは，評価が可変的な財産について，その可変性を利用して交渉にいかそうという視点を打ち出していますが，そのためには，提示する評価額に一定程度以上の説得力が求められます。そこで，評価手法やその特徴を把握しておく必要があると思われますので，やや詳しく紹介していくこととします。

㋐ 不動産

　土地評価に関する当事者間の合意形成には，現在公表されている次のような資料が参考になります。

　　(a) 固定資産税評価額　　地方税法349条による土地家屋課税台帳などに記載された基準年度における価格又は比準価格で，3年ごとに評価替えされます。価額は，公示地価の約7割を目安に設定されているといわれています。

　　(b) 相続税評価額（路線価）　　相続税賦課の基礎となる財産評価基本通達により，対象地の地目ごとに路線価方式，倍率方式（路線価が定められてい

ない地域で固定資産税評価額に一定の倍率を乗じて算定する方式）のいずれかに拠るべきことが指定されています。路線価とは，道路に面している四角い土地に付けられた1㎡あたりの評価額のことで，公示地価の約8割を目安に設定されているといわれています。

　全国共通かつ画一的な基準であって，一般的にも認知度が高いことから，遺産分割調停の際には当事者本人を説得する材料として多く用いられています。また，各共同相続人が必ず目を通すこととなる相続税の申告書に記載されるのが相続税評価額であることからも，当事者にとって最も受け入れやすい評価額であるともいえます。もっとも，これは評価に関して多額の費用をかけるほどの争いになっていない場合のことであって，争いが深刻であれば，説得材料として効果的なものとはいえません。

　　(c)　公示地価　　地価公示法に基づき，国土交通省が正常価格として毎年1月1日を基準に公示する価格で，4月1日前後の官報，日刊紙に掲載されます。比較的実際の取引価格に近いといわれますが，対象となる標準値・基準値が少なく，これらに基づいて対象土地の評価を算出する際の調整が困難ともされます。

　　(d)　基準地標準価格　　国土利用計画法施行令により，都道府県が毎年7月1日を基準日として評価し，10月1日に市町村役場で公表されます。公示地価と同様の得失があります。

　　(e)　その他　　調停では，上記のような公的資料のほかに，近隣の不動産業者による不動産査定書，買付証明書等の資料が求められることも多くあります。評価額に争いがあるようなケースでは，公的資料だけでは決着がつきにくいので，説得のため，こうしたより現実に即した資料が必要となることがあります。それでも，当事者の合意が得られないときは，本格的な鑑定を行うことになります。

　(イ)　**不動産利用権，利用権負担付不動産**
　　(a)　底地，借地権　　借地権負担付の土地（底地）の価格は，更地価格から借地権割合を控除して評価し，逆に借地権価格は，更地価格に借地権割

合を乗じて評価します。借地権割合は主として路線価図に記載された借地権割合に基づきます。

(b) 借家権，貸家，貸家建付地　借家権の負担付建物（貸家）とその敷地（貸家建付地）の評価については，鑑定では収益還元法に従った算定が主となります。また，適正賃料で賃貸されている限り，借家権の設定自体による減価は通常行われません。より簡易な評価方法としては，財産評価基本通達において定められた次のものがあります。

① 借家権

> 家屋の評価額×借家権割合(0.3)

② 貸家　建物価格（多くは固定資産税評価額）から借家権割合とされる３割（地域によっては４割）を減価する方法によって行います。

> 家屋の評価額×（１−借家権割合）

③ 貸家建付地（貸家やアパートの敷地になっている自用地）　自己使用の場合の土地評価額から，借地権割合（70％）と借家権割合（30％）の相乗積を乗じた価格を控除して行います。

> 更地価格−〔（更地価格×借地権割合）×借家権割合〕

(ウ) **預貯金，株式，動産の評価**

(a) 預貯金の評価　預貯金は，遺産分割時の預金通帳や残高証明をとることによって金額が明らかになります。

(b) 株式の評価

① 相場のある株式　上場株式や店頭登録銘柄株・店頭管理銘柄などの相場のある株式については，売買値段が公表されていますので，実務では，分割時に最も近接した時点での最終価格（終値）によって算定しています。

② 非上場株式の場合　非上場株式の場合は，会社法上の株式買取

請求権における価格の算定や税務上の評価の基準である財産評価基本通達においてとられている方式が参考となります。価格について合意が成立しないときは，公認会計士等の専門家の鑑定を必要とすることになります。

(c) 動　産　　家財道具等の動産は，交換価値が低いため，多くの場合，これを現に利用している相続人にそのまま取得させることに異議が出ず，そのため，通常は，これを遺産分割の対象財産から除外することになりますので，評価の問題を生じません。例外的に，評価が問題となるときは，鑑定するほどのことはない場合が多いので，取得を希望する相続人が見積もりをして，他の相続人に同意してもらうなどの方法により，合意を成立させるのが相当であると思われます。

相当の価値のある貴金属は，購入時期，購入価格等から現在の価格を推認したり，貴金属相場に応じた価格をもって合意することが考えられます。書画・骨董などはオークションの落札価額や各種の美術の年鑑等に記載の評価額を参考にする方法もありますが，真贋も問題となるので，注意が必要となります。

(エ)　評価の問題は常に理詰めというわけではない

ところで，上記のような一般的に承認されている評価方法によって，自己の主張する評価額を相手方に納得させるやり方は，**本章，第1，2**で紹介した説得技法のうち，「論理的説得」に該当します。

では，評価額に争いのあるケースのすべてが理詰めで評価額が決まっているかといえば，決してそうではありません。次のような事例もあります。

1人で住んでいた土地建物を遺した被相続人を，2人の子A・Bが相続することになり，Aがこれを単独相続する代わり，Bには代償金を支払う方向で話し合っていましたが，代償金の前提となる不動産の評価額が問題となりました。

Bは，既に紹介した評価方法のいずれとも異なる独自の方法で不動産を5200万円と評価し，その2分の1にあたる金額を代償金として要求しまし

た。Aは，路線価に基づいて不動産を3700万円と評価し，さらに地元の不動産業者にも買取見積もりを出してもらったところ，4000万円と評価されました。

それでもBはなぜか自信満々に，不動産鑑定士に評価を依頼してはどうかという提案をしました。その結果によっては考え直してもいいよというわけです。これに対してAは，鑑定費用が50万円前後にもなる可能性もあり，悩んだ末に不動産鑑定士には頼まず，Bが主張していた価格にかなり近いところで合意したというのです。

客観的にみて，鑑定をすれば，Aに有利な評価額が出てくる可能性が高く，鑑定費用を負担しても，最終的にはよりお得になるであろうと予想されるのにもったいない，とも思われますが，実は，不動産の評価額に争いがある場合でも，鑑定をすることについては躊躇を覚える相続人が意外と少なくありません。費用を先に支出することを嫌がったり[*9]，費用対効果に疑問をもつこともあるでしょうし，そこまで大袈裟にしたくないとか，単純にそこまでするのが面倒臭いと感じるからかもしれません。こうして，前記Aのように，鑑定をするのを避けて譲歩するのは，そのことに対し，何らかのより大きな利益を見出しているからともいえます。もしかすると，「不動産鑑定士に評価を頼んだらどうか」というBの提案は，Aにとって「そこまでしないとBを説得できないなら，ほどほどのところで妥協した方がいい」というメッセージとして映り，広い意味で「功利的説得」として働いたといえるのかもしれません。

そのような心理を上手く利用できれば，鑑定をする，しないという駆け引きも，より効果的に行い得るでしょう。

3　分割の方法

一般に相続に関する本の中で，「分割の方法」といえば，現物分割，代償分割，換価分割，共有とする方法による分割といった法律用語を指します。

しかし，ここでは，そういった法的な分割方法の基となる「財産の分け方」といった程度のもう少し素朴な意味での分割方法をみていきたいと思います。

(1) まずは分割対象財産の範囲を交渉しやすく設定する

以上でみたように，分割対象財産の範囲及び評価にはそれぞれ可変性があり，その可変性に基づいて，パイを大きくしたり小さくしたりすることもできます。パイを大きく，広くとることができるのであれば，大きく広くなった分，ある価値を他の価値と結びつけて取引することの可能性が広がり（＝ログローリング，**本章，第1，3 (7)**)，交渉ツールを増やすことができます。

例えば，相続人Aが取得を希望する財産が，自己の相続分より大きいとします。その場合，Aは，そのままでは希望財産の全部を取得することができませんので，全部を取得するために他の相続人に対しAの固有財産から代償金を支払う必要が生じます。

しかし，本来，遺産分割の対象とならない財産も分割協議の対象に組み入れてパイを大きくすることができれば，Aの希望財産の占める割合が低下し，固有財産の持ち出しを避けながら，希望財産全部を単独で取得する可能性を高めることができます。それ以外にも，既述のとおり希望財産の評価額を下げることによっても，同様の効果を得ることが可能です。逆にいえば，他の相続人Bが少しでも自己の取得分を大きくしたいのであれば，分割対象財産を極力小さい状態で保つか，Aの希望財産の評価額を上げるための行動をとることとなります。

(2) 各相続人の選好等の相違をいかす

一般には，遺産の範囲の問題は，分割対象となる財産の範囲に含まれるかどうかといった観点から分類されることが多いのですが，統合型の交渉的観点からみれば，また違った分類のしかたも可能です。

例えば，今すぐ金銭を必要とする相続人とそうでない相続人がいる場合などにおいて，現金化する時期についての考え方・選好の違いという観点から，

分類することも可能でしょう。

● パターン１

今すぐ金銭を必要とする相続人Ａとそうではない相続人Ｂがいるとします。Ａとしては，換金処分に時間を要する不動産や非上場株式などよりは，現金や即時現金化が可能な預貯金を欲する動機付けが強いでしょう。そこで，Ｂとしては，Ａに対し，現金や預貯金のような流動性が極めて高い財産を独占的に相続できることの価値が大きいことを強調して，その点で譲歩することの見返りとして，全体に対する取得割合で譲歩を求めることが考えられます。これは，客観的交換価値の面ではＢの方が多く取得する提案です。しかし，Ａが，全体の取得割合で譲歩してでも現金等に対する取得割合を大きくできることに価値を見出せれば，又はＢの提案を呑まざるを得ない経済状況にあるのであれば，分割協議がまとまる可能性が高まります。ここでは，各相続財産の流動性の高低が分類の視点になり得るわけです。

ところで，このように書いてくると，ＢがＡの弱みにつけ込んでいるようにもみえるかもしれません。しかし，見方を変えれば，ＢはＡの需要を読み取ってそれを多く満たしてあげる代わりに他の部分で自己の需要を多く満たしてもらおうとしているわけですから，立派なログローリングであるといえます。そして，こうした形で協議がまとまるとすれば，それは，ＡにとってもＢにとっても，すべての種類の相続財産を形式的に法定相続分に従って分割するよりも満足度が高い結果であるということができますので，優れた解決であるといえます。

● パターン２

また，同じ即時現金化が可能な財産の中でも，そのままではほとんど価値の増大が見込めない預貯金よりは，リスクをとってでも将来価値が増大する可能性のある金融資産（上場株式，投資信託など）を欲する相続人Ｃとリスクをとりたがらない相続人Ｄがいるときは，将来における財産価値の変動リスクが分類の視点になり得ます。

このような分類の視点は，相続財産に含まれる財産の種類，相続人の嗜好，

選好，相続人が置かれた経済状況等によって様々なものがあり得ますので，事案ごとに分析して発見していく必要がありますが，ポイントは，各相続人が優先する価値の相違です。優先度に相違があるからこそ，それを利用して，客観的交換価値でみれば不均衡な分割方法であっても，双方が満足又は納得する解決となることがあるのです。そのような相違がない場合には，むしろ調整要素が乏しくなり，形式的・機械的に法定相続分に従った分割方法に近づく可能性が高くなると考えられます。

こうしたことから，形式的・機械的な分割方法を超える満足を得たい相続人としては，他の相続人との間で価値の交換が可能な相違点を見出して，その視点から財産を分類することも重要であろうと考えます。

(3) 相続財産が多数個ある場合の分け方

相続財産が多数個ある場合，例えば，現金，預貯金，株券，不動産，貴金属や絵画といったものから相続財産が構成されている場合，どのような分け方が考えられるでしょうか。

とりあえず法定相続分に従うことを前提として，最も単純な考え方は，それぞれの財産をすべて法定相続分に従って分割することでしょう。これは，形式面から条件の平等性・公平性を重視する考え方ともいえます。しかし，実際には，とくに相続人ごとに取得を欲するものが異なる場合においては，そのような分け方では各当事者の満足度が低いことが通常でしょうし，不動産や動産など，分割になじみにくい財産もあります。したがって，このような分割方法は，あまり実際的ではありません。

では，どのように考えれば良いのでしょうか。

1つの考え方は，上記(2)の応用です。すなわち，各相続人の希望や選好等の相違に着目し，その相違点を噛み合わせて，相互利益に結びつけるというものです。つまり，双方が獲得する利益を重視する考え方といえます。ラックス＆セベニウスは，この方式を，大工用語を借用して「ダブテーリング（＝dovetailing＝蟻組み）」とよんでいます（ラックス＆セベニウス194頁）。

相違点を噛み合わせて，相互利益に結びつけるとは，具体的にはどういうことでしょうか。この点についてよく使われる例が，相続そのものからは少し離れますが，**本章，第1，3**(5)の価値創造の説明の中で紹介した，1つのオレンジを巡る姉妹の駆け引きの寓話です。

もちろん，現実の交渉はオレンジの寓話のように単純ではありません。様々な利害得失が錯綜しますので，もっと細かく丁寧に分析する必要があります。フィッシャー＆ユーリーは，「調節しやすく合意が成立しやすい相違とは，利害，信念，時間，予想に対する価値の置き方，及びリスク回避への態度の相違である」と前置きして，利益の違いを探しやすくするため，よくあるパターンのいくつかを以下のようにリスト化しています[*10]。

一方の関心事	⟷	他方の関心事
形式	⟷	実質
経済的側面	⟷	政治的側面
対内的側面	⟷	対外的側面
象徴的側面	⟷	現実的側面
短期的側面	⟷	長期的側面
今回の成果	⟷	相手との関係
物質的利益	⟷	理念
進歩	⟷	伝統の尊重
先例	⟷	本件
評判・威信	⟷	結果
政治的利得	⟷	集団主義

これらは，広く交渉一般を念頭に置いたリストなので，すべてが遺産分割協議に当てはまるものではないでしょう。しかも，一見しただけではイメージが湧きにくいものもあります。しかし，このリストの正しい解釈とは？といった問題にはこだわらず，これをヒントにして，自由に発想してみるのが良いと思います。例えば，「短期的側面⟷長期的側面」の関係は，先述の「今すぐまとまった現金が必要かどうか」という時間的選好の話に置き換

えることができますし,「今回の成果←→相手との関係」に着目すれば,「遺産分割協議の成果を重視するか,それより今後の相続人間の人間関係を重視するか」といった問題意識に置き換えることができます。

　こうした諸々の利益の違いや重視する程度の高低を見つけ出し,その凹凸を上手く噛み合わせることにより,各当事者にとってより満足度の高い解決を図る可能性が高くなるという考え方です。ラックス＆セベニウスが「ダブテーリング」とよぶのは,この凹凸を噛み合わせる様が,まさに蟻組みを想起させるからでしょう。

　このことを,もっと単純化していえば,ある相続人にとって重要なものが,他方の相続人にとって重要でないときは,交換可能（容易）であり,相続財産が多数あるときは,そのバリエーションも増え,それらを蟻組みのように噛み合わせることにより,各相続人の満足度が高まる解決を図れるということになります。

　なお,本稿の冒頭で,相続は基本的に分配型交渉に属すると書きましたが,こうした意味において,相続は,統合型交渉の側面も有することがあることがわかります。

(4) 主観的評価を客観的価値に投影する

　ここまでは,遺産の評価方法として,専ら客観的評価を念頭に置いて述べました。しかし,遺産は,共同相続人のだれにとっても同じ価値を有する財産のみから構成されているとは限らず,特定の相続人にとっては,そのものの客観的価値を超えて主観的価値が高い財産が含まれていることがあります。逆に,客観的価値より主観的評価が低いこともあります。このような特定の相続人と他の相続人との主観的評価の相違は,相続財産内における相互取引を容易にするというだけでなく,その主観的価値を客観的価値に投影すれば,その分客観的相続分が増えたのと同様の効果をもたらすことから,双方の満足度を高める材料となります。

　例えば,共同相続人A,Bがいて,遺産としてa,b,c,dがあるとし

ます。話をわかりやすくするため、a～dの客観的価値は等しいものとします。ここにおいて、Aはaが取得できればb～dは要らないと考えている、Bはaも欲しいが客観的価値に基づく取得分を多くしたいと考えている、とします。

この場合、Aはaという財産に対して極めて高い主観的評価をしており、Aにとってaは単体でb～dと等しいかそれ以上の客観的価値を有していると言い換えることが可能です。つまり、Aのaに対する主観的評価を投影することにより、Bが客観的評価で4分の3を占める財産を取得する内容でさえも、ZOPA（**本章、第1、3(2)参照**）の範囲内となるのです。したがって、Bが自分もaを取得したいという希望を抑えて、Aの希望を受け入れれば、Bにとっては自己の客観的相続分が増えることになります。これは、上記リスト中に出てくる「象徴的側面⟷現実的側面」の噛み合わせといえます。つまり、Aにとってはaという財産を取得することが相続における象徴的な成果であり、Bはその部分をAに譲ることによって法定相続分を超える財産を取得するという現実的な成果を得ることになる、という関係を認めることができます（**図表2-3-2参照**）。

このように、各財産の客観的価値だけに目を奪われるのではなく、他の相続人にとってそれぞれの財産が主観的にどのような価値を有するのかも把握

■図表2-3-2　財産の主観的評価の投影

　　　　　　AとBの法定相続分がそれぞれ2分の1、
　　　　　　相続財産はa、b、c、dであるとして、

財産の客観的評価額
a＝b＝c＝d
Aの主観的評価
a≧b＋c＋d

➡ Bがb、c、d（相続財産の3/4）を取得する内容でも十分協議が成立し得る
＝Bの相続分が3/4になったのと同じ効果

できれば，それを自己に有利に利用することができます。そして，それは同時に各相続人の満足度を高めることにもつながります。

　もっとも，主観的評価は，文字どおり個人の内面的な問題ですから，他の相続人が相続財産に対してどのような主観的評価をしているか，外見からは明確ではないのが通常だと思われます。したがって，この点については，他の相続人の言動，態度，価値観，相続財産に関わる過去の経緯等を踏まえつつ，探りを入れながら，判断していくこととなります。探りを入れるとはいっても，駆け引きが必要な場合もあるでしょうが，場合によっては，「これさえもらえれば他のものは要らないといえるような財産はあるか」などとストレートに聞いてしまっても良いかもしれません。

(5) 一部分割の利用

　ところで，主観的評価の投影に関して，前記では共同相続人が2人の場合を想定しました。では，共同相続人が3人以上の場合はどうでしょうか。

　もちろん，基本的な考え方は同じですが，協議の進め方で一工夫する余地が生まれます。上記事例に共同相続人Cを加え，CもBと同様に客観的相続分を重視しているとします。

　この場合，Aがaを取得し，BとCがb～dを分割する方向付けがなされます。しかし，BとCによる分割協議が長引けば，Aを無駄に協議に関与させてしまうことになりますし，Aの気が変わってやっぱり法定相続分どおり欲しいと言い出す可能性もあります。そうなってしまうと，協議は一からやり直しです。Aを味方に付けられる自信があれば，Aを関与させたままでもいいでしょうが，B，CともにAが相手側につくのではないかと不安に感じたり，逆にAはどちらにもつかないと判断できるのであれば，B，Cとしては，Aを切り離して，B，C間だけの分割協議にしたいところです。

　その場合の手法として考えられるのが一部分割です。一部分割は，当事者はそのままで財産のみ段階的に分割するのに使われる場合が多いですが，相続人の1人が遺産の分割を完了し，他の相続人については後に遺産分割を行

うという場合にも用いることができます。一部分割の手法を用いる場合，分割を完了した相続人が残余の遺産について分配を求める余地がないよう，きちんと書面化しておくことが必要であることはいうまでもありません。これで，BとCはAの存在を気にすることなく協議を進めることができるようになります。

(6) 評価が可変的な財産としての不動産

前述のように，評価が可変的な財産の代表例が不動産や株式(*11)です。特に不動産の相続財産の金額構成比は，国税庁の相続税額がある申告書を集計対象とした統計（平成25年12月発表）によりますと，平成24年分で54.6%（土地49.5%，建物5.1%）を占めています。平成6年分では76.2%（土地70.6%，建物5.6%）を占めていましたので，18年間のうちに約22%も低下していますが，それでも2位の「現金・預貯金」24.4%に大差を付けていることからすれば，依然

■図表2-3-3　相続財産の金額の構成比の推移（国税庁のプレスリリースより）

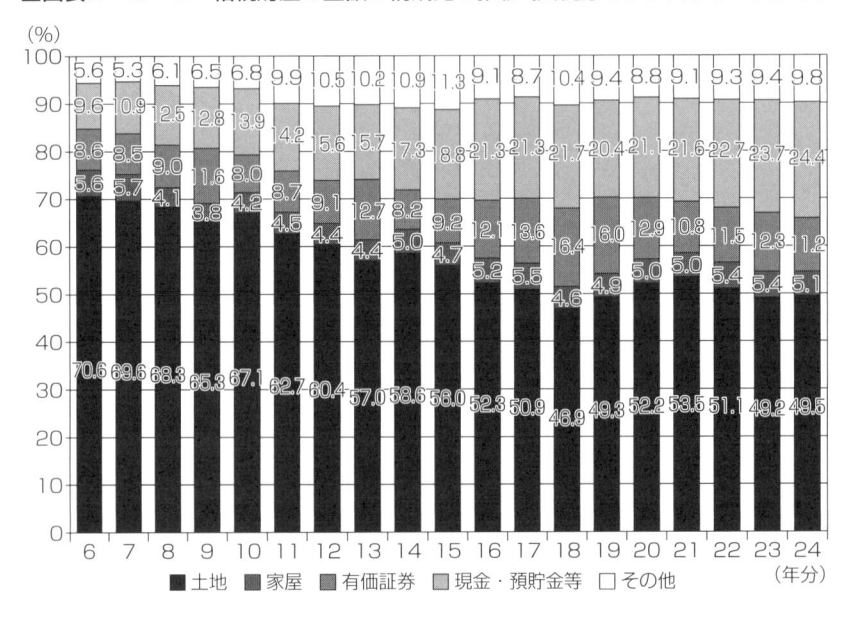

年分	土地	家屋	有価証券	現金・預貯金等	その他
6	70.6	5.6	8.6	9.6	5.6
7	69.6	5.7	8.5	10.9	5.3
8	68.3	4.1	9.0	12.5	6.1
9	65.3	3.8	11.6	12.8	6.5
10	67.1	4.2	8.0	13.9	6.8
11	62.7	8.7	14.2	4.5	9.9
12	60.4	9.1	15.6	4.4	10.5
13	57.0	12.7	15.7	4.4	10.2
14	58.6	8.2	17.3	5.0	10.9
15	56.0	9.2	8.8	4.7	11.3
16	52.3	12.1	21.3	5.2	9.1
17	50.9	13.6	21.3	5.5	8.7
18	46.9	16.4	21.7	4.6	10.4
19	49.3	16.0	20.4	4.9	9.4
20	52.3	12.9	21.1	5.0	8.8
21	53.5	10.8	21.6	5.0	9.1
22	51.1	11.5	22.7	5.4	9.3
23	49.2	12.3	23.7	5.4	9.4
24	49.5	11.2	24.4	5.1	9.8

（年分）

として突出して大きな財産ということができます（**図表２－３－３参照**）。

そして，現金・預貯金と異なる不動産の大きな特徴は，「容易に分割できない」点にあります。遺産分割を難しくしてしまうことの大きな要因の１つとして，相続財産に占める割合が圧倒的に大きい不動産が，分けにくい財産であるということができます。

● **不動産の分割協議が長引くことの影響**

不動産のように評価が可変的な財産は，時点の変化によっても評価額が大きく変わることが少なくありません。昨今は，路線価が毎年下がり続けていました。先に国税庁発表のデータにより，不動産の相続財産に占める金額構成比がこの18年で約22％も低下していることを紹介しましたが，これも路線価の下落傾向と無関係ではないでしょう（もっとも，ここ数年は，金額構成比も路線価も落ち着いています）。

不動産は分けにくい財産ではありますが，例えば路線価の下落傾向の下では，不動産を取得しない人にとって，分割協議を長引かせることは，代償分割の際の代償金の額を低下させることを意味します。既述のように，遺産分割では実際に分割する時の評価額で計算されることになるからです。

したがって，不動産を取得しない相続人にとっては，協議を長引かせない動機付けが生まれ，不動産を取得する相続人にとっては，協議を速やかにまとめる動機付けが生まれにくいことになります。不動産価格が上昇傾向にあるときは，その逆になります。協議を成立させるについて期限が決まっているわけではない遺産分割においては，こうした動機付けの相違も，交渉ツールとなり得ます。つまり，相手が解決を急ぎたがっているのであれば，一定の譲歩をすれば，解決の遅延による損失を回避することができることをちらつかせて，自己に有利な解決に導くことが考えられます。

● **共有とする方法による分割にすることの将来的な問題点**

遺産分割の方法としては，現物分割，代償分割，換価分割，共有とする方法による分割の４つがあります。その優先順位については，次のように考えられています。

まず，原則的な遺産分割方法は現物分割です。しかし，具体的相続分を遺産の現物分割のみで適正に分けることができるケースは稀です。
　そこで，現物のみで分割できない場合には，代償分割が併用されます。しかし，この分割方法を採用するには，代償金を支払う資力を有する相続人が存在することが必要です。
　このような者がいなければ，相続財産の全部又は一部を換価する方法を採用します。全部を換価した場合には，これを分配し，一部を換価した場合には，換価代金を調整に活用することが可能となります。
　ただし，当事者が換価までは希望しないなど換価を避けることが相当な場合には，共有による方法を採用することになります。
　しかし，共有とする方法による分割には，大きな問題があります。現物分割・代償分割・換価分割がいずれも分割の終了によって，不動産に対する権利関係が一応はスッキリ解決するのに対し，共有とする方法による分割では，共有状態が維持されるため，
　① その処分には当事者全員の合意が必要（民251条）
　② 共有者間に管理使用を巡る対立があると，管理使用がままならなくなる
　③ 二次相続，三次相続の発生により，共有持分がさらに細分化して権利関係が複雑化し，共有関係の解消が一層困難となる
といった問題が残ってしまいます。
　それゆえ，共有とする方法による分割は，4つの分割方法の中でも優先順位が最後に位置づけられているわけですが，分けにくいといって分割がなかなか進まないときには，共有状態のままだと以上のような問題が生ずると他の相続人を説得して，共有とする方法による分割以外の形での分割へ強く誘導することが考えられます。

(7) 相手の譲歩を引き出すために本音と異なる希望財産を主張する戦略は有効か

相続人Ａ，Ｂの２人がいて，相続財産は，現預金と不動産から構成されており，Ｂは不動産が欲しいのですが，どう評価しても不動産の価値が現預金の額を上回るため，Ｂが不動産を取得した場合は，Ａに対して代償金を支払わなければならない事例を想定してみましょう。

Ｂは，代償金を支払いたくないため，Ａは現預金を欲しがっているという見立ての下，本音とは逆に，自分も現預金が欲しいと申し向け，Ａと希望がかち合う状況を作った上で，現預金をＡに譲る見返りとして，代償金を不要とすることについて同意をとりつける，という戦略を考えました。果たして，このような戦略は有効でしょうか。

この問題については，既にゲーム理論的観点から**本章，第２，７(2)の③**のパターンの中で検討しました。この戦略は，Ｂが大きな効用を得る非協調型プレイヤーになること，Ａをわずかな効用しか得られない協調型プレイヤーにすることを狙ったものといえますが，それが有効といえるためには，実際問題として，Ａの選択がこの狙いにはまる可能性が高いといえなければなりません。

この戦略は，Ａの現金取得の希望が明確で，かつ，Ｂの本音が悟られていないときには，それなりの効果を上げられる可能性が高いものといえます。したがって，そのような場合には有効であるといえます。

しかし，実はＡが取得を希望しているのは不動産であるのに現金の取得を希望していると読み違えていたときは，Ｂは一番欲しいはずの不動産を取得できなくなってしまうことになりかねません。Ａが換価分割を提案してきたときも同様のことがいえます。また，Ｂが本音と違うことを言っていることが見え見えであるときも，効果は薄いといえるでしょう。相続人同士は多くは身内の関係で，ある程度のことは察しがつきますから，本音と違うことを言ったら，ばれる可能性は決して低くないというべきでしょう。

以上から，この戦略は，総合的にみてあまり有効ではないと考えた方が良いかも知れません。

　ところで，ここでBがとろうとしたブラフ戦術は，「意図的なごまかし」でもあり，もっと悪くいえば，嘘です。「交渉では嘘をついても構わないのか」というのは，交渉論で度々問題となるテーマです。

　D. マルホトラ224頁は，「嘘をついてはいけない。嘘は一切いけない。嘘は割に合わない。それよりも，優れた交渉者としてスキルを磨くために時間と精力を使うべきである。交渉の達人は，嘘をつく必要を感じていないはずだ。」と述べています。一度嘘をつくと，その嘘がばれるのを回避するためにさらなる嘘をつかなければならなくなることは往々にしてあります。しかし，その嘘がばれたときは，相手からの信用を大きく失い，交渉も上手くいかなくなってしまいます。

　このように，嘘をつくことは，リスクが大きいだけではなく，倫理的にも問題が大きいのでおすすめはできません。

　しかし，他方で，自分が嘘をつかなくても，相手が嘘をついてくることもあるのではないか，というもっともな不安も生まれます。交渉論に関する文献は，嘘をつくことを戒めつつも，相手の嘘に対処する方法に言及しているものが少なくありません。例えば，D. マルホトラ204頁以下は，「嘘とごまかしに対峙する」と題して1章を割き，その手法を詳しく説明しています[*12]。

　詳しい説明は，同書を読んでいただくとして，その一部について骨子を簡単に紹介すると，

　㋐　嘘をつきたいという相手の衝動を取り除いて，嘘やごまかしを未然に防ぐ防衛戦略として，

　①　万全の準備ができているように見せる

　　　準備ができているように見える相手には嘘をつく気がなくなる。

　②　情報収集力があることを示す

　　　自分に嘘をついたら，将来見抜くことができるというシグナルを送っておけば，嘘をつこうという気をなくす。

③ 警戒されにくい，間接的な質問をする

　真実を述べることに警戒せざるを得ないストレートな質問は，嘘を誘発する。

④ 嘘はつくな

　こちらが嘘をつけば，相手も嘘をつこうという気になる。

(イ) 直感に頼りすぎることなく嘘を察知する戦略として，

① 複数のソースから情報を収集する

　情報量が多ければ多いほど，嘘は見抜きやすくなる。

② 罠を仕掛ける

　自分が答えを知っている質問をわざとして，相手の反応を見る。

③ 真実を三角測量する

　ひとつ質問しただけでは嘘を見抜けなくても，複数の質問に対する答えの一貫性の有無から嘘を見抜けることがある。

④ 答えになっていない答えに注意する

　形の上では本当のことを言い，同時に相手をミスリードしようとする「嘘ではないごまかし」に注意する。

⑤ 条件付契約を活用する

　将来の見通しについて相手が疑わしい主張をするときは，見通しが外れた場合の損失は相手が負担する条件を提示して，相手の反応を見る。

といったことが述べられています。

　そこで述べられている手法は，主としてビジネス交渉を念頭に置いたものではあるものの，遺産分割協議の場面でも参考になるものと思われます。

▷▷▶第3「遺産分割の基本的検討課題（その1）」のまとめ

・　分割対象財産であるところの「パイ」の総額と中身をハッキリさせてから，分割協議を始める。

・　何を分割協議の対象とし，何を対象から外すか，何をどのくらいの金

- 額で評価するようにするか，という視点を早い段階からもつ。その際，どうすれば，ログローリングがしやすくなるかという視点ももてれば，なお良い。それにより，課題や当事者の利害がより明確となる。
- 評価によって価値が変動する財産は，相続財産全体の評価額や具体的相続分に与える影響が大きいため，評価に幅が生じることそれ自体が交渉ツールとなる。
- 複数の評価方法がある場合，相手を説得するためには，それぞれの評価方法の特徴や得失を把握しておく必要がある。ただし，根拠が弱い評価額に基づく主張であっても，それを覆すのに，鑑定などの費用や手間を要する場合などは，より強い根拠に基づいている相手方からでも大きな譲歩を引き出すことができる場合がある。
- 機械的に法定相続分に従って財産を分割することが満足度の高い解決につながるとは限らない。当事者の希望や選好の違いを活かして財産を分割することが，より満足度の高い解決につながる。
- 個別の財産に対する各相続人の主観的評価を客観的価値に投影させることができれば，より満足度の高い解決につながる。
- 相手の譲歩を引き出すために，本音と異なる希望財産を主張する戦略は，条件が揃えば有効であるが，うまくいく可能性はあまり高くない。意図的なごまかしは，ばれたときに高く付くことを銘記すべきである。

《注》

＊1　東京家審昭44・2・24家月21巻8号107頁は，「相続開始当時存在した遺産たる物件であっても，遺産分割の審判時に現存しないものは，分割審判の対象とすることはできない。」と判示しています。

＊2　相続開始時に存在した遺産が，遺産分割前に滅失して保険金請求権が発生した場合や，遺産を売却して売却代金が発生した場合のように，相続開始後，遺産分割までの間に遺産の存在形態が変形して発生したものを代償財産といいます。

＊3　これに対し，相続税は，取得時＝相続開始時の時価によります（相税22条）。

＊4　例えば，特定の財産の評価額に争いがある場合に，高額の鑑定費用や自己にさらに不利な鑑定結果が出るリスクを回避する意味などを込めて，ある評価額を採用することで譲歩する相続人が，その見返りとして，別の財産の取得について他の相続人から譲歩を引き出すといったことが考えられます。

＊5　分割時を基準とすべき理由については，新潟家審昭34・6・3家月11巻8号103頁が詳細に述べています。

＊6　調停手続においても，分割時のみの評価に基づいて合意が成立することも多いようです。

＊7　対象不動産を固定資産課税評価額の6倍で評価することに当事者が合意し，かつ，この合意額が周辺地域の平均的な取引額に近似していることから，これを審判分割の基礎としても，相続人間に著しい不公平は生じないと判示したものとして，鹿児島家審昭43・7・12家月20巻11号177頁，判タ237号337頁があります。

＊8　ただし，せっかく鑑定をしても，不利な結果になった当事者が鑑定結果を受け容れることを拒否することになっては，評価に関する争いは収束せず，協議が前に進みません。そこで，鑑定をする前に，相続人全員が鑑定結果に従う（少なくとも「最大限尊重する」）旨の合意をしておくことが重要になります。

＊9　**本章，第1，3** ⒀で見た損失回避傾向のため，あるものを得ることに伴う効用より，いまもっているものを失うことによる痛みの方が大きいと感じられる心理的効果（保有効果（endowment effect））が生じますが，こうした相続人の行動も，このような心理的効果によって説明することができます。つまり，鑑定をすることにより得られるであろう利益より，先に鑑定費用を支出するという損失に痛みを大きく感じて，これを回避することを重視していると評価することができます。

＊10　フィッシャー＆ユーリー130頁（リストについては一部，ロジャー・フィッシャー＝ウィリアム・ユーリー『ハーバード流交渉術必ず「望む結果」を引き出せる！』（三笠書房，2011年）137頁の訳を採用した）。

＊11　相場のある株式が相場の変動に伴う可変性を有するのに対し，非上場株式は評価を伴う可変性のため金額の幅が大きくなります。さらに，非上場株式は，不動産と並ぶ分けにくい財産であることから，遺産分割協議を難しくする要因となることが少なくありません。

＊12　他の文献としては，フィッシャー＆ユーリー212頁，レビスキー＆バリー＆サンダース423頁など。

第4

遺産分割交渉の基本的検討課題（その2）
——相続人（プレイヤー）の数，個性等——

　本章．第3で検討した相続財産の範囲及び性質（いわゆるパイ）の問題についての考え方を前提として，相続人の数，個性，相続人間の関係などが相続交渉に与える影響，これをもとにどのような交渉上の工夫が可能であるかについて，筆者らの経験した事件をもとに事例を設定して分析します。まず，1で利害の対立状況が比較的明快な二当事者間での相続事例について分析を行います。3名以上の多数当事者事例はこの応用となり，2で取り扱います。

1　少数当事者（2名）の場合

(1)　事前準備

　交渉で準備（小林34頁以下）が重要なことはいくら強調しても強調しすぎではありません。実際，本書の他の箇所（**第1章**，**第2，1・本章**，**第2，6 (2)等**）でも繰り返し述べてきたところですが，この点に関して，田村次朗教授は，交渉において準備すべき内容として次の①～⑤の5点があるとします（田村82頁）。相続交渉を行うにあたっても，これを参考に下記(ア)～(オ)の項目・手順で事前準備を行うことは，より円滑かつ充実した交渉を可能とする方法であると考えます。
　① 状況把握・情報収集及び分析
　② ミッションを考える
　③ 目標（最高目標）・抵抗点（交渉打切り点）を設定する
　④ 創造的選択肢を考える

⑤　BATNA（合意できなかったらどうするか）を考える
㋐　状況把握・情報収集及び分析

　自ら提案したり，相手方の提案を分析する場合，前提として正確な状況把握が必要です。情報収集すべき内容は本書のチェックリスト（**巻末付録1参照**）が参考になります。相続人，相続財産，遺言，具体的相続分，相続税等が最初に確認すべき事実です。

　その上で，交渉に際して確認すべき事項として，相続人については，自分及び他の相続人それぞれの資産状況，仕事，住所，家族関係（バイ・プレイヤーの存在。バイ・プレイヤーとは，脇役という意味の和製英語であり，本稿では，遺産分割の当事者である相続人以外の者で，遺産分割に影響力をもつ人と定義します。），相続財産に対する選好・優先順位，早期解決を望むか否か，性格（強硬型か協調型か，あるいはどのような説得方法に弱いか……），被相続人との繋がり（深い繋がりだったか浅い繋がりだったか，良好な関係だったか敵対する関係だったか……）などといった点が挙げられ（以下，これらの点を「属性」といいます），実際の交渉時に大いに役立ちます。特に相続財産については，相続交渉では複数の財産を交渉対象として駆け引きが行われることが多く，当事者双方にとっての交渉対象の重要性（選好・優先順位等）の見極めの必要性を指摘できます（レビスキー＆バリー＆サンダース88頁以下参照）。ただ情報を収集するのではなく，遺産分割において有益な情報か否かの観点から整理，分析しておきます。なお，相手方のみならず自分自身についても分析しておくことが大切です。孫子の，「彼を知り己を知れば百戦して殆（あや）うからず」という有名な格言は，皆さん，ご存じのことと思います。他の相続人との従前の関係が良好か否か，没交渉か否かといった点も押さえておくべきです。

　特に，**第1章，第3**「交渉の基本スタンス」でも触れたところですが，関係が良好でない――より端的にいえば，関係が悪いor関係に亀裂が入っている――相続人がいる場合は，感情問題が交渉に対する障害として当初から横たわることになりますから，㋑以下の内容を検討する前，さらには㋑以下の内容を踏まえた交渉の開始時点，交渉中の如何（いかん）を問わず，当該相続人との相

互不信を解き，スムーズなコミュニケーションが可能になるよう，様々な工夫を施す必要があります（**本章，第1，2参照**）。相互不信が全く解けていない場合は，交渉（コミュニケーションのキャッチボールといえます）自体が絵に描いた餅で，困難であると考えてください。

また，場合によりますが，両者を取り巻く環境・地域社会（相続でもめているといった噂が広まりやすいかなど）の分析もした方が良いでしょう。相続については，被相続人が遺言を残さなかった場合も，被相続人の生前より遺産分割の方法について家族間で協議がもたれていることがよくあります。その時にどのような議論がなされていたか，まとまる気配があったのか，もめていたのか，その時の議論を出発点とするのか，一から始めるのか，その理由も含めて検討しておくべきでしょう。

次に，分配の対象となるパイを把握するため，相続財産の範囲及び評価を確認します（後述する目標値設定の前提として必要です）。一緒に暮らすなど被相続人に近い相続人が相続財産についての情報を多くもっており，自分がこれらの情報をもたない場合，他の相続人に確認する必要があります。また，不動産のように評価に幅のある財産については客観的にはどのように評価されるかを意識して自分の中での評価値を定めておく方が相手方に対する説得力の点からも有効でしょう。

なお，相続財産の範囲の問題を筆頭に，情報の収集にあたっては，情報の偏在の問題が常に生じ得ます（後記(7)参照）。そのため，交渉中もコミュニケーションその他の方法を用いて本項で挙げた情報を収集し，アップデートすることが必要です。

(イ) 具体的なミッションを考える

相続財産というパイを巡るむき出しの分配型交渉となることをできる限り回避するためには，事案に即した具体的なミッション，すなわち合意の先にある相続人間で共通の目標となる利益を見据えておくことが大切です。例えば，経済的な利益としては，相続税額を少なくし，全体のパイを広げるといったことや後述する **事例3** におけるY社（同族会社）の存続・業績拡大など

が，非経済的な――感情面等における――利益としては，故人（被相続人）の遺志を尊重する（この遺志の内容について争われることも多いです）や残された親族間の良好な関係を維持することなどが考えられます。なお，各相続人が優先する経済的利益は異なり得るので，見解を一致させるのは難しいかもしれません。また，そもそも経済的に共通した利益が見当たらない場合も少なくないでしょう。それらの場合，相続人間で異なる価値観を認めあいつつ，上記のような非経済的な利益もミッションの1つ（あるいはミッションそのもの。**第1章，第3**「交渉の基本スタンス」で取り上げた「大きなミッション」を思い出してください）として共通認識に取り入れておくことが，問題解決に必要だと考えます。

(ウ)　**目標点（最高目標）・抵抗点（交渉打切り点）を設定する**

　(a)　目標点（最高目標）について　　まず，自分の最高目標（目標点ともいいます。レビスキー＆バリー＆サンダース80頁及び**本章，第1，3 (1)**）を設定します。この時，具体的相続分はいったん頭の片隅で意識する程度にとどめて，何をどれだけ欲しいか，その優先順位・選好を含めて決めるようにします。この場合の他の相続人の取り分の内容も確認します。最高目標が基本的に当初の要求内容を画し，最初に提示することで相手方（他の相続人）に対するアンカリング効果（**本章，第1，3 (12)**）をもつ可能性があります。最高目標の提示が相手方に与える効果はアンカリング以外にも考えられ，例えば，マイナスの効果としては，あまりに高すぎる金額を提示すると態度の硬化を招くことがあります。そうした相手方の反応を予測するためには，相手方の性格や要求内容，法定相続分（具体的相続分），遺留分を確認しておくことが役立ちます。

　一般的に相続財産が少ないとかえって感情的対立が生じやすいといわれます。例えば，自分が優先して取得を希望する財産が相続財産に占める割合が高ければ，その要求の実現は，相手方の取得する相続財産が客観的に少ないものとなることを意味します。そのため，相手方の取得希望財産が残りの少ない財産の中にあって，相手方がそれさえ取得できれば満足であるというのであればともかく，そうでない場合，相手方としても当該分配案には応じられず，取得希望財産獲得のために強硬姿勢を強くする可能性が高く，これに

応じて感情的対立も深まりやすいものと思われます。また，遺留分は，被相続人による遺言でも侵害できない範囲であり，ある程度の譲歩は構わないが，遺留分だけは遺産分割交渉においても最低限もらいたいと考える可能性は十分あることから，やはり確認しておいた方が良いでしょう。

　なお，いったん提示した最高目標について後で気が変わり，これをさらに上回る提案をしたいと考えても，相手方が受け入れる可能性は低いことが一般的といえます。このように，提示後の上限の変更は難しいことなども考慮した上で，最高目標がその額で良いのか提示前に今一度吟味することをお勧めします。

　(b)　抵抗点(交渉打切り点)(レビスキー＆バリー＆サンダース80頁及び**本章**，**第1**，**3(1)**)について　　次に抵抗点，すなわち交渉を打ち切る点を設定します[*1]。また，協議がだらだらと長引くのを避けるために，併せて交渉期限も設定した方が良いでしょう。抵抗点について客観的な金額，その他具体的条件（不動産の時価は固定資産評価額を上回るとするなど）を決めておくことで，相手方と交渉する中でずるずると譲歩を繰り返すことを防ぐことができます。もっとも，交渉を進めるうちに状況が変わり，抵抗点を変更したいと思う局面が出てくるかもしれません。状況に流されただ譲歩するということを防ぐため，予め抵抗点を見直すことのできる条件（具体例：相手方の案の正当性，説得性が高く，提示案の修正のためにある程度取り入れる必要性を感じた場合）を決めておいた方が良いでしょう。

　抵抗点は，後で検討するBATNA（バトナ）を念頭に置いて設定することが多いと思われますが，相続では通常相続人以外の第三者とは交渉できないので常に有効なBATNAを用意できるとは限りません。BATNAとして裁判所における調停・審判を念頭に置いている場合であっても，調停又は審判には時間や弁護士費用等がかかることを考えると，安易にBATNAを選択できないこととなります。したがって，抵抗点をBATNAにより得られる予想利益より低めに設定しておいて良いと考えられます（もっとも，BATNAの結果を正確に予想できたことを前提とするもので，予想に誤りがあったり，調停委員や審判官の説得によって

相手方の考えが変わったりすることで，調停前の任意交渉段階の抵抗点で合意するよりも調停や審判に移行した方が結果的に多くの利益を得られることもあります。一種の賭けになりますが，そのような可能性を考慮して抵抗点を高めに設定し，BATNAを選択するという方法も考えられます）。

　(c) 正当化根拠（理由）　次に，自分の最高目標額及び抵抗点について正当化できる根拠（理由）の検討が必要です。他の相続人を説得する理由を考えたときに，どの程度説得性があるかについて検討するということであり，特に法定相続分を上回る希望を出す場合は，法定相続分以外の理由が必要になります。法定相続分を修正するものとして特別受益や寄与分などもありますが，他の相続人の中には，そのような法的な主張を持ち出すまでもなく，そもそも相続財産は要らない，法定相続分にはこだわらないという人もいるので，この「説得性」には，必ずしも法的な裏付けまでは必要ないといえるケースも少なからずあります。

(エ) 創造的選択肢の可能性を探る

　分配型交渉オンリーとなることを避け，統合型交渉を可能な限り導入して双方が納得いく結論を導くためには，創造的選択肢（双方の利益を満足させるような，柔軟な発想による選択肢）を考えてみることが大切です。例えば，双方の選好が異なる場合，それぞれの異なる選好を満たすような分割案とする，小規模宅地等の特例の適用を受けられるようにし，相続税を節約する[*2]などが考えられますが，実際にはなかなかこのような選択肢は見つからないケースが多いというのが正直な実感です。また，遠く離れて暮らしており，全く連絡もとっていなかった親族との間での交渉は当該相続1回限りで，しかも，共同して問題を解決するという機運や姿勢を作っていくことがなかなか困難である可能性が高く，分配型（駆け引き型）のみでの交渉を余儀なくされることも多いかもしれません。しかし，当事者同士が共同して解決するべく議論を重ねるうちに思わぬ妙案が浮かぶことも実際にありますから，創造的選択肢を探す姿勢は常に維持すべきです。

　なお，相続財産の評価が上がるようにすることでパイを拡大することは創

造的選択肢の1つのように思えますが，他方で，相続税の観点からは，基本的に相続財産の評価額を下げることが相続税の節約につながるため，両者に違いがあることを意識しておくべきでしょう。統合型交渉については後ほど検討しますが，基本的に交渉人間における情報の共有が前提となります。さらに，相手の立場に立って考えることなども大切です。

　(オ)　**BATNA（合意できなかったらどうするかを考える）**（後述(10)(ア)・本章，第1，3(3)参照）

　相続交渉においては，調停を経て，審判手続に移行した場合，審判官が審判により，具体的相続分に応じた分割方法を指定することから，これをBATNAとみることができます（小林51頁は，訴訟は交渉による解決の代替案（BATNA）としています。**本章，第5，1**(6)(イ)参照）。もっとも，調停や審判手続への移行には弁護士費用や時間がかかったり，裁判所の分割案は必ずしも予測できないといったリスク，不確実性を孕んでいることから，どの時点で，交渉を打ち切り，調停，審判にもっていくかについては慎重な検討が必要です。

　予め設定した交渉期限との兼合いにもなりますが，もし，解決を急ぐ事情がないのであれば，焦って合意しようとするのではなく，交渉を一定期間棚上げにし，状況が変わることを待つ方が良いケースがあるかもしれません。例えば，後述する　**事例1**　（ただし，B夫妻にも子がいるものとします）でいうと，Aには半年後に転勤する可能性があり，実際に転勤となって本件不動産の取得が不要となれば，Bとしても交渉しやすくなります。そこで，転勤時期を待つという手法が考えられます。反対に，Bが高額の現金を希望しており，その理由がB夫妻の子が私立大学の医学部に進学する可能性があるからだったとします。受験の結果，Bの子が浪人することなく国立大学の医学部に進学することとなれば，B夫妻の要求内容も低い方へ変化する可能性があるので，その結果が出るまで待つことも考えられます。このように，場合によっては，交渉を一定期間棚上げにすることも，今の交渉を継続することに対する一種のBATNAとみることができるかもしれません。なお，相続税の申告・納付時期は，相続の開始があったことを知った日（通常は被相続人の死亡日）

の翌日から10か月以内であることには注意が必要です。この期限までに遺産分割協議も終わらせなければならないわけではないものの、無申告加算税等が課される可能性があったり、小規模宅地等の特例を適用した申告ができないため、その分納付すべき金額が増えてしまい、それだけの原資がないことなどから、申告期限までに協議を終わらせたいと考える相続人がいることは十分に想定されます（相続税の申告については**第3章、第7**参照）。

なお、BATNAとは異なりますが、相続財産中の（相場のある）株式の価値が下落しており、換価し、相続財産を保全した方が良いが、その他の部分の話合いはまだまとらないという場合に換価の点について部分合意するなど、包括的な合意以外の選択肢も状況に応じて検討すべきでしょう。

(2) 二当事者間交渉の特徴

具体的な事例の分析・解説に入る前に、二当事者間交渉の特徴を2点述べておきます。

⑺ 交渉の全体像把握の容易性

1つ目は、相続財産を含む交渉の全体像（パイ）が比較的わかりやすいことです。相続財産は、被相続人に近い相続人が把握しているのが通常ですが、二当事者間であればプレイヤーが少ないため、基本的に自分のもっている情報と相手方のもっている情報を合わせることで、相続財産を把握し、さらに利害対立の構造もシンプルとなるので、交渉の全体像が把握しやすいといえます。また、相手方が情報を隠しているか否かについても、多数当事者交渉の場合よりも容易にわかることが多いと思われます。

他方、多数当事者の場合、相続人がそれぞれ異なる情報をもっており、利害対立状況も複雑になるため、交渉の全体像をつかみにくいですし、他の相続人1名から情報を得れば、すべての情報を得られるとも限りません。もっとも、二当事者間でも、相手方が財産の開示に協力しないとか、相手方が誤解を招くような情報を開示するとか、一方又は双方が財産として把握していない財産がある——例えば、長年使用していない別荘があり、いずれの相続

人も現在の状況を知らないといったケースが考えられます——ため，一方又は双方が全体像を把握できない事態が生じる例外はあります。小林354頁は，情報が隠されていることを戦略的な障害があるとし，情報が得られてもそれを適切に利用できないことを心理上の障害としています（戦略的な障害，心理上の障害については，**本章，第5，1(1)参照**）。

　(イ)　直接の利害対立の生じやすさ

　2つ目は，両当事者の利害がむき出しの形で直接対立しやすいことです。遺産分割協議（交渉）は元来，分配型交渉の側面が強いことが否定できませんが，とりわけ二当事者間交渉の場合，基本的に一方が多くとれば，他方はその分ダイレクトに取り分が減るという関係にあるといえます。そして，相続財産の額や種類が少なければ少ないほど，2人の相続人間での対立可能性は高まりやすいといえます。また，多数当事者の事例であれば，直接利害が対立していない当事者を調整役として利用することが可能ですが，そうした潤滑油的な働きをする当事者が基本的にいません。

　したがって，最初の提案を法定相続分ないし具体的相続分から大きく乖離したものとするには相続人（プレイヤー）の属性を始めとする予め入手している情報をしっかりと分析する必要があり，十分に慎重であるべきと考えます。また，ハーモニアス・ネゴシエーションが提唱するところですが，相手方当事者の要望内容については，利害が直接対立するからこそ，多数当事者間交渉の場合以上に謙虚に耳を傾け，そのうち合理的かつ妥当なところは積極的に取り入れて自らの要望内容を修正する必要があります。そうしないと，対立状況がエスカレートして，当事者双方が非常に消耗戦を強いられ，しかも，得るところが少ない法廷闘争（調停と審判がその中心です）に突入する可能性が次第に現実味を帯びてきてしまいます。

　当事者であるあなたが一貫して共同して問題を解決する姿勢で遺産分割協議に取り組むならば，その姿勢は，自ずから相手方当事者にも伝わり，対立構造も自然と「穏やかな」状態で止まって，合意の機運が生まれると考えてください。

なお，バイ・プレイヤー（例えば 事例1 のBに対して強い影響力をもつBの妻D）がいる場合，あくまで交渉の当事者としては認めない方が良いでしょう。ただし，この当事者の背後にいるバイ・プレイヤーが，当事者の強硬な主張を後押ししている場合は，バイ・プレイヤーを説得し懐柔する方策（例： 事例1 で長男AがDと徹底的に話し合って，事情を理解してもらう）もあります。

(3)　3つの事例に基づく遺産分割交渉の検討

　予めお話ししておきますと，以下の事例は，プレイヤー（相続人）間のコミュニケーションが断絶していないことを前提としています。(1)(ア)で述べたとおり，プレイヤーの中に関係が良好でない——より端的にいえば，関係が悪いor関係に亀裂が入っている——相続人がいる場合は，相互不信を解くべく様々な工夫を施していく必要があります。フィッシャー&ユーリー73頁以下は，人と問題を切り離す方法として，交渉前の友好関係の構築を強調し，小林53頁も交渉相手との関係改善には相手からの攻撃的反応を引き起こさないメリットがあることを指摘しています。そうした工夫をしない場合，あるいはそうした工夫を行ったにもかかわらずプレイヤー間の相互不信が基本的に解消されない場合は，交渉すること自体が困難な状況にあることが少なくありません。交渉自体が困難な場合は，仮に交渉自体は開始されたとしても，その効果は極めて限られてしまう可能性が高く，その点を勘案しますと，結局，当初提案自体，法定相続分から離れた内容であると，交渉が早期に頓挫してしまう危険性を一段と高めると考えるべきだということになります。

(ア) 事例1　2人兄弟・不動産相続事例

事例1　2人兄弟・不動産相続事例

【当事者関係図】

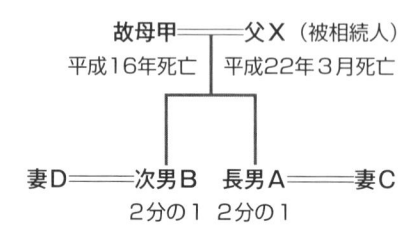

```
    故母甲═════父Ｘ（被相続人）
    平成16年死亡　平成22年3月死亡
         ├──────┐
    妻Ｄ═══次男Ｂ　長男Ａ═══妻Ｃ
         2分の1　2分の1
```

1　遺産
　① 土地建物　時価5000万円前後（なお，A，Bの評価は異なる）
　② 預金　2000万円
2　長男Aの事情
　③ Xと同居していた。
　④ XがAに1000万円生前贈与（Aの生活費をXの預金から支出）。
　⑤ Xと甲をAとAの妻Cが介護していた（寄与分の主張）。
　⑥ 土地建物を所有して住み続けたい（時価5000万円と評価）。
　⑦ A，C間には子どもが2人いる。
3　次男Bの事情
　⑧ Bに1000万円生前贈与あり（住宅ローン資金）。
　⑨ 自宅は持ち家（住宅ローン）。
　⑩ 土地建物は時価6000万円と評価。
　⑪ B，D間には子どもがいない。

事例1′

　①ないし⑦，⑪は同じ，⑧の事情なし，⑨Bの自宅は賃貸，⑩Bが土地建物取得を希望）

※　相続税は考慮しないものとします。

事例1 についてAの立場から，法定相続分を超えて自己に有利な結果を導くための交渉過程を考えます。

(a)　事前準備

(ⅰ)　状況把握・情報収集及び分析　　まずは，相続財産の範囲について①②の事実を確認します。土地建物評価額も確認します。A側の事情については，③ないし⑦について確認します。Bについては，⑧ないし⑪の事情を確認しておきますが，⑧や⑩についてはBに直接確認しないとわからないかもしれず，交渉においても情報収集（ただしBへの質問の仕方には注意を要します）するようにします（なお，いうまでもないことですが，事例はシンプル化してあり，これ以外の情報が不要というわけではありません）。

(ⅱ)　ミッション　　Xの遺志を尊重し，A，B双方が今後の生活に困ることのないよう相互に配慮し合い，円満な解決を導くことをミッションに掲げることが考えられます。

(ⅲ)　Aの最高目標及び抵抗点の設定　　Aにとっての最高目標及び抵抗点を設定し，その正当化理由について検討します。

Aの最高目標は土地建物（時価と同じ5000万円相当と評価）の取得（代償金支払なし）と，預金500万円，合計5500万円（※）相当の取得とします。この時，Bの取り分は1500万円です。相続財産間の優先順位については，土地建物の取得を預金よりも優先するとしておきます。

※　この最高目標5500万円という取り分は，Bが相続にあまり執着がなさそうな時は，このままで良いですが，遺産の分配に対してそれなりに執着がありそうな時は，Aは，もう少し低い額，端的にいって土地建物のみ自分のものにすることを最高目標とした方が良いかもしれません。特にBが土地建物を6000万円相当と評価しているとすれば，Aの提案に従った場合，取り分が，A6500万，B1500万より差が開くので，Bも強硬姿勢を強め，Aにとってもマイナスの効果が大きい可能性のある提案に思われます。つまり，相手が普通に遺産分配を求めてきそうな場合は，最高目標としてやや高すぎるので，見直しを行った方が良いでしょう。

上記Ａの最高目標（5500万円）を正当化する理由については，Ａが土地建物を希望する理由は，従前からＡが土地建物に住んでいて生活の中心となっており，ほかに持ち家がないこと（事情③⑥），預金を希望する理由は，Ａに２人の子どもがおり（事情⑦），生活費がかかることから，流動資産も一定額はほしい，Ｘ及び甲の介護をしてきた（事情⑤）ことからＢよりも多くの取り分が欲しいという事情があります。

　Ａの抵抗点を考える上では，BATNAの分析が重要です。それによって交渉打切り点を計算できるからです。基本的に交渉相手を替えることができない相続交渉にあっては，調停・訴訟への移行をBATNAとして捉えることになるのが通常です。BATNAをこのように捉えた場合，自分の言い分のみならず審判で認められるであろう具体的相続分を踏まえた検討をする必要があります。

　Ａは生前贈与の見返りとして，Ｘを介護していたことから，Ａに対する特別受益のうち500万円についてＸは持戻し免除の意思表示をしており，Ａの寄与分は扶養義務を超えるものではなく，Ａが土地建物に無償で居住してきたことから，無償性が認められないため，否定されると考えられます。Ｂの特別受益は，ＸはＢから強く求められて住宅ローン資金を提供したにすぎず，持戻し免除は認められないと考えられます。そこで，審判ではＡの特別受益500万円のみ肯定，寄与分否定，Ｂの特別受益1000万円のみが肯定されるとの予想を前提として考えます（Ａの言い分だけではなく，審判で認められる可能性を反映させた方がよりBATNAを意識した抵抗点といえるからです）。

> みなし相続財産
> ＝5000万＋2000万＋500万（Aの特別受益）
> 　＋1000万（Bの特別受益）
> ＝8500万
> Aの具体的相続分
> ＝8500万×1／2－500万＝3750万
> Bの具体的相続分
> ＝8500万×1／2－1000万＝3250万
> ※　みなし相続財産，具体的相続分の意味と計算方法については，
> **第3章，第2，4(2)参照**

　これによるとAの抵抗点は審判で認められるであろう具体的相続分3750万円を基準に考えることとなります。ただし，訴訟コスト（少なくとも150万から200万円）等を勘案し，3750万円を下回る金額，例えば3600万円を抵抗点[*3]とすることも十分考えられます。なお，審判時に結論が上ぶれする可能性を考慮し，より高い金額を抵抗点としておく考え方もあるかもしれませんが，審判の結論が異なった（下ぶれした）ときのリスクを負うことになりますので，なるべく正確に予測した方がAにとって有利な判断をすることができるでしょう。

　(iv)　Bの最高目標及び抵抗点の予測　Bも通常Bなりの最高目標及び抵抗点を事前準備ないし交渉経過において設定していきます（ただし，相続財産の範囲がわからない，分割の基準がわからないなどの理由から設定できない，又は設定していないこともあります）。Aとしては，この幅とその正当化根拠について予想し，分析しておくことが，交渉における議論にも役立ちます（もっとも，遺産分割は対価性がある取引行為ではなく，AがBの最高目標及び抵抗点を厳密に予想することは困難です）。具体的には，交渉開始前においては，Aにとって⑧及び⑩の事情は必ずしも自明ではないので，Bの要求内容の幅については，ひとまず，a)法定相続分若しくはそれ以上又は特定財産の要求にこだわる（ある種の強硬型），b)遺産分配方法にさほどこだわらず，法定相続分を下回る分配で構

わないとする（ある種の協調型），c)全く不明であるといった分類を行っておくことが有益です。

　仮にBがa)であることがわかった場合の一例を挙げると，本件でBは自宅が持ち家であるため，土地建物の取得は希望せず，また，あえてAに土地建物全部を取得させるべき理由は考えられないことから，その売却を希望し，売却代金の分配については当事者間の公平を期すため，法定相続分割合を考えています。また，特別受益・寄与分については，AがXと同居していた間にXに無断で預金1000万円を引き出したものであって，持戻し免除の意思表示もないとして，Aの1000万円の特別受益のみを反映した内容での分割を希望しています。Bは土地建物を6000万円と評価していることから，最高目標は4500万円，抵抗点については，Aの特別受益500万円肯定，寄与分否定，Bの特別受益1000万円肯定を前提に具体的相続分により3750万円と計算していることが考えられます。

```
みなし相続財産
  ＝6000万＋2000万＋500万（Aの特別受益）
    ＋1000万（Bの特別受益）
  ＝9500万
Aの具体的相続分
  ＝9500万×1／2－500万＝4250万
Bの具体的相続分
  ＝9500万×1／2－1000万＝3750万
```

　ただし，AにとってBの内心の希望額を正確に事前予想することが困難なことは前述したとおりです。

　この場合の各自の取り分について思考の整理のため**図表２－４－１**に記載しておくので，参考にしてください。

　(ⅴ) 創造的選択肢について　　BがAと異なり預金に対する選好を強くもっている場合，それを生かした分配案とすることが考えられます。

■図表2-4-1　目標点及び抵抗点における各自の取り分

		Aの取り分	Bの取り分
A	Aの目標点	5500万円	1500万円
	Aの抵抗点	3600万円	3400万円
B	Bの目標点	3500万円	4500万円
	Bの抵抗点	4250万円	3750万円

審判時：A3750万円，B3250万円

　(vi)　BATNA　　任意の交渉段階限りの提案であるとして，Aの抵抗点であるAが土地建物を取得，取り分がA3600万円，B3400万円となるようBに代償金を支払うとの分配案を提示し，これにBが応じない場合，審判になれば，Aは3750万円を取得できる見込みがあるので，調停・審判への移行がBATNAとなります。

　(b)　協議（交渉の場）その1　　遺産分割協議では，最終的に遺産の範囲，遺産の評価，遺産分割の方法を決定する（範囲や評価などは争いがなければ争いのないものとして取り扱う）必要があります。交渉の冒頭では，協議の方法・進め方を確認して交渉を始めるわけですが，まずは相続財産の範囲を確認し，分割方法について以下の4点を確認し，交渉のポイントを見極めていくことになります。遺産の評価については，分割方法についての根拠を明らかにする中で確認します。

①　Bの要求内容（希望）の早期把握
②　Bの要求根拠を確認する
③　②を踏まえて，Bの執着度を，トータルとしての客観的金額にこだわっているのか，特定の相続財産取得（複数財産にわたる場合の優先順位を含む）にこだわっているのかの観点から分析する
④　Aの要求内容及びその根拠の提示

　④については，アンカリング効果を期待してAの希望を先にいうことも考えられますが，情報を引き出して交渉の幅を広げるためにも，まずはBの希望を聞く方が良い場合が多いでしょう。アラン・ランプルゥ＆オウレリアン・

コルソンは，「話す『前に』聞くこと」を強調し，相手が望むならまず話をさせることによって，「こちらが提案しようとしていたことを相手が話し，求めようとしていたことを提案してくるかもしれない。まず相手に話させることの一番の理由は，提案したり要求したりせずに，『与え』たり，やりすごすことだ。」と述べています（アラン・ランプルゥ＝オウレリアン・コルソン，奥村哲史訳『交渉のメソッド』（白桃書房，2014年）92頁）。Bからの回答としては，(I)具体的回答がある場合，(II)具体的回答がない場合，(I)については(α)法定相続分にはこだわらない，例えば，預金2000万円をすべてもらえるのであれば，土地建物はAが取得して良いという場合，(β)法定相続分にこだわる場合，(γ)法定相続分を超える金額にこだわる場合，(II)については(δ)Bの希望をいわず，先にAの希望を聞いてくる場合が考えられます。以下では，それぞれの回答の場合についての交渉を検討します。

　(c)　協議（交渉の場）その2
　(i)　法定相続分にはこだわらない，例えば，預金2000万円をすべてもらえるのであれば，土地建物はAが取得して良いという場合（(α)）　(α)のようにBが法定相続分にこだわらないことは，本件事情の下では少ないかもしれませんが，仮にこのような協調的な姿勢を見せてきたとした場合，柔軟な話合いの可能性があることになります。特にBは住宅ローン返済のためすぐに換価できる流動資産が必要なので（事情⑨），預金のみ取得できれば良いと述べているのであれば，Aは直ちに合意した方が良いでしょう。

　Aとしては預金500万円も欲しいところであり，Bは協調型プレイヤーで譲歩に応じやすく，もう少し要求しても大丈夫だろうと考えがちですが，Bとしては既にAに土地建物を譲り，その取り分を大きくすることで，Bが優先的に取得を希望する流動資産につきこれ以上できないぐらい十分な配慮（譲歩）をしていると考えていることが多く，Aが更なる上乗せを要求することでかえってBが態度を硬化させ，当初提案を撤回するリスクが高まってきます（**第5章**，4も参照）。Aが現金も必要なのであれば，取得した土地建物を売却し，別途住居用に低価格の不動産を購入した上で，一部を現金として残

す，あるいは土地建物を抵当に入れてお金を借りることが考えられます。

なお，本件では考えにくいかもしれませんが，Bの提示額が，Aが当初考えていた最高目標以上の相続財産をAに取得させて良いというものであった場合も，その理由を確認した上で(別の見返りを求めるなど隠れた意図がない限り)，基本的にAはすぐに応じた方が良いでしょう。

　(ii)　法定相続分にこだわる場合（(β)），法定相続分を超える金額にこだわる場合（(γ)）　　(β)の場合，例えば，Bは土地建物を売却し，売却代金と預金をそれぞれ２分の１ずつに分配することを希望してきたとします。Bが法定相続分にこだわった考え方をしている限り，Bはある種の強硬型プレイヤーであるため，Bが大きく譲ることは通常考えにくいといえ，ここが相続交渉の難しいところです。しかし，後述するように，まずAとしては，Bにその理由を確認し，Bの当該提案に対する執着度ないし譲歩可能性を測ったり，当該提案にこだわる理由が解消できるものなら，それを解消し，あるいは創造的な選択肢を提示するなどした上で，提案の再検討を求めるべきでしょう。(γ)の場合も同様に，Bに提案の再検討を求めるべきです。Bの主張が間違いであることを強調するのではなく，Bの話を聞き，一緒に問題を解決しようとする姿勢が望ましいです。そうすることで，一見するとBが強硬にその提案にこだわっているようであっても，丁寧に話合いを続けていくうちに協調型に転じる可能性もあるからです。

　まず，AのBに対する自身の提案の根拠説明としては，例えば，①Xは生前孫（A夫婦の子）２人のことを可愛がっていたところ，Aには土地建物を取得するための十分な資力がないため，Aが代償なく土地建物を取得し，子どもを育てていくことがXの遺志である，②A夫婦には２人の子どもの養育費がかかり生活費の支出が大きいが，B夫婦は子どもがおらず，養育費がかからないので配分に差をつけることには理由がある，③（寄与分を主張するかはともかく）X及び甲の面倒をAがみてきたことに配慮しAに多めに配分されるべきである，④土地建物を共有名義とすることは問題の先送りである，⑤A，Bにとって子どものころから住んできた思い出のある実家の土地建物を

売却することは双方の感情にとってマイナスが大きいなどと強調することが考えられます（論理的又は感情的説得の要素をもっています）。Ｂが①や⑤のような情緒的側面を重視する人柄である場合は，奏功する可能性が高まります（もっとも①②については，Ｂは住宅ローンの支払が残っており，差をつけるべきではないとの反論も考えられます）。なお，この段階でＢの主張する具体的相続分は過去の裁判例等に照らし審判では認められる可能性の低い主張であるなどの議論をすることは，かえって法定相続分が議論の出発点となり，これをどのように修正して分配するかという議論に向かいがちであり，Ａの希望する法定相続分にとらわれない分配とは離れた結論になる可能性が高いので，避けた方が良いでしょう。

　また，Ａの言い分を主張するだけではなく，以下で述べるようにＢの主張に耳を傾け，その真意と背景にある具体的事情を把握する姿勢（ただし，Ｂの主張自体を認めるものではない）も必要と思われます。相続交渉では感情と利害を切り離すことが難しく，これらの点を重視することで，相互不信を解くことが交渉の障害を取り除くことにつながるからです。

　Ｂの言い分は次のとおりです。ＡとＢはもともとそこまで仲が悪い兄弟ではありませんでした。しかし，Ａは大学院まで進学させてもらっており，Ｂは大学卒業後すぐに働き始めていたこと，Ａ，Ｃ夫婦には子どもがいてＸと同居していたのに対し，Ｂ，Ｄ夫婦には子どもがおらず，Ｘとのコミュニケーションが近年少なくなっており，Ｘから冷遇されていると感じていました。Ｂは，Ａは何かとＸから優遇されてきたことから，ＡがＸの介護をするのも当然だと思っています。Ｂの住宅ローン資金もＢがＸに頼み込んで何とか出してもらったものでした。こうした経緯から，Ｂは，徐々にＸからの兄弟間の取扱いの不公平感に対する不満を募らせていたのでした。

　これまで，Ｂのこうした感情について，両者が直接話し合ったことはありません。Ａが自分の希望の正当性についてＢに説明し，Ｂを納得させようとしても，Ｂの感情的しこりが解消されるわけではありません。ＢとしてはＡにこうした事情を聞いてもらい，そのことを認めてもらうことで，感情し

こりを解消できる可能性があると考えています。そのため，Aとしてもまず，Bのこうした感情的な部分について説明してもらうことが解決の糸口になると思われます。

　Bの事情説明を聞いたAは，生前XがBの生活を心配しており，何かあれば助けてあげて欲しいと述べていたことを思い出し，そのことをBに伝えました。そして，当初は預金のうち500万円を取得したいと思っていたが，Bの感情的な側面にも配慮し，Bが優先的に取得を希望する預金はすべてBに譲るので，土地建物を売却したり，共有名義とすることはなるべく避け，Aが相続したいことを改めて説明しました。

　確かに，過去の諍(いさか)いなどを振り返ることで，感情的対立がエスカレートするケースも見受けられますが，まずは相手の言い分を聞き入れ，双方の選好を生かす内容での分配案とし，共同して問題を解決する姿勢がお互いの信頼関係を再構築していく上で必要なのではないかと思います。

　上記のようなコミュニケーションの結果，Bは土地建物の売却へのこだわりを見直し，Aが土地建物取得，Bが預金全部を取得することで納得することもあるでしょう。

　しかし，Bの立場の相続人が流動資産に対する選好（執着度）が強いことなどを理由に，預金の取得では満足せず，なおも法定相続分（ないしそれ以上の分配）にこだわり，不動産売却を基本的前提とする強硬姿勢を崩さないこともあります。その場合，まずは土地建物の売却は避けるべきであることを説得し，その上で代償金による解決を検討することとなり，結果的にAが代償金を払うことになることが多いでしょう。Aとしては，代償金の支払額はできる限り少なくしたいですし，抵抗点での合意はできる限り避けたいところです。なお，Aの代償金の支払能力も問題となります。代償金の額を引き下げ，Aも納得できる実質的公平性を満たす解決を導くために，今度は不動産評価額を争うことなどが考えられます（ここでは論理的説得や功利的説得が主になります）。Bが代償金であれば5500万円を希望すると述べたとき，Aはここでも，直ちにBの取り分を減額しようとするのではなく，Bがそのような

代償金を提案した理由を聞くべきです。その中でＢが土地建物を6000万円と評価していることがわかってきます。

　そこで，Ａとしては，Ａが私的に取得した査定書を提出するなどしてＢの土地建物の評価6000万円は誤りで，5000万円が正しいと指摘することがまず考えられます。ただし，評価額について議論することでさらに対立を深める（水掛け論になる）リスクもあります。そこで，双方が同意した業者に査定ないし鑑定を依頼するなど合意可能なプロセスを用いることは，相手の顔も立てた上で，評価の齟齬に関する問題を解決する方法の１つとして考えられます。また，費用をかけたくないのであれば土地は路線価をベースに，これを0.8で除した額とし，建物は固定資産評価額を0.7で除した額とするなど簡易ながら客観的基準に基づく評価方法の提案[*4]も考えられます（本件ではこれも5000万円になるとします）。このような提案は，相手方に代理人がついている場合に，より受け入れられやすいものと思われます。

　次に，Ｘによる持戻し免除の意思表示が認められる可能性は低く，Ｂの特別受益が1000万円認められる可能性があると指摘し，この分配案に応じないと審判を求めるとして，Ｂに抵抗点の見直しを迫ることが１つの方法として考えられます。

　弁護士等の専門家に相談した結果，審判結果をある程度正確に見通すことができ，これに基づく説得が奏功すればＢも合意に至る可能性があるといえます（論理的説得や功利的説得が主になります）。Ｂの強硬と思われる希望に適切に対処するには，事前準備，正しい状況把握が大切であることがわかるかと思います。ミッションの再確認や創造的選択肢の可能性（ただし，なかなか見つからないと思われます）も再度検討すべきでしょう。

　各自の希望について確認すると，上記表でみたとおり，ＡはＢに1500万円から3400万円の現金しか分配するつもりがなく，Ｂは3750万円から4500万円の現金じゃないと受け取るつもりがなく，客観的視点からみるとZOPA（**本章，第１，３(2)**）がないことがわかります。したがって，Ａ，Ｂいずれかが抵抗点を見直さない限り交渉は決裂する可能性がありますが，以上の方法を用いて

Bの抵抗点を3400万円以下まで引き下げることができれば，Aも見直し後のBの下限（3400万円以下）での合意を検討することができます。この場合，Aが土地建物を取得できる結果となりますが，Aが支払うべき代償金は大きなものとなっています。

　仮に，A，B双方の希望が大きくかけ離れて任意の交渉が終了し，調停まで進んでしまった場合，もはや交渉によって法定相続分と大きく異なる結果をもたらすことは難しいでしょう。したがって，自分の目標点に近い結果を導くためには，調停前の交渉中，抵抗点の見直しも含め臨機応変な対応がA，B双方に求められることになります。

　(ⅲ)　Bの希望をいわず，先にAの希望を聞いてくる場合（(δ)）　(δ)の場合，Bが自分から先にいわない理由は，いくつか考えられます（**第5章，2**でも詳しく検討されているので，ご確認ください）。①交渉開始時点では法定相続分や相続財産の範囲・全容を知らず，どのような提案をすべきかの基準がわからない人や，②先に自分の意見をいうと不利になる，あるいは法定相続分を超える金額を提案しようと思って，先にAの出方をみるため駆け引きをしている人（その背後には，自分から法定相続分と離れた希望をいうと欲張りだと思われることを恐れる心理もあるかもしれません）など様々です。まずは，Bから希望をいわない理由を探ります。

　①であれば，①土地建物②預金以外に相続財産はないことを示し，その前提についての疑問を解消した上で，Bの希望をいうよう求め，それでもいわない場合は，Aから分配案を提示し，それについての意見を求めます。Bの意見からBの希望がみえてくれば，以上で検討したように交渉を進めることができます。

　次に，②であると考えられ，そこにはBの強硬型交渉姿勢も反映されていると推測される場合，Aから最初に提案すべきであるものの，提案内容はより慎重に検討すべきです。土地建物を取得したいが，代償金は一切払うつもりはないと伝えただけで決裂のリスクが十分見込まれる場合，Aとしては土地建物売却には応じられないものの，代償金については前向きに検討するこ

とを出発点とするのが良いと思われます。

(イ) **事例2** 嫁姑・不動産相続事例

事例2　嫁姑・不動産相続事例

【当事者関係図】

昭和10生（79歳）**母A**━━━━**故父甲**（平成18年死亡）
　　　　　　　　3分の1

　　　　　　　　　被相続人X━━━**妻B**（昭和37年生）
　　　昭和35年生　平成22年死亡　　3分の2

1　遺産
　① 建物（マンション）　時価6000万円前後（なお，A，Bの評価は異なる）。
　　元は故父甲名義で一次相続の時にX名義としたもの。
　　（①'：建物はA，Xで共有持分2分の1ずつとなっており，X持分2分の1のみが相続財産）
　② 預金　1500万円
2　母Aの事情
　③ X，B夫婦と同居していた。
　④ 年金生活でキャッシュなし。
　⑤ 本件建物に住み続けたい（時価6000万円と評価）。
　⑥ Bとは不仲（話合いは可能）。ただし，1人暮らしには不安あり。
3　妻Bの事情
　⑦ 生命保険金3000万円受取り。
　⑧ 本件建物に住み続けたい（時価4500万円と評価）。
　⑨ Aとは不仲（話合いは可能）。別居したい。
　※ 相続税は考慮しないものとします。

事例2 についてAの立場からの交渉を考えます。

(a)　事前準備

(i)　状況把握・情報収集及び分析　　まず，相続財産の範囲について①②の事実を確認します。相続財産【遺産】からいえるこの事例の特徴は，分けられない不動産（建物1つ）が遺産の5分の4を占めているということであり，後述する目標の設定においても重要な考慮要素となるということです。なぜなら，仮に，②の預金がなければ，分けられない不動産（建物1つ）が遺産のすべてであって，法定相続分に従った場合，Aが持分3分の1，Bが持分3分の2で共有の登記をするか，BがAに代償金約2000万円を支払って自身が100％所有者となって登記する以外に方法はないと思われます。そして，これに②の預金が加わっても，この預金は遺産全体の5分の1しか占めないため，大勢は変わらないと考えるのが，相手方（妻B）のスタンスも予想した上での常識的な考え方だと思われるからです。したがって，相続人が共有関係を選ばず，どちらか1人が不動産（建物1つ）の100％所有者になるとしたら，それは母Aではなく息子の妻Bだと考えるほかはないと思われます。そして，AがBとの同居を選ばない場合，又はBがほかに住む住居の手当てができない場合，基本的に法定相続分が少ないAが家から出て，自分の住居を確保せざるを得なくなる可能性が高い，困難な交渉であることを意識して交渉に臨むべきでしょう。

　このような事情（条件）を前提とした上で，母Aとしては自身の最高目標及び抵抗点を設定すべきことになります。母Aとしては，本件建物に住み続けたい。しかし，資金があればともかく，資金がない（事情④）以上，100％の所有権まで要求するのは不可能だということを前提に最高目標及び抵抗点を設定するのが現実的です。例えば，法的に詰めると問題が出てくるでしょうが，Aとしては，Bに本件建物の所有権は譲るが，自分が生きている間，住まわせてほしい，できれば1人で，ということと，キャッシュをいくらか欲しい，というのがその主張の出発点（最高目標）になると考えます。

　Aの事情として③ないし⑥を確認します。建物評価額も確認します。Bの事情について，⑦ないし⑨を確認しますが，⑦生命保険金については同居し

ているとはいえBに直接確認しないとわからないこともあるでしょう。もちろん，それでも，Bは答えないかもしれません。Aにおいて特に検討しておく必要があるのは，今後の生活設計です。1人暮らしに不安があるなら，不仲ではあってもBに近くにいてもらった方がいいのか，介護ヘルパーを頼めば1人でも暮らせるのか，いっそのこと老人ホームに移った方が良いのか，それぞれいくらぐらい費用が見込まれるかを検討しておくべきでしょう。

　また，事前準備に際しては，それまで同居していたのに同居を拒否する不仲の理由・原因について，一旦自分の気持ちを離れて第三者的立場からじっくり考えてみるべきだと思われます。自分としては同居の可能性は本当にないのか，相手も，自分との同居をOKとする可能性は全くないのか，それとも条件次第ではあり得るのかについて慎重に検討すべきでしょう。本件のような事例では，本来，双方が従来と同様，同居することが，資源の効率的配分という観点からみてよりベターかつ賢い選択であると思われますから，基本的には，当事者は，自分の気持ちとの間で葛藤はあるものの，条件次第では同居する可能性を交渉の選択肢として残すようにすべきでしょう。

　(ii)　ミッション　　Xの遺志を尊重し，A，B双方の今後の生活が安定するよう相互に配慮し，円満に解決することをミッションに掲げることが考えられます。

　(iii)　Aの目標点（最高目標）及び抵抗点の設定　　Aは，高齢で年金生活であり，別途住居を購入したり，賃借したりする経済的余裕がないことから，建物に住み続けたい，できる限りの老後の生活資金も欲しいと考えています（事情④⑤）。とはいっても，先に述べたとおり，Bの法定相続分が3分の2で自分が3分の1であることも重々考えないといけません。また，遺産が不動産1つと，まとまったキャッシュだけ（ただし不動産と比較した場合，価値がかなり劣る）という非常にシンプルな構造ですから，プレイヤーが対立している場合は余り込み入った駆け引きができないということも留意しないといけません。そこで，(i)で述べたように，Aの最高目標は，Bに本件建物の所有権は譲るが，自分が生きている間，住まわせてほしい，できれば1人で，

ということと，キャッシュ1500万円が欲しい，というのがその主張の出発点（最高目標）になると考えます。このとき，Bの取り分は建物6000万円，ただし本件建物はAが生きている間利用できないというものです。また，Bは，生命保険金3000万円を受け取っています（⑦）。

なお，A，Bの法定相続分は3分の1，3分の2であり，具体的には2500万円，5000万円となります。

```
相続財産＝6000万＋1500万＝7500万
Aの法定相続分＝7500万×1／3＝2500万
Bの法定相続分＝7500万×2／3＝5000万
```

次に抵抗点ですが，Aとしては，自分の言い分のみならず，審判で認められるであろう法定相続分2500万円を念頭に置いて検討すべきです。Aは経済的余裕がないので本件建物取得を諦め，当該持分をBに買い取ってもらうこととし，その額を少しでも高くしたいということで2500万円より高い額を抵抗点に設定することが考えられます。もっとも，(vi)で後述するBATNAによっては，2500万円より高い金額を得られるとは限らないという意味でBATNAによる裏付けがないこと，Bと仲が悪いため，Aとして将来はBと仲好くしていく工夫をしない限り，抵抗点を2500万円から離れた数字とすることは難しい（Aにとってそこで交渉を打ち切ることにメリットが少ない）と考えられるので，ここでは2700万円を抵抗点とします。

また，Aとしては，抵抗点かつBATNAとして，建物を共有登記とすること（3分の1の持分）＋預金500万円（3分の1）を提案することも考えられます。これは，Bは，Aから当該持分を基本的に相続できないため，建物の共有登記を嫌がると予想され，この場合，BがAの最高目標にかなり近い条件（少なくとも法定相続分より高い金額）でAと合意する可能性があるからです。

(iv) Bの目標点（最高目標）及び抵抗点の予測　Bの要求内容の幅については，ひとまず，a)法定相続分若しくはそれ以上又は特定財産（本件では建物）の要求にこだわる（ある種の強硬型），b)遺産分配方法にさほどこだわ

らず，法定相続分を下回る分配で構わないとする（ある種の協調型），c）全く不明であると分類して予測します。

　AはBと同居していたため，Bの性格をある程度正確に掴んでいてもおかしくありません。その上で，仮にBがa）であることがわかった場合の一例を挙げると，本件でBはほかに住居がなく，Aとは同居を継続するつもりがないことから，建物全部を取得し（事情⑧⑨），専業主婦であったBには定期収入がないため預金の一部も生活費として欲しいと考えているとします。具体的に，Bは建物を4500万円と評価しており，建物取得及び預金600万円，合計5100万円を希望しています。この時のAの取り分は900万円となります。

　次にBの抵抗点を考える上で，Bの建物評価額を前提とする法定相続分はA2000万円，B4000万円です。

> 相続財産＝4500万＋1500万＝6000万
> Aの法定相続分＝6000万×1／3＝2000万
> Bの法定相続分＝6000万×2／3＝4000万

　Bとしては，訴訟コスト等を勘案し，4000万円を若干下回る金額例えば3600万円を抵抗点とする，より具体的にはAに2400万円現金を渡すことが考えられます。Aが法定相続分より高めに抵抗点を設定したこととの違いの理由は，法定相続分に従った建物の共有分割（AのBATNA）をBは避けたいと考えていることにあります。このAのBATNAが，Bにとって，法定相続分よりも譲らざるを得ないほど強い影響力をもつ場合，Bは抵抗点を法定相続分より低めに設定することになります。

　この場合の各自の取り分について思考の整理のため**図表２－４－２**に記載しておくので，参考にしてください。

　(v)　創造的選択肢について　　AとBはいずれも建物全部と預金の一部の取得を希望しているものの，それぞれに対する執着度合いが異なる場合，それを反映させた分配案とすることが考えられます。そのほかに，物理的に建物の出入口等を分ける事が可能な場合，遺産の一部（500万円程度か）をB

第4　遺産分割交渉の基本的検討課題（その2）　221

■図表2－4－2　目標点及び抵抗点における各自の取り分

		Aの取り分	Bの取り分
A	Aの目標点	1500万円+建物を A存命中無償使用(若干の有償も)	6000万円+建物は A存命中使用できない
	Aの抵抗点	2700万円 or 建物3分の1，預金500万円	4800万円 or 建物3分の2，預金1000万円
B	Bの目標点	900万円	5100万円
	Bの抵抗点	2400万円	3600万円

審判時：甲2500万円，A5000万円（現物分割はできないので代償分割）

に対する上乗せ資金として，（分筆はしないものの）事実上2世帯住宅に改築してAとBが顔を合わさずに住むという選択肢も，「統合型交渉」として十分あり得ると思います（本件建物はマンションなので難しいかもしれませんが，不動産が土地付きの1戸建ての場合，検討に値するでしょう。また，被相続人の生前から別居式の2世帯住宅としておいた方が，よりこのような提案をしやすくなります）。この場合，建物全体の所有権はBがもつでしょうが，事情⑤⑧の実現が可能です。両名の間で，相場よりは低い家賃で普通賃貸借契約を締結するというやり方が最もオーソドックスと思われます。

(vi)　BATNA　Bが，建物3分の1持分について代償金1500万円だけ払うと強硬に主張して譲らないときは，審判になればAが2500万円を取得できる見込みがあるので，調停・審判への移行がAにとってBATNAとして考えられます。

上記(iii)のとおり，建物を共有登記とすること（3分の1の持分）＋預金500万円（3分の1）を提案する（ないし審判を求める）こともAにとってBATNAとなります。Bは，Aから当該持分を基本的に相続できないため，建物の共有登記を嫌がるからです。この場合，Bが共有だけは避けたいと考え，Aの生存中の使用権原は認めると譲歩してくる可能性も出てくると思います。ここでの問題は，Aの建物使用の対価である月額家賃の調整ということになるでしょう。

(b)　協議（交渉の場）その1　　事例1　同様に，Bの希望を確認する方

が良い場合が多いと思われます。

　Bからの回答としては，(I)具体的回答がある場合，(II)具体的回答がない場合，(I)については(α)法定相続分にはこだわらない，例えば，預金1500万円をすべてもらえるのであれば，土地建物はAが取得して良いという場合，(β)法定相続分にこだわる場合，(γ)法定相続分を超える金額にこだわる場合，(II)については(δ)Bの希望をいわず，先にAの希望を聞いてくる場合が考えられます。以下では，(α)(β)(γ)の場合の交渉について検討します。

　(c)　協議（交渉の場）その2
　(i)　法定相続分にはこだわらない，例えば，預金1500万円をすべてもらえるのであれば，建物はAが取得して良いという場合（(α)）　　Bがこのような回答をすることはA，Bが不仲の場合，まずあり得ないでしょう。なぜなら，Aが建物を取得した場合，A，Bが養子縁組をしていればともかく，そうでない限り，Bが相続で建物を取得する可能性が基本的になくなるからです。したがって，Bの回答の選択肢として理論上は観念できますが，これについて検討する必要性はほとんどないといって良いでしょう。

　どうしてもAに一旦所有権を移してもらうのであれば，創造的解決の要素を取り込み，Bとの間で同時的に死因贈与契約を締結するといった方法くらいしかないと思います。併せて，キャッシュの分配額も少なめで良いといった提案が考えられ，交渉の提案として十分説得性があります。なお，死因贈与は自由に撤回できるところ（最一小判昭47・5・25民集26巻4号805頁），負担付死因贈与で，負担を先履行した場合は撤回できません（最二小判昭57・4・30民集36巻4号763頁，最二小判昭58・1・24民集37巻1号21頁参照）。そこで，Bの立場からすれば，Aに自由に撤回されないよう，負担付死因贈与とすることが望ましく，負担の内容としては，Bが自らの法定相続分より譲歩してAの建物単独取得を認め，かつ，建物から一旦立ち退いてAの存命中はAに単独で建物を使用させることが考えられます。なお，Bは，Aから死因贈与により建物を取得する時に，基礎控除の範囲であればともかく，原則として相続税が課せられます。したがって，Aからの相続時に相続税を支払うだけのキャ

ッシュがあるかも確認しておく必要があります。

　したがって，十分検討すべきなのは，(β)，(γ)，(δ)ということになります。

　　(ii)　法定相続分にこだわる場合((β))，法定相続分を超える金額にこだわる場合((γ))　　Bが建物取得にこだわり，Aには建物を退去するよう求め，法定相続分に従って代償金を支払うと述べてきたとします。Bが法定相続分にこだわった考え方をしている限り，Aの希望内容からしてBはある種の強硬型のプレイヤーであるといえます。また，建物はAに取得させて良い（自分は出て行っても良い）としても，その分の代償金は法定相続分に従って支払えとまずいってくるでしょう。これも，Aには代償金支払能力がないため，受け入れることはできず，現実的な案としては機能しません。また，Bの取得希望額が法定相続分以下であっても，それがAの支払能力を超える分配額である時も(α)ではなく，(β)と同類型として交渉を考えた方が良いでしょう。なお，Bから(γ)として，Bの最高目標であるAに預金900万円，残りの建物と預金5100万円相当をBが取得するとの希望が出てきたときも，丁寧な話合いにより，その理由を探る中でBの抵抗点は別にあることがわかったり，Bが協調型姿勢に転じることもあります。

　そこで，Aからは，Bの希望の根拠等を確認し，それを聞く姿勢を見せつつも，Aの希望に正当性があることを説明します。ただし，本事例は，A，B間でコミュニケーションは可能ですが，両者の関係が当初から不仲で感情的対立が存するので，Aは自分の説明によってBがどのような反応を示すか，慎重に見極めながら説明を行う必要があります。BがAの説明に聞く耳をもたない場合は，A，B間の感情的対立の問題を先に解決し，解決が難しくても感情の問題を重視する姿勢をもつこととしておいた方が良いでしょう。

　Aの希望の正当性の説明にあたっては，まず，最高目標を定める時に検討した事情である，Aは高齢で年金生活であり，別途住居を購入したり，賃借したりする経済的余裕がなく，生活の本拠として建物に住み続けたいこと，老後の生活資金も必要であることを説明します。ほかにも，甲死亡時の遺産分割（一次相続）においてもともと甲名義であった建物について，①′のよう

にAが2分の1の持分を取得できたにもかかわらず，これを①のとおりXに譲ったことも指摘できます。これは，XがAより長生きし，Aの老後の面倒をみてくれるものと考えて，AがXに建物所有権すべてを相続させることを認めたところ，予想外にXが先に死亡してしまったというものです。

　ここでも，Aに一旦所有権を移してもらうのであれば，Bとの間で死因贈与契約を締結し，併せて自分に対するキャッシュの分配額を減額する方法が説得的なものとして考えられます。(a)事前準備の(i)でも述べたとおり，Aの法定相続分は3分の1であり，A，Bいずれが建物に住み続けるのがふさわしいかという議論をするときに，Aの立場が不利なことは否めません。A単独での居住継続という要求内容自体がBの感情を逆撫でする可能性があることを十分に考慮し，Bとの同居が可能であるか，ほかにBが移り住むとしてもその住居の確保について真摯に検討，配慮する姿勢があることを示しつつ，交渉を進めた方が良いでしょう。

　また，BからAの居住を認めることへの譲歩がみられない場合，Aとしては対抗提案として，建物を共有登記とすること（3分の1の持分）＋預金500万円（3分の1）を提案することが考えられます。共有持分が認められる限り，Aは全面的な建物使用権原を有するため，退去する必要もありません。遺産分割協議の結果共有となった不動産について共有物分割請求をすることが権利の濫用にあたるとして棄却された裁判例（東京高判平25・7・25判時2220号39頁）があり，Bによる事後的な共有物分割によってAの占有権原は当然には否定されないことになります。既に述べたように，BはAの相続人ではないので，基本的に当該持分を相続することはないことから，共有は避けたいと考えるのが普通です。そこで，Bは，Aが相当賃料を支払えば，A生存中はAの建物使用権原を認める，代わりに所有権はすべてBが取得するなどの譲歩をしてくる可能性も出てくると思います。この場合，Aの月額家賃をいくらとするかについて調整することになるでしょう。

　そのほかに，Xは，Bを⑦生命保険金の受取人としているように，既にBに対する配慮は十分行ってきており，仮にBがAと同居しないとしても，A

が今後困ることのないようにBに託すのがXの遺志だったともいえるでしょう。このように一次相続においてXが期待ないし重視していた事情を説明し，X遺産の相続においてAの老後生活に配慮した分配がなされるべきであると説得することが考えられます。

　Aからの説明とは反対に，BからもAに対し従来から抱いていた不満や様々な反論があるかもしれません。そのときは，過去を振り返ることも時には必要でしょう。また，Bに直接反論をしてもらうことで気分が晴れたり，お互いの誤解が解けることは良くあり，反論を許すから交渉がだめになるという訳では必ずしもありません。互いに反論や同居を拒む理由を正直に言い合って，今後，お互いにどのように生活したいと考えているかを話し合っていくことも解決の糸口として必要ですし，思わぬプラスの効果が生じることも十分あると考えます。

　それでも，Bに対する説得が奏功しない場合，建物利用の対価又は代償金額を定めるために建物の評価についても議論します。

　ここで，Aは，Bが建物を4500万円と低く評価していることを知っており，Bは，Aが建物を6000万円と高く評価していることを知らないとします。この時，AはBの評価が誤りであることを指摘すべきでしょうか。Aは，住居確保のために本件建物を取得し，住み続けたいし，評価は6000万円と考えているときは，Bの評価が誤りであることをこの段階では指摘しない方が良いでしょう。しかし，本件においてAは代償金を用意できる可能性はないことから，自分の持分をBに高値で買い取ってもらいたい場合，Bの評価4500万円は誤りであり，6000万円であると説明し，持分を2000万円以上で買い取ってもらうように交渉する方が有利と考えられます。Aが自分の持分の買取りをBに求めるか，Bの持分を自分が買い取るかで建物評価額に対する考え方が変わってくる(*5)わけですが，A，Bどちらかが持分を買い取る方法だけでは解決にならないと思われます。そこで，創造的解決というのであれば，既に述べたようにBが買うとして，Aに利用権を認めさせる，又は，Aが買うとして，Bとの間で死因贈与契約を締結する。前者について建物が物理的

に出入口等を分ける事が可能な場合，事実上2世帯住宅に改築してAとBが顔を合わさずに住めるようにするというのが実際的な提案だと思います。Aの利用権を認めてもらう代わりに，受け取る相続財産のキャッシュの一部を一定期間の賃料に充当するといったことも考えられます。Bとしても，共有だけは避けたいと考える場合，Aとの日常の接触は最小限に抑えたいと考えつつも，今後の関係性を一切断ち切ることに躊躇を覚える場合，このような分配方法に乗ってくる可能性はあると思われます。

　Bが，建物評価は6000万円であること，その他創造的解決も含めた上記Aの説明に納得すれば，A存命中の利用権設定及び預金500万円の取得を認めたり，Aにキャッシュ3000万円（預金1500万円＋代償金1500万円。これを老人ホーム等移転・生活費用に充てる），Bの取り分4500万円（建物をすべて取得し，代償金1500万円をAに支払う）としても良いと考えるかもしれません。ここまで来れば，Aとしても審判で代償分割が認められた場合，より低い2500万円しか受領できず，建物を出ざるを得なくなること，さらに訴訟費用等がかかることも考慮し，抵抗点を2700万円と設定していたものの合意を成立させた方が合理的であると考えられるのではないでしょうか。

(ウ)　**事例3**　**2人兄弟・事業承継事例**

事例3　2人兄弟・事業承継事例（【事例1】の応用）

【当事者関係図】

```
　　　　　　　母甲━━━━父X（被相続人）……　Y社　　Xが先代社長
　　　　　　平成16年死亡　平成22年3月死亡
　　　　　　　　　┃
　　　　　┏━━━┻━━━┓
　妻C━━長男A　　　二男B
　　　　　2分の1　2分の1
```

1　遺産

　①　Y社株式100%　評価額1億5000万円（非上場・相続税評価額）

　　　　　（なお，ABの評価は異なる）

② 土地建物（X, A同居）　6000万円前後
③ 預金　6000万円
2　負債
④ Y社の連帯保証債務　5000万円
3　長男Aの事情
⑤ Xと同居していた。
⑥ XがAに1000万円生前贈与（Aの生活費をXの預金から支出）。
⑦ XをAとAの妻Cが介護していた（寄与分500万円の主張）。
⑧ 土地建物を所有して住み続けたい。
⑨ AはY取締役であり、代表者となって事業を承継したい（株式評価額1億5000万円）。
4　次男Bの事情
⑩ Bに1000万円生前贈与あり（住宅ローン資金）。
⑪ 自宅は持ち家（住宅ローン）。
⑫ Yとは無関係のサラリーマンであり、Yの経営に強い関心はない。

事例3′

①ないし⑪は同じ。⑫′BもY従業員であり、Y社を引き継ぎたいと考えている。

※　相続税は考慮しないものとします。

事例3 についてAの立場からの交渉を考えます。
　(a)　事前準備
　(i)　状況把握・情報収集及び分析　　まずは、相続財産の範囲について①②③の事実を確認します。土地建物だけでなくY社株式評価額も確認します。
特別受益や寄与分を一切考慮しない法定相続分は以下のとおりです。

```
みなし相続財産
　＝１億5000万＋6000万＋6000万
　＝２億7000万
Ａの具体的相続分
　＝２億7000万×１／２＝１億3500万
Ｂの具体的相続分
　＝２億7000万×１／２＝１億3500万
```

【コメント】　なお，Ｙ社株式は遺産分割がなされるまで準共有の状態となります。準共有状態にある株式の権利行使については，権利行使者を１人定めて行う必要があります（会106条）。この権利行使者は共有物の管理行為として，持分の価格に従いその過半数によって決まります（最判平９・１・28判時1599号139頁）。しかし，ＡＢの共有持分は50対50であり，いずれも過半数でないことから，単独ではＹ社株式を行使することができません。遺産分割協議が長引き，紛争の色彩を帯びてくると，株式が交渉材料としてクローズ・アップされてくる可能性が高まり，同族会社の相続を巡る紛争の多くがこの形態をとります。同族会社の株式の相続にあたっては，Ａはこの点まで視界に入れて相続に関わる行動内容を決定すべきです。

　(ⅱ)　ミッション　　Ｘの遺志を尊重し，Ｙ社を存続させていくことなどをミッションに掲げることが考えられます。
　(ⅲ)　Ａの目標点（最高目標）及び抵抗点の設定　　Ａにとっての最高目標及び抵抗点を設定し，その正当化理由について検討します。Ａの最高目標は，ＸからＹ社の後継者として期待されてきており，自分が代表取締役として経営していくつもりであることから，Ｙ社株式100％（評価1.5億円）を取得すること（事情⑨），ほかに自宅をもたないため土地建物（時価と同じ6000万円と評価）を取得したいと考えています。また，生活資金として預金1500万円も必要であり，合計２億2500万円相当が取得希望額になります。他方，ＡがＹ社の株式をすべて取得する以上（or場合は），連帯保証債務5000万円はすべて引き継ぐことは，当初からコミットすべきでしょう。この時のＢの取得額

は預金4500万円です

```
Ｙ社株式の承継⇔Ｙ社連帯保証債務の承継
＋土地建物（6000万円）＋預金（1500万円）
```

　ここで，Ｂに対し，Ｙ社株式とＹ社連帯保証債務を除いて考えてほしい，という提案はそれなりに説得性がある場合もあるでしょう。そして，Ｙ社株式とＹ社連帯保証債務を事実上協議対象から切り離すことができれば，それ以外の１億2000万円が協議の対象になります。この場合，土地建物6000万円と預金6000万円を分けることとなり，法定相続分に従えば，Ａ6000万円前後，Ｂ6000万円前後となります。

　ＡがＹ社株式以外に7500万円を取得するときの，Ｂの取り分は現金（＝預金）4500万円と，Ａの取り分とかなりかけ離れたものとなります。ただ，Ｙ社株式の承継と連帯保証債務の承継の部分を除くとＡの取り分は，土地建物＋預金合計7500万円（流動資産は，預金1500万円のみ）と，Ｂの取り分との乖離の程度は１対２よりはかなり均衡したものとなっています。

　なお，上記Ａの最高目標は，Ｙ社株式及び連帯保証債務とは別にＡが7500万円を取得するものでしたがＡに土地建物（6000万円）＋預金1000万円，Ｂには預金5000万円くらいの方が，Ｂに対する説得性が高く，早期合意を可能とする出発点であるかもしれません。要はＢの性格，相続財産に対する選好等の「属性」を丁寧に分析・予測してどちらでいくかを決すべきであると思われます。

　Ａの優先順位は，会社支配権の分散を避けたいので１番目に株式，自宅となる土地建物が２番目，現金は会社からの収入で補えるので３番目と考えています。

　Ａの抵抗点は，審判で認められるであろう具体的相続分を踏まえた検討をすると，審判では 事例１ と同様にＡの特別受益500万円肯定，寄与分否定，Ｂの特別受益1000万円のみが肯定されるとの予想を前提として考えます。

> みなし相続財産
> 　＝１億5000万＋6000万＋6000万
> 　　＋500万（Ａの特別受益）
> 　　＋1000万（Ｂの特別受益）
> 　＝２億8500万
> Ａの具体的相続分
> 　＝２億8500万×１／２－500万＝１億3750万
> Ｂの具体的相続分
> 　＝２億8500万×１／２－1000万＝１億3250万

　Ａとしては，自分の言い分のみならず，この審判で認められるであろう具体的相続分１億3750万円をも念頭に抵抗点を検討すべきです。もっとも，Ａには多額の代償金を支払う資力がないことから（なお，ここでは前提としませんが，Ｙ社に資金の余裕があれば，Ａはこれをテコにして資金調達する方法も考えられます。**第４章**参照），Ａの取り分１億3750万円を下限とすることは現実的に考えられないので，<u>１億8000万円</u>（Ｂの取り分は9000万円）を抵抗点とすることが考えられます。

　⑷　Ｂの最高目標及び抵抗点の予測　　Ｂの要求内容の幅については，ひとまず，a)法定相続分若しくはそれ以上又は特定財産の要求にこだわる（ある種の強硬型），b)遺産分配方法にさほどこだわらず，法定相続分を下回る分配で構わないとする（ある種の協調型），c)全く不明であるといった分類をするのはここでも同じです。

　Ｂがa)であることがわかった場合の一例を挙げると，Ｂは，サラリーマンでＹ社の経営に関心がなく（⑫），株式は評価が変動する可能性があるリスク性資産であることからＹ社株式の取得は希望せず，自宅を有すること⑩⑪から土地建物も希望せず，現金を多く取得したいと考えています。そして，Ｙ社株式を２億円とＡよりも高く評価しているため，最高目標は，相続財産３億2000万円に，Ａの生前贈与1000万円のみを考慮したときの，法定相続分

に従って定まる1億6500万円の取得を希望しています（株式を現物でもらうのではなく，代償金として欲しい）。なお，事例3'の場合，株式半分の代償金の代わりに，株式全部の現物取得を希望することになります。

Bの抵抗点は，事例1同様に特別受益等を考慮し，Aの特別受益500万円肯定，寄与分否定，Bの特別受益1000万円肯定を前提に計算した具体的相続分である1億6250万円とします。

```
みなし相続財産
　＝2億＋6000万＋6000万
　　＋500万（Aの特別受益）
　　＋1000万（Bの特別受益）
　＝3億3500万
Aの具体的相続分
　＝3億3500万×1／2－1000万＝1億5750万
Bの具体的相続分
　＝3億3500万×1／2－500万＝1億6250万
```

この場合の各自の取り分について思考の整理のため**図表2－4－3**に記載しておくので，参考にしてください。

■図表2－4－3　目標点及び抵抗点における各自の取り分

		Aの取り分	Bの取り分
A	Aの目標点	2億2500万円 －負債5000万円	4500万円
A	Aの抵抗点	1億8000万円 －負債5000万円	9000万円
B	Bの目標点	1億5500万円 －負債5000万円	1億6500万円
B	Bの抵抗点	1億5750万円 －負債2500万円	1億6250万円 －負債2500万円

審判時：A 1億3750万円，B 1億3250万円（負債はA 2500万円，B 2500万円）

(b) 協議（交渉の場）その１　　**事例１**　同様に，Ｂの希望を先に確認する方が良い場合が多いと思われます。

Ｂからの回答としては，(Ⅰ)具体的回答がある場合，(Ⅱ)具体的回答がない場合，(Ⅰ)については(α)法定相続分にはこだわらない，例えば，預金6000万円をすべてもらえるのであれば，株式はもちろん，土地建物もＡが取得して良いという場合，(β)法定相続分にこだわる場合，(γ)法定相続分を超える金額にこだわる場合，(Ⅱ)については(δ)Ｂの希望をいわず，先にＡの希望を聞いてくる場合が考えられます。以下では，(β)の場合の交渉について検討します。

(c) 協議（交渉の場）その２　　本件でＢが(β)に該当し，Ｙ社株式については代償金支払，土地建物は売却し，２分の１ずつの分配を主張してきたときを検討します。Ａ，Ｂは不動産に対する評価額に違いはないものの，Ｙ社株式について評価が異なること，ＡはＹ社株式及び経営権取得を強く希望し，ＢはＹ社株式及び経営権取得に関心がないとして，同一財産に対する選好・執着度が異なることなどから，**事例１**，**事例２**で検討した内容がここでも参考になります。

Ａからは，まずＸの遺志はＡが跡継ぎとなって，Ｙ社を存続・発展させていくことであったこと，そこでＹ社の存続を共通の目標とすべきことを強調します。また，現在の自宅をそのまま使うのが，Ｙ社での仕事にとっても効率的であるといえます。ほかには，ＡがこれまでＹ社に大きく貢献してきており，Ｘの介護もしており，寄与分というかどうかはともかく，取り分が多くてしかるべきとの主張が考えられます。本事例では，選好の違いを利害調整に生かす点にクローズアップして検討します。複数の相続財産がある場合，とかく議論が錯綜しがちです。Ｂは，内心ではＹ社株式はいらないのに，ひとまず欲しいと述べてくることもあるかもしれません。そこで個々の相続財産と当事者双方の主張について一覧表（例：**図表２－４－４**）を作成することが有益です（廣田尚久『和解という知恵』（講談社現代新書，2014年）146頁参照）。

相続人が一見するとどの相続財産も欲しいといっているに等しいような事案であっても，優先順位をつけることで双方の利害の違い（ないし財産に対す

■図表２－４－４　一覧表例

遺産の内容（かっこ内は客観的評価額）	Aの主張	Bの主張
Y社株式 （1億5000万円）	①Y取締役であり、Xの後継者として代表取締役になり、支配権の分散を避けるためすべて相続したい。Bには経営に介入されたくない。	③評価に変動のあるリスク性資産であること、サラリーマンであり、Y社の経営権取得には関心がないことから特に取得を希望しない。ただし、代償金は高くしたい。
土地建物 （6000万円）	②家族と一緒に住んでおり、職場への通勤が容易で効率的であり相続したい。	②ローン負担付きであるが自宅は持ち家で、不動産は基本的に不要。
預金 （6000万円）	③生活費のために流動資産が必要。ただし、Y社からの収入で生活費は補い得る。	①住宅ローンを抱え、その他生活費のためできるだけ多くの流動資産が欲しい。

る選好・執着度）がみえてくることがあります。また、Y社の負債についての連帯保証債務5000万円についてすべてBが負担しても良いと述べるかどうかで、BのY社株式取得に対する執着度が測れることもあるでしょう。

　前述のようにAは、Y社株式、自宅不動産、預金の順番で取得を希望しています。他方、Bは、より多額の預金・現金を希望しており、自宅不動産、Y社株式の優先順位は低いものとなっています。これらの選好の違いを考えると、Aは、Bに対しそれなりの現金を渡すことが解決に必要であることに気付き、提案の見直しが可能になると思われます。Y社株式に対する選好の強さ、会社を通常営業に戻すための早期解決へのインセンティブ（会社の重要な意思決定に支障を来す、相続争いをしていると取引先の信用が落ちる懸念が高い等）などから、例えば、流動資産の多くはBに譲り、自宅不動産については換価し、Bに対する代償の原資とし、Aの住居はとりあえずY社において社宅を用意することが良いかもしれません。Y社株式は早期に現金化できるものではなく、かつ、経営権が分散することも適切でないので、これを売却することは適当ではなく、換価は難しいこと、その中でできる限りの流動資産をBに渡すことはBの希望にも十分配慮しているといえるでしょう。また、

事例3′ のようにBも会社経営権にこだわり，Aも代償金を用意できない，しかしA，Bによる共同経営は難しいときは，会社分割によって，A，B双方が会社を経営していくこと，従業員に経営者に対する意見を聞くことなども考えられます。

なお，Bの内心──株式はいらない──がある程度想定できるときで，Bが株式の対価としてあまりに高額の代償金を要求し続けるときは，Aとしては，全額キャッシュでなく，相当部分については株式の一部（ただし，特別決議に対する拒否権は与えない範囲（例：30％））を分割すると提案することも，戦略として有効な場合があります（特に，結論としてBが株式をもらおうとする可能性が低いと予想されるとき）。この場合は，Bの方が，株式をもらうよりは，キャッシュがやはり良いということで，キャッシュの要求額を引き下げてくる可能性が出てきます。

また，Aは，Y社株式の評価額を低くした方が，Bに支払う代償金を低くすることができます。Aは，公認会計士に相談した結果，相続税評価額により計算した1億5000万円が妥当であると考えました。ところが，BはY社株式を2億円と評価すべきとして，譲歩してこなかったとします。株式の評価方法には様々なものがあり，専門家によっても判断が異なることがあります。そこで，Bに対してAの評価額の妥当性について評価根拠を示して説得する必要があり，また，Bの提示する評価額の算定根拠への反論を行うためにも事前に専門家に相談することが望ましいと考えます。

このようにA，B双方が相続財産に対する執着度に違いがあり，それを分配案に生かそうと協力することにより，当初は合意の可能性がないように思われたにもかかわらず，Bも，Y社株式を1億5000万円と評価してAがすべて相続，Aが連帯保証債務5000万円を相続する，土地建物は売却し，売却代金と預金合計1億2000万円のうち1億円をBが受け取り，Aが2000万円を受け取るといったY社存続に配慮した分割案（取り分はAが1億7000万円，Bが1億円）に応じる可能性が出てくるものと思われます。

(4) **相続財産の組合せ（可変性・非可変性）の視点**（パイの固定性については，本章，第2，8も参照）

　相続財産が非可変的なもののみであるか，可変的なもののみであるか（一部非可変的なものを含む）は遺産分割の方法に大きな影響を与える一要素です。相続財産が可変的であるか否かは，遺産分割の対象の範囲及び対象となる財産の評価それぞれにおいて問題となります。また，分割の容易性も分割方法に影響を与えます。

　まず，遺産分割対象財産の範囲については，①相続財産となるもの・ならないもの，②遺産分割の対象となるもの・ならないもの，③本来遺産分割の対象とならないものの，当事者の合意により分割対象となるものがあることは前項で検討したとおりです。相続財産の範囲は必ずしも一義的に定まるわけではなく，この意味で可変性があるといえます。

　事例1 ないし **事例3** の預金はここでいう③にあたり，分割対象財産を可変的なものとする要素となります。判例上，預金は相続開始と同時に相続人に当然分割で帰属することが認められているものの，大半の遺産分割協議では，遺産に入れて協議が進められます。これには，実務上，金融機関は共同相続人の1人からの払戻し請求に応じず，共同相続人全員の同意がない限り払戻しに応じない運用をしていることが現在も多いことが原因の1つにあると思われます。こうした運用を前提とすると，遺産分割協議等で他の共同相続人全員の同意が得られない場合，相続人は金融機関に対する預金払戻請求訴訟提起等のコストを負担しなければならないからです。また，預金を分割対象から外すと残された分割しにくい不動産等をどう分割するかのみの議論となり，**事例1** や **事例2** において預金によりBの希望を反映するような調整が難しくなるといえます。特に **事例2** のように，不動産が相続財産に占める割合が大きく，Aに代償金を支払う資力がない場合，Aは代償金を支払って不動産を取得する以外の方策を検討しなければならないというように，とり得る選択肢が限定されてしまいます。

次に評価の点からの可変性があります。 事例1 ないし 事例3 の不動産や株式について現物分割又は換価分割とせず，代償分割とする場合，金銭による調整は行わない場合であっても，複数財産をどのように分配するかで調整する場合などは，その客観的交換価値を把握し，それを踏まえた分割方法を協議する必要があります。

事例2 の相続財産は，評価が可変的かつ分割が容易でない土地建物と非可変的な預金からなります（A，Bは預金を分割対象とすることに合意しました）。Bとしては，Aの建物持分を取得するため，その評価額を下げることにより，Bの希望財産である建物が相続財産に占める割合を小さくし，当該希望財産取得のために固有財産（生命保険金含む）からの持出しを削減することが考えられます。 事例3 は 事例1 に評価が可変的な株式が加わったものですので，Aとしては，同様の効果を得るためY株式の評価を下げることが考えられます（パイを大きくするという統合型交渉の考え方に反する可能性があることに注意が必要です）。

他方， 事例1 において①土地建物がなく，②預金のみが相続財産だったとします。この場合，パイそのものの交渉とはならず，与えられたパイを二分するという単純な分配型交渉になる可能性が高く，そこでは④⑧のA，Bに対する生前贈与や⑤Aの寄与分をどのように考慮するかということで相手の取り分を減らそうとしがちです。相続財産が複数あるか，その割合・構成の内容が交渉，各相続人のとり得る選択肢にも影響を与えることがあることを意識しておいた方が良いでしょう。

(5) 分配型交渉（win-loseゲーム）の視点（小林26頁以下）

(4)でみたように，可変的な相続財産についてはその範囲・評価方法について交渉が行われます。非可変的な相続財産は，予め定められた評価方法による評価がそのまま評価額となります。その結果，確定した相続財産をめぐってパイを二分する分配型交渉が行われるというのが遺産分割の基本です。株式（とりわけ非上場株式）のように評価が可変的な財産（経営権という意味では一

定以上の分割・細分化になじまない要素もあります），不動産のように可変的かつ現物分割になじまない相続財産は，どのような割合で分割するかではなく，どちらがそれをとるかを巡って争いとなり，その解決には代償分割が適切であるものの，今度はその額を巡って争いとなる場合が多く，いかに代償金を定めるかが交渉課題となります。

事例2のように双方が分割できない同一の財産を希望する場合や，一方が他方よりも多くの相続分を主張する場合に典型的ですが，一方が希望する財産ないし相続分を取得し，他方は希望する財産ないし相続分を取得できないという意味で，遺産分割は基本的に分配型交渉であり，win-loseゲームの要素が強いといえます。そして，当事者全員が分配案に納得しない限り，遺産分割協議ないし調停は成立しません（当事者は納得いかない場合，分配案を拒否することができます）。したがって，当然ではありますが，希望する財産を取得できない当事者が納得できる分配案を最終的に提示できるか否かが交渉の成否を決める重要な要素となります。また，分配型交渉はパイの分配という視点に囚われる余り，交渉がデッドロックに陥る可能性を多分に孕んでおり，その解決には統合型交渉の視点も取り入れることが有益といわれています。もっとも，相続交渉では創造的選択肢がみつかりにくく，直ちに統合型交渉を行うことは難しいかもしれませんが，本書で提唱しているハーモニアス・ネゴシエーションの視点をもつことで，分配型交渉を脱却し，より良い解決に至ることができると考えます。

(6) 相続人の個性が相続交渉に与える影響（まとめ）

遺産分割は，相手がいるものなので，自己の意思のみによって結論を決めることはできません。これは，相手方の行動の影響を受けて，自らの行動を決定する場合もあることを意味します。相手方の行動を決定づける相手方サイドの要素として，相手方の個性・性格（パーソナリティ）があり，これをどのように把握し，それに対する適切な個別的対応（戦略）をとるかが重要です。つまり，相手方次第で最適な戦略は異なり得るのであって，まずは相手方の

性格等について情報収集，分析をした上で，自らどのような交渉姿勢を採るべきかを検討して，交渉に臨む必要があります。

相手方の性格は，㈦強硬型か協調型か，流動性・柔軟性（強硬型から協調型への移行可能性）がどれくらいあるか，㈣リスク選好型かリスク回避型か，といった点からの分析が考えられます。

㈦ 強硬型と協調型

協調型とは，合意の成立を優先するプレイヤーをいい，強硬型[*6]とは，自己の主張にこだわり，専ら他のプレイヤーの譲歩を求めるプレイヤーのことをいうこととします。例えば，事例1 でBが法定相続分の2分の1ではなく，4分の3の具体的相続分の取得に固執する場合，代償金が支払えないにもかかわらず土地建物の取得に固執する場合などです。一般的に強硬型のプレイヤーがいる場合，他方が強硬型プレイヤーの主張するレベルまで譲歩しない限り，まとまる話もまとまらなくなってしまいます。しかし，相手方が強硬型であるため，合意成立を優先して一方的に譲歩する協調型の当事者は，明らかに損をすることとなり，相手方にごね得を許す結果となってしまいます。

それでは，相手方が強硬型であると判明した場合，どのように対処すれば良いのでしょうか。相手方が容易に譲歩しないことは，その人が合意しても良いと考えているぎりぎりのラインである抵抗点が現在の主張どおりであり，譲歩の余地がないことを必ずしも意味するものではありません。当初は強硬型であっても，強硬型から協調型への移行可能性があるのであれば，それを見越した提案を行うことにより，合意成立可能性はなおあることになります。

そこで，まず，相手方が今回の相続交渉においてなぜ強硬型の姿勢をとっているのか理由を探ることが必要です。相手方がだれかによって交渉姿勢を変える人もいれば，普段は従順で話を良く聞いてくれる人だったのに，相続交渉の場面になって突然意地を張って，強硬になる人もいます。この理由を分析することが，対処法を考える糸口となります。

強硬戦術への対処法に万能なものはないものの，代表的なものとして，①無視する，②それについて議論する，③こちらもやり返す，④相手を抱き込むというものがあるとされます（レビスキー＆バリー＆サンダース128頁以下）。交渉は様々な情報戦であることからすると，基本的には，②をベースとしたコミュニケーションをよくとることが大切と考えます。当事者が強硬な態度に出ることには何らかの理由があるはずであり，その理由を探ることで，**本章，第1，2**(1)で検討した説得術（功利的説得・論理的説得・感情的説得）のいずれが有効であるかがわかることもあります（**第5章**，3も参考になります）。例えば，故人との思い出を振り返る，他の兄弟姉妹の事情を慮る，他人（親戚，友人）のアドバイスは参考程度にする，一部の人による独断専行は慎む（小堀球美子『わが家の相続を円満にまとめる本〔新訂版〕』（実務教育出版，2012年）148頁），葬儀以降のコミュニケーションに気を付けるなどの心構えを各相続人がもてるようにすることが考えられます。これにより，強硬型と思われた相続人が協調型へと態度を軟化させることがあります。もっとも，長年不和にあった兄弟や，嫁姑のように不和の原因を取り除かない限り，スムーズなコミュニケーションが困難となってしまっていることが相続交渉を難しくしているのもまた事実です。

　事例1 ないし **事例3** において，その主張内容から相手方が強硬型に分類できる場合について検討しましたので，各事例を参考にしてみてください。

(イ) リスク選好型とリスク回避型，その他選好の違い

　不動産や株式のように高い運用利回りが見込めるものの，資産価値下落リスクもあるリスク性資産と，預金のように価値の減少ないし変動リスクが少ない非リスク性資産が相続財産に含まれる場合で，リスク性資産の取得を希望するリスク選好型と，非リスク性資産の取得を希望するリスク回避型プレイヤーが考えられます。両者はリスク選好が異なることを意味しており，訴訟（審判等）に移行することを好むか好まないかも，同じくリスク選好と関係します。

　当事者双方がともにリスク選好型又はリスク回避型であったとすると，双

方が同一のリスク性資産又は非リスク性資産を巡って争う分配型交渉となり，反対にリスク選好が異なる場合，こうした争いを回避できます。当事者が交渉上のリスクないし選好の要素と考えるものには，相続税の特例の適用を受けるためその期限までに解決したいという時間等のコストや訴訟等への移行，相続財産が容易に換価できるものか否かなども考えられます。 事例3 でみたように，こうした株式等に対する当事者のリスク選好の違いを交渉に生かすことで，交渉がスムーズになる可能性があることから，相手方の選好を知ることは重要です。

(7) 情報の偏在とその解消

相続人は，相続財産の範囲や特別受益等に関する情報を知っているプレイヤーと，知らないプレイヤーに分けられ，**本章，第2，6**(1)(**本章，第1，3**(9)も参照)でみたように情報の偏在があることが相続交渉を停滞させることがあります。また， 事例2 ⑦のBの生命保険金受取りのように相続財産そのものではなくても，Aにとって重要な情報をBしかもたないこともあります。情報の偏在がある場合の交渉方法については前掲箇所をみていただきたいのですが，一般的なスタンスとしては相手との信頼関係を重視する，嘘はつかないという考え方をもって交渉を進めることがより良い解決を導きやすいと考えます。相手方が情報を開示しない場合，引き続き開示を求めるとともに，適宜調査を行うべきでしょう。交渉では，情報を知っている当事者が提案する立場に立つことが多く，情報を知らない当事者が提案を受ける（提案をできない）立場に立つことが多いかと思います。 事例1 で，長男Aが，次男Bは住宅ローン資金をXから提供されていたのではないか（事情⑧）と疑い，Bがこれを否定したので，この点を明らかにしないと交渉を進められないと考える場合，銀行に対し口座の存否等を照会[*7]するしかないでしょう。

(8) リーダーシップ論 (**本章，第5，1**も参照)

プレイヤーが3名以上いる場合，だれかがリーダーとならないと話合いの

収拾がつかなくなることが想定されます。ここでいうリーダーとは議論を積極的に主導・進行する人，解決案を積極的に提示し，各相続人の意見を集約する役割を果たす人をいうこととします。それでは，2名の交渉で，リーダー役は必要でしょうか。必要な場合，いずれのプレイヤーがリーダーシップをとるべきでしょうか。また，リーダーシップをとる者は，フェアネスを旨とすべきでしょうか。これは，自ら先行して提案をなすべきか（D. マルホトラ28頁。アンカリングとも関係します），それとも相手からの提案を待つべきかという問題にも関わってきます。

　リーダーの要否はケースバイケース（第5章，7参照）ですので，具体的局面に応じて考えてみましょう。 事例1 において，Aは土地建物に住み続けたいという事情があります。ここで，Aがリーダー役となって，土地建物は自らが取得する案を主導したとします。この場合，代償金を支払ってでもAの土地建物を手に入れたいとの強い選好をBに知られてしまい，Bはこれを利用し，土地建物の評価をつり上げようとするかもしれません。したがって，Aがリーダーとなることには慎重であるべきであり，事例の検討でもみたように，Bの考えを聞くところから始めるのが良いと考えます。なお，評価額が下落しつつある不動産や株式のように早期処分が望ましい相続財産がある場合には，リーダーを選んだ方が良いと考えられます。ほかには，相続人にバイ・プレイヤーがおり，話合いが準多数当事者といえる様相を呈している場合が考えられます。

　積極的にリーダーとなるべきなのは，相手方にリーダーシップをとらせた場合に自らが不利益を被る可能性が大きい当事者や，自らリーダーとなることで統合型交渉による創造的解決を行うことができる当事者などです。

　また，リーダーとなった者はフェアネスを旨とすべきかという点ですが，相手方の納得を得るために必要な限りでのフェアネスは必要ですが，基本的に二当事者間の交渉であるため，三当事者以上のように各当事者間の公平の視点は一歩後退すると思われます。リーダーになった以上自分の選好等を正直に相手に伝えるべきかというと，それも必要ないと考えます。もっとも，

合意成立を目的とした分配案や統合型交渉の視点からの提案を行う場合，各相続人が抱く公平感に配慮した提案を行うべきであるという意味でフェアネスを旨とすべきといえるでしょう。

(9) バイ・プレイヤーの問題

遺産分割では，相続人である当事者のみならず，バイ・プレイヤーがいることが往々にしてあり，これらバイ・プレイヤーが意見を主張することにより，遺産分割がさらに揉めることがよくあります。例えば， 事例1 におけるＡ，Ｂの妻（配偶者）Ｃ，Ｄ， 事例1 で長男Ａは甲ではなく前妻Ｚの子，Ｂが後妻甲の子であるとした場合の前妻Ｚなどがバイ・プレイヤーとして考えられます。途中からＤが交渉に参加すると言い出し，それならＣも自分も交渉に参加すると言い出すかもしれません。バイ・プレイヤーは，これがいない場合と比して，相続人の希望以上に財産取得を希望したり，バイ・プレイヤー個人の感情を持ち込むなどして，交渉に歪み（バイアス）をもたらすことが少なからずあります。このバイアスにどのように向き合い，影響を遮断するかが１つの課題です。バイ・プレイヤーである相続人の配偶者はあくまで部外者（福田真弓『必ずもめる相続の話』（東洋経済新報社，2009年）105頁）であると心得るべきという考え方が示されており，一般的にいえば間違いではない，と考えられます。実際，調停にあっては，バイ・プレイヤーは調停そのものには参加できないことが多いです（これは，調停委員だから参加させないことができるというだけです）。しかし，「言うは優し，行うは難し」で，現実には，バイ・プレイヤーが交渉そのものには出てこなくても，プレイヤーが自陣のバイ・プレイヤーの意向を無視することが困難であるケースが存在し，むしろ多いことも事実です。その場合は，バイ・プレイヤーの圧力ないしバイアスが厳として存在し，無視できないものであることを前提に，その後の交渉戦略を練っていくべきでしょう。

なお，それとは別に， 事例1 においてＸの介護を行ってきたのが専らＡの妻Ｃであっても，これをＡの寄与と同視できる場合，Ｃは単なるバイ・プ

レイヤー以上の立場にあるため，Cの影響力を遮断することは容易ではないと思われます。このような場合，Cを単に部外者として扱うとするとかえって話がこじれる可能性があり，まずはその言い分を確認し，可能な範囲で解決案に取り入れる姿勢が必要であると思われます。

　また，戦術として妻や子などのバイ・プレイヤーをbad copとし，相続人自らはgood copのようにふるまい，交渉を行ってくる相続人も考えられます。こうした戦術への対応策も考えた方が良いでしょう（**巻末付録2⑬**，田村180頁参照）。

⑽　効果的な交渉戦術（戦術の有効性とその限界）

　本章，第2，3の用語解説でみたように，交渉で用いることが可能な戦術には様々なものがあります。これまでに各事例の検討の中で交渉論の視点を取り入れた検討をしてきましたので，ここでは若干の補足を行いたいと思います。

㋐　BATNA

　まず⑴㋺をご確認ください。BATNAとは合意不成立時の代替となる最善の選択肢のことをいいます。相続交渉は，取引相手を変更することが基本的にできず，取引を決裂させることができない（必ず合意を成立しなければならない）との特徴があります。審判によって裁判所が認めた具体的相続分により遺産分割されることから，審判手続への移行がBATNAとなり得ることは既に述べました[*8]。ほかには，相続分を満足いく値段で買い取ってくれる他の相続人や第三者に譲渡することにより，交渉から撤退することも1つのBATNAとなり得ます。

　複雑な事実認定や法律判断を含む場合の審判結果等については，どれだけの必要な情報を所持・入手しているかにも左右されますが，法律専門家に相談した方が見通しを立てやすく，より適切な事前準備が可能になると思われます。

(イ)　**アンカリング**（小林181頁，レビスキー＆バリー＆サンダース297頁，**本章**，**第1**，**3 ⑿**）

　アンカリングとは，認知バイアスの1つであり，最初に示された数値，条件を基点にして物事を考えてしまう傾向をいいます。このバイアスを交渉に生かすことはしばしば行われているといえます。 事例1 でAが土地建物の取得を希望すると伝えることは，Bに対するアンカーとなり得ます。アンカリングを行うことが適切であるかについては，**第5章2 ⑵**も参照ください。

(ウ)　**脅迫型交渉**（小林98頁以下）

　一回限りの分配型交渉であると考えている場合，脅迫型の駆け引き戦術がとられる場合があります。 事例3′ においてBがY社株式取得にこだわる主張に固執した場合，Bは取り分を大きくできる可能性がある反面，統合型交渉の可能性をなくすデメリットがあり，Aとの人間関係を修復不可能なものとする可能性があります。また，相手方を追いつめすぎること（例えば 事例2 でBがAに建物退去を強く迫ること）は，逆に強い反発を招いて事態を悪化させることもあり，それが有効なケースもあるかもしれませんが，デメリットも考慮し，慎重になるべき戦術です。

(エ)　**ドア・イン・ザ・フェイス**（D.マルホトラ172頁参照）

　 事例2 において，Aが居住場所を確保できれば本件建物にはこだわらない場合であっても，本件建物が生活に必要であると主張し，Bがこれを拒否した後に，Aが居住場所を確保するのに十分な代償金を希望することが，ドア・イン・ザ・フェイスに基づく戦術として考えられます。もっとも，Aとしては大きく譲歩したつもりであっても，Bにとって両提案に大きな違いがあると考えられない場合，この戦術の効果は限定的なものとなり，また，最初の要求がBにとって法外であると思われる場合，Bが態度を硬化させるリスクがある点には注意が必要です。

(オ)　**フット・イン・ザ・ドア**（レビスキー＆バリー＆サンダース173頁）

　フット・イン・ザ・ドアとは，最初に簡単な依頼に同意してもらった後に，要求内容を引き上げる戦略をいいます。これは，コミットメントを高めてい

くという相手方の心理を利用するものです。具体的には，事例3においてBがY社株式の売却又はY社株式の高値評価を強く主張していたとしましょう。Aとしては，Bの主張どおりの代償を支払う資力はなく，会社を売却するつもりもありません。そこで，BをY社の役員に迎え入れ報酬を支払う提案を行い，Bが応じたとします。Bとしては，いったん役員報酬を受け取ることを受け入れてしまった以上，新たに会社売却や会社価値を毀損するような提案を行いにくくなり，Aの大きな要望であるY社株の取得について，より少ない代償金で応じる可能性が高まるといえます。

(カ) フェアネス（提案の撤回）

相続交渉は，フェアなプレイヤーが最終的に得をするのでしょうか。それとも，アンフェアなプレイヤーが得をするのでしょうか。アンフェアなプレイヤーの例として，相続財産に関する情報を隠匿したり，いったん出した自分の提案を簡単に撤回し，別の提案を行う行動を繰り返すプレイヤーが考えられます。

情報の隠匿に関しては，(7)において取り扱いましたので，ここでは提案の撤回について検討します。

承諾の撤回については，承諾先取り法（いわゆるLow-Balling）や前言撤回（小林58頁，62頁）として相手方への心理作用を利用する戦術の一例として紹介されており，場合によっては有効なものとして用いられます。事例1で，Bが土地建物を5000万円と評価して代償金を定めるのであれば合意すると提案し，Aがこれに応じるといった途端に，従前の提案を撤回し，6000万円でないと応じないと提案し，Aがこれに応じるとした途端に，今度はキャッシュではなく土地建物の取得を希望するようにBが提案を次々撤回・変更する場合を考えます。Aとしては，交渉における解決を念頭に譲歩に応じたにもかかわらず，Bの撤回により一層不利な内容での合意を迫られてしまっています。Bの撤回に納得できる合理的理由があるなら別ですが，相手方がアンフェアな撤回を繰り返す場合，信頼関係が破壊され合意の形成が困難なものとなります。

こうした不合理な相手への対処法については，D.マルホトラ266頁以下に参考となる記述がありますが，重要なのは相手方の態度に振り回され，自ら冷静さを失ってしまわないように注意することです。冷静さを失わないようにするには，自分の抵抗点や目標値を予め客観的に定めておき，相手方の言動によって惑わされたり，ぶれないように事前準備を行うことが予防的対処法として考えられます。

(キ) **統合型交渉の可能性について**

統合型交渉では，相手方の選好などの情報を共有（小林90頁）できることが前提となり，情報の偏在の解消，信頼・協力関係がその前提となります。本項の事例では，当事者間の選好を生かした分配案とするなど統合型交渉ないし本書で提唱するハーモニアス・ネゴシエーションを意識した交渉方法について検討してきました。もっとも，相手方の交渉姿勢が分配型であれば創造的選択肢を提示しつつも，分配型での対抗手段も用意し，相手方が何らかの統合型交渉提案ないし譲歩を示した場合，それに最終的に同意するかはともかく，相手方の姿勢を評価し，協調姿勢をとるという臨機応変さも必要と思われます。

2　多数当事者（3名以上）の場合

(1) 多数当事者における遺産分割協議とは

通常の民事裁判の世界では，「多数当事者」といえば，当事者（プレイヤー）が3名以上の場合を指します。

ここでは，交渉論で一般に議論される二当事者構造（**本章，第4, 1**）と対比可能な，多数当事者（三当事者以上）構造[*9]となっている遺産分割協議について，交渉という観点から分析し，その特徴を明らかにしつつ，本書が提唱するハーモニアス・ネゴシエーション（又はハーモニアス・チョイス：調和型交渉論。**第1章，第3**参照）を実践していきたいと思います。まず，具体例をみ

第4　遺産分割交渉の基本的検討課題（その2）　247

■図表2-4-5

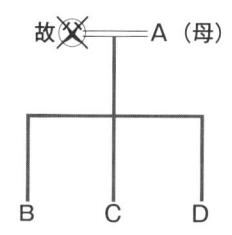

```
故X══A（母）
   │
 ┌─┼─┐
 B  C  D
```

てみましょう。

　遺産分割協議における多数当事者関係の典型的な事例として，両親（父親と母親），複数の子供（ここでは3人とします）がいて，両親の1人が亡くなった場合が挙げられます。いわゆる一次相続といわれるもので，残された関係当事者＝相続人（プレイヤー）は4名です。なお，被相続人には一定程度，遺産があるものとしますが，その具体的内容はここでは問いません（**図表2-4-5**参照）。

　この場合，相続人，すなわちプレイヤーである母親，子供3人の合計4名の間で，遺産分割を巡る三つ巴，四つ巴の紛争が生じる可能性があります。実際，相続案件を一定数扱っている弁護士であれば，相続人間で三つ巴，四つ巴の硬直した状態が続き，一向に事態が進展しない遺産分割案件に関わったことが幾度かあることでしょう。母親（A）と近しい子供（B）と，母親と疎遠・不仲な子供（C，D：いずれも実の子供）がいて，後者の不仲な子供同士も疎遠な関係にあり，（A，B）対（C）対（D）で争っている場合などが，その典型例です（**図表2-4-6**参照）。なお，こういった事態は何も相続開始時

■図表2-4-6

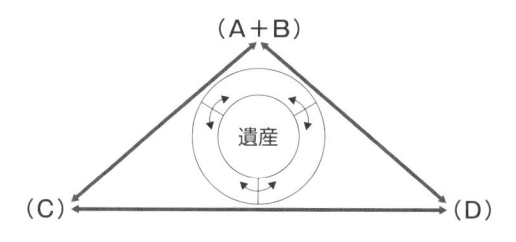

```
        （A＋B）
         ／＼
        ／  ＼
       ／ 遺産 ＼
      ／        ＼
   （C）────（D）
```

より前から相続人間の人間関係が良好でなかった場合のみに生じる訳ではありません。遺産分割協議の過程で，相続人間の人間関係が急速に悪化し，後戻りできない状態になってしまうケースも良くあります。

ところで，この例もそうですが，いわゆる一次相続で，相続人が両親の片方（例：母親）と複数の子供である場合，被相続人の配偶者であった母親は，将来起こる自分（母親）を被相続人とする二次相続に際して遺言書を残すことで，特定の子供に対して相続財産の配分を多くすることができる立場にあり，また，通常の場合，被相続人が残した相続財産の内容を最もしっかりと把握できる立場にあること，相続時の税務処理上，「配偶者に対する相続税の軽減」と「小規模宅地等の特例」によって，被相続人の妻は優遇されていること（その具体的な内容は，**第3章，第7**参照）などから，遺産分割協議において事実上，優位な地位を確保していることが良くあります。他方，子供たちの方でも，残された母親を心配させたくないと考えたり，将来の母親の死亡による二次相続発生時において自らの立場が不利になる可能性（例えば，母親が自分への配分を少なくする遺言書を残してしまう可能性です）や，一次相続の発生を，従来疎遠であった母親との関係を改善するきっかけと捉えて，母親との対立，さらに場合によってですが，長期的な親族間における感情的対立の発生やその悪化につながることとなる兄弟間の対立をなるべく避ける形で行動することが多く生じます。

その結果，遺産分割協議（交渉）の場で実質的に対立する当事者は，せいぜい子供たちだけに止まり，二当事者交渉の問題状況とたいして変わらない状況になります。ただ，どちら側の子供が母親を取り込むかで駆け引きが行われることが多いということが，単純な二当事者交渉と違う特徴の1つであるといえます。

(2) 二当事者対立構造への還元

この事例の場合に止まらず，多数当事者相続の場合でも，二当事者交渉の問題状況とさほど変わらない局面はよく出現します。理由は分かりませんが

（あるいは，人間の思考法がYes‐Noの二分法や多数決に慣れているからでしょうか……。ただ，以下の記述はだれもが想像つくところだとは思います），3名以上のプレイヤーがいても，交渉の当初あるいは途中からプレイヤーの間でグループができ，このグループ数も徐々に集約されていって，最終的には多数派と少数派か，もしくは頭数が一緒の2つのグループの間で遺産の分配を巡って大きな利害対立があって駆け引きが行われていくことが，むしろ通常の紛争形態であると思われます。そして，その間，あたかもトゥキュディデスの『歴史』（小西晴雄訳，上下巻，ちくま学芸文庫，2013年）で描かれているギリシャのポリス間の際限なき同盟，離反の繰返しや，『春秋左氏伝』（小倉芳彦訳，上中下巻，岩波文庫，1988年〜1989年）などに描かれている中国春秋戦国時代の諸国家の合従連衡のように，多数派工作や相手方グループの切崩しが頻繁に行われたりもします。ただ，それぞれのグループのメンバー（いずれも相続人）は，根本的に利害の一致ということで集まっており，どのメンバーにも合意しないという拒否権があるため，グループに対する忠誠心が高いとはいえません。したがって，メンバー間の結束度は必ずしも強くなく，グループ間でのメンバーの行き来や，グループ自体の解消も良く起こると考えた方が良いでしょう。だとすれば，相続人の「あるグループ」内の情報は相手方グループにいつ漏れるかわからないものであり，相続人には，この点に配慮した注意深い言動が必要となってきます。家事調停委員であった平栁一夫氏は，「グループ分けの落し穴」として，「当初のグループ分けが，調停の進行段階とともに変化して，別の様相を呈してくる……。いずれにせよ，グループ内での発言，態度の微妙な変化の兆しを見落としてはならない。そもそも，グループ内の一人一人の利害が同じと思うのが誤りなのであって，信念を持ってグループを形成した一枚岩ではない。損得，欲得ずくがある時点で彼等の間で近似値を示しているだけのことなのである……。離合集散は常に起こり得る状態にあると言って差し支えないし，裏切りもあると思われる」と調停段階の話を赤裸々に述べていますが，これは調停前の協議の段階でも当然，当てはまります（平栁21頁）。

　もっとも，上記のように，2つのグループに集約されることが多い一方で，

利害関係（多くの場合，感情的対立も伴います）が三つ巴，四つ巴と大いに錯綜したまま硬直化してしまい，簡単には二当事者交渉に還元できずに紛争が長らく推移してしまうケースも一定数存在している訳で，多数当事者特有の交渉が問題となるのは，主にこの後者の場合であるというべきかもしれません。

　しかし，最終的に全当事者の合意が必要不可欠とされる遺産分割協議にあっては，多数当事者の利害関係が三つ巴，四つ巴と錯綜している状態が長らく続き，あるとき，神の啓示を受けたかのように全当事者が一遍に合意に達すること——例えば，特定の相続人がそのような妙案を提示すること——はなかなかないと思われます。筆者も，代理人としてですが，そのような急転直下型といって良い解決案件に関わった経験はごく限られています。比較的最近経験した案件の中では，三つ巴で争っていた相続人である兄弟3名のうちの1人が急死して，その唯一の相続人である子供が，紛争にかかわるのを嫌って相続分を事実上放棄したために，残りの相続人2人の間でにわかに解決の機運が高まり，時を置かず，協議が成立した案件が，類似案件として思い当たるくらいです。

　こうした点を踏まえ，また，筆者らが関わった過去の相続紛争の解決に至る筋道等に照らしてみますと，多数当事者相続（遺産分割）交渉の要諦（肝心かなめのポイント）は，如何に当事者間の利害関係を整理して，共通のグループに分類していき，二当事者グループ対立構造（以下においては，単に「二当事者対立構造」といいます）に還元していくか，という点にあると考えます[*10]。そして，あわせて重視しなければならないことは，対立構造とはいっても，親族である相続人間の人間関係の破壊につながらないよう，できる限り「穏やかな」対立構造を目指すべきだということです。

　(4)では，筆者らが経験した具体的事例を一般化した「多数当事者の事例」を挙げ，ハーモニアス・ネゴシエーションの観点から分析していきます。いずれも，最終合意に先立ち，二当事者対立構造に還元するべく創意工夫がなされています。

(3) 相続人が極端に多い案件について

　ここで，相続人の数がかなり（若しくは非常に）多い案件について，一言触れておきたいと思います。

　遺産分割事例は，民法907条1項が「いつでも」協議できるとしているとおり，協議開始時期について時間的な制限がない（したがって，調停の申立てについても消滅時効にかかることはありません）ため，極端な場合，相続開始後長年経過し，相続人の死亡による新たな相続が繰り返され，共同相続人が数十人になってから協議が開始されたり，調停の申立てがなされる事案も少なからずあります。このような事例――別の観点からいえば，1人あたりの法定相続分（持分）がかなり少ない当事者が十数名とか数十名いる事例で，「超多数当事者」構造の事例とよべるでしょう――の場合，仮に調停の申立てがなされて，当事者全員に出頭を促しても，被相続人のことを全く知らない共同相続人がいるなど，人的関係が希薄なため，出頭しない者が多く，また，仮に当事者全員が出頭しても，数十名以上の当事者間で実のある協議を行うことは非常な困難を伴います。そこで，このように，超多数当事者構造の事例については，相続分の譲渡による当事者の整理が，まず，図られるべきと考えられています（田中寿生ほか「遺産分割事件の運営（上）」判タ1373号59頁参照。譲渡人は，譲渡証書及び印鑑証明書とともに，相続分譲渡及び脱退届を裁判所に提出して手続から脱退します）。

　この相続分の譲渡は，超多数当事者構造とまではいかない，3名とか5，6名程度の一般的な多数当事者構造の事例においても，大いに威力を発揮する場面があります。なぜなら，相続分の放棄は，放棄した相続人の法定相続分（例：相続人が兄弟姉妹4人だとすると，1人が放棄するとして，4分の1）が，残った相続人（各4分の1）に各自の持分に応じて分配される点（12分の1ずつ。その結果，残った3人の法定相続分は3分の1ずつとなります。なお，この点も相続分の譲渡とは異なります）はともかく，民法上明文の規定がなく（相続放棄（民938条以下）とは全く別なものです），相続分を放棄したからといって，相続人たる地位を全

面的に失うものではないのに対し，相続分の譲渡は，譲渡当事者は，原則として相続人の地位を失い，譲渡を受けた相続人が，譲渡をした相続人の法定相続分を獲得できるからです[*11]。これまで筆者らが扱ってきた案件の多くでもそうしてきましたが，以下の例においても，二当事者対立構造への還元の過程で，できる限り相続分の譲渡を使用するスキームをとっています。

(4) 多数当事者の事例検討

(ア) まず，シンプルな事例を取り上げてみます。予行演習的な感覚で考えてみてください。

> **事例0**
>
> 被相続人は母親（父親は既に故人），相続人がA，B，C3人の子供，法定相続分が3分の1ずつのケースを考えてみましょう。
>
> 遺産は時価6000万円～7500万円相当の土地・建物（以下「本件土地建物」といいます）と，現金1500万円だとします。
>
> Aは，母親の生前，その面倒をみるため，長年本件土地建物に母親と同居していましたが，他の2人の相続人と同様，本音では本件土地建物を必要としておらず，かつ，Aとしては，母親の面倒をみてきたのだから，それが寄与分と評価されるかどうかはともかく，自分が多めに貰って当然だと考えているとします。

● **検討事項**

> Aとしては，いかに動くべきか。

まず，遺産の範囲は早急に明らかにすべきです。母親と一緒に住んでいた土地・建物と現金1500万円ですね。本来は，ここで事前準備が必要とされますが，事前準備については**本章，第4，1**(1)で詳しく説明したところであり，また次にとりあげる，**事例1**でも詳しくみますので，その次のステップで

ある「交渉」についてみていきます。

　さて，遺産分割協議，すなわち交渉を始めるとして，Aとしてはどうすべきでしょうか。

　Aとしては，自らの要望をいう前に，B，Cに対し，各自の要望を聞くべきでしょう。歴史に残る卓越した交渉家であったタレーラン（1754年〜1838年。フランス人。首相，外相，外交官）は「沈黙の技術」を自身の成功の鍵の１つとしていましたが，「沈黙の技術」の一適用場面ともいえる，話す前に相手の話を聞くということは大変重要です。こちらが要求しようと思っていたことを，相手が話し，あるいは提案してくれることだってあるからです。

　①　B，Cが，現金1500万円を自分たち２人で全部貰えるのであれば，本件土地建物はAが貰えばよい，といってくれれば，Aとしては，自分が現金を一部貰うことにこだわらずに，一気に遺産分割協議成立としてしまった方が良いでしょう(＊12)。確かに，現金を貰えないのは残念ですが，何といっても，主要遺産である本件土地建物を独占的に相続できれば，適当な時期に売却して現金化し（地価の下落がない限り6000万円から7500万円が見込まれます），独り占めできるからです。また時間をかけると，人はかかった時間，労力に見合う結果（成果）を求めがちになり，互いに譲れなくなってしまいます。そんな生産性のない「時」を作らないよう，短期間で決着をつけることこそ，相手の譲歩を引き出す最大の秘訣といえます。

　②　では，B，Cが本件土地建物も売って現金化して，従来の現金1500万円と併せたキャッシュを均等（３分の１ずつ）に分けてくれればよいといってきたときはどうでしょうか？

　Aとしては，自らの主張の正当化根拠を押し出していく必要があります。ですから，法的な意味での「寄与分」の主張というかどうかはともかく，母親の面倒をずっとみてきたのは自分であり，B，Cはその点を考慮して，Aが多めに遺産を得ることを了承してほしいと説得すべきでしょう。この説得は，論理的説得兼感情的説得にあたるでしょうが，ハーモニアス・ネゴシエーションにおいては，感情的説得の側面が，通常の取引における交渉の場合

と比べ，格段に重みをもっています（**本章，第1，2参照**）。また，Aとしては実際は必ずしも本件土地建物の所持にこだわる必要はない訳ですが，その点は秘して，自分は是非とも本件土地建物にこれまでと同様，住み続けたいので，売却による現金化には断固反対する，と主張するのが効果的かもしれません。もちろん，この主張をしてみたところで，Aが本件土地建物を相続する形での協議が成立するためには代償金の支払が必要となる場合が多いでしょうが，その額を大きく下げる確率が高まります。無論，Aとしては，代償金を考慮するにあたっての時価評価額は下限の6000万円を主張し，かつ，従前同様，「寄与分」的な自身の貢献の金銭的評価について強く主張すべきことになるでしょう。

③　B，Cが，まずはAとしては，どう考えているか，と聞き返してきた場合は，どうでしょうか？　詳しくは，次に取り上げる **事例1** の中で説明しますが，基本的には，自分の最大限の希望内容（例えば，本件土地建物＋現金の3分の1（500万円））をストレートにいうべきでしょう。その正当化根拠もきちんと説明すべきです。ただ，この場合，①のように，法定相続分と比較した場合に，B，Cの取り分がかなり少なくなるような内容の主張（上記カッコ内の希望内容例が正にそうです）が，果たして適切で良い結果をもたらすものといえるかどうかについては，B，Cの性格をはじめとする各種「属性」を分析し，前もって慎重に考察しておくことが必要です。なぜなら，まず，相手（B，C）の立場に立って問題の全体像を理解する俯瞰的思考は交渉上不可欠ですし，無茶ともいえる主張は，相手方（B，C）の態度硬化をもたらし，かえって，B，Cの法定相続分の獲得に対するこだわりを引き出してしまうかもしれないからです。その点のリスク・ヘッジが十分かどうか，しっかり考えた上で主張すべきです。忘れてはなりません。法定相続分は，法的に認められている権利なのです……。

本件では，協議交渉はさらに続くことになりますが，予行演習はこの辺で終わりにして，本格的な事例の検討に入りましょう。

(イ)

事例1

　兄弟姉妹間の利害の対立が全面的に出てくるケースです。

　母死亡（父は先に死亡）：二次相続の段階での遺産分割協議です。

　兄弟姉妹3人以上（例えば4人。A，B，C，D：法定相続分同一：4分の1）で実家【土地】を分けるとします。

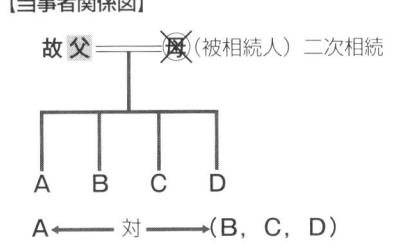

【当事者関係図】

故父━━━━㊟（被相続人）二次相続
　┃
┌──┬──┬──┐
A　B　C　D

A ←━━対━━→ (B，C，D)

　長男Aとその家族は，亡くなった母と同居。長男の妻が母の面倒をみてきた。

　自宅の土地L：母名義（元は故父名義。相続で母名義に）。建物H：長男名義（長男が，故父の死亡後，自宅（建物H）を建て替えている）。

　母の遺産：

　　自宅の土地（時価4400万円）

　　銀行預金1600万円⇒分割債権　400：400：400：400

　　　（←問題が生じるポイントの1つは，主たる遺産が1か所の土地（L。他人（長男）名義の建物（H）が建っている）であることです。Hが乗っかっているLにつき，それぞれ価値ある形状での分割が可能か，という問題も出てきます）

前提事情＆前提条件を以下のとおりとしておきます。

・　プレイヤー間で自宅土地の評価額に差はない（このケースでは評価額は固定していることにします）。

・　建物を壊さずに，土地の分割は困難。

・　同居していた長男が，他の兄弟姉妹に法定相続分を現金で渡す余裕はない。

・　しかし，共有名義の相続は避けるべき：問題の先送りであり，相続人を被相続人とする二次相続以下の相続が続き，共有者数が増えて，権利

関係が複雑化するため。
- 長男は自宅土地建物の売却は避けたい。
- 他のプレイヤーは，長男が何の相談もなく母の土地に自宅（H）を建てたことに不信感をもっている。
- 他のプレイヤーは，母だからこそ，故父が亡くなった時に自宅土地を母が単独で相続することに異議を唱えなかった。

● **検討事項**

　　長男Aとしては，いかに動くべきか

以下のような交渉の仕方が考えられます。
(a) 事前準備
【ポイント】
以下，ポイントでは，相続人をすべてプレイヤーとよびます。
① 遺産内容の確認＋価値に幅がある個別遺産における幅の確認
② 他のプレイヤーとの感情的対立の有無，深刻度，修復可能性の確認
③ 自分の要求内容及び正当化根拠の確認──当初の要求内容（上限），応諾可能内容（下限）
　　＋要求内容が複数の財産にわたる場合の各財産間の優先順位の設定
④ ③を前提とした場合の，他のプレイヤーの分配内容の確認
⑤ 他のプレイヤーのタイプ──「強硬型か協調型か」，「論理的説得に弱いプレイヤーか，情緒的説得に弱いプレイヤーか，功利的説得に弱いプレイヤーか，いずれも当てはまらないプレイヤーか」等の予想
⑥ 他のプレイヤーの要求の事前予想（要求内容が複数の財産にわたる場合の財産間の優先順位の予想を含む）

当事者の数が多い場合ほど，事前準備の重要性は高まってきます。事前準備の充実が交渉の成否を事実上決するというのは，交渉学者のだれもが指摘するところです。例えば，ビジネス交渉論の傑作である，デービッド・A・

ラックス＝ジェームズ・K・セベニウスの『最新ハーバード流3Dネゴシエーション』（阪急コミュニケーションズ，2007年）は，これを「正しい交渉の『セットアップ』」とよび，「3Dネゴシエーターは，交渉開始前の時点ですでに主導権を手にする」と豪語していますし，心理学に軸足をおいたユニークでしかも高い説得性をもった交渉論の書籍であるスチュアート・ダイアモンドの『ウォートン流 人生のすべてにおいてもっとトクをする新しい交渉術』（櫻井祐子訳，集英社，2012年）は，「準備しない人は，インディ500に出場するアマチュア・カーレーサーのようなもので，衝突事故に遭う可能性が高い」と指摘しています[*13]。遺産分割交渉は，ビジネス交渉における「経済的合理性」のような究極の基準はありませんが，事前準備の重要性という点は，遺産分割交渉においても基本的に同一に考えて良いです。さあ，これから正しい交渉の「セットアップ」の仕方をみていきましょう。

著名な交渉学者であるH. Raiffaハーバード・ビジネススクール教授は，一般的な交渉のポイントについて説いていますが[*14]，その内容を相続交渉に焦点を絞って整理すると，次のようにいえると思います。

① **汝自身を知れ**　自分が何を求めて交渉するかを分析しておくこと（弁護士としては，依頼人の「真の要求」を把握するよう努めること）。遺産分割の協議（交渉）が失敗して合意できなかったらどうなるかを分析しておく——合意の最低受忍水準，すなわち協議による合意よりも裁判（調停，さらには審判）に行った方が有利となる抵抗点（限界点。reservation price, resistance point）の把握。

② **汝の敵を知れ**　交渉が決裂した場合に相手（他の相続人）にはどのような手段が残されているか。裁判となったらどのような結果になると相手は見積もっているか……つまり，相手方の交渉の最低受忍水準を見積もるよう努力する。相手方の強みと弱点を検討する。相手方が何を本当に望んでいるのかを見極めるよう努める。こうした相手方の交渉者としての特徴の把握や交渉力の査定は，交渉準備のみならず，交渉の最中にも追求する必要がある。

③　事前にシミュレーションを行う。
④　どれほどの内容の合意を目標とするかを考え，最大希求水準（満足レベル）を設定する。

そして，①～④のいずれについても，交渉前の準備としてだけではなく，交渉の全過程を通じて継続する必要があるとされます。

この内容を踏まえつつ，以下，本件事例をみていきたいと思います。

（i）　法定相続分の確認　　法定相続分に従えば，1人あたり6000万円（4400＋1600）÷4＝1500万円です。母親名義の銀行預金は，土地の処理と併せて遺産分割で処理することを相続人間で予め確認します。ハーモニアス・ネゴシエーションにあっては，法定相続分がどうなるか，交渉時の要求内容が法定相続分とどの程度乖離したものとなっているかについて，しっかりと把握しておくことが大切です。

（ii）　感情的対立の有無，深刻度等の確認　　他の相続人（プレイヤー）との感情的対立が既に存在し，それが深刻な場合は交渉すること自体が困難なことがあります。当事者間で感情的対立が基本的に存在しないか，あるいは存在してもそれほど深刻でないかをきちんと押さえておくことが肝心です。

（iii）　自分の要求の確認（←汝自身を知れ＋最大希求水準の設定）　　忘れてはならないのは，自らの要求内容（「交渉の目的」の中心をなします。なお，「交渉の目的」については，**本章，第5，2(2)(イ)参照**）を事前にきちんと決めておくことです。当初の要求内容と，任意の交渉段階において最終的に譲れないと考える要求内容が，それです。

前者は交渉の出発点となる要求内容であり，他の当事者（相続人）からは，Aの最大限の要求内容，すなわちZOPA（合意可能領域）の上限付近と捉えられると理解した上で，提示する必要があります[*15]。

後者については，まずはここまでしか譲れないという「内容（数字等）」を自ら考え，自ら決めておくことが必要です。もちろん，各要求内容と法定相続分との乖離の程度はしっかり把握します。その上で，Aは自らの要求内容の正当化根拠についても，きちんと検証していきます。

なお，念のため確認しておきますと，裁判に移行した場合に，「最終的に譲れない要求内容」以上の遺産の獲得が必ず保証される，という性質のものでは必ずしもありません。また，相続交渉の進捗度に応じて，「最終的に譲れない要求内容」も含め，自分の要求内容は，柔軟に変更していくべき性質のものと考えておくことが適切です。

遺産が複数の財産である場合，個々の財産に対する要求内容とその優先順位も設定しましょう。例えば，本件では，Aにとっては自宅の土地は優先順位が高く，銀行預金は劣後します。つまり，銀行預金が交換材料——トレード・オフの対象——として機能してきます。

(iv) 他のプレイヤー（複数います）の要求の事前予想（←汝の敵を知れ＋シミュレーション）　一般に交渉においては，相手方交渉者の性格，資質，人柄，他のプレイヤー間の相互関係，信頼できるか等をできるだけ早く見極めることが必要とされますが，遺産分割においても，当事者にこれらの点に関する事前情報，あるいは偏頗情報(へんぱ)（一方的に，そうだと思っている情報。相続の場合，兄弟姉妹などは幼少期の記憶等により偏った，ある意味汚染された情報にひきずられてしまうことがあります）がかなりあるという特殊事情が認められるものの，基本的に一緒です。

通常，相続人は他の相続人の性格，おかれている状況等をある程度知っています(*16)。そこで，まず，各プレイヤーのタイプ，要求内容を一定の幅（当初要求内容と最終的要求内容）をもって予想することが適切です。先に（**本章，第4，1**），二当事者交渉の場合について，プレイヤーである相続人のタイプを強硬型と協調型，リスク選好型とリスク回避型などと分けましたが，多数当事者交渉についても，この分類は当然有効です。ただ，余り厳密に予想しても仕方がないので，とりあえず試みるといった軽い乗りで予想・分類すれば良いでしょう（識者は，交渉前の準備に関して準備の方法論がわかっていないのに「とりあえず」という言葉（指示）が出てきたときは要注意であるとされますが（田村＆隅田23頁），ここでは，文字どおり「とりあえず試みる」で構いません）。

タイプについては，

①　強気の要求をしてきそうなプレイヤー（強硬型）
　②　さほど遺産の分配にこだわらないと思われるプレイヤー（ある種の協調型）．
　③　全く読めないプレイヤー
さらには，①～③とはまた別になりますが，
　④　論理的説得に弱いプレイヤー
　⑤　情緒的説得に弱いプレイヤー
　⑥　功利的説得に弱いプレイヤー
　⑦　その他のプレイヤー
といった具合に3ないし4グループに分類した上で考察するのが使いやすいですし，要求内容の幅については，
　(α)　法定相続分を超えた要求をしてきそうか
　(β)　法定相続分の要求をしてきそうか
　(γ)　法定相続分を下回る分配で構わないという要求ですみそうか
　(δ)　全く不明か
といった具合に分けて考察するのが使いやすいでしょう。
　①-(α)，②-(γ)は同一人物の性格として比較的結びつきやすい組合せと思われます。
　なお，遺産分割の調停案件を扱っていると，特に多数当事者の案件は，調停事件の当事者になってはいるものの，程度の差こそあれ，法定相続分の獲得にさしてこだわっていない相続人が意外に多いことに気づきます。本書の読者の皆さんは，あるいは違うかもしれませんが，相続人の中には，②-(γ)のタイプのプレイヤーがいてもおかしくないということは，覚えておいて損はありません。否，というよりも，交渉に際してまさに有効に使うべき最重要の「情報」でしょう。ハーモニアス・ネゴシエーションは，この，相続人（プレイヤー）個人に係わる「情報」，いわゆる属性の積極的活用を特に重視します（**本章，第4．1**(6)を再確認してください）。また，②のタイプのプレイヤーは，さらに，②(ア)「相続分がなくても一向に構わない（ただ，もらえるならもらっても

良い）」というプレイヤーと，②(イ)「ちゃんともらいたいが，自分の公平感が許せる限り，相続分に多少の差があっても問題にしない」というプレイヤーに分けられ，②のタイプに属する相続人がそのうちどちらであるかについては，相続交渉での話合い等を踏まえて正確に見極めていく必要があります。②(ア)のプレイヤーの方がより大幅な譲歩を受け入れる可能性が高いからです。

　遺産分割協議の交渉としての特徴について，**本章**，**第2**で，取引行為と違って対価性がないこと，したがって，出費がないこと，プレイヤーである相続人は自ら積極的に交渉機会を創設したものでないこと等を指摘しています。民法で法定相続分が定められていながら，相続人間の任意の協議が優先され，かつ，現実の遺産分割にあってプレイヤーの中に，②(ア)や②(イ)のような者が出てくることが意外に多いというのは，〔その１〕遺産（債務超過でないとします）が出費なくして獲得できる財産であり，プレイヤーが以前から保有していた個人の財産にマイナスをもたらすものではないこと（対価性を伴えば，当然，出費による個人の従前財産のマイナスをもたらします），したがって，プレイヤーとしては出費を伴う場合と比べ，執着度が低くてもおかしくないこと（ただ，逆に執着度が高まるプレイヤーもいます。「ただなら遠慮はいらない」とか「平等にこだわる」というタイプの人です），〔その２〕プレイヤーが自ら価値創出した財産でないため，自身による価値創出にこだわるプレイヤーは，えてして遺産を受け取るのに消極的であること，などがその理由として考えられます。非常に大切なことは，こうした協調型のプレイヤーも，協議（交渉）の進捗状況次第では，態度を一変し強硬型のプレイヤーに変貌してしまう，つまり流動性があるということです。例えば，自分を外した他のプレイヤー間での遺産分割交渉が煮詰まり，話がまとまるのを待っていたが，他のプレイヤーが互いに全く譲らず何ら進展しないことに業を煮やし，それなら自分も堂々と法定相続分を主張し一歩も引かないぞと宣言して態度を一変させる相続人が出てくることは，決して稀ではありません。また，相手が協調型のプレイヤーであることをいいことに，自分に極端に有利な新たな要求を提案したところ，相手が一気に気分を害してしまい，態度を一変させてしまったといっ

た失敗談も良く聞きます（いわゆる「堪忍袋の緒が切れてしまった」，"Last Straw"最後の藁（わら）です。草野18頁）。

そして，そのように態度を一変させた相続人に対し，一貫性がないと非難することは，必ずしも的を射たものとはいえないでしょう。

また，要求の事前予想といっても，企業間の契約交渉やM&A交渉におけるシミュレーション，民事訴訟における和解等の事前準備の場合などとは異なり，そこそこ厳密にあてようと予想しても，相続には取引行為のような対価性がないため，①～③に分類される各プレイヤーの抵抗点等を想定しにくく，その効果（それは，合意可能領域（ZOPA）の想定をできる限り正確にして，かつ，適切な対応策を事前に考えておくことにあります）は薄く，また，その意義も通常はそれほど大きくはないと考えておいた方が良いでしょう。したがって，(ii)の「自分の要求の確認」に際しては，あまりここの「他のプレイヤーの要求の事前予想」に捉われなくても良いと考えます。十分な情報を得ないまま合意可能領域（ZOPA）を想定することが無駄骨に等しいことは，皆さん，容易に理解できるところかと思います。結局，先にも述べましたが，とりあえず備えておくといった程度の位置付けにとどめておくべきで，少なくとも当初の段階においては，この作業に過度に熱中する必要はなく，交渉を続ける中で情報が増え出し，交渉の分岐点と思われるたびごとに，より精度の高い予想を行っていくことが肝要です。

(b) 協議（交渉の場）その1

【ポイント】　交渉開始以後の話──「リーダーは，どう行動すべきか（その1）」
　① 他のプレイヤーの要求内容（希望）の早期把握
　② 他のプレイヤーの要求の根拠を聞く等して，その正当性及び執着度を測定する
　③ 他のプレイヤーの執着度を，トータルとしての客観的な額にこだわっているか，特定の遺産についてこだわっているかの観点から分類する（要求内容が複数の財産にわたる場合の優先順位の予想を含む）
　④ 自分の要求内容及びその根拠の提示

まずは，相手方（B，C，D）の希望を聞きます。なお，希望と併せて，その理由もできる限り説明してもらうよう心がけましょう。他のプレイヤーが遺産分割についてどのように考えているか（これを「目的」ということもできます。「交渉の目的」については，**本章，第5，2 (2) (イ)**を参照してください），その理由にどの位説得性があるかを知ることで，その後の交渉は非常に有利になります[*17]。あとから提案できれば，「自己の希望する内容」が，他のプレイヤーの各提案との間の「中間的な解決」となるように，自分の最初の提案の数字を操作する機会を得られるため，有利といえば有利です（太田203頁）。また，相手方の説明内容，さらには交わされる会話内容によって個々の財産に対する要求内容の優先順位──後述する「執着度」です──も，それが明確か何となくかはともかく，分かってきます。例えば，後に取り上げる同族会社に係わる相続の事例（ 事例5 ）では，土地や建物，現金，預貯金のほか，同族会社の株式が遺産に含まれますが，通常，同族会社の事業承継者である相続人は，同族会社の株式や同族会社の使用する土地建物の取得に優先順位をおくのに対して，他の相続人は，これらに必ずしも高い優先順位をおきません。

　希望を，さらにはその理由もいってもらえば，それぞれの内容を踏まえた上での自分の「希望」（最大限の主張）も出せます。他のプレイヤーの希望（＋場合により理由）も聞いているため，これを聞いていない場合と比較して，一般的に，自分が出す「希望」内容は他のプレイヤーの希望内容に対する配慮もできており，より合意可能領域をしぼった（あるいはヒットした）希望（要求）内容になっている可能性が高いといえます。

　ちなみに，あくまで1つのやり方ですが，相続人（プレイヤー）が3人以上いるとき──例えば，A，B，C，Dの4人だとしましょう──，それぞれの希望内容と説明を踏まえてAが新たに提案する場合には，Aとしては他のプレイヤー1人（BならB）と相続財産全部を2人で分けるとして，そのプレイヤーの希望内容と理由（さらには，その敵対度等）を踏まえた際に，1対1の分け方が妥当と思うか，あるいは3対2が妥当と思うか，はたまた2対1が妥当と思うか，自ら色々なパターンを問いかけて感覚的にピン・ポイントと

思う対比率（例：4対3）を引き出し，同じことをCとの間，Dとの間でそれぞれ行っていけば，概ね全体の分配案（配分率）のイメージができ上がってきます（このような考え方は，ゲーム理論の中の「協力ゲーム」でみられますが，説明は省きます）。

　また，プレイヤー間で共通の問題に取り組むこととなり，交渉の成立に向けて事態が一歩進められることになります。ちなみに，W.ユーリーは，「どんな相手にも『ノー』と言わせないための5つのステップ」として，①相手の態度にまともに反応しない，②相手を冷静にさせる，④相手に交渉成功と思わせる，と並んで，③相手と共通の問題に取り組む，⑤「相互協力が最善の策」と理解させる，を挙げていますが（ユーリー32頁以下），他の当事者の希望内容に対する配慮をした上での提案は，この③，⑤にあたり，④にもつながるといえそうです。

　例えば，既に指摘したところですが，遺産はいらない，あるいは少ししかいらないというプレイヤーも出てくる可能性があります（前記(a)(iii)における箇条書き(γ)のプレイヤー）。その場合は，そういう，遺産の分配に対して謙虚というか消極的なプレイヤーがいることを前提に自らの「希望」を出すと良いといえます。この場合が，全く譲歩を示さないプレイヤーしか登場しない場合に比べて，自らが提示する「最大限の主張」も，より量的に大きな内容にしやすいということは，十分理解できるところでしょう。

　また，希望とその理由を聞くことで，各プレイヤーの遺産に対する「執着度」も図ることができます。特に希望する理由の説明をきちんとしてもらえば，その執着度はより把握しやすいものとなります。さらに，その希望内容が，法的，論理的，倫理的に説得性が高いものであるかどうかも，併せて理解できるでしょう。それが，法的，論理的，倫理的な意味での説得性が低ければ，その旨を指摘して（いわゆる論理的説得になります），要求を修正させることも可能な場合が出てきますし，他方，法的，論理的，倫理的な意味での説得性が高ければ，後から出す自らの第一次提案に，その内容を十分に反映させる必要が出てくるかもしれません。このように一種の俯瞰的思考を重んじ

ることは，「ハーモニアス・ネゴシエーション」の軸の1つです。

　さて，執着度は，2つの観点から分析することが，交渉の上で役に立つと考えます。①トータルとしての客観的な額にこだわっているか否かという点と，②特定の遺産についてこだわっているか否か――つまり特定の遺産の優先順位が高いかどうか――という点がそれです。①についてこだわっていなければ，そのプレイヤーは，かなり譲歩を求めることが可能な，あるいは先行合意（遺産分割の協議（交渉）の中途の段階で，特定の相続人間（全相続人ではない）でなされる遺産の処分に係わる合意）をすることが可能なプレイヤーということになります。①についてこだわっており，②についてもこだわっていれば，手強い(てごわ)プレイヤーになる可能性があります。②についてのみこだわっている場合は，対象となる特定の遺産が，たまたま自分の「希望」する遺産でもある場合は，プレイヤー間の利害が正面衝突する，すなわち交換（トレード・オフ）ができない困難な事態が生じ得，そうでない場合は，交換（トレード・オフ）ができ，比較的困難ではないということになります。なお，言うまでもないことですが，自分自身の執着度も，この2つの観点からきちんと把握しておきましょう。

　事例1 に即して考えると，やはり，長男以外のプレイヤーに実家の土地に執着するプレイヤーがいるかどうか，実家の建物を要求しない代わりの相続分が対価的均衡を有していること，すなわち見合った代償金にこだわるプレイヤーがいるかどうかが，最大のポイントとなります。

　(c) 協議（交渉の場）その2

【ポイント】「リーダーは，どう行動すべきか（その2）」

　他のプレイヤーが希望をいわない場合

　① 自分の要求内容及び根拠の積極的提示

　② ①を前提とした場合の，他のプレイヤーの分配内容の提示・議論の出発点を作る

　すべての場合につき，

　③ 他のプレイヤーのタイプの決定・分類（not確定的）　　「強硬型か協調

型か」、「論理的説得に弱いプレイヤーか、情緒的説得に弱いプレイヤーか、功利的説得に弱いプレイヤーか、いずれにも当てはまらないプレイヤーか」、「早期解決を求めているプレイヤーか、時間にこだわっていないプレイヤーか」、「リーダーは、どう行動すべきか」など

④ 協調型プレイヤーの取込み（自分のグループへの組入れ）＋対立するグループの数を減らす

⑤ 強硬型のプレイヤーに対しては、その主張を特に丁寧に聞くようにし、意見交換を始めとするコミュニケーションの充実を一層図る……手強い相手ほど、大切にせよ。コミュニケーションもより密に。

⑥ 共同して問題を解決する姿勢で交渉に取り組む

⑦ 交渉が行き詰った時は、一旦、交渉を中断し、第三者の立場で客観的に交渉全体を俯瞰し、他のプレイヤーに考える時間を与えるとともに、自らも新たな戦略を練る

⑧ 他のプレイヤーに対して提示する案は公平をモットーとし、同一価値、同時提示の原則を守り、差をつけない

⑨ 最後まで残る他のプレイヤーとの交渉にあっては、安易に譲歩せず、自身の案の論理的、感情的説得性を強調し、かつ、共同して問題を解決する姿勢をもって取り組む。時間をかけることを惜しまない

⑩ 最後の最後の局面でぎりぎりの譲歩案として、修正案を示し、あとは、交渉打切り → 調停への移行をBATNAと位置付けて明言し、相手方プレイヤーの回答をじっくり待つ

　本書では別途検討するところですが（**第5章**等参照）、相手方（ないしその一部）が希望をいわない場合について考えてみたいと思います。

　この場合、自分の希望と理由（実情等の説明）、さらに自分の希望に応じた場合の他のプレイヤーに対する分配案を先にいった方が良いでしょうか。

　もちろん、唯一絶対の正解などというものはなく、ケース・バイ・ケースというのが正しいのですが、敢えて答えをいってしまうと、原則としてYesであると考えます。端的にいえば議論をリードするためと、提案内容がもつ

アンカリング効果（**本章**，**第**1，3⑿参照）のためですが……。W.ユーリーが「どんな相手にも『ノー』と言わせないための5つのステップ」の1つとして挙げる，「相手と共通の問題に取り組んでいる」（ユーリー34頁）という点からも，効果的といえましょう。ただ，相手方全員が先に希望をいった場合と比べて，相手方の，希望をいわなかった時の態度等によっては，「希望」の最大限の内容＝当初提示する要求内容を控え目にした方が良い場合もあります。

　また，仮に，相手方が他のプレイヤーに対する分配案までは言及しなくても，その点に関するあなた自身の考えを明らかにするよう求められる可能性もありますし，そうでなくても，先行して，「例えば」，という感じ，すなわち，あくまで例示というポジションで自分の考えを事実上いってしまった方が良い場合もかなりあると思われます。その後，スタートする説得の基点も決まるという点でも，無視できない効果があります。

　このように，自分の要求内容と，それを踏まえた上での他のプレイヤーの分配内容を先行して明らかにすると，その内容が議論の出発点となり，アンカリング効果をもたらす――すなわち端的にいえば，他のプレイヤーがその内容に引きずられて考えてしまう――といえます。特に独自の考えや意向をもたないプレイヤーは，その案に乗る又は議論の出発点とすることに抵抗感をもたない場合も結構あるため，合意形成・成立に一気に近づくことがあります。もっとも過度なアンカリング効果を期待すること――無茶といって良いほど，自分に有利な案の提示がその典型です――は危険な場合もあり（ただ，過度な提案にもアンカリング効果があることは，良く知られているところです），何とも感触めいた話で恐縮ですが，自分の「抵抗点」（受入れ可能な最低ライン）から大きくは離れていない数字をぶつけてしまう方が良いこともあります。

　事例1でみていきましょう。

　〔自分の希望例＋他のプレイヤーに対する分配案〕土地建物が欲しい。法定相続分は現金で渡す余裕はないから，遺産の銀行預金1600万円＋α（例500万円）÷3＝700万円ずつ配分する。

> Total　6000万円
> 分配　A：3900万円，B：700万円，C：700万円，
> 　　　D：700万円
> 　　　←法定相続分とは乖離がある提案です。

　遺産相続の場合，プレイヤーの執着度にはまま差があります。そこで，一番うるさいというか手強い主張をするプレイヤー（例：D：L＋Hも売り，法定相続分どおり，1500万円ずつ均等に分けたいと主張）を他のプレイヤーと区別することが，交渉していく上でまずもって有益です。他方，法定相続分にこだわらないプレイヤー（例：B）を取り込むことが交渉を一歩前進させる手段であることも，いうまでもありません。いわゆるグループを作るということにあたります。

　Bを取り込む手法は，他の相続人との合意を待たずにできること，すなわち，Bの相続分（4分の1）を700万円で譲り受けること——相続分の譲渡——が最も適切でスマートだといえるでしょう。

　なお，Bに対する700万円の提案と同一内容の提案は，他の相続人（C，D）に対しても同時に行うのが，原則としてより適切でしょう。

　Bに説明する際は，相続分の譲渡・譲受けは，Bの親族間の紛争を回避したい，早期に終わらせたいという気持ちを汲む結果行っているということであって，決して「利用」する訳ではないと考えて真剣な気持ちで説得に臨む必要があります。これは，相手と「共通の問題に取り組む姿勢」，「共同して問題を解決する姿勢」に徹するということでもあります。この点，きわめて肝心なことだと捉えてください。特に，Bが，持分譲渡の提案に対して警戒感を抱いたり，乗り気でない場合は，敢えて持分譲渡の策を強行しようとすると，Bの離反を招来する可能性があります。ですので，その場合は「急いては事をし損じる」と考え，無理せず一呼吸おいて，Bとの間では，当事者間の事実上の約束か，せいぜい簡単な覚書程度の書面による合意で済ますことも良しとしたり，あるいは，時間をおいてから再度，Bに対して持分譲渡

を提案することが大切です。W.ユーリーは，交渉が行き詰った時は「バルコニーから見る」といって，第三者の立場で客観的に交渉全体を俯瞰すると事態が打開されることがあると述べています（ユーリー71頁，**本章**，**第1**，**3** (16) 参照）。持分譲渡が思いのとおりに叶わない時は，まさに，一呼吸おいて，交渉の進捗状況全体を落ち着いて俯瞰し，じっくりと待つ，あるいはストラテジーを練り直す良い機会であると肯定的に捉えて，心を真っ白にして改めて取り組むと良いと思います。遺産分割協議も，他の交渉と同様，コーヒーブレイクが時として閉そく状況を打破してくれるという思わぬ効果を発揮します。

　以下においては，持分譲渡が合意されたとします。

　持分譲渡の結果は，**図表２－４－７**のようになります。

　Aが次にすべきこととしては，最も強硬なプレイヤーであるDがCを取り込まないように，Cの説得に注力することが考えられます。いわゆる多数派工作ないし相手方グループの分断・結成阻止です。ただし，Dを無視してCのみの説得を先行するのが適当か否かは別問題であり，Aとしては，Dの反発や猜疑心を招かないよう，Cに提示した案は，原則としてDにも同時に提示した方が良いと考えておくべきでしょう。つまり，案の提示に関しては，内容，時期とも区別しないということです。また，Dが敵対的かつ強硬であればあるほど，Dとのコミュニケーション，とりわけDの言い分に耳を傾けることが，Dの譲歩を引き出す上で大切でしょう。手強い相手ほど，差別しないだけにとどまらず，大切にし，積極的にコミュニケートする必要がある

■図表２－４－７

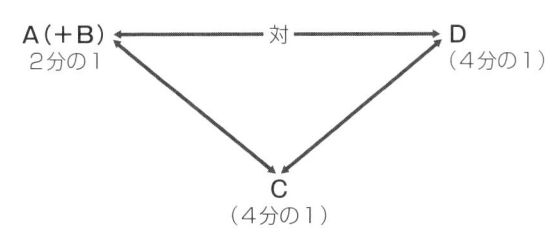

```
    A(+B) ←――― 対 ―――→ D
    2分の1              (4分の1)
         ↘           ↙
            C
         (4分の1)
```

のです。ちなみに，スチュアート・ダイアモンドは，前掲『ウォートン流人生のすべてにおいてもっとトクをする新しい交渉術』95頁で，効果的なコミュニケーションのとり方として，①コミュニケーションを欠かさない，②耳を傾け，質問する，③相手を責めずに，尊重する，④頻繁に要約する，⑤役割交換をする（相手の立場に身を置いて考える），⑥冷静を保つ，⑦目標をくり返し確認する，⑧関係を損なわない程度に，断固とした態度をとる，⑨小さなシグナルを見逃さない，⑩相手が確約（コミットメント）を行う方法を調べる，⑪決定する前に相談する，⑫自分の力でコントロールできることに集中する，⑬だれが正しいかという議論は避けるの13項目を挙げていますが，その多くは遺産分割交渉においても非常に有効かつ大切であるといえます。

　Cに対するその持分（4分の1）の買取りの提案……（700万円＋a，例：850万円）。この数字はAにとってギリギリ出せる数字であることについて客観的な説得性が認められるよう，きちんと理由を用意します。せいぜい積み上げてもあと50万円で900万円。

　850万円ないし900万円という数字を示されても，Cはあくまで1500万円にこだわるでしょうか……。銀行預金の3分の1は500万円。それよりはかなり加算された数字であり，Cが説得に応じる確率は十分あると考えて良いでしょう。Cにとって，Aの説得に応じず，調停，審判に移行するメリットは決して高くないと思われます。これは，Cにとって，Aの新たな提案により調停への移行がBATNA[*18]たり得なくなってくるということを意味します。

　Cの持分買取りの結果は，**図表２－４－８**のようになります。

■図表２－４－８

(A(＋B＋C))　←──── 対 ────→　D
　　4分の3　　　　　　　　　　　　　4分の1

では，残るDについて，その1500万円の要求からどうやって引き下げてもらうことができるでしょうか？
　A→B，C，D2100（1500＋600）のうち，1600（700（B）＋900（C））は理論的には支払済み（実際は立替えとなります）です。したがって，Dに対しても，出せるのはCに対するのと同額の900万円との主張を貫くべきでしょうか。ここは厳しい駆け引きの場面ですが，このように900万円のラインで粘るとしても，最終的には，Aは何らかの方法で金策し，1000万円＋αは提示することが必要となる場合が多いと思われます。本件は，Dの法定相続分は1500万円ですが，筆者の経験によれば，Dとの間でコミュニケーションが成立している限り，提示額が1200万円前後（8割前後）に達すれば，Dも同意する可能性が高いと思います。当初提示額の700万円から加算された額は約500万円となり，トータルの数字自体も倍額に近づきます。ここで，交渉のプレイヤーが行う譲歩のパターンには貴重な情報が隠されている，ということについて一言触れておきましょう。言うまでもなく，譲歩は交渉の中心的役割を果たし，実際問題として譲歩無しには交渉というものは成立しません。そして，交渉の過程で示される譲歩の幅がだんだんと小さくなった場合，そのことが伝えるメッセージは，譲歩した側の立場が固くなってきており，譲歩余地が次第になくなってきて「抵抗点」が近づいているということです。立場を変えてみれば，譲歩する側としても，相手方（譲歩を受ける側）に以上のように理解されることを踏まえつつ譲歩案を提示していくべきであるといえます。ただし，これは一般的な解釈であって，交渉が進んだ段階で出てきた譲歩はそれ以上動く余地がないことを示唆する場合もあるとされています（レビスキー＆バリー＆サンダース116頁以下）。
　なお，先にも述べたとおり，DがCを取り込む――グループ形成です――と（図表2－4－9参照）交渉は難航します。CとDがタッグを組んで分配額の上乗せを求めてくるので，Aとしてはそのような事態が生じないよう，C，Dそれぞれの反応にしっかりと注意を払っておくべきです。
　万が一，CとDがタッグを組んでしまった場合も，Aとしては，CとDを

■図表２－４－９

```
      (A＋B)◄────── 対 ──────►(C＋D)
```

一体として扱わないようにします。あくまで，個別の交渉の相手方としてそれぞれと交渉する姿勢を堅持すべきでしょう。いわゆる敵対する相手方グループの分断にあたります。なお，結果として，C，Dのうち，どちらかが提案に応じる場合は，残された者も応じる可能性がかなり高いといえます。孤立化を避けるのは，文明人たる人間の本来的・本能的行動の１つといえ，交渉に際しても無視できない人間の行動特性ではないでしょうか。心理学者であるロバート・B・チャルディーニは，名著『影響力の武器――なぜ，人は動かされるか〔第３版〕』（誠心書房，2014年。なお，同一内容ですが，別の翻訳書として『影響力の正体』（SBクリエイティブ，2013年）も出版されています）において，「社会的証明」（他人の行動を指針とすること）を影響力の原理の１つとして取り上げています。上記の孤立化を避ける行動は，「社会的証明」といった大げさなものではないかもしれませんが，「他人の行動に左右された」行動であることは明らかです。また，個別独立に交渉は行うものの，提示する数字としては両者で差別をしない方が，多くの場合，うまくいくと思われます。

　最後に，最悪の事態について一言触れておきますと，Aは，L&H（自宅土地建物）を抵当に入れる等して借金をして代償金を支払うことになります。

　以上で **事例１** の解説を終わりにします。では，次の事例に入っていきましょう。

(ウ)

事例2

相続人は4名で、複数の不動産がある事例です。

父死亡。母（A）＋兄弟姉妹3人（兄B、弟C、妹D（35歳、独身））。B、Cは独立して所帯持ち。A、Dが父と自宅に同居し、Dは、長年寝たきりの父を看病していた（←寄与分ないし寄与分に準じる主張が考えられるケースです）。

【当事者関係図】

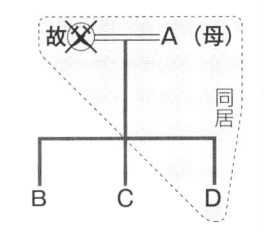

故✕━━━A（母）
　　　　　｜　　同
　　　　　｜　　居
　┌───┼───┐
　B　　C　　D

父の遺産：自宅土地・建物（固定資産評価額）4000万円（固定額と仮定します）

　　　　　別な土地　：2000万円（固定額と仮定します）
　　　　　銀行預金　：1500万円
　　　　　生命保険金：3000万円（代償分割の原資になります）。受取人A
　　　　　死亡退職金：2000万円。受取人A

（前提）法定相続分の確認

　　　　法定相続分に従えば、トータルは、4000＋2000＋1500＝7500万円
　　　　　　母（A）　　　　3750万円
　　　　　　B、C、D　　　各1250万円
　　　　母（A）の希望：2つの土地と自宅建物は自分［将来の二次相続で分けたい］。銀行預金1500万円を500万円ずつ兄弟で分けてほしい。Dは異存なし。Dは母の面倒をみるといっている。

● **検討事項**

　　　母（A）（＋D）としては、いかに動くべきか。

Aは事実上の交渉力が強いとします（前記(1)一次相続の場合参照）。

　(a)　事前準備　　事例1 と同様の作業を行うことになります。以下、

略述します。

母及びDのもっている情報を確認します。例えば，
- Bは，余り強く異議を唱えないのではないか（協調型）。
- CはDと兄妹仲が悪く，その奥さん——いわゆる準プレイヤー——も強欲で有名。少なくとも法定相続分にはこだわるのではないか。自宅売却にも抵抗感がなく意を介さないようです。生命保険金も分けろ，といってくるかもしれません。また，死亡退職金が特別受益にあたると主張してくる可能性もある（典型的な強硬型）等です。

(b) 協議（交渉の場）その1

【ポイント】 当初より共通した利害関係にある相続人（プレイヤー）がいる場合

① 共通した利害関係にある「親密な」プレイヤー同士は，あえて相互独立した形で協議（交渉）に臨む
② 他のプレイヤーが，共通した利害関係にあるプレイヤーと利害対立するプレイヤーからなる場合も，両者（全プレイヤー）に提示する案は公平をモットーとし，同時提示の形式を守り，差をつけない
③ ②の一方で，共通した利害関係にあるプレイヤーとのコミュニケーションは密に行い，先行処理の機会を伺う
④ 自分の提案内容について，コミットメントを行う（安易に譲歩できる内容ではないということを明らかにする）……そのタイミングは色々だが基本的には議論がある程度成熟した時

AとDは，同居はしていますが，遺産分割協議にあたっては，立場は互いに独立したものとして行動すべきでしょう。B，Cから事実上一体と受け止められていようと，です。Aからみれば，Dを，父に対する寄与分（以下，法的には必ず認められるとは限りませんので，「準寄与分」ということにします）の評価の点を除き特別扱いせず，B，Cと同等に扱うことが肝要です。AがDを特別扱いすることは，とりもなおさず，B，Cに，自分たちが必要以上に不利に扱われるのではとの警戒心を生ぜしめ，ひいてはB，Cの結託を招き，当初，余り異議を唱えないと推測していたBですら，強く異議を唱え，強硬型

のプレイヤーに転じる可能性を高めてしまうからです。要するに，交渉力が一段高いポジションにある者（A）は，低いポジションにある者同士を差別せずに扱うことが，交渉戦略として適切である場合が多いといえます。ハーモニアス・ネゴシエーションは，第三者からみた時にえこひいきと受け止められかねない行為をしないこと，別言すれば，他のプレイヤーに対して具体的にとる行為は，あくまで中立・公平な行為であることを推奨します。将来顕在化する可能性がある対立構造を「できる限り穏やかな」対立構造とし，プレイヤー間でスムーズなコミュニケーションが可能な状態を維持するためにも，この姿勢は大切です。

　したがって，Aは，B，C，Dに対する案の同時提示を心がけます。その処理の中で，A（実際には，A及びD）としては，Bとのコミュニケーションを密に，かつスピーディに行い，Bを先行処理してしまいたいところです。Dは先行処理しません。

　ただ，Aとしては，子供たちへの分配額を500万円に留めるこだわりを示す必要があります。コミットメント（**本章**，第1，3 ⒁ 参照）とするためです。今後の生活原資としてできるだけ多くの貯蓄が必要であると強調し，せいぜいプラス100万の600万円程度しか出さないという様子が暗黙のうちにも伝わるような説得（論理的説得が中心となります）を心がけるべきでしょう。Aとしては，また，他の相続人との合意を待たず，Bから持分譲渡を受けて処理することに尽力すべきです。Bとしては，Aに対する持分譲渡については，相手が自分の母ですから，余り抵抗感をもたずに了承する可能性が十分あります。

　結果として，AがBから相続持分の譲渡を受けたとします。Aの法定相続持分は，3分の2，C，Dの法定相続持分は，各6分の1となります。

　では，次はどうなるでしょうか。

　⒞　協議（交渉の場）その2

【ポイント】

　①　同時解決を心がける。結果として提案に合意しない者が出ることは良

しとする
② プレイヤー中に先行合意者が出る場合は，先行合意者と残された者との配分の差が余り出ないようにする
③ 現金を希望し，分配額の増額にこだわるプレイヤーに対しては，敢えて不動産を提示し，その換金を促す

　C，Dの同時処理が次の課題でしょう。Cの，死亡退職金＝特別受益との主張をできる限り封じることがともかく大切です。説得材料としては，従前と一貫性のある主張を基本とすることが肝要でしょう。ハーモニアス・ネゴシエーションにあっては，首尾一貫した軸のぶれない主張に徹することを強く推奨します。①Aの今後の生活の原資が必要であるということが，まず，第一に挙げられます。②死亡退職金は理論的に特別受益にあたらないという主張も大切です。さらに，③Dの，過去に故人である父親の看病をした点が準寄与分と評価されてしかるべきであること，④Dが今後とも母親（A）の面倒をみるとの主張（①〜④とも主に論理的説得の材料であるといえます）を，Cに配分が傾斜しないよう相殺的に利用すべきと考えられます。なお，Bへの分配額との不均衡が望ましくないということ——ある種の公平性——も，論理的説得兼感情的説得の材料として使うことができます。

　その上で，Dが了解するのであればですが，時期をみてCに多めに配分（例：800），Dには少なめに配分する（例：400。C，Dの合算額を600×2＝1200万円にとどめます。ただし，Dの事前の了解を得ておくことが望ましいです）ことでCを説得することも考えられます。

　Cがあくまで説得に応じようとしない場合，Aとしては，タイミングをみて，将来の二次相続でCに対しマイナス対応をとることを予告する仕方もあります。しかし，この方法はかなりの劇薬で，Cが強く反発するという副作用を引き起こしかねませんので，あくまで最後の手段として，ぎりぎりまで使わずにとっておきたいところです。

　それよりも，Aとしては，別な土地（時価2000万円）を現物で全部あげるから，例えば，1000万円を代償金として支払ってくれ，とCに提案したらどうでし

ょうか？　交渉が煮詰まったときは，少し変化球的な提案をすることが，元の提案の良さを浮かび上がらせる効果をもつことがあります。変化球的な提案が，一種のスパイスの働きをするもので，分配型交渉における行き詰まり状況を打開する妙薬といえます。Cは，結局，現金が欲しいのかもしれません。この別な土地が早期に確実に2000万円で売れれば良いですが，その点，心もとないところもあるでしょうし，面倒に感じる可能性も高いです。それなら，Cとしては，将来の1000万円よりも今直ぐの800万円の方が良い，表現はいささか穏当さを欠きますが，自分の母親が亡くなった時の相続で捲土重来を期そうと思ってもおかしくありません。

　最終結果は，次のようになります。

> B：600万円，　C：800万円，　D：400万円

(エ)

事例2´

　事例2 からの展開事例です。相続人は3名です。
　事例2 の遺産分割協議中に母（A）死亡（二次相続発生）。兄弟姉妹（B，C，D）で母の遺産も併せて分けることになったとしましょう。
　事例2 の父の遺産に加えて，母（A）固有の遺産が次のとおりであるとします。
　　銀行預金　　　：1500万円
　また，受取人Dの生命保険金もあったとします。
　　生命保険金　　：1500万円：受取人D

　母（A）の事実上の優越的地位を利用できなくなる事案です。本来母（A）としては，敵対的なCの存在に鑑み，遺言を作成しておくべきであったといえます。

● 検討事項

> Dとしては，いかに動くべきか。

【ポイント】 一次相続の遺産分割協議中に二次相続が発生した場合
　① 二次相続のプレイヤー間で一次相続の協議内容を反映させるか否かを議論する
　② 一次相続の協議内容の反映を希望するプレイヤーは，リーダーシップを発揮して，①に関するプレイヤー間の議論をリードする
　③ 交渉において誤った情報を意図的に与えることは厳に避ける。百害あって一利無し

(a) 預金も遺産に含めて処理するポジションを維持すべきことはいうまでもありません。その点は，他の相続人の確認・合意をとりましょう。

〔前提〕一次相続の協議内容はとりあえず無視して客観的な状況を分析してみます。法定相続分に従う場合，母固有の遺産は，

> 父の生命保険金3000万円＋死亡退職金2000万円－500万円（既に費消した分）＋銀行預金1500万円
> ＝6000万円　÷　3　＝2000万円
> 　（合計）　　　（3等分）

以上のとおり，法定相続分は，B，C，D各2000万円（各3分の1）となります。

〔父と母の遺産の合計〕

> 父の遺産7500万円（4000（不動産）＋2000（不動産）＋1500）＋母の遺産6000万円＝1億3500万円

　B，C，Dの各法定相続分は，1億3500万円÷3＝4500万円……ⓐとなります。

　(b) Dは，自宅土地建物を相続するだけだと4000万円です。これでは法定相続分よりまだ500万円足りません（ただ，別な土地があります）。また，現金

7500万円（父の1500万円＋母の6000万円）では，B，Cの法定相続分合計9000万円（4500×2）と比べても1500万円欠けます。ただ，現金に，別な土地2000万円をあわせれば9500万円で，B，Cの法定相続分合算額（9000万円）を超えます。もっとも，Dは，1500万円の生命保険金の受取人になっていますが，やはり，最低でも，生命保険金とは別に，ある程度の現金が欲しいでしょう。

しかし，それは叶わず，自宅土地建物に加えて自宅土地建物と別な土地も相続して（6000万円），法定相続分を超過した1500万円を自ら用立てして（ただし，自分が受取人になっている同額の生命保険金が入ってはきます），B，Cに対し合計9000万円を分配するしかないのでしょうか？

ここは，Dとしてはやはりリーダーシップを発揮して交渉を進めていき，少しでもB，Cに対する分配額の減額結果を得られるよう工夫すべきでしょう。

まず，Dとしては，次のような一次提案をすることが考えられます。

```
一次提案：D：L＋H（6000）＋1500＋（1500（生保））
      ＝7500＋（1500）
         B  3000（現金）……ⓑ
         C  3000（現金）……ⓒ
```

B，Cはⓐより1500万円少ない額です。しかし，3000万円はそれなりにまとまった大金である上，現金です。したがって，一次提案としては，ZOPAの下限に近いかもしれませんが，合理的な範囲内の額と思われます。

その上で，他のプレイヤー2名のうち一次相続時にあまり異議を唱えていなかったBを味方につけるように話合いをすべきでしょう。

Bとの間で自分の一次提案が相応に合理的であることを議論し，納得してもらう訳で，いわゆるグループを作るということです。無論，その過程で明らかになってくるBの基本的な考えをできる限り正確に理解するよう努力し，その内容次第では，場合によって自分の現金取得分を削って（例：300万円削る），Bの現金の取り分を増やすこと（300万円増やす）も考えるべきでしょ

う。自分に有利な解決しか想定しない世界観に自分を固定させてはなりません。あくまで遺産の分配をプレイヤー間の「共通の課題」として捉えて、Bと一緒に取り組むことによって、Bの同意が、より得やすくなります。なお、B、Cに対する増額の際、自分を受取人とする生命保険金を原資として利用することも考えられます。

　(c)　Bが、結局、3500万円（3000万円+500万円）でOKである、持分譲渡にも応じるといってきたとしましょう。

　Dとしては、自分の現金取り分1500万円（別途生保1500万円）から500万円を減らしてでも、Bと合意し、その法定相続分の譲渡を受けるべきです。なお、この持分譲渡の提案に対しては、 事例１ の場合と同様、BがDに対して、Cとの間でも合意しない限り、自分も最終的な合意をしないとの姿勢にこだわることも十分もあり得ます。その場合は、無論、タイミングを見計らってということではありますが、それではいつ最終的な合意に達するか分からないという時間の問題等を挙げてBを説得すれば、Bは、かなりの確率で先行合意・持分譲渡に応じると思われます。

　(d)　なお、交渉にあたって偽りの情報（例えば、巨額の生前贈与を受けていながら、受けていないと言うこと）等を与えてしまい、それがばれてしまうと、協力的であったBのスタンスが一気に変わるケースもあり得ます。のみならず、「母の手前、遠慮していたが、もう遠慮はいらない。Cと同様、できる限りたくさん欲しい」と言って、取り分の増大を目指す可能性もないではありません。相続紛争で相続人間で作られる「グループ」は容易に解消されてしまう、もろい関係だ、ということに改めて思いを致す必要があります。

　Bのスタンスが非協力的なものに変わった場合は、三つ巴の紛争が顕在化することとなり、あくまで個人が獲得するトータルの額（数字）での平等性、公平性が強調され、追求されていく可能性が高くなります。

　Dとして、元々父の遺産（L&H）を欲しい場合は、相当思い切った譲歩が必要となるかもしれません。そうしないと、父の遺産（L&H）は、売却処分が避けられなくなってしまうおそれすら出てきます。少しの譲歩は逆効果な

のです。例えばですが，具体的な譲歩案としては，自分の現金受取分1500万円をすべてB，Cに譲るというのがそれなりに説得的な案なのではないでしょうか……。この譲歩案による場合，B，Cの取り分は，それぞれ3750万円で，本来の法定相続分よりはそれぞれ750万円少ない状態です。場合によっては，さらにもう一声要求される（4000万円の大台に乗せるよう，求めてくる）可能性もあります。この場合も，なお，生命保険金から用立てる等して，残金を支払ってしまうのが裁判手続よりもベターかもしれません。裁判手続（調停・審判）に打って出る場合のリスクを慎重に考えつつ，この250万円の差（4000-3750）を埋めるべく，丁寧にかつねばり強く交渉して，決着を図りたいものです。

(e) 本件事例の検討は，基本的に以上で終わりですが，ここで，Cの立場から考えてみたいと思います。この問題は既に二当事者構造（**本章，第4，1**）で取り上げたところですが，復習も兼ねて再度考えてみます。Cの最も強力なストラテジーはどういったものでしょうか？ それは，あくまで法定相続分（4500万円）の配分にこだわり，それに満たないDの提案は一切受け付けないというものです。

著名な交渉家であるジム・キャンプは，著書『交渉は「ノー！」から始めよ──狡猾なトラに食われないための33の鉄則』（池松千秋訳，ダイヤモンド社，2003年）で，ビジネスの世界は過酷なジャングルで，Win-Win主義は，敗北につながる発想であり，ジャングルで生き抜く方法は，"No"から始める「N式交渉術」であると断言しています。上記のストラテジーは，まさにこのN式交渉術──あくまでその一部ですが──を地で行くものです（後掲column 2参照）。

では，さらに別な事例を考えてみましょう。

(オ)

事例3

夫死亡。妻（A。専業主婦）。Aは再婚で，連れ子（幼い）はいるが，夫と養子縁組していない。夫の兄弟がいる（B．C……夫とは疎遠。B，Cの相続財産への関心度は不明）。夫と前妻との間には，子供はいません。

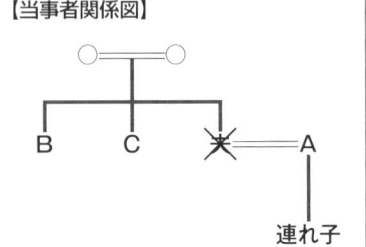

【当事者関係図】

夫の遺産　自宅土地・建物　6000万円（東京都心の土地建物）
　　　　　土地・建物（アパート）　4500万円（地方都市：賃料収入が上がる）
　　　　　銀行預金　1500万円（ただし，負債を引いた残額）
法定相続分　A：4分の3　9000万円（自宅の土地建物より高い）
　　　　　　B：8分の1　1500万円
　　　　　　C：8分の1　1500万円

Aは専業主婦であり，多額の代償金を用意する余裕はありません。相続財産である銀行預金も自分の生活のために残しておきたいと考えています。

● **検討事項**

Aとしては，いかに動くべきか。

【ポイント】
① 相続財産に関する情報を独占しているに等しいプレイヤーは，相続財産をできる限り正確に開示するとともに，遺産分割案を先行して提示するなど，リーダーシップを発揮すべき。
② 他のプレイヤーに相続放棄を申し入れるときは，ギミック無しに直球で申し入れる。
(a) まず各法定相続分と自らの希望を自身でしっかりと確認するのは，

いつものとおりです。特に，B，Cに対し相続放棄を申し入れるときは，自らの希望を先行表明すべきですから，是非とも必要となります。漫然とB，Cの希望を先に確認してしまうと，それがB，Cにとって，遺産の積極的獲得への発火点となり（場合によっては，B，Cが最低獲得額を設定する——コミットメントが発生する——ことにもなります），その後，Aが相続放棄の申入れを行っても，B，Cとしては抵抗感が強くなり，拒否する可能性が高まってきます。

また，この種事案では，相続財産等に関する情報がAに偏在しており，その点からもAがリーダーシップをとるのが望ましいといえます（情報の偏在については，**本章**，**第4**，1（7）／**第1**，3（9）参照）。

ともかく，Aとしては，B，Cはできれば相続を放棄してほしい。せいぜいハンコ代（相続放棄してもらう対価（お礼）として支払う金額。本件では，50万円とか150万円といった額が考えられます）で終わらせたい訳ですから，そのことをストレートに申し入れるのが良いと考えます。この放棄の要請に対する反応で，B，Cそれぞれのスタンスが判明します。なお，相続放棄は期間制限があり（3か月。民915条），急ぐ必要があります。

ところで，この相続放棄の申入れに際しては，Aとしては，遺産の全体像をB，Cに知らせるべきでしょうか？　B，Cが故人（夫）の兄弟にすぎないことからすれば，最初の申入れ段階では，必ずしも知らせる必要はないと考えます。しかし，B，Cから遺産の全体像について質問を受けた時は，隠すことなく回答すべきでしょう。

B，Cが期限内にいっぺんに相続放棄に応じなかったが，B，Cの一方が相続放棄に対して理解を示す態度をとっていた場合はどうでしょう。例えばBがそうだとします。この場合は，例えば，ハンコ代150万円でBの相続持分（8分の1：1500万円）の譲渡を受けるというのも1つのやり方です。Bだけが相続放棄をしてしまうと，Bは「はじめから相続人とならなかった」（民939条）とみなされますから，Aの持分は4分の3のままで，Cの持分が4分の1になってしまうため，やはり相続持分の譲渡の方がAにとっては有利であるといえるからです（1人だけの相続放棄だと，残ったCの法定相続分はトータル

にして，8分の1＋8分の1（各1500万円）＝3000万円と増えます）。

その上で，Cに対しては長期戦を覚悟して臨むことも一案です。Cがキャッシュ化を急いでいる場合は，このようなもはや譲歩しないぞ，という姿勢は有効な手段となり，かえってCから大幅な譲歩を引き出す可能性が高まります。

　(b)　いずれにしても，法定相続分よりもたくさん貰うことの正当化根拠は何か？　Aとしては，ここでもう一度その点を考えて，具体的な内容をもってCを説得してみるべきです。

Aは独立して生計を立てていなかった経済的に弱い存在です。当然，今後もすぐには生計は立てられません。亡き夫としても，Aと幼い連れ子の生活が一番心配だったでしょう……。

亡き夫はB，Cの兄弟であり，子供の頃は決して仲は悪くなかった，夫はそう話していた，といった点を強調することが大切です。ここではいわゆる感情的説得が大きな比重を占めています（ハーモニアス・ネゴシエーションでは感情的説得が格別に大切です）が，ともかく亡き夫の気持ちに立ってほしいと強調すべきでしょう。また，自宅のみならず，地方都市の土地・建物（アパート）4500万円は賃料収入が上がるため，今後の生計の糧となります。この土地・建物も是非とも欲しいとストレートに伝えるのが良い結果を生むことが多いと思います。

さらには，相続の場では，兄弟姉妹は，配偶者，子供，直系尊属より弱いというか，遠慮すべき立場にあります。すなわち，兄弟姉妹は，そもそも法定相続分の優先順位が低く，そのためもあってか，配偶者や子供ほど，相続に期待していないことが通常だと思われます。この法律上の立場の相違にも配慮してほしいとそれとなく伝えるのも有効かもしれません。同じことですが，B，Cに兄弟であった故人（夫）の立場になって考えてもらうことも効果的でしょう。「もし，ご自身が先に亡くなられた場合，私の夫に遺産がいってしまうことなど考えられますか？」と問いかけることが説得性に富んでいるとは思いませんか？

(c) B，Cがともに強欲である場合はどうでしょうか。

　他の複数の相続人がともに強欲であっても，共同戦線を張られてしまうのは面倒です。自宅の売却しか方法がなくなる可能性もゼロではありません。やはりここは共同戦線を張らせないよう（仮に共同戦線を張っている場合は，分断させる工夫を考えるべきです），基本的に個別交渉を行い，タイミングをみて両者の交渉内容に差をつけるべきでしょう（ただし，情報が筒抜けになるおそれがありますが，むしろ，逆に情報が筒抜けになることを利用することも考えましょう）。まず，裁判費用と時間を考えると，先に解決させた方が得であると強調し，譲歩を引き出すことが考えられます。もちろん，共同戦線を張らせずに合意してもらう（あるいは共同戦線を崩す）ために，単にストレスをかけた説得を行うだけでなく，かなり思い切った提案が必要となる可能性は否めません。

　(例)　今解決するのであれば，現金700万円で相続持分（8分の1。1500万円相当）の譲渡を受けるという提案

　なお，この数字は，最後に残る者（C）にとって，交渉の最低限の額（抵抗点）として機能する可能性が出てくることに留意が必要です。

　ところで，翻って考えてみますと，元々，夫の自宅の土地建物の評価額には幅があります。合理的な額の下限で提案するべきであった訳です。仮に5000万円が下限であり，実際には7000万円くらいでも十分売れる物件であるとすれば，Aとしては差額のうちCの法定相続分に相応する

$$\boxed{2000万円 \div 8 = 250万円}$$

をもって幅ととらえて，この額を利用して更なる譲歩をすることも考えられるでしょう。

(カ)

事例4

　はやりの年の差婚（再婚）をした男の死に伴い、異母兄妹である相続人同士の事例です。

【当事者関係図】

故　先妻━━━━╳━━━━D後妻
　　　　　　　｜　　　｜
　　　A　B　C　　　E

　父死亡。先妻（20年前に死亡）との子供（A，B，C）、後妻（D。子供たちと同じくらいの年の若妻。婚姻期間3年）、後妻との子供（E。幼児）。なお、Dは、A，B，Cとは養子縁組はしていないものとします。

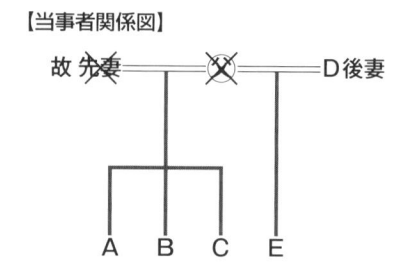

　父の遺産：自宅の土地建物（現在D，Eが同居）：都内一等地　1億6000万円
　　　　　　（評価額は固定と仮定します）
　　　　　他の土地　　2000万円（評価額は固定と仮定します）
　　　　　預貯金　　　6000万円
　　　　　トータル　　2億4000万円

　法定相続分の確認　A，B，C，Eは各8分の1＝3000万円
　　　　　　　　　　Dは2分の1：1億2000万円……自宅の土地建物の価格（1億6000万円）をかなり下回っている点に注意してください。

　なお、本件は、相続税が問題となる事案です（小規模宅地、配偶者減税。**第3章**、**第7、2参照**）。配偶者であるDに遺産を集中させると税額は下がります。
（前提）
・　B，Cは現金を希望。
・　DはCと仲が良い。A，Bとはつき合いがなかった。
・　Cは、一定程度譲歩しても構わないといっている。

● **検討事項**

> Dとしては，いかに動くべきか

今までの解説の練習問題と考えて，まず少し時間をとって自分で考えてみてください。

考えましたか？　では，一緒に検討してみましょう。

(a)　Dは法定相続分が多く，かつ，父（Dにとっては夫である）死亡時に遺産に最も近しかった者であるため，遺産分割協議にあたっては，Dがリーダーシップをとるべきでしょう。DはEと共同の利害関係にありますが，Eは前面には出しません。また，税務処理上もDに遺産を集中させるメリットがあるということからも，相続税の支払総額を減額したければ，Dがリーダーシップをとるべきと考えます。しかし，他方，A，B，Cは，Dと親子関係にないため，D死亡に伴う将来的な二次相続の相続人となることはなく，その分，今回，Dに協力するインセンティブ，すなわちDの相続税の負担軽減ストラテジーに協力するインセンティブに欠けていることに留意が必要です。

Dの交渉戦略としては，まず，Cと先行して合意することを考えるべきでしょう。逆に，Cとの合意を先行させず，A，Bとの交渉と同時に進行させなくても良いでしょうか？

この点については，本件におけるCは，譲歩することがはっきりしているのですから，同時進行させる必要はないと思われます。

Cは1500万円でOKといっています。その場合は，やはりここでも，Cからその相続分を1500万円で譲り受けられるよう，早急に尽力すべきです。もっとも，Dとしては，Cとの信頼関係から，Cからここで持分の譲渡を受けなくても，Cが新たな提案をすることは決してないと計算できる場合——無論その自信が十分ある場合です——は，A，Bとの敵対関係の顕在化という事態の発生を防ぐため，Cとの合意を先行させないでおくことも一応考えら

れます。

　ここでは，原則論どおり，当事者（グループ）の数を減らすということで，Cから相続分を譲り受けることとします。

　(b)　Cは遺産分割協議関係から離脱しました。

　残りの預貯金（原資）は，計算上（実際は，Dは一旦個人資産等から1500万円を用立て，後で，遺産によって回収することになります）は4500万円ですが，2000万円の土地もあります。

　A，Bが土地ではなく，あくまで現金での授受にこだわる場合は6000万円が必要とされますが，原資は4500万円に止まるため，必要に応じて，2000万円の土地を売却等することになります。

　しかし，まずは，4500万円をA，Bに分配する原資とみて，余裕をみて，それぞれ例えば2000万円で応じてくれないか，説得すべきでしょう。この場合，例えば，A，Bのどちらかが，2000万円では駄目だが，2400万円なら3000万円の8掛けなので合意して良いといってくる可能性があります。Aがそういってきた場合は，Bとの交渉が長引きそうかどうかで方針を変えることとし，長引きそうな場合は，Aの相続分の譲渡を受ける，長引かずに，Bもさらに数百万円上乗せすれば，合意が成立しそうだという場合は，一気に最後までもっていき，遺産分割協議を終了させましょう。

　預貯金との差額を用立てる必要はあります。ただ，「他の土地建物」は売れるということ，すなわち一旦は立て替えてもその土地から回収可能であることを忘れないでください。この場合，例えば，遺産分割協議の中で関係者全員の合意（中間合意）を得て他の土地建物を売って用立てすることが原資を確保する一方策となります。

　㈡　事例5 ，事例6 は応用問題です。ポイントを簡潔に解説しておきますので，本人になったつもりで取り組んでみてください。

事例5

被相続人　父……家業経営（注：母親は先に死亡）

【当事者関係図】

家業（同族会社）の経営者の死去に伴う遺産相続で，遺産の多くが家業用資産になってしまっているケースです。

相続人4人

　A（長男）……跡取り・同居，家業経営

　故B（次男）……家業とは無関係の職業。子供B1，B2（B1とB2は仲が悪い）。代襲相続です。

　C（長女）……結婚→専業主婦。Cは，Aに対する遺産の集中に理解を示しているが，B1，B2，Dとも仲良くしたいと思っている。

　D（三男）……家業とは無関係の職業

資産　①　家業のための遺産

　　　　（i）　家業用の土地・建物　　1億円〜1億2000万円（幅あり）

　　　　（ii）　株式　　　　（評価額）5000万円〜7000万円（幅あり）

　　②　家業とは別の遺産

　　　　（iii）　マンション　　　　　3000万円

　　　　（iv）　預金　　　　　　　　2000万円

負債　③　家業に関連した負債　　4000万円

　　　　　トータル：1億6000万円〜2億円

各人の法定相続分A，C，D：各4000万円〜5000万円，B1，B2：各2000万円〜2500万円

● **検討事項**

　　Aとしては，いかに動くべきか？

父の突然死のケースで，家業関係者は幸いにしてAだけとなっています。

　まずは法定相続分の確認（各人4000万円〜5000万円．B1，B2は各2000万円〜2500万円）と，その上で，自分のポジションの確認ということになります。

　Aとしては，同族会社の経営を行っていくため，①(i)の家業用の土地・建物，(ii)の株式は自分が独占したい，その代わり，負債はすべて自分が負担して良いと考えているとします。ただし，Aは，代償金を払う十分な金銭的余裕――つまり自身の現金，預貯金――がないものとします。

　Aの希望に従った場合，各財産価値の下限でみてみると，A：1億1000万円（1億＋5000万－4000万），B1，B2〜Dで合計5000万円となります。

　はっきりいって，かなりというか非常に公平感・バランスを欠く希望内容でしょう。ともあれ，個別の財産ごとにみていきましょう。株式の方は，比較的説得しやすいと思われます。同族会社で事業を継続する場合，会社の株を第三者に売却する可能性は基本的になく，株式は，相続人の間で，分配の原資から事実上外すべきとの議論は相応の説得力を有しているのではないでしょうか。もっとも，株式（譲渡制限されているものとします）の所持人は故人の持分をすべて会社ないし会社が指定する者に売れば現金化できるわけですから，いくらでも例外を考えることはできますが……。特に，株式を完全に除く代わりに，一定額，例えば，2000万円とか3000万円程度の代償金の提供を求められることは本来覚悟すべきかもしれません。

　ここでは，株式を除くとの説得が効を奏したとします。この場合，株式を除くと，A6000万円（1億円－4000万円），B1，B2〜Dで合計5000万円となります。負債はAに集中させることとして，差し引いてます。

　なお，遺産中株式については，あとで協議が紛糾して，株式を除く――すなわち，株式はすべてAが遺産としてもらう――とのせっかくの合意が無に帰しては元も子もないですし，Aとしては，B1，B2，Dに対して，代償金を用意しなければならなくなる可能性が高く，株式を銀行借入れの担保として利用できるようにすれば，解決の上できわめて有効な方法になります。ここは遺産の一部分割[*19]を先行して行うことが効果的です。本件では，

先行して，株式について遺産の一部分割が成立したこととします。

次に，Aとしては，自分の考えに理解を示すCを説得し，小額で相続分を譲渡してもらうことが最も適切な手法でしょう。例えば500万円で4分の1の相続分を譲渡してもらうわけです。この結果，Cは当事者から離脱し，

> A：2分の1（株式除く），　D：4分の1，B1，B2各8分の1
> 5500万円（6000－500）　　B1，B2，Dで5000万円

となります。

まだ，かなりの差があるにはあります。ここで，AのB1，B2，Dに対する原資について考えてみると，②(iii)のマンションを売却して，預金と併せても5000万円ぴったりです。また，Aは既にCに500万円支払っています。しかしながら，B1，B2，Dに対しては，合意にもって行くには基本的に上乗せ――代償金――が必要になると考えておくべきでしょう。既に株式のAへの集中に合意してもらっていることもありますし……。そこで，Aとしては，まず，株式への担保設定等，金策を行い1000万円〜3000万円を用意して，第一案として，用意した額のうち1000万円をあてて合計6000万円，B1，B2各1500万円，D3000万円ずつで説得するといったようなことが考えられます。

仮にB1，B2の方が何らかの事情で早期にまとまった現金がもらえれば法定相続分にこだわらないということであれば，さらに若干――各300万円程度でしょうか――上乗せして，両名の相続分の譲渡を受けることが，次の最適の戦略となるでしょう。

> B1，B2：合計3600万円で持分合計4分の1を譲渡。

あとは，Aは，Dと差しで協議することになります。3500万円かそれを若干超える辺りでの決着を想定して粘り強く話し合うことが大切です。ただ，Dが，裁判による解決も辞さない強い交渉姿勢に終始しており，時間をかけて良いと考えていることがはっきりうかがわれる場合は，思い切って4000万円という数字を出すべき場面が出てくるかもしれません。翻って考えますと，

最初，Dの法定相続分は，4000万円〜5000万円の幅があったわけですから，この数字は，Aとしては覚悟すべき数字——その下限——であるともいえるでしょう。遺産分割の最終局面に至った訳ですから，Dの粘り勝ちという側面，すなわち，Dは，あたかもジム・キャンプのような交渉の仕方（後掲column 2参照）をして成果を挙げたという面がありますが，Aは，やはりDに譲歩して，ここで遺産分割協議成立というゴールを選択した方が良いと思われます。譲歩が繰り返されますが，Aは自分の目標は達成しています。

事例6

【当事者関係図】

父（A），後妻（B），先妻の子供（C，D，E），後妻の子供（F，G）

(1) 父は後妻に土地建物全部と預貯金その他の金融資産の半分あげようと思っており，実際，普段からその旨話しており，備忘録のようなものを作って，子供たちも知っていましたが，遺言書は作っていませんでした。そんな中，後妻が先に死亡し，かつ，後妻死亡時には，父は認知症にかかり，もはや遺言書作成能力がありませんでした。その後，父死亡というケースです。ここでは，資産内容は個別具体的には挙げません。

(2) なお，さらなる応用問題となりますが，仮に，土地建物のうち，土地が父の父（祖父。故甲。父より先に死亡している）名義のままだったらどうでしょう。先代が亡くなっても，きちんとした遺産分割協議がなされないまま長男がそのまま居住を続け，不動産の名義変更がなされずに時間が経った，というケースにはたまに出くわします。この間，第三者への売却や銀行への担

保の差入れといった事態が生じない限り，表面上は支障がないため，いつしか名義の未変更が忘れられてしまうということはありがちです。

● 検討事項

後妻の子供Fの依頼を受けた弁護士としては，どう対応すべきか？

(a) (1)のケースについてですが，まず，例によって法定相続分の確認です。相続人は，先妻の子供（C，D，E），後妻の子供（F，G）ですから，各人（例えば，E）の父の遺産に関する法定相続分は，5分の1となります。

ところで，仮に，父が後妻より先に死亡した場合は，父の遺言書により，後妻に土地建物全部と金融資産の半分（2分の1）が移っています。金融資産の残り2分の1を，5名（C，D，E，F，G）で分けますから，各人の取り分は，金融資産の10分の1でした（なお，遺言書はなく，遺留分侵害はないものとします）。

この後妻の分（2分の1）は，後妻について相続が開始されると，その相続人F，Gのみに移転します。その法定相続分は，各4分の1です。

つまり，父が後妻より先に死亡した場合は，Eの相続取り分（法定相続分）は，たかだか10分の1にとどまり，C，D，E3名で10分の3，F，G2名で10分の7（F，Gは1人あたり，20分の7）になったにもかかわらず，後妻が父より先に死亡した場合は，Eの相続取り分は，一気に倍の5分の1になり，C，D，E3名で5分の3，他方，F，Gは2名で5分の2，1人あたり5分の1にまで減ってしまいます。このことが，紛争をもたらす呼び水となるおそれがあります。

(b) そのほか，検討すべき点を箇条書きしておきましょう。あなたも，ハーモニアス・ネゴシエーターとして箇条書きしてみてください。以下のようなことが挙げられますね。

Gと協力関係を構築できるかどうか……Yes or No
C，D，Eに法定相続分に対するこだわりがあるかどうか……Yes or No

(C，D，Eの中の1人でも，法定相続分を下回る相続額で構わないという者（例えばC）がいれば，早期に相続分譲渡を図るか，それが無理な場合でも，事実上の了解（合意）をしっかりとっておくべきです。後者の場合は，Cと協力関係を構築して，D，Eとの間で上手に立ち回ってもらうことも考えられます。)

父の備忘録，生前の話をどう使うべきか

また，説得の理由としては，例えば，故人の資産は，基本的に，後妻との再婚後のビジネスにより形成された，だから，後妻にたくさん残そうとしていた，といった事実があれば，法的な意味は別にして，後妻の子供によりたくさん分配する相応の説得の根拠となると考えます。

(C) (2)についてですが，土地の相続の対象者が，一代前にさかのぼります。祖父母の死亡からは相当期間が経っているのが通常でしょうから，父の兄弟姉妹がいたとしても，その間に死亡しているかもしれません。もし，父の兄弟姉妹が既に亡くなっていれば，その妻子たち（相続人）が権利を引き継いで遺産分割の話合いに参加することになります。そして，原則として，これらの当事者全員の実印と印鑑証明がなければ，土地の名義は動かせなくなります。非常に気の遠くなる交渉となりそうですね……。是非，ご自身でシミュレーションを行ってみてください。

(5) 多数当事者交渉で留意すべき点

以上，様々な事例をみてきましたが，読者の皆さんはどのように感じられたでしょうか？ 最後に，事例の分析を通じて明らかになった点，あるいはそれ以外の点も含め，遺産分割における多数当事者交渉の際に留意すべき点をまとめておこうと思います。

(ア) 二当事者交渉との相違

プレイヤー（相続人）が2人だけの場合と異なり，利害がより錯綜し複雑になる結果，交渉の余地は広がるものの，全当事者間で合意を得ることがより困難になる可能性を本来的にはらんでいる。したがって，交渉が長期化するおそれを常に抱えている。

また，多数当事者交渉のプレイヤーは得てしてグループを形成しやすいが，グループのメンバー（相続人）の離合集散は至って容易に起こり得る。その結果，各プレイヤーの情報が他のプレイヤーの知るところになるおそれがある。

　なお，合意形成にあたっては，まず自分が属するグループ内でルールなり共通した要望事項を形成し，できる限り離脱プレイヤーが出ない，離合集散しない安定したグループを作ることができるか否かがスムーズな交渉の成否に関する大きなポイントとなる。

　(イ)　交渉の基本的なモデル・ケースは，三つ巴以上の錯綜する対立関係（構造）が，徐々に，より少数の対立構造に還元されて，最終的には二当事者対立構造に行きつくというものである。そして，多数当事者交渉の要諦（ようてい）は，いかに当事者の利害関係を整理，共通のグループに分類していき，二当事者グループ対立構造に還元していくか，という点に求められる。

(ウ)　**二当事者グループ対立構造**
① 　各プレイヤーの当初の要望内容を早期に把握する。
② 　自らの要望内容が，論理的説得性，感情的説得性を有するようにすること。
③ 　交渉の早期の段階で，当方の要望内容（提案）に比較的親和性を有するプレイヤー，交換（トレード・オフ）が可能なプレイヤーをみつけ，選別して，別途交渉を行うこと。
④ 　③のプレイヤーが交渉の場から早期に離脱して構わないと考えている場合は，その持分の譲渡を受けて，プレイヤーの数を減らしつつ，自分の法定持分を増やすこと。
⑤ 　③のプレイヤーが早期の離脱は否定しつつも，法定相続分にこだわらない場合は，事実上，覚書等の合意書の締結を求めつつも，無理強いはせず，タイミングをみて，改めて持分の譲渡を提案すること。
⑥ 　残っている複数の相手方当事者が強力なタッグを組まないよう同時的かつ均等に扱いつつも，その中で自分により親和性の強い当事者の方が

いる場合，別途，説得すること。

⑦　以上の作業を繰り返し，多数当事者グループ構造を徐々に二当事者グループ対立構造に還元する。

(エ)　プレイヤーの1人がリーダーシップを発揮することは，多数当事者交渉ではとりわけ重要である。特に遺産の全体像を知るプレイヤーは積極的にリーダーシップを発揮すべき。

リーダーは，無論，自分の主張をしてはいけないわけはないが，各人の意見から合意点を探り，できる限りより妥当な——つまりコンセンサスを得やすい——相続割合等の案を提案すべきである。相続人は，だれもが今の状況を理解している一方で，他の相続人らに対するプラス・マイナスの思い，感情を有している。また，法定相続分のことも心の片隅にあると考えるべきである。法定相続分を超える主張は，法的な主張として必ず通ると言い切れる主張でなくても良いが，相応の説得性を有し，他の相続人の納得を導き出すものでなければならない。

リーダーは，遺産分割交渉の現場の雰囲気を和らげつつ，自分の基本的な考えを述べる必要がある。プレイヤーのうちだれかが口火を切ると，皆が話しやすくなり，各人の相続に対する考え方や，漠然としたものであるにせよ，相続分に対する意見が出てきだし，以後の遺産分割協議が格段にスムーズに進行する可能性が出てくる。

(オ)　プレイヤーの中に一見不合理な主張をする者がいても，まずはその主張内容に謙虚に耳を傾け，その真意と背景にある具体的事情を十分に把握することが大切である。特定のプレイヤーの法定相続分を超える主張には，その背景に，被相続人の介護・扶養や家業の継承といった事情があり，これらの事情が寄与分として構成できるか，できないとしても相応の合理性があり，内容として考慮し得る事情といえるかを検討し，プレイヤー間の共同の課題として協力的に対処すべきである。

なお，不合理で感情的な主張にこだわる当事者に対しては，その主張の根拠を具体的に問いただして説明を求め，次第にその主張の不合理性に自ら気

付かせるように促すのが望ましい。

㈎　リーダーは，プレイヤーである各相続人の「相続関心度」ないし遺産への「執着度」を早期に把握し，その相違をタイミング良く利用することが大切である。戦術（タクティクス）としては，相続人の中に，相続に余り関心がない人がいる場合は，その人に相続放棄をしてもらうとか，その人の相続持分を先に買いとる（相続分譲受）等して，当事者数──ライバル──を減らすことが先行検討課題になる。

当事者数を減らす方法は，基本的に，まずは味方を作り，味方との間で合理的な分配ルールの合意をすることである。三すくみ以上の争いが続いても仕方ないというのが，ライバル関係解消＆協調のモチベーションになる。

共同戦線をはるプレイヤー同士の分配ルールとしては，リーダーにインセンティブがあっても良いと思われるが，リーダーは，基本的には公平・公正を旨とする必要があると思われる。プレイヤーのだれかが共同歩調戦線をとる複数プレイヤーのリーダーになり，対立する当事者数を実質的に減らし，できる限り二当事者対立構造に還元することが大切である。

㈗　betray（裏切り）の問題

多数当事者交渉におけるグループ内の共同歩調戦線が一旦崩れると，歩調を取り合おうとしていた当事者同士がやっかいなライバルになる。

協議がもめると，2つ以上のグループに別れて対立しやすいので，一旦協議（交渉）を打ち切り，冷却期間を置くことが肝要である。その場合は，次回の協議までに，①協議の中でなぜ，意見の相違があるのか，どこが問題なのか自分なりに考え，相手の言い分や思いを理解する。②自分の意見は本当に正論か，冷静になって考え直してみる。③妥協点を下げる，といった行為が必要になり，これらを実践する。

《注》
＊1　小林34頁以下では抵抗点を先に，目標点を後に設定するとしています。しかし，抵抗点を先に決めると目標点もそれに引きずられる可能性があり，目標点をもっと高く

すればよかったと後で後悔しないようにするため，先に目標点を決めた方が良いことが多いと思われます。
＊2　もっとも，小規模宅地等の特例の適用は，被相続人と同居していた不動産を相続する相続人が相続税の支払を節約できるので，他の相続人からはその分見返りを求められる，つまり交渉材料とされる可能性があります。したがって，これを安易に創造的選択肢の1つであると考えることは危険です。
＊3　これは，Aが，裁判所が代償分割に必要と認める代償金を用意できることを前提としています。遺産分割審判では，代償金支払債務を負担する者に，その支払能力があるか否かを慎重に判断しており（最決平12・9・7家月54巻6号66頁参照），Aにそれだけの資力がない場合，審判では換価分割，共有分割が選ばれることになります。Aとしては土地建物を取得するためには代償金を支払える範囲で抵抗点を設定し，交渉するしかありませんが，調停・審判へ移行したところで代償分割が認められる可能性は低く，その場合，換価分割又は共有とされてしまうため，安易に調停・審判への移行をBATNAと捉えるのではなく，目標を代償分割から他の分割方法に切り替え，その中でできるだけ有利な条件を獲得する，という考え方も必要となるでしょう。
＊4　なお，調停に移行したときも評価ないし評価方法について再度合意する必要があります。調停時点ではこれと異なる主張をすることを禁止しないとしていても，任意交渉時にいったん合意してしまうと，これに事実上拘束され，調停でこれと異なる内容で合意することが難しくなることがあるのに留意が必要です。
＊5　本件とは異なりますが，ある評価額のときに有利な選択肢と逆の選択肢をとる可能性がある場合に，先に自分の評価額を伝えることで，逆の選択肢をとりづらくなることがあります。
＊6　強硬型の代表的な戦術として，①良い警官・悪い警官，②超安値（高値）戦術，③おとり戦術，④「ちょいかじり」戦術，⑤チキン戦術，⑥威圧戦術，⑦攻撃的態度を取る，⑧口車戦術があるとされます（レビスキー＆バリー＆サンダース131頁以下）。相手方の戦術を分析し，それに応じた対応法をとるようにすべきでしょう。
＊7　最一小判平21・1・22民集63巻1号228頁は，共同相続人が被相続人名義の預金口座の取引経過開示請求権の単独行使を認めた判例です。
＊8　訴訟は交渉による解決の代替案であり，訴訟によってどれだけのものを取ることができるかによって，交渉の打切り点が変わってきます（小林51頁）。
＊9　当事者が多数の場合も，相続権のある者が全員参加することが，遺産分割協議の条件です。いずれかの当事者を外してなされた遺産分割協議，調停，審判は，無効とされます。
＊10　アラン・ランブルゥ＆オウレリアン・コルソンの『交渉のメソッド——リーダーのコア・スキル』（奥村哲史訳，白桃書房，2014年）は，ビジネス交渉や外交交渉に関する非常に強力な内容の書籍ですが，同書の227頁以下で「多者間交渉」について論じています。そこでは，「問題の戦略的複雑性」として，一部の当事者間に連携がで

きると，それに真っ向から反対する別の連携もできることが指摘されると共に，多者間交渉も「一つの交渉」であり，二者間交渉の基本が役に立つとされています。また，一色正彦＝高槻亮輔『売り言葉は買うな！ビジネス交渉の必勝法』（日本経済新聞出版社，2011年）113頁は，多数当事者交渉で重要なポイントは3つあるとして，①ミッション（共通の利益）の共有，②多数派形成（意見を同じくする仲間を作る），③ルールの交渉を挙げています。

*11　ただし，相続分の譲渡の場合も，債務については，譲渡をした相続人も不真正連帯債務者となります。

*12　 事例0 からも想像がつくと思いますが，さらに単純な，遺産が現金・預貯金だけの事例ですと，不動産や株式などもある場合と比較して，遺産の全体像が極めてシンプルかつ平板となり，法定相続分に従った各自の法定相続額も一見して明らかであり，遺産である不動産と株式の交換（trade-off）といったこともできないため，交渉の成果を発揮することは困難になってきます。例えば，遺産が現金1500万円だけで他に何もないとしたら，（相続により当然分割されてはいるのですが，その点はさておき），相続人が兄弟3名の場合，500万円ずつ分けるという考えが各相続人の頭に直ぐに思い浮かび，議論の出発点となる結果，この額を修正する提案がなかなか説得力を持てないことは，十分理解できるところでしょう。

*13　同書227頁。なお，同書は，交渉の半分は「人」で決まるとし，相手の頭の中にある絵を読み取れと提案し（52頁以下），交渉がまとまらなかった場合に何が起きるかを考えるにあたっては，BATNAならぬ「WATNA」（交渉が成立しない場合にとり得る最悪の選択肢）を考えてみよう（226頁）とも提案しています。500頁を超えるボリュームの大きな書物ですが，遺産分割交渉に役立つ記載がかなりあると思います。

*14　太田195頁以下。なお，田村次朗教授は，事前準備の5ステップとして，①状況を把握する，②ミッション（共通の目標あるいは究極のゴール）を考える，③目標を設定する，④創造的選択肢を考える，⑤BATNAを挙げています（田村82頁）。②④⑤は，Raiffa教授の挙げてるポイントと必ずしも重複しない部分があると思われ，これらも事前準備の一環として用意するのが望ましいと考えます。**本章，第4，1参照**。

*15　一旦，要求内容を提示しておきながら，その後，先に提示した要求内容を上回るような要求内容を新たに提示してしまうと，交渉人相互の信頼関係が棄損されてしまうことがあります。したがって，そのような交渉は原則として慎むべきです。もっとも，相手方当事者が，そのような，従来の交渉経過を無視した要求をしてきた場合は話は別で，「しっぺ返し（tit-for-tat）戦術」（目には目を戦術）からは，自分も，先に提示した要求内容を撤回し，それを上回るような要求を新たにすることが効果的な戦術となる場合があります。

*16　いうまでもなく，この点も，遺産分割交渉の大きな特徴です。例えば，藤井一郎『プロフェッショナル・ネゴシエーターの頭の中』（東洋経済新報社，2011年）44頁以下は，一般の「良い交渉」の要素の1つとして，「交渉過程で信頼関係を築くこと」を挙げ

たうえ，信頼関係を築くポイントとして，①言ったことを守る，②情報を開示する，③相手の立場を尊重・理解し，利益を得たらお返しする，④共通の利害について話す，⑤好感をもたれる，⑥権威と評判を利用する，の6つを挙げていますが，この全てが相続人間の交渉で当てはまるかというと，多少違和感を覚える方が多いのではないでしょうか。この違和感も，遺産分割交渉の特殊性を物語っていると思います。

*17　通常の交渉では，先に条件を提示すると，それが参照点になって，アンカリング効果を発揮するので，先に条件を提示した側にとって有利な条件で合意に至る可能性が高くなると考えられています。一方，相場が不明な場合で，相手がもしかしたら自分が考えているよりも極端に良い条件を提示してくれる可能性がある場合は，相手に先に条件提示させた方が良いとも考えられています（前掲（*16）藤井128頁）。遺産分割交渉は，他の相続人が，自分が考えているよりも極端に自分に有利な条件（分割案等）を提示する可能性があるため，後者に該当するケースがかなりあると考えられます。

*18　契約交渉などの通常の交渉の場合，BATNAとして，他の契約候補者等が考えられます。こうした通常の交渉では，交渉人（Negotiator）は，他の選択肢（BATNA）の存在，条件の良さ等をちらつかせるなどして，目の前の交渉相手からより良い条件を引き出すことが可能です。しかし，遺産分割交渉の場合，そのような働き――自らにより有利な条件を引き出す働き――をするBATNAはなかなか想定しづらいです。これも遺産分割交渉の特徴の1つといえます。

*19　遺産全部を一度に分割せずに，分けやすいものから段階的に分割する方法。一部分割にも，相続人（プレイヤー）全員が参加する必要がありますが，判例，通説は，一部分割自体は有効としています。なお，必要に応じて，一部分割の協議書に，その一部分割が残余財産分割に及ぼす影響の有無，内容について明確に規定しておくべきです。

column 2

N式交渉術　33の鉄則

　ジム・キャンプの『交渉は「ノー」から始めよ』（前掲）は英文そのものもやさしく，翻訳（池村千秋氏）もこなれていて大変面白い本です。本書とは基本的なスタンスは異なりますが……実際は，驚くべきことに，かなりの部分で共通性が認められます。

　この本は，本文の冒頭から，「トラの目はどうして顔の前についているのか。トラはいつも獲物を探しているからだ。人間の目はどうして顔の前についているのか。人間はいつも獲物を探しているからだ。」と，交渉に関する本としては異例な出だしではじまり，「イエス」（と回答すること）はトラのワナだとしたりして，最後は，「トラと踊れ！」と高らかに宣言して終わります。では，ジム・キャンプがいう33の鉄則とはどのようなものでしょうか。以下に挙げておきますが，なかなか含蓄が深い言葉があり，遺産分割交渉でも有効なものもたくさんあります。

　鉄則1……「ないと困る」と考えない。
　鉄則2……しゃべらない。
　鉄則3……相手に好かれようと思うのをやめる。
　鉄則4……あわてて話をまとめようとしない。
　鉄則5……交渉の場でオーケーな気分になっていいのは1人だけ。それは，あなたではなく，交渉相手だ。
　鉄則6……私たちの最大の強みは，最大の弱みである。
　鉄則7……意思決定は，100パーセント感情的なものだ。
　鉄則8……好ましい答えは「ノー」だけ。「イエス」は駄目。「かもしれない」は最悪
　鉄則9……交渉の当事者は，だれもがノーという権利をもっている。
　鉄則10……相手を救おうと考えない。

鉄則11……すべてを動かすのはミッションである。
鉄則12……お金をミッションにしない。
鉄則13……ミッションは相手の世界に設定する。
鉄則14……自分でコントロールできるものだけをコントロールする。それは，相手の行動（＝結果）ではなく，自分の行動である。
鉄則15……結果ばかりを気にせずに，行動に意識を集中する。
鉄則16……お金になる活動に最大限の時間を費やし，お金にならない活動に費やす時間は最小限におさえる。
鉄則17……すべての行動と意思決定は，ビジョンから始まる。ビジョンなくして行動なし。
鉄則18……ビジョンを生みだすのは「5W1H」だ。
鉄則19……相手をあやすこと。
鉄則20……すべての合意は段階ごとに確認し，3回同意を取り付ける。
鉄則21……相手の感情をコントロールするために釣り糸をたるませる。
鉄則22……思い込みをしない。期待をいだかない。頭のキャンパスを白紙にする。
鉄則23……ロビーで豆をまかない。
鉄則24……相手の痛みを描き出せ。
鉄則25……明確な痛みのイメージをもたせれば，相手に決断させやすい。
鉄則26……その人にとっての交渉の価値は，注ぎ込む時間とエネルギー，お金，感情の予算が増えるほど高くなる。
鉄則27……相手の本当の決定権者をみつける。
鉄則28……本当の決定権者との接触を妨げるブロッカーを尊重せよ。
鉄則29……交渉には，必ず課題をもって臨むようにする。電話一本かけるにも，議題をもつこと。
鉄則30……正式なプレゼンはなるべくしない。
鉄則31……次の準備ができるまで交渉を終わりにしない。
鉄則32……ペイ・フォワードを実践する。

鉄則33……トラと踊れ。

第5

遺産分割交渉の基本的検討課題（その３）
──各交渉段階における専門家の有効利用──

1 調停人，裁判官の存在（裁判前交渉と裁判内交渉）とその有効利用

(1) はじめに

　相続交渉が，相続人（当事者）同士の間だけで当初は進められてきたとしても，相続人間だけの交渉では合意に至らない場合には，交渉の場が調停や訴訟などに移行していくことが多いでしょう。そこでは，調停人や裁判官といった第三者が加わることにより，第三者の意見の反映や交通整理を利用して交渉を終結させようとする当事者の考慮が働いていると考えられます。

　交渉当事者だけでは交渉がうまく進まなくなる原因として，「戦略的な障害」と「心理上の障害」とがあるとの指摘がなされています（小林354頁）。ここで，「戦略的な障害」とは，各々の当事者が秘密情報をもっていて，より大きな利益を得るためにその秘密情報を戦略的に隠したり，または相手方を誤解させようとする動機をもっていることにより生じるとされ[*1]，「心理上の障害」は，情報が十分に提供されていたとしても，当事者がそれを適切に利用することを妨げるように作用することであって，受け取った情報を歪曲したり誤認したりする非合理性を意味する[*2]とされています（小林354頁）。

　そして，「戦略的な障害」に関しては，当事者相互間の非難応酬をやわらげ，解決に向けた情報の共有と信頼の回復が促されるという「中立者としての機能」が，「心理上の障害」に関しては，交渉当事者が調停者が招請されるまでは相互に防衛的で相手の意見に耳を傾けようとしなかったところ，当事者間のコミュニケーションを改善させるという「支援者としての機能」が，調

停人等の第三者には役割として期待されることになります(小林356頁)。さらには，調停人等の第三者は，紛争の内容にまで踏み込んで焦点をあてることができ，当事者双方の提案または自身の提案も使って，積極的に合意可能な解決策の創出に取り組むという「評価者としての機能」[*3]も果たし得ると考えられています(小林358頁)。

相続交渉において，裁判前(調停前)の交渉段階から裁判内(調停内)の交渉段階への移行に際して，調停人等の第三者が登場することによる種々の影響が考えられますので，本項で詳しく検討していくこととします。

※　遺産分割交渉において，当事者間だけの交渉の次の段階の大半は遺産分割調停と遺産分割審判ですので，その段階に登場する第三者は「調停委員」と「家事審判官」ということになります。もっとも，調停に類した話合いの手続としては裁判外紛争解決(ADR)があり，裁判所を利用する手続としても，遺産分割審判から派生して遺言無効確認訴訟や遺留分減殺請求訴訟といった訴訟の手続に移行することもあり得ます。そこで，本項では，調停委員も含めた調停者の役割を果たす第三者を総称して「調停人」，家事審判官も含めた職業裁判官である第三者を総称して「裁判官」と記すこととし，当事者間交渉から一歩進んだ第三者が関与する前後の交渉の形態を，調停，ADR，家事審判の各前後も含めた総称として「裁判前」・「裁判内」と誤解を恐れず表現することとします。

(2) 裁判前交渉での自由度

相続人(当事者)[*4]は，相続交渉の最初の段階においては相続人同士での直接の協議を行うことが通常ですが，その協議が合意に達しない場合は，調停や訴訟の場での交渉にステップを移していくこととなります。そして，裁判内交渉の段階においては，法定相続分のしばり[*5]が各相続人(プレイヤー)に対して強くかかってくることになり，その意味においては，調停前や裁判前の交渉であっても，交渉が成立しない場合に，事後に控えている調停や裁判における交渉の結果(調停人，裁判官の判断)を念頭に置いた上での交渉となることは避けられないはずです[*6]。もっとも，裁判前交渉では，

裁判内交渉と比較して交渉としての自由度が高いのであって，これは，裁判前交渉には調停人や裁判官といった「ルール（法律等）に従った存在」又は「ルール遵守を要求する存在」ともいうべき第三者が加わっていないという交渉の構造から導かれてくるものと考えられます。また，裁判内交渉へ移行せざるを得ないような様相の裁判前交渉は（*7），交渉の成熟度（「成熟度」とは，合意成立の可能性の度合いとでも考えてください）としてはいまだ十分でない状態にあるといえます（言い換えれば，当事者である各相続人たち自身も，交渉の段階としていまだ硬直化をおこしてはいないと認識しながら行動しているということです）。そして，このようにいまだ成熟していない段階であるということが，裁判前交渉に高い自由度が存する理由の１つということもできるでしょう。

　自由度が相対的により高い裁判前交渉では，法定相続分のしばりにとらわれずに，法定相続分に依拠しない主張をなしていくことも十分に可能です。しかし，そうした主張を他の当事者に納得してもらうためには，そこに何らかの正当化根拠が必要となると考えるべきです。例えば，特定の不動産は，被相続人と同居していた者に残すべきである，家長制度がなくなった現代といえども家の存続を特定の者に委ねたい，とりわけ同族会社などの事業の承継がなされる場合には事業を継続していくために必要な遺産は承継者である相続人の下に集めるべき等といった事情が正当化根拠になると考えられます。また，理論的説得性はより弱いものの，生前の被相続人の意思なども正当化根拠たり得るでしょう。いずれにしても，何も正当化根拠がない場合は，他の当事者に納得してもらうことはなかなかできません。

　また別の視点から分析してみると，相続財産の全体の総額の多寡によって交渉の進み方に差が生じてくる場合もあり得るでしょう。例えば，全体のパイ（遺産総額）が高額とならないときには，当事者はわざわざ紛争化させてまで争おうとは思わないということも考えられます。他方で，遺産総額が比較的少額である場合でも，激しい争いがなされているケースも実際には数多くみられますが，そのような事案は(3)に述べるように，財産の額にかかわらない感情的な理由が原因となっていることが多いようです（*8）。

正当化根拠に関連する問題ですが，法定相続分と異なる当事者の主張を他の当事者に納得させる場合，大抵の当事者は法律家ではないですから，法的な観点による割り切った解決基準によるのでは必ずしもなく，別の解決基準によることも当然あり得るでしょう。法律家でない当事者は，法律家のように決まった尺度（法定相続分等）をもっていない（若しくは尺度に捉われない）ことが多いですから，基準は多岐・多様にわたることになると考えられます。その場合，相続人の爾後(じご)の生活の安定なども斟酌した相続人のいわば潜在的持分，家族の実情に基づく取り分のような発想も必要となってくるでしょう。

　なお，裁判前交渉においても，当事者のみで交渉が行われている場合と当事者の一部又はすべてに代理人弁護士がついている場合とでは，交渉経過は異なってくる可能性があります。裁判官・調停人は各当事者からは独立した基本的には中立な立場にあるのに対して，代理人弁護士はいずれかの当事者の利益を代弁する立場にあります。また，代理人弁護士は，裁判官や調停人と異なり，中立的な解決基準を全当事者に対し示せる立場にはありません。とはいえ，代理人弁護士は，依頼者である当事者本人と違って親族関係のしがらみからは距離を置いた存在ですし，法的な知見も十分に有しているため，当事者本人よりは，人的要素の強さにとらわれない中立的な基準の提示に向けた行動をとることができます。この意味では，代理人弁護士がついている場合には，裁判前交渉であっても，裁判官や調停人が存する場合に近づいた効果，中立的な解決基準も視野に入れた解決を指向する効果が生まれることも想定できます。一方で，代理人と当事者の情報交換やコミュニケーションが十分でないと，当事者が相続交渉の中で真に解決として求めているニーズ[*9]（それが特に感情的なものである場合など）を十分に把握することができずに，調停人介入前の段階での自由度が高い解決のメリットを十分に享受することができない場合が生じてくることもあると思われます。当事者間の感情面に関わる問題については，当事者同士の話合いによる解決が避けられないことも多くあることで，代理人になる弁護士としては，この点についても十分に配慮・対応する必要があります。

(3) 裁判前交渉での交渉内容

　では，裁判前交渉は自由度が高いということから，どのような交渉が可能となるでしょうか。

　相続交渉（遺産分割協議）は人的関係が色濃く表れる交渉であって，繰り返されるビジネスの取引関係における交渉と異なる1回的な交渉であること，相続財産という全体のパイは広がらないことなどのために，人と立場を切り離し客観的基準による解決を目指すという方法（フィッシャー&ユーリー30頁）は，感情的問題が前面に出てしまう相続交渉のような場合には特に奏功しにくいことになると考えられます（**本章，第1，1(2)(エ)(c)参照**）。逆に人的な関係の強さから法定相続分に固執せずに，当事者の感情的問題（例えば，あいつにだけは渡したくないというような感情など）が満たされることによって，客観的基準では想定できなかったような解決がはかられることも決して少なくありません[*10]。すなわち，当事者の気持ちとしては，金銭的な満足を得たいという欲求もある一方で，他の特定の相続人に対して有している負の感情などから，自分の取り分はどうでも良いからとにかくあいつを懲らしめてやりたいなどという感情に基づき交渉に加わっている相続人がいるケースも実際問題として結構存在します[*11]。また，被相続人の介護を長期間行ってきたなどの被相続人に対する貢献を強調する相続人の気持ちも無視できないものといえるでしょう。

　これに加えて，相続交渉によくみられる当事者の意識として，相続紛争に巻き込まれること自体のコストや心理的負担を負いたくないという意識から，交渉からの早期の離脱（又は初めから交渉に関与しない）といった姿勢で臨んでくる者もあると考えられます。これには，相続人が海外に在住していて日本国内の紛争に関与してくる余裕がない場合や，相続人が相続交渉から早期に離脱することで予期しない経済変動のあおりや他の相続人の環境変化（失業など）を受けたくないという場合[*12]などもあるでしょう。

　このように裁判前交渉には，当事者の意識の問題が交渉の成否に少なから

ざる影響を及ぼしてくるという特徴がみられます。

(4) 裁判前交渉から裁判内交渉への移行のプレッシャー

　裁判前交渉では自由度が高い一方で，次の段階として裁判内交渉（調停・裁判）が設けられている以上，次の段階への移行のプレッシャーが，すべての相続人（プレイヤー）にかかってくることとなります。特に，裁判前交渉がある程度繰り返され，各当事者（相続人）が，当事者間の任意の交渉では合意に達しない可能性が相当高いと感じるようになった時点では，このプレッシャーは具体的なものとなって作用してきます。ただし，この点に関して頓着をしない相続人（プレイヤー）も存在しないわけではありません。

　裁判官や調停人が加わっていない当事者間の交渉においても，相手に対し強い異論がある場合は，当事者自身が調停役であるように振る舞うと良いという見解もあります（フィッシャー＆シャピロ52頁）。すなわち，「調停者の役割を演じると，それぞれの論者の考え方を理解しようとし，どちら側が正しいのか，間違っているのかを判断することを控えることになる。そして，それぞれの立場の考え方に価値を見つけようと努力する。」，「調停者の視点を持つには，どうしてその問題が相手にとって個人的に重要なのか，またどうして説得力があるのかを，見出すことから始めよう。どのような信念や論理が，相手の考え方の根底にあるのだろうか。問題に対する相手の立場そのものには同意できないとしても，その結論に達するのに用いられた理由付けや信条には価値を認めることが可能だ。」（フィッシャー＆シャピロ52頁）などとされているように，裁判官や調停人という第三者的視点を当事者自身がもつことも交渉を進める上では有効な方法であることがうかがえます。

　また，訴訟へ移行することにより訴訟費用など新たに生じることになる費用負担のコスト，解決までの時間のロスの増大の問題も当事者が念頭に置くべき事項として表れてくることとなりますので，こうしたコストの観念も訴訟への移行に際しては意識しておく必要はあるでしょう[*13][*14]。

　調停や裁判へ移行した場合の当事者の意識としては，自己決定権に対する

消失感，すなわち，「この先どうなるのだろうか，どういうことになるのだろうか。」という意識がはたらき，自分には決定権がなく，他者に押し流される不安が生じてくるということが指摘されています（平柳18頁）。逆に，期待感をもって調停・裁判に出頭してくる当事者もみられることがあります（平柳18頁）。そこで，当事者の側としては，相続事件に特によくみられる感情的な問題，人間関係に深く依拠している問題を，調停人に理解してもらうことによって，客観的基準にとらわれない解決案を引き出すことが可能であることを認識しておくことは有効でしょう（もっとも，調停人は感情の問題にはあまり踏み込んでこないことが現実には多いです）。この点で，自由度が高かった調停前の交渉での経緯を無にすることなく，それを発展させる形での当事者のニーズを満足させる解決も裁判内交渉において可能となります。そのためにも，調停人とは敵対しないことが交渉を有利に導く鍵となることは(7)に詳述します（敵対しないことで，逆に調停人が説得にかかってきてしまうことがあることにも注意が必要です）。

　また，裁判前から裁判内へと交渉の段階が移動した後においても，必ずしも裁判所により判断がなされるというわけではないことは認識しておく必要があるでしょう。貸金返還請求訴訟などの一般の民事事件の場合も，訴訟の段階へ移行しても訴訟上の和解などの合意による終結も多く見受けられることですし[*15]，遺産分割事件の場合は，当事者間の私的な財産紛争であるから，調停・審判を問わず，当事者主義的運用が望ましいとするのが，裁判所の基本的な考え方です（田中寿生ほか「遺産分割事件の運営(上)」判タ1373号57頁等参照）。

　このように裁判前から裁判内へのステップの移行においては，ある程度のプレッシャーが当事者に加わってくることから，ステップ移行のプレッシャーが裁判前交渉でどのように影響してくるか，又はどのように利用できるかという点は，検討に値する事項です。少なくとも，もはや裁判前交渉を打ち切って裁判内交渉に移行するしか方法がないのではないかが問題となる時点では，このプレッシャーは，各当事者にさらなる譲歩案の提示を促し，今一

度，裁判前の交渉での解決を図るよう促す大きな効果をもっていると考えることができます。

(5) 裁判内交渉の特徴との関連

⑺ 裁判，調停における交渉の一般論

交渉一般において，調停人や裁判官という第三者の介入を求めるのは，通常は，交渉者が自分の努力によって交渉を駆け引き型から原則立脚型へ変えることができなかった場合であるとされています（フィッシャー&ユーリー186頁）。また，説得の手法は，「感情的説得」，「論理的説得」，「功利的説得」とも分類することが可能であり（草野耕一『ゲームとしての交渉』（丸善，1994年）），平栁氏も，遺産分割交渉において，感情的説得，論理的説得，功利的説得の順に進むのが良い（もっとも，臨機応変な活用は大切とも述べている）との見解を示しています（平栁152頁）（説得については，**本章，第1，2**で詳しく説明してあります）。

調停人・裁判官は，当事者である相続人とは拠って立つ立場が異なりますので，交渉を原則立脚型に引き寄せようとする傾向があると思われます。ハーバード流交渉術では，この点につき以下のように述べられています。「調停者は，直接の当事者よりずっと簡単に問題と人とを分離し，その議論を利害と選択肢に向けることができる。しかも調停者は，しばしば両者の相違を解決する公平な基準を提供できる。第三者は選択肢の考案と決定過程とを分離し，合意に達するに必要な決定の数を減らし，決定した場合の利益を当事者たちに知らせることができる。これら全てを第三者ができるように考えられた方法の1つが『最終調停案』である。」（フィッシャー&ユーリー187頁）。すなわち，調停人，裁判官という第三者が加わることにより，裁判前交渉にはなかった何らかの規範による紛争の解決がはかられる可能性がみえてくることとなるのです。

⑷ 裁判内交渉における相続交渉の特徴

一方で，相続事件の場合には，問題と人との分離が必ずしも容易ではないと思われます。利害と選択肢だけに着目して解決できない人的関係が存する

ことが相続交渉の特徴といえるでしょう。その点で，原則立脚型を採用するというだけでは相続交渉の解決は得られない場合が多いということになりそうです。相続交渉においては，人と問題とを分離しがたいことの方が，むしろ原則であると捉えることができます。その意味では，駆け引き型から原則立脚型へ変えることで交渉を成功させるとするハーバード流交渉術の理論をそのまま妥当させることは簡単にはできないことになってきます（この点，**本章，第 1，1** も参照してください）。

とはいえ，第三者を介入させることによる上記の恩恵は第三者不在の状態と比較して確実に存するといって良いでしょう。

(6) 抵抗点（交渉の打切り点）と裁判前・裁判内交渉との関連

㋐ 各当事者のもつ抵抗点とその探り方

交渉の各当事者には抵抗点（交渉の打切り点のこと。分配型交渉において，自分は最大限どこまで期待するのかが「目標点」，最終的にどこまで譲歩してもかまわないのかが「抵抗点」と理解されています（レビスキー＆バリー＆サンダース80頁及び**本章，第 1，3(1)参照**））が存在し，相続交渉（遺産分割協議）の場合でもこれは例外ではありません。そこで，抵抗点の存在が裁判前又は裁判内の交渉に及ぼす影響を検討しておく必要があるでしょう。

この検討においては，各当事者の抵抗点が近接している場合と重なり合わない場合とでは事情が異なってくることを知っておく必要があります（ZOPA（**本章，第 1，3(2)参照**）がある場合とない場合ともいうことができます）。それぞれの抵抗点があまりにかけ離れていて，ZOPAが形成される余地がない場合では交渉を続けることには無理があることとなります[*16]。もっとも，相続交渉では取引的の交渉の場合と異なり，原則として当事者が交渉の場から離脱できないという特徴があるため，当事者間でかけ離れた提案がなされていたとしてもそれを一度リセットすることにより，再交渉がもたれた時点でそれぞれの抵抗点を下げつつ，ZOPAが形成される余地を見出す作業を行っていくという手法も可能となると考えられます。

では，相手の抵抗点はどのようにして知ることができるのでしょうか。交渉の手法として，まずは先に相手から抵抗点をいわせた方が，交渉を有利に進められることは確かでしょう。しかし，こだわりのない相続人でない限り，正直に抵抗点をいってくれることは期待できないのが普通です。そこで，相手方に対して間接的質問（*17）を発していき，周辺事情から相手方の抵抗点を探っていく方法（D. マルホトラ210頁）や，まずは相手方の提案を聞いてみるという方法も考えられます。そして，相手の反応をみることで，相手のもつ抵抗点を見定めていく材料とすることができますし，交渉の過程を積み重ねていくことで，相手の表情や言動を注意深くみていくことにより抵抗点を推測していくことも有効であると思われます。こうした相手の抵抗点を探索していく手法は，裁判前と裁判内とでは大きな相違があります。すなわち，裁判前交渉においては各当事者は相手方に直接に質問を発したり，相手の反応をみたりなどできますが，ひとたび調停・裁判へと段階が移行した後では，相手への質問も調停人や裁判官を介してしか発することができなかったり，相手方の反応も調停人や裁判官から間接的に聞き取らざるを得なかったりする状況がほとんどになります（*18）。

　相手から抵抗点を聞き出せないときでも，裁判内交渉であれば調停人・裁判官から相手の抵抗点を直接的ではないにせよ引き出すという手段も考えられます。そのためには，調停人・裁判官とは友好的な関係を築いて敵対しないか，少なくともスムーズなコミュニケーションが可能な状態を作ることが重要となります（後述(7)）。調停人に対していたずらに不信感を抱かないようにすることも重要です。相手方の意見を調停人・裁判官というフィルターを通して知っていくことも可能であるというのが，裁判内交渉の大きな特徴の1つともいえましょう。

　また，当事者が相手方に対して最初に伝える提案は，自身のもつ要求の幅の最大限（目標点）であることが通常であって，それに基づいて両当事者はポジショニングをとっていくこととなります（一方で，絶対に譲歩できないぎりぎりの限界より少し高めのところに最初の抵抗点は設定されることが多いでしょう（**本章**，

第1．3⑴参照））。そして，この最初の提案が過大であると相手から受け取られると，当該交渉は紛争化してしまう危険が増大します。抵抗点に基づいた交渉のこうした特徴は，特にパイを分けるだけのときの交渉の場合により顕著となって表れてくるものと思われます。

　当事者が抵抗点をもつ一方で，調停人自身も，当事者とは別に望ましいと考える落着点（「落としどころ」とよく表現されます）をもっていることがあり得ます。当事者としては調停人のもつ落着点とかけ離れた主張を展開することが時には不利なこととなったり，解決を遅らせることになったりします。この意味でも，調停人と敵対しないことはやはり重要なことと考えられます。なお，調停人のもつ落着点は，調停の期日を重ねる中で徐々に形成されていくことも少なくないでしょうから，当事者としては当該時点における調停人が有していると目される落着点に応じた（あるいは配慮した）主張をなしていくことが必要となるでしょう。この主張は，より大胆にいえば，調停人のもつ落着点を，当事者自身により有利なものにするためにもなされるものです。もっとも，調停人が必ずしも判断を誤らずに落着点を形成しているとは限りません。あくまで例外的にではありますが，安易に両当事者の主張の中間点だけを落着点として述べてくる，能力に疑問符がつく調停人もないわけではなく，その場合は，当事者としては多少とも強めの主張を予め述べておいた方が[*19]，結局は交渉を自己に有利に引き寄せることが可能となると考えられます。

㈰　裁判前交渉打切りによる裁判内交渉への移行の意味

　訴訟への移行が，裁判前交渉による解決のBATNA[*20]であるとする理解もあり，訴訟になった場合にどれだけの成果を得ることができるかを見極めることによって，裁判前交渉での打切り点も変わってきます。訴訟を交渉のBATNAとみるこうした見解については，小林秀之教授により以下のようにも指摘されています。すなわち，訴訟は交渉による解決の代替案（BATNA）である。訴訟をBATNAとする場合でも，判決が出されるまでの過程で裁判官は訴訟上の和解を試みさせることができ，裁判官主導の交渉プロセスに移

行しているともいえるとされています（小林51頁）。さらに，交渉においては，交渉の範囲・交渉の打切り点（Resistance line, Bottom line, Walkaway point）がBATNAによる裏付けを伴っているかを意識して交渉を進める必要があり（**本章，第1，3⑶参照**），ここで，BATNAと交渉の打切り点とは異なる概念であることに注意を要します。そして，BATNAは現在の交渉以外での最善の代替案のことであるとも理解されています（小林31頁）。

　また，訴訟が裁判前交渉のBATNAであるということに加えて，訴訟へ移行した裁判内交渉の段階においても，和解ではなく判決へ向かうという作用を交渉の中で戦略的に用いることもできるという意味合いがあることを認識しておくべきでしょう。この点について，小林教授は，「紛争当事者もAll or Nothing的に判決を待つのではなく，訴訟継続中も交渉によって紛争解決を試みることが一般的なことです。（中略）つまりBATNAとして訴訟に移行したとしても，訴訟がもつ力を背景にしつつ，訴訟の過程でおこなわれる和解等による交渉妥結を比較考量して交渉を進めることであり，訴訟に移行することは交渉を打ち切ることと同義ではない。」（小林51頁）と指摘していますが，訴訟に移行した段階での紛争解決への当事者の意識を把握する上で参考となります。

　㋒　**調停人・裁判官のもつ権威**

　裁判内交渉においては，調停人や裁判官というある意味で権威をもつ者が介入してくることになるため，こうした「権威」をうまく用いていくことで相手を説得する方法もあります。説得の心理学として，まず原則は「権威を示す」ことが重要であるとの指摘がなされています[*21]。この「権威を示す」という手法は，納得が得られていない依頼者を代理人が説得するという場面でも有用な場合があります。法律家ではない当事者，法律家と異なり法定相続分などの尺度にとらわれることの少ない当事者といえども，調停人・裁判官から「権威」を示された際には，納得せざるを得なくなることも少なくありません。

(7) 調停人・裁判官と敵対しないことの有用性

　調停，裁判の場合は，調停人，裁判官も特殊なポジションの交渉関係者（利害関係はないが，公的存在，権威者・判断者として無視できない存在である「準プレイヤー」）といえます。調停人・裁判官（特に裁判官ですが……）は，交渉にあたっては，当事者主義に立脚しつつも，自らの判断部分をブラックボックス化して有益に使える立場にあり，当事者にとっては調停人・裁判官の判断や思考過程を是非とも覚知して有利に交渉を運びたいと考えるものです。そして，裁判官が手続の主催者となる審判手続は，現実には，前段階の調停手続の中でのやりとりが非常に重視されますので[*22]，やはり調停人といかに敵対しないか，調停人を通じての交渉をいかに行うべきかは，特に検討しておくべき点であるといえます。調停人という準プレイヤーが現れたことによって，当事者はこれを有効利用して，交渉の結果を有利に導く方法を模索していくことも可能となってくるでしょう。調停人・裁判官は，たしかにあくまでも中立な存在ではありますが，当事者としては彼らとのコミュニケーションを円滑にさせておくことは，不利益なことにはならないと思われます。

　一方で，調停人らは，一旦，当事者の一方を他方より説得しやすいとみると，説得しやすい方にばかり譲歩を求めてくる場合もありますので，注意が必要です。そこでは，調停人がどのような思考判断で調停に臨んでいるかはとても参考になるでしょう。調停人の側としても，当事者から理解を得られるように振る舞いたいと考えている様子もあることが，家事調停委員の経験の深い平栁一夫氏によっても指摘されていて，調停人も当事者を種々の角度から判断しようとしていることがわかります[*23]。また，草野芳郎元判事も，裁判官が和解を勧める際の心理として，当事者の立場になって考えることや[*24]，誠意・熱意をもって説得にあたることの重要性なども述べていて[*25]，調停人・裁判官の思考過程を知ることができます。ある場面においては，調停人からの提案がやや不利なものであっても受け入れておくことで，調停人からの信頼・理解を獲得しておき，別のより重要な場面において

自己にとって有利な提案を調停人から引き出すことに備えるという手法も検討の余地があるでしょう。

調停人としては，各当事者に抵抗点を聞いてこようとするときがありますが(*26)，そのとき当事者はどのように答えるべきであるかは十分に考える必要があるでしょう。交渉の中で，相手の抵抗点を知ることだけでなく，自分の抵抗点を相手に悟られないようにすること（又は，自分の偽りの抵抗点を相手に信じさせること）も交渉を有利に運ぶための手段となり得るからです。

当事者の側が調停人に信頼を置けるようになるか否かで，調停人からの説得に当事者が応じられるかどうかの違いが生じてくることにもなってきます。調停人と敵対しないということは，調停を有利に進めていく上で大変重要なことではありますが，調停人の個性も千差万別であって，調停人の特徴いかんによってはうまく敵対しないでいけるかどうか大きく異なってくることもあります。すなわち，調停人の中には当事者の主張を相手側に伝えるだけの伝令者のような役割しか果たさない者もいることがあり，こうした調停人には，いかにすれば情熱をもって事案に取り組んでもらえるのかという画策も必要となるでしょう。また，積極的に紛争の解決を導こうとする調停人もあれば，時には非常に感情的となってしまう調停人もいないわけではなく，こうした調停人の特徴によって当事者は対応を変えていくことが必要となってきます。

(8) 情報量の偏在（非対称性）との関連

相続交渉の場合には，各相続人が遺産の全体像を熟知している場合と特定の当事者にのみ相続財産に関する情報が知られていない場合とがそれぞれ考えられ，特定の相続人だけが知り得ている情報が重要な要素となっている案件が少なくありません。このように情報量が偏在している状態が，交渉の過程でどのように影響してくるかは，やはり検討されるべき課題でしょう。

特定の相続人に偏在している情報としては，まず，相続財産そのものに関わる情報や特別受益，寄与分に関わる情報などが考えられますが，本来的に

はこうした情報は，遺産の範囲を確定する作業の際に明らかとなっていなくてはならない情報であるとも考えられます。それに対して，遺産分割協議などにおいて各相続人が遺産のうちのいずれの資産を自己の手中にしたいかという嗜好の点については，各相続人が他の者に進んで知らせることが憚られる情報と捉えられます。たしかに，後になってこの財産を自分は欲しかったと述べても手遅れとなる場合がありますから，早期に自己の希望を述べる必要性も高いですが，当初からすべての自分の希望を明らかにして交渉に臨むことは得策ではないと考えて行動することも少なくないはずです。

　裁判前交渉の場面においては，これら情報の偏在が解消されていないままに交渉が進み，そのまま調停等の段階にまで進まずに相続交渉が終了してしまう場合もあり得ます(*27)。一方で，裁判内交渉にまで段階が進んだ場合には，裁判前では秘匿されていた情報もつまびらかにした上での交渉が求められることが想定され，裁判前では自己に偏在する情報を有していた当事者には，裁判内交渉への移行がプレッシャーとなってきてしまいます。ただ，反面ではこのプレッシャーにより秘匿されていた情報の開示が促される可能性も増えてきますので，調停・裁判の手続に移行することをプレッシャーと理解していない当事者には，そのプレッシャーの意味を知らしめることも情報開示のための有用な手立てとなり得るでしょう。

　なお，裁判前交渉の段階であっても，当事者に代理人弁護士がついている場合には，弁護士による種々の情報開示を求める手続によって，当事者だけでの交渉では偏在のままであった情報にもアクセスが進むということもあり，代理人弁護士のついていない当事者だけによる交渉の場合よりは情報の偏在という状況が早期に解消（少なくとも減少）される可能性が高いものと考えられます。

⑼　当事者内で不適切なリーダーシップをとろうとする者への対応

　平柳氏は，「当事者の一部が意見のとりまとめや他の当事者との折衝などを行っていることは多い。仕切屋が有能で，当事者の意見を尊重し，とりま

とめてくれている場合は，対立構造も明確となり，無用な紛争も排除されます。しかし，仕切屋が自己を過大評価し，独善的行動に走り，他者の意見を抑え込んで自分の意見を主張したり，自分の力を誇示したりすることもあり，こうした事態は避けなければなりません」と指摘しています（平柳171頁）。こうした仕切屋のようなリーダーシップをとろうとしたがる者の振舞いによる影響が大きく表れるのは，裁判前交渉の段階とりわけ当事者のいずれにも代理人弁護士がついていない場合であることは明確でありましょう。当事者のいずれかにでも代理人弁護士が就任していると，前記(2)でも述べたとおり，代理人による法的視点を踏まえた解決案が提示されてくることが多く，仕切屋の独善的行動も減少してくることになるでしょう。さらに進んで，裁判内交渉となれば，判断者としての立場の調停人・裁判官が関与してくることによって，相続交渉の進行の主催者を調停人・裁判官が務めることになってきますから，仕切屋の影響力はより小さくなってくるものと思われます。また，このような者の仕切りを横行させないように他の当事者は対策を講じる必要が出てくる場合もありますが，仕切屋の存在感をできるだけ薄めるという方向性がまずは指向されることになると思われます。

　もっとも，当事者の感情面につながる問題などについては，当事者同士でしか解決へとつなげられないことも多くみられることでしょうから，親族間の中でリーダーシップをとっていくような立場にある特定の相続人の存在とその者の及ぼしていく影響は，裁判内交渉の段階といえども相続交渉においては，一般の交渉事案よりは色濃く表れてくる影響であると考えることができます。

⑽　ま　と　め

　裁判前交渉から裁判内交渉への移行の際に考慮すると有用と考えられる事項につき検討を加えてきましたが，第三者である裁判官・調停人が加わることによる影響について，相続交渉に限られない一般的な交渉にも妥当する理論と相続交渉であるからこそ妥当するような特徴的な理論とをそれぞれ分析

的に理解しておくことが，交渉を有利に導いていくためには重要であると考えます。

2　相続交渉と弁護士

(1)　相続交渉と弁護士の関わり

(ア)　弁護士は，相続交渉にどのように関わるでしょうか。結論からいいますと，弁護士は，相続交渉の場において，相続人のだれかを代理して交渉やその後の裁判手続を遂行することもあれば，表には出ることなく私的なアドバイザーとして（英語では，judicious counsellor ともいいます），特定の相続人に対して法的なアドバイスを行うこともあります。また，相続人が多い場合には，相続人の誰かの代理人という立場は守りながらも，各相続人間の利害を調整して合意を形成し，相続手続を円滑に進める役割を果たすこともあります。

ある程度紛糾した相続交渉では，弁護士を関与させざるを得ないケースが多く，相続交渉に臨むにあたって，弁護士が相続交渉において果たす役割を予め知っておくことは有益です。

(イ)　本書において繰り返し説明してきたところですが，遺産分割協議は，遺産という，基本的に限られた大きさの利益（パイ）を当事者間で分配する交渉ですから，分配型交渉の性質が強いといえます。そして，分配型交渉は，一方が得をすれば，その分他方が損をするという関係にあるゼロ・サム交渉であるため，両当事者の行動は利己心による支配を受けやすく，交渉も対立・競争型のものになりがちです。

現に，遺産分割協議の場合も，ある相続人が，自分だけがより多くより魅力的な財産を取得しようと強硬な主張を続けた場合には，他の相続人もそれぞれが対抗して強硬な主張を行い，手続を長期化させた挙げ句，人間関係も修復不可能となってしまうか（ハード型交渉），人間関係の維持を重視して譲

歩を続けざるを得なくなる（ソフト型交渉）場合が多いように思われます。

　しかし，このように相続人間での争いが激化したり，強硬な主張を続ける相続人のみが得をするというような交渉は，全相続人にとって決して好ましいものではないでしょうし，被相続人の気持ちにも沿わないことでしょう。人間関係を損なわずに，各相続人が相応の満足を，時間や労力，費用の負担を合理的な最小限にして得ることができる交渉ができればそれに越したことはないですし，不当な要求には屈したくないが，合理的な話合いができるのであれば，可能な限りその途を探したいと考える相続人は多いと思われます。そのような場合に，弁護士を交渉の代理人に選任したり，弁護士からアドバイザーとして助言してもらうことは，大いに効果的な手法といえます。

　また，本書は，ハーモニアス・ネゴシエーション（ハーモニアス・チョイス。調和型交渉）を提唱していますが，ハーモニアス・ネゴシエーションを実践する上でも，弁護士が重要な役割を果たすことはいうまでもありません。

(2) 弁護士が相続手続において果たす役割

(ア) 相続交渉の場合の問題点（分配的交渉に徹する相続人の存在）

　ハーモニアス・ネゴシエーションは，当事者が協調しつつ交渉することを推奨しております。

　しかし，先に述べたとおり，遺産分割交渉は，利己心による強い影響を受けた相手方の相続人が分配型交渉（**本章，第1，3 (4)参照**），なかんずく駆け引き型交渉を行ってくる可能性が高いといえます。

　この場合，相手方は，自らの情報提供・譲歩は最小限にとどめ，こちらからはできるだけ多くの情報収集を行い，できるだけ多くの譲歩を引き出させようとするでしょう。

　これに対し，単純に相手方に協調を求め，自らの目的や希望を明らかにする交渉を行ったのでは，自分がもっている情報のみを開示させられ，他方，相手方の情報は与えられず，また，自分のみが譲歩を強いられ，結果として不満が強く残る交渉結果となってしまうおそれがあります。

したがって，相続交渉を行う場合，相手方と協調した交渉を志向する場合であっても，相手方が分配型交渉を行ってくる可能性を視野に入れて，慎重に交渉戦略を立案する必要があります。相続交渉に精通した弁護士はこうした戦略の立案につき，高い能力を有しています。

 (イ) **準備段階における弁護士の関わり**

相続交渉における事前準備の重要性については，既に**本章，第4，1** (1)で詳しくみましたが，ここでは，弁護士の関与という観点から改めて取り上げてみます。なお，本項での準備事項の項目（①～④）は，**本章，第4，1** (1)の項目（①～⑤）と異なっていますが，中身は実質的に同一と考えてくださって結構です。

相続交渉を開始する前に必ず準備しておくべき事項は，①外部情報の収集，②自らの交渉の目的の探求，③相手方の交渉の目的の推測であり，用意しておいた方が望ましいと思われるものは，④BATNAの用意と交渉の抵抗点の設定及び⑤相手方の目標値の推測です。そして，これらの準備を行うためには，弁護士を利用することが効果的です。

以下，具体的に説明します。

 (a) 外部情報の収集（①）　　外部情報には，(i)相続財産は何かとか，相手方が過去に被相続人からお金を貰っていたかなどの具体的事実に関する情報と，(ii)これらの具体的事実が裁判手続ではどのように評価されるのか，という相続ルールに関する情報とがあります。

まず，(i)の具体的事実に関する情報を収集することは，相続交渉を行うにあたって必要不可欠です。この収集は，弁護士を使わなくてもできますが，収集漏れを防ぐためには，相続手続に精通した弁護士に確認してもらうことが望ましいです。また，相手方が具体的事実に関する情報を開示しない場合などには，弁護士を利用して弁護士会照会の手続などにより，具体的情報を収集してもらった方が有効な場合もあります。

なお，相手方が自らの情報を開示しようとしない事実自体が，相手方が分配的交渉(特に強圧的な交渉)をとってくる可能性が高いことを示していますが，

弁護士を利用して，双方が同時にそれぞれの情報を開示し合うことを提案するなどの方法により，情報を開示してもらえることもあります。

　次に，(ii)の収集した具体的事実が裁判手続でどのように評価されるのかという相続ルールに関する情報を収集する必要もありますが，この点については弁護士を利用することが最も効果的です。相続ルールは一般に考えられているよりも複雑かつ専門的であり，相続に関する裁判例も膨大なものとなっており，近時も新しい重要な最高裁判例，下級審裁判例が矢継ぎ早に出ています。したがって，法律の専門家である弁護士をアドバイザーとして相続ルールに関する正確な知識を獲得しておかないと思わぬ不利益を被ることが考えられます。ここでいう正確な知識とは，例えば預貯金は遺産分割手続を経ずに当然分割される（ただし，遺産分割調停ではできるだけ預貯金も遺産の範囲に加えて協議するように運営されています）とか，生命保険金は相続財産に含まれないとか，被相続人から相手方に贈与していた金員についても資料が何も残っておらず相手方がこれを否定している場合には相手方の特別受益として認めてもらうのは困難であるなどといったことです。

　　(b)　自らの交渉の目的の探求（②）　　各相続人が協調して相続交渉を進めるために重要であるのは，各相続人の交渉の「目的」を知ることであり，その最初のステップが自らの交渉の目的を知ることです。

　取引型交渉の場合，取引者は自ら望んでその交渉に臨むことが通常であり，自らの交渉目的を把握していることが多いはずです。また，通常，依頼者は自分の「目的」を達成するための「手段」として弁護士を利用しているはずです。弁護士は，依頼者の「目的」に口を出すことは少なく，弁護士に自らの「目的」について口を出されるのを好まない依頼者も多いように思われます。

　ところが，相続の場合，各相続人は，決して望んで相続交渉に臨むわけではなく，被相続人の死去という相続人がコントロールできない事態が発生したため，半ば強制的に交渉の場に立たされることになります（もっとも相続放棄という形で交渉の場に立つことを拒否することは可能です）。そのため，相続の場

合は，各相続人は，必ずしも自らの交渉の目的——その内容は，後述するとおり色々考えられます——を明確に把握しているわけではなく，むしろ把握していない，手探り状態の場合の方が多いようにも見受けられます。各相続人が自らの交渉の目的を把握していないことは，相続人間の共通の利害を探り出し，相続問題を協調的に解決するための大きな障害となっています。

　しかし，相続人が1人で自らの交渉の目的の探求を行うことは容易ではありません。したがって，こと相続の場合に関しては，相続事件を多く経験し，相続ルールにも精通した弁護士に，相続人が自らの交渉の目的を探求する作業を行う際の相談相手となってもらい，その助言を受けることは有益であると思われます。

　具体的には，弁護士から，上記①の段階で収集した外部情報を基に，基本ルールである法定相続分を前提とした見通しを話してもらい（なお，弁護士は，特別受益や寄与分等による修正の可能性があることを説明しておく必要があります），依頼者においてこの相続手続において本当に得たいもの（「目的」）を弁護士と十分に議論して探求していくことになります。

　相続の場合の交渉の目的としては，(i)1円でも多くの財産を取得したい，(ii)今利用している財産（特に不動産）を今後も確保したい，(iii)他の相続人と平等の取扱いを受けたい，(iv)自分が他の相続人よりも被相続人に尽くしてきたことを認めてもらいたい，(v)ある相続人は生前被相続人から多くの恩恵（金銭的なものに限らない）を受けてきたので，相続の段階で調整してもらいたい，(vi)他の相続人との関係を今後も円滑にしておきたいなどといったことが考えられ（なお，目的が複数ある場合ももちろんあります），相続人がどのような交渉の目的を有しているかによって，他の相続人との交渉方針も大きく異なってきます。例えば，(i)の交渉の目的をもっている場合には，他の相続人と協調して相続問題を解決していくことは困難であって，分配型交渉を行わざるを得なくなります。他方，(iii)の交渉の目的をもっている場合には，同じような目的を有する他の相続人と協調して相続問題をより早期に解決できる可能性があるでしょう。

相続の場合の交渉の目的を一括りにするのは必ずしも適切ではありませんが，一般的には，相続人全員が全員，できる限り多くの財産（遺産）を取得したいということはそう多くはなく，相続人間の公平を守りたい，又は，上記(ii)のように現時点で事実上得ている財産や財産的利益を守りたいという目的をもった相続人の方が多いように思われます。これは，経済的利益の追求が最も優先される取引型の交渉とは大きく異なる点だと思います。また，例えば上記(iv)の交渉の目的をもっている場合であっても，その目的をより深く探求すれば，自分は被相続人の介護を長年行い自分の時間と労力を注いできたのであるから，その時間と労力に対する「対価」が金銭的に自分に還元されるのが「公平」であると考えている場合も多いように思われます。また，(i)の目的をもっているようにみえる場合でも，より深くその目的を探求すれば，実際は，(ii)の目的，例えばこれまで被相続人と同居していた不動産に今後も住み続けたいとか，被相続人を通じて得ていた賃料収入をこれからも得続けたいといった現在既に利用している財産や財産的利益を守りたいというような目的である場合もあるでしょう。

このような自らの交渉の目的を探求するためには，弁護士との間で幅広い観点からの自由な議論を行うことが有益です。ここで1つ大事なことは，自分が依頼する弁護士に対しては，自分の思いをありのままに話し，自由に議論して，目的を明確にしていくべきだということです。先に述べたように，取引型交渉の場合と比べて相続交渉の目的として考えられるものは多くあり，その目的によって弁護士がとる交渉手法も異なってくる可能性があります。ですから，自分の目的を達成するためには，自らはもちろんのこと弁護士にもその目的を的確に理解してもらう方が，弁護士としてもより適切な交渉手法をとれるといえます。自分の思いをありのままに話すことにためらいを覚える方もいらっしゃるとは思いますが，弁護士は，あくまで自分の味方の立場であり，守秘義務も負っているため，信頼して話すことが大切です。また，このような信頼をもてる弁護士に事件を依頼することが必要だといえるでしょう。

(c)　相手方の交渉の目的の推測（③）　自分の交渉目的ですら，なかなか正確に把握できていないことが多いのに，相手方である他の相続人の交渉の目的を推測することが果たして可能だろうか，と思われる方もいらっしゃるかもしれません。確かに交渉の開始前，交渉の当初はこうした推測は困難を伴うことが多いでしょう（**本章**，**第4，2 (4) (イ)**参照）。しかし，相手方である他の相続人の交渉の目的を推測することは，やはり，重要であるといわねばなりません。相手方の交渉の目的を推測することによって，相手方がとってくるであろう交渉戦術を予想し，対応することが可能となるからです。①の外部情報の収集をこつこつと重ねていき，推測が可能な状態にもっていきましょう。

　例えば，相手方が上記(i)の交渉目的をもっていることが推測される場合であれば，自らの情報提供・譲歩は最小限にとどめ，自分はできるだけ多くの情報収集を行い，こちらからできるだけ多くの譲歩を引き出そうとする分配型交渉を行ってくる可能性が高いわけですから，それに対応する必要があります。また，相手方が，上記(ii)に該当するような場合，例えば被相続人所有の不動産に同居していた場合とか，被相続人を通じて不動産収入を得ていたような場合などには，少なくともその財産の取得を当方も希望している場合には，当面の交渉は分配型交渉とならざるを得ないでしょう。

　他方，相手方が上記(iii)の交渉目的をもっていることが推測される場合であれば，自分と相手方が同様の交渉目的をもっていることを確認することができれば，後は協調して相続問題を解決することが可能となります。

　ただし，ここで重要なのが，相手方の交渉目的を推測することは大切ですが，相手方の交渉目的を決め付けてはいけないということです。例えば，一見(i)の交渉目的をもっているようにみえる相手方であっても，その本当の目的は，自分が被相続人と居住している住居を確保するところにあり，他の財産には関心がない場合もあります。このような場合は，相手方の住居を確保したいという目的を尊重することによって，相手方と協調して相続問題を解決することができるかもしれません。他方，(iii)相続人間の公平を重視してい

ると述べている相手方であっても，実際には，生前，被相続人から可愛がられ金銭的援助を得ていた当方の相続分を減らすことが「公平」であると考えている場合もあり，その場合は，当方の当面の交渉は分配型交渉とならざるを得ないでしょう。自分が相続人の立場として交渉の渦中に立たされた場合，どうしても疑心暗鬼になってしまい，相手方の交渉目的を決め付けてしまうことも多いように思われます。

　弁護士は，法科大学院，さらには司法研修所等で事実認定について専門的なトレーニングを受けており，また，OJT（実践訓練）による経験も積んでおりますから，第三者的な立場から冷静に事件をみることができるので（弁護士としては，このようなクールな面を持ち続けることが必要です），弁護士が推測する相手方の交渉目的にも耳を傾けていただければと思います。

　なお，相手方の交渉目的が開示されない場合でも，ある程度相手方の交渉目的を推測することは可能です。人間は，自らが利己的な目的をもって交渉を行っていることを明らかにしたくない傾向があり，開示に対する心理的抵抗がより少ないものから順に上記目的を並べれば，(vi)＞(iii)＞(iv)(v)＞(ii)＞(i)の順番になるように思われ，開示がないという事実自体から交渉目的をある程度推測することは可能です。

　既におわかりかと思いますが，相手方の交渉目的を推測するにあたっても，弁護士を利用することが有用です。外部情報を弁護士と共有した上で議論することにより，相手方の交渉目的をより第三者的，客観的な視点から推測することができますし，相手方の交渉目的を決め付けて交渉するということも防ぐことができます。

　(d)　BATNAの用意と交渉の抵抗点の設定（④）　外部情報が不足している場合には困難な場合もありますが，交渉を始める前に準備しておいた方が良いのは，交渉の抵抗点の設定です。これに対し，遺産分割の場合，BATNAとして考えられるものは，一般の交渉と異なり，ごく限られています。まず，BATNAの方からみていきましょう。

　遺言書が残されていない相続交渉の場合におけるBATNAは，基本的には

(i)遺産分割調停等の裁判手続を申し立てる，(ii)交渉を打ち切り，又は引き延ばし，遺産未分割の状態を継続するということになりますが，(ii)についてはこれを交渉のBATNAとして利用することは逆効果となる（相手方は，急いで(i)遺産分割調停等の裁判手続を申し立てることになるでしょう）ので，(i)のみをBATNAとして用意し，自らの交渉の目標値と抵抗点を設定する必要があります。ただし，自らが既に相続財産を事実上管理しており，遺産未分割の状態が継続することが自らにとって有利であるような場合には，(ii)をBATNAとして用意している場合も多いように思われます。逆にこのような相続人の相手方となった場合には，相手方のBATNAとして(ii)が用意されている可能性があることを予め予測しておく必要があります。

　(i)遺産分割調停等の裁判手続を申し立てることが自らのBATNAとして有効に機能するかは，慎重に検討する必要があります。当然のことですが，遺産分割調停等の裁判手続に移行した場合に法定相続分等の相続ルールの適用によって，交渉段階よりもかえって不利な結論となることが予想される場合は，自らのBATNAとなるどころか，相手方のBATNAとなることになります。そのため，遺産分割調停等の裁判手続を申し立てるか否かについては，外部情報を十分に収集した上で，相続ルールによる精緻なあてはめを行った上で法的見通しを立てることが必要不可欠で，この点については，弁護士を利用することが極めて有効です。この見通しが，交渉の抵抗点の設定に大きく影響することになります。また，交渉の抵抗点をなぜ設定する必要があるかといえば，これを設定しておかなければ，相続交渉が無用に長期化するとともに際限ない譲歩を強いられることがあるからです。

　ただし，ここで注意すべきなのは，準備段階で得ることのできる外部情報には限界があることから，この時点での見通しを絶対のものとして理解しない方が良いということです。相続事件に関して，1人の相続人が準備段階で得られる外部情報には限界があり，実際には交渉段階，さらに裁判手続の段階で得られる外部情報によって見通し自体も大きく変化していくことがあり得ます。実際に交渉の抵抗点を設定する場合には，ある程度幅をもたせた見

通しを基準に，自らの交渉目的（多くの財産獲得なのか，相続人間の公平なのか，円滑な人間関係の維持なのか）に，推測される相手方の交渉目的を踏まえて決定されることになります。このような複合的な判断を自分１人で合理的に行うことは極めて困難であり，相続ルールに精通し，交渉の抵抗点設定の作業にも習熟した弁護士とともに行うことが何といっても有益だと思います。

　また，相続交渉における自らの目標値を設定しておくことも必要です。小林秀之『交渉の作法』においては，分配型交渉において，現実的な高い目標を設定することの有益性について，下記のようにまとめており，(イ)の点はともかく，他の点は相続交渉の場合にも基本的にあてはまると思います（小林38頁）。

記

(ア)　交渉者の目標値は交渉の限界を決める上で重要である。交渉において高めのゴールを設定することは，交渉者が適切かつ積極的な要望を出す上で必要なことである。

(イ)　野心的な目標値によって交渉者はより熱心に交渉することになり，より良い結果につながることがある。

(ウ)　高いゴールを与えられた交渉者は，低い目標値を与えられた交渉者よりも忍耐強い。高いゴールを与えられた交渉者は，フラストレーションがたまり，交渉の席を立つよりも，そのゴールを達成するために，相手方と長期的なギブ・アンド・テイクの関係を構築し，忍耐強く交渉することで，より良い結果を得ていることが判明している。

(エ)　ゴールというものは具体的である必要がある。「よくやった」とか「彼らの主張を聴く」というような一般的なゴールでは，より積極的な利益を得る引き金にはならないのである。同様に，交渉者にとってBATNAをもち，それをボトムラインとして交渉することで具体的なゴールに近づくのである。

(オ)　具体的なゴールをもつことは，さらに相手方が「しばらく様子を見ましょう」といったような提案をしてきた場合でも，相手方のペースで交

渉が進むことはなく，自分の論点に議論を集中させることができる。

相続交渉の場合，交渉が決裂した場合の最終的なBATNAは，遺産分割調停等裁判手続となり，そこでの相続人間への財産の分配は，法定相続分等の相続ルールによって決定されることになります。この観点からは，目標値は，法定相続分等の相続ルールから演繹される上限値が望ましいということになります。ただし，ここで注意しなければならないのは，交渉段階においては，法定相続分等の相続ルールを意識しつつも，それのみに囚われるべきではないということです。分配型交渉では少しでも取り分を多くすることが目的とされますが，その立場が正当化されるのは，道徳的にも，社会的にも，科学的にも正しいことによってであり，交渉者も，より良い結果を導くために，正義や準則，過去の約束と結果，社会的に認められる行動に関する規範（この社会的に認められるというのが重要だと思います）を重要視し，時には規範について強く主張することだけで，合意に達することも可能であるとされます(小林46頁)。法定相続分もこの規範の有力な1つではありますが，唯一のものではありません。各相続人は，それぞれが自らの規範をもっているはずであり，弁護士としては，自らの依頼者が主張する規範が社会的に認められるような規範であるか否かを慎重に吟味し，社会的に認められるような規範であると考えられる場合は，法定相続分等の相続ルールのみでは説明しづらいものの，相続人が有する規範の観点からは正当化し得る目標値を設定することも検討すべきでしょう。この点で，弁護士には，法律知識のみならず，社会的に認められる規範がどのようなものであるのかを適切に判断することのできる常識やバランス感覚，さらに依頼者が有している規範を社会的に認められる規範として再構成し，相手方に伝えていく（この意味で弁護士は一種の通訳人のような役割を果たすことになります）能力が求められるように思います。ただし，目標値を高く設定することは，他の相続人を刺激し，例えば交渉目的として他の相続人との円滑な関係を維持する目的をもっている場合には，その目的に反する結果となりますので，自らの交渉目的を損なわないかについても十分に検討する必要があります。

(e)　相手方の目標値の推測（⑤）　　相手方の目標値を事前に知ることができれば，交渉を有利に進めることができますが，通常は困難であるため，まずは相手方の交渉目的を推測していくことになるでしょう。相手方の目標値を知ることができれば，相手方がとってくるであろう交渉戦術（分配型交渉を行ってくるか否か）もある程度予測することができるでしょう。

　(f)　小　括　　以上，相続交渉の準備段階において行うべき作業について述べましたが，これらの作業を行う上で弁護士をアドバイザーとして利用することの有用性については，疑う余地はないと思います。また，相続交渉に入った段階においても，これらの作業は継続して行い，交渉の抵抗点や目標値を修正していく必要があり，この段階においても弁護士を助言者として利用することは有用です。

　(ウ)　**交渉段階における弁護士の関わり（代理人として）**

　(a)　交渉の準備段階や交渉段階において，弁護士をアドバイザーとして利用することの有用性は，以上に述べたとおりです。

　では，交渉段階において弁護士を代理人として利用することの有用性はどこにあるでしょうか。

　相続ルールが問題となる事案でなく，各相続人がそれぞれ自らの目標値を任意に開示し合い，それぞれが自らの交渉目的に見合った解決を得られる場合には，弁護士を代理人として利用する必要はないでしょう。相続交渉において，何か問題が発生するか，又は発生する可能性が高い場合に弁護士を代理人として利用する必要が発生することになります。以下ではどのような場合に弁護士を代理人として利用することが有益か，また弁護士はどのような交渉を行うことが望ましいのかについて述べます。

　(b)　相手方が外部情報を開示しない場合　　相手方が外部情報を開示しようとしない場合，相手方が強気の分配型交渉を行ってくる可能性が高いと考えられます。このような場合には，相手方の分配型交渉に対応するため，弁護士を代理人として利用することが有益です。

　このような場合，代理人となった弁護士（以下「代理人弁護士」といいます）は，

まず，相手方の話を良く聞き，相手方の交渉目的を探っていき（相手方自身が自らの交渉目的を良くわかっていない場合もあります），自らと相手方の依頼者が協調して交渉することが可能か否かを粘り強く検討します。協調して交渉することが可能な場合には，できる限り，相手方の外部情報や目標値を先に提示してもらって，依頼者の交渉目的と両立する解決案を提示していくことになると思います。

　他方，粘り強い交渉を経ても相手方が外部的情報や交渉目的を開示しようとしない場合，相手方が分配型交渉をとってくる可能性が高いと思われますので，代理人弁護士としては，相手方に対し，準備段階において設定していた現実的な高い目標値を提示し，相続ルールを踏まえた論理的説得（**本章，第1, 2(1)(イ)**）を行うことになると考えます。

　ここで，交渉論上，良く問題となるのが，ファースト・オファーをいずれが行うかという問題ですが，相手方が分配型交渉を行ってくることがほぼ確実に予想される局面においては，基本的にはファースト・オファーはこちらから行うのが良いと考えます。相手方が分配型交渉を行ってくる場合に提示されるファースト・オファーは，相手方の真の抵抗点や目標値を推測するためには役に立たないので，ファースト・オファーを相手方にさせるメリットは少なく，当方から相続ルールや社会的に認められる各種規範上からも説得性の高い現実的な高い目標値を提示し，アンカリング効果を得る方が望ましいと考えるからです。

　　(c)　相手方が感情的になっている場合　　相手方が感情的になっている場合についても，弁護士を代理人として利用することが有益な場合であると考えます。ハーバード流交渉術においては，良く人と問題を分離せよといわれることがありますが，相続交渉には全人格的な交渉という一面があることから，人と問題を完全に分離することは困難であり，ある程度感情の問題の解決も考慮しながら，一体性をもって対処していく必要はあります。ただ，ソフト型交渉によくみられるように，一方的に不利な条件を受容することにより相手の感情を和らげて交渉を決着させようとする譲歩型方法はすぐれた

交渉方法ではありません。

　相手方が感情的となっている場合には，相手方が問題とする人（依頼者）を直接の交渉者とするのではなく，その代理人弁護士を交渉担当者とすることにより，ワン・クッション置かれるため，人と問題を切り離し易くなることは事実でしょう。相手方が感情的になっている場合の代理人弁護士の交渉も基本的には，相手方が外部情報を開示しない場合と同様ですが，この場合は，必ずしも相手方が分配型交渉をとってくる蓋然性が高いというわけではありませんから，より辛抱強く相手方の話を聞き，その交渉目的を探求すべきでしょう。

(3)　相手方の弁護士に対してどのように相対すべきか

　では，相続交渉の相手方が代理人として弁護士を立ててきた場合にはどのように対応すれば良いでしょうか？　この場合，相手方が代理人弁護士を利用しているからといって，必ず相手方が分配型交渉を行おうとしていることにはなりません。しかし，やはり弁護士は日常の訴訟業務を通じて分配型交渉に精通しており，対応するためには，こちらも弁護士を代理人として利用することが望ましいでしょう。事情があって弁護士を代理人にできない場合であっても，助言者として弁護士を利用することは有益でしょう。優秀な弁護士であれば，相手方の弁護士が用いるであろう各種交渉戦術の意図や対応法を的確に推測又は判断して，より冷静に対応することができます。

　それでも，どうしても弁護士を利用することができず，自ら相手方の弁護士と相対せざるを得なくなった場合にはどのように対応すべきでしょうか。弁護士はどのような交渉戦術を用いてきて，それにはどのような対応法があるのでしょうか？　「彼を知り己を知れば百戦して殆（あや）うからず」という孫子の言葉ではありませんが（なお，日本における交渉の手法としては，孫子の兵法の考え方は，ハーバード流交渉術やゲーム理論を用いた交渉術に劣らず（否，それ以上に）高い評価を得ているように思われます），弁護士が用いてくる交渉戦術を知識として知っておくことは有益であると思います。弁護士が分配型交渉にお

いて用いる交渉戦術は，ビジネスの場で日頃から交渉を行っているような方でない限り，必ずしも日常的に接するものではありませんから，それが交渉戦術であると気付かずに交渉すると相手方の弁護士（特にベテラン弁護士）の術中にはまることにもなりかねません。弁護士が用いる交渉戦術については，**巻末付録2**を参照してください。

(4) 最 後 に

以上，相続交渉と弁護士の関わりについて述べてきましたが，弁護士は，相続交渉でいかに行動すべきでしょうか？

これは非常に難しい問題であり，多くの弁護士にとって生涯の課題となりますが，私は，陳腐な言葉ではありますが，依頼者の利益を損なうことのない範囲で，相手方にとっても仁愛のある解決となるよう依頼者を説得し，依頼者を導き，又はともに歩むことが1つの解決方法なのではないかと思っています。

本稿執筆現在（2014年），大河ドラマも放映されている戦国武将の黒田官兵衛（粘り強い優秀な交渉人でもありました）の息子の黒田長政が，毛利方の高名な武将である小早川隆景（毛利元就の三男）に対して物事の分別（物事の判断に迷った場合の判断基準と筆者はとらえています）について教えを乞うた際，隆景は，「分別に肝要であるのは仁愛です。仁愛により分別すれば万が一，理に当たらないことがあっても，そう大きな誤りにはならない。逆に才智が巧みでも仁愛のない分別は正しいとは言えないでしょう」と述べたといわれ，この隆景の言葉には私も深く共感するところがあります。もちろん，このことと不合理な主張に固執する相続人に妥協して譲歩するということは全く別問題です。しかし，相続は，長年親しんできた被相続人が亡くなったことによって発生する親族間の問題であり，相続交渉の目的や最終的な結論において仁愛を考慮すべき必要は他の交渉の場面よりも多いように思われます。

また，この点については，異論はあるとは思いますが，弁護士は，依頼者との関係においては，できる限りその交渉術を封印し，愚直に依頼者と向き

合うべきではないかと考えます。先述した黒田官兵衛も，様々な交渉術や謀略を駆使して敵方に対しては巧みな交渉を成功させていった一方，自らの主君や身内に対してはその交渉術を用いることなく愚直につきあっています。黒田官兵衛はそのために痛い目を見ることも多々あったようですが，そのような姿勢が交渉者としての信頼を勝ち得ることにもつながったようにも思われます。

　自らの依頼者と相手方相続人の双方において，より仁愛に適った解決ができることを志向しつつ，依頼者の利益のために本書が推奨するような交渉論を駆使する。弁護士とはそうあるべきだと思っています。

《注》
* 1　D. マルホトラ111頁以下の，「認知のバイアス」のうち「不合理なエスカレーション」も同様のことを述べています。
* 2　D. マルホトラ132頁以下の，「心理的バイアス」(相反する動機の問題，自己中心主義，自身過剰，不合理な楽観論，優位性の幻想，利己的な属性，後悔の回避)も同様のことを述べています。
* 3　D. マルホトラ119頁「目立つ情報に飛びつくバイアス」，同127頁「フレーミングの影響」も同様のことを述べています。
* 4　相続人は，相続交渉におけるプレイヤーであると捉えることができます。
* 5　「法定相続のしばり」とは，訴訟・審判といった公権的判断の場になれば法定相続分に基づいた分割の判断がなされる公算が高くなってきてしまうため，結局は各相続人が法定相続分に近い取り分に納得せざるを得なくなってしまうことをいいます。
* 6　当事者に与えられる基準としては，法定相続分という尺度以外にも「これ以上譲れないライン」としての遺留分という観点も1つの考慮事項となってくる場合もあります。
* 7　裁判前交渉であっても，そこで遺産分割が成立すれば交渉としては成熟していたものとみることができます。
* 8　実際に相続税の納付を要した件数の割合は，近年では相続全体の約4％程度であって，遺産総額が比較的少額な場合が大半であることがうかがえます。
* 9　ニーズとは，当事者がある行動をとる際の隠れた動機のこと，「何故」そうした行動をとるのかの基本的欲求のことを指すとされています（レビン小林久子『調停者ハンドブック調停の理念と技法』（信山社，1998年）108頁，88頁）。
* 10　相続人自身の感情的問題の存在については，次のような指摘もされています。「分

配の過程においては，長年にわたる根深い同胞葛藤が再燃・亢進したり，被相続人死亡後の親族関係の不安定，将来の生活の不確実性に由来する様々な紛争が表面化することが多い。」(青林リーガル7頁)，「相続人間に派生する様々な法的紛争（いわゆる付随問題と呼ばれているもので，葬儀費用の清算，祭祀承継に関する問題，遺言の解釈・執行をめぐる問題など。）を含んでいることが多く，これらが遺産分割手続の中に持ち込まれ，紛糾の原因となりがちである。」(青林リーガル7頁)。

*11 紛争解決の拠り所となる基準としては，常識や当事者間の利害関係そのものまでも含まれてくるとの考え方があります。「紛争解決規範を法規範に限定しない考え方では，常識とか，極端な場合にはなまの利害関係までも規範の仲間に入れてしまう。常識と言われるものを紛争解決規範として使うときには，それを規範化する認識か当事者の合意が，意識，無意識のうちに存在し，そのような認識または合意が存在する以上，その紛争解決の局面では，常識は紛争解決規範となっている」(廣田尚久『紛争解決学』〔新版増補〕(信山社，2006年) 23頁) との指摘があります。

*12 経済変動等により紛争解決が長引いてしまう可能性については，以下の指摘があります。「経済変動の大きな波に襲われたり，当事者の生活環境に大きな変化があると，遺産の評価の基礎となる事情や分配方法に関する当事者の意向が大きく変化することがあることから，紛争の根本的な解決方法を再検討しなければならない事態が生じることがある。」(青林リーガル9頁)。

*13 遺産分割事件では，多くの事案で遺産分割調停が行われていることにつき以下のような指摘があります。「遺産の分割について，共同相続人間に協議が調わないとき又は協議をすることができないときは，各共同相続人は，その分割を家庭裁判所に請求することができる (民907条2項)。審判・調停のいずれの事件として申し立てても構わない (家審9条1項乙類10号・17号但書参照)。もっとも，実際には，調停の申立てがされることが圧倒的に多く，当初から審判の申立てがなされるというケースは少ない。」(青林リーガル71頁，13次表)。

*14 遺産分割調停ではなく，審判事件を申し立てる場合として次のような理由による例があるとされています。「遺産分割の審判事件については，被相続人の住所地又は相続開始地の家庭裁判所の管轄とされている (家審規99条1項)。そこで，例えば，被相続人と同居していた相続人が申立人となる場合で，申立人以外の相続人が他の家庭裁判所の管轄地に住所を有している場合には，あえて審判の申立をする例がないわけではない。」(青林リーガル71頁)。

*15 この点につき，紛争解決のアプローチを分類して裁判内においても当事者主導の紛争解決がなされ得ることが指摘されています。利益型，権利型，権力型アプローチという3つのアプローチがあり (Jeanne M. Brett, Debra L. Shapiro)，訴訟は権力型のアプローチであって，裁定を裁判所にゆだねるものとされます。権力型のアプローチからは，利益型，権利型アプローチへ戻ることは困難なことが多いとされます (小林118頁)。訴訟提起後においても訴訟上の和解や訴えの取下げで終わる例も多く，訴訟

における弁論準備手続により，当事者，裁判官が率直に意見交換をし，争点が明確となり，実質的に和解を促す機能も有するとも指摘されます（小林288頁）。
＊16　交渉してはいけないときの例（ハーバード大教授が牛糞を農地から持ち帰って農夫から告発されてしまった事例）なども参考になるでしょう（D. マルホトラ290頁）。
＊17　間接的質問の例としては「○○の土地は，自分が欲しいと思っているが，それに異存はないか？」といった質問が考えられます。
＊18　別席調停ではなく同席調停であれば事情は異なることになります。
＊19　これを「アンカリング効果」といいます。
＊20　BATNAとは，「Best Alternative to Negotiated Agreement」のことで，交渉相手から示された提案で合意できない場合に，次に最も望ましいとされる代替案のことをいいます。
＊21　「世間がいかに付和雷同であるかわかるが，別の解釈としては，複雑この上ない現代社会では，信頼できる専門家の意見は価値が大きく，それに従うと効率的に正しい判断に到達できる。

　理学療法士が，心臓発作で入院した患者の退院時にリハビリの必要性を聞かせても，リハビリをやめてしまうケースが多かった。理由は，患者は医師の経歴や研修受講歴は知っているが，理学療法士についてはどういった資格を持っているのかをほとんど知らなかったからであった。そこで，療法室の壁にスタッフの受けた賞状，卒業証明書，資格証明書などを貼りだしたところ，リハビリ実施率が34％アップした」（DIAMONDハーバード・ビジネス・レビュー編集部『「説得」の戦略』（ダイヤモンド社，2006年）89頁）。

　「しかし，権威をいたずらに振りかざして相手の同意を取りつけるのは，倫理に反するのみならず，逆効果ですらある。ある会社のバイス・プレジデントが権謀術数を駆使して，無理にコミットメントを引き出す。最も忙しい時間を見計らったようにやってきて，うんざりするほど微に入り細にわたって説明する。言われた方は，このバイス・プレジデントが去ってくれることを願うため，『イエス』と答えてしまう。ところが，自発的にコミットメントを示したわけではないため，どこまでも力を尽くそうといった強い気持ちは起こらない。やがてプロジェクトそのものが頓挫するか立ち消えになる」（DIAMONDハーバード・ビジネス・レビュー編集部『「説得」の戦略』（ダイヤモンド社，2006年）95頁）。
＊22　審判は事実上，調停段階で審理がかなりの程度進んでいた場合に，調停の内容を踏まえて判断が出されます。
＊23　「逆に，調停人の側でも，当事者（代理人）から，力量を判定されていると感じており，これは駄目だと烙印を押されたりしてはならないと考えている」（平柳19頁）。「特に，前件のあった調停事件の場合など，調停人が前件の記録を理解していなければ，当事者（代理人）は落胆し，以後は非妥協的態度となったりする」（平柳16頁）。
＊24　草野元判事は，当事者の心理状態をその人の身になって考えることを重視していま

す。「紛争は人間が二人以上いるからこそ発生する。人間の心理を抜きにしてはその解決はありえない。和解を試みるに際しては，裁判官は当事者がどのような気持ちになっているのかをよく考えておくことが必要。自分であったらこのケースの場合はどういうように思うだろうかとか，どういう点が一番当事者の頭にくるだろうかとか，どういう解決だったら受け入れることが出来るのであろうか，ということをよく考える」(草野芳郎『和解技術論』〔第2版〕(信山社，2003年) 63頁)。

*25 説得技術の基本型，応用型として，以下のように解説されています。「『誠意をもって接する』ことが基本型，応用型としては基本型の逆をいく方法をとり，『クールに突き放す』方法も試みる。また，『熱意をもって粘り強くがんばる』が基本型，『早い段階で切り上げる』が応用型となる。応用型に共通するのは，裁判官と当事者との距離を遠ざけているということ。当事者と裁判官の距離の遠近が，微妙に和解の手続に影響を与える。和解を試みるにあたっては，事件の筋，当事者の人格，感情，裁判官の個性なども勘案して，もっとも適切な当事者との距離を決める必要があります。」(草野芳郎『和解技術論』〔第2版〕(信山社，2003年) 80頁)。

*26 調停人が当事者から情報を得ようとする際の態度として，以下のような手法も用いられるとされています。「調停人の手法の一つとして，人の話をよく聞く。まず，ただひたすら聞くという方法がある。ひたすら話を聞いているうちに，当事者自身が紛争の意味を知り，いろいろな気づきをして，解決方法を見つけてしまうことがある。児童文学『モモ』(ミヒャエル・エンデ著)に出てくるので，モモ方式と言う。ただ，漫然と事情を聞くのではなく，耳をすまして注意深く話をきくのであるが，真剣に聞いてもらっているか否かは話をしている方には正確に伝わるものである」(廣田尚久『紛争解決学』〔新版増補〕(信山社，2006年) 225頁)。

*27 遺産分割協議の場合は，協議分割が成立しなくても調停・審判へ移行し解決がはかられる場合もあります。

第3章

*

ルール：相続における
ルールの概要
―― 法律，判例・通説による理解 ――

第1 前提問題&付随問題

1 総論（前提問題&付随問題とは何か）

　本書では，ここまで，遺言書がない場合の相続を対象として，相続における交渉の基本姿勢（第1章）や，相続における交渉と交渉理論について述べてきました。ただ，相続における交渉を理解するためには，交渉の場たる相続において機能している法律や判例などのルールを理解しておく必要もあります。そこで，第3章においては，相続におけるルールの概要を説明していきます。

　遺産分割などの相続に関する問題について，相続人間で交渉を続けていたものの交渉がまとまらず，やむなく裁判手続によっての解決を図らなければならない場合があります。

　この場合の裁判手続については，家庭裁判所に遺産分割調停を申し立てれば，すべてまとめて解決することができると考えている方も多いのではないでしょうか？

　ところが，実は，そうではありません。相続に関する問題については様々な問題がありますが，その中には，遺産分割調停を行う上での前提として，これを解決しなければ調停を進められなくなる前提問題とよばれる問題や，遺産分割に付随する問題ではあるものの，当事者全員の合意がない限り，調停手続の中で解決することはできず，遺産分割調停とは別個の裁判手続によって解決しなければならない付随問題とよばれる問題があるのです。特に前提問題のうちの相続人の範囲については，当事者間で相続交渉を行い，遺産分割協議を行う前提としても解決が必要になるものです。

本項では，この前提問題と付随問題について概説し，このような問題があることによる相続交渉への影響を論じます。

この前提問題と付随問題をさらに詳しく知りたい方は，片岡＆菅野51頁以下をご参照ください。また，本項の末尾に小坪眞史「遺産分割調停事件の運営について」ケース研究272号（2002年）3頁以下に記載されている「紛争類型別解決手段一覧表」（非常に便利な一覧表だと思います）をつけますので，こちらについてもご参照ください（**図表3－1－1参照**）。

2 遺産分割の前提問題

遺産分割問題を解決するにあたっては，分割方法を定める前に解決しておかなければならない前提問題がいくつかあり，その例として，以下の4つの争いが挙げられます。これらの前提問題が存在する場合には，相続人は，遺産分割に関する交渉を進めるために，これらの前提問題を解決しておく必要があります。

① 相続人の範囲
② 遺言書の効力又は解釈
③ 遺産分割協議書の効力
④ 遺産の帰属

遺産分割に関する相続人間の交渉がまとまらない場合，相続人としては，家庭裁判所の遺産分割調停・審判手続において，上記前提問題と分割方法に関する問題を併せて解決することができれば便宜です。ただし，相続権や相続財産等の存在はいずれも実体法上の権利関係であり，その存否を終局的に確定するためには，訴訟事項として対審公開の判決手続によらなければなりません。これらの問題が最後まで争いとなった場合には，最終的には訴訟により解決しなければならないのです。判例（最大決昭41・3・2民集20巻3号360頁）は，相続権や相続財産等の存否を終局的には民事訴訟により解決しなければならないからといって，家庭裁判所が審判手続において前提事項の存否を審

理判断した上で分割の処分を行うことは少しも差し支えないと述べるものの，他方で「審判手続においてした右前提事項に関する判断には既判力が生じないから，これを争う当事者は，別に民事訴訟を提起して右前提たる権利関係の確定を求めることをなんら妨げられるものではなく，そして，その結果，判決によつて右前提たる権利の存在が否定されれば，分割の審判もその限度において効力を失う」とも説いています。そのため，現状の家庭裁判所の調停・審判における運用は，家庭裁判所がこれらの前提問題について深入りをすることを避け，相続人に対して民事訴訟等でこれらの問題を別途解決するように求めるものとなっています。

(1) 相続人の範囲についての争い

相続人の範囲は，通常は戸籍謄本によって明らかとなります。しかし，戸籍の記載と実際の相続人の範囲とが一致しない場合もあります。具体的には，
① 婚姻取消しや離婚取消しなど身分関係の形成に関する事項が存在する場合
② 推定相続人廃除やその取消しにより，相続人たる地位の形成に関する事項が存在する場合
③ 失踪宣告及びその取消しにより，相続人の死亡に関する事項が存在する場合
④ 婚姻無効，離婚無効など身分関係の確認に関する事項が存在する場合
が挙げられます。

これらの問題がある場合には，最終的な遺産分割を行うことができなくなりますから，交渉を開始する前にこれらの問題を判決や審判等により解決しておくことが必要となります。上記①から③については，判決あるいは審判が確定してはじめてその法律関係が形成・確定されるものですので，相続人間の合意により解決することはできません。また，④については家庭裁判所が前提問題として判断することはできるものの，その後に訴訟等の判断が確定した場合には，訴訟等の判断が優先することになるため，家庭裁判所は調

停事件をそのまま進行させずに，合意に相当する審判（家手277条）又は人事訴訟による解決を促す取扱いをしています（片岡＆管野56頁参照）。

(2) 遺言書の効力又は解釈についての争い

　被相続人が遺言書を残しているか否かは，いうまでもなく相続交渉に大きな影響を与えることになります。被相続人の全財産について漏れなくその相続先を指定した有効な遺言書があり，この遺言書に遺留分侵害などの問題もない場合には，相続交渉を経るまでもなく，遺言書の記載に従って相続財産が分配されることになります。

　すなわち，特定の遺産について「相続させる」旨の遺言がされているときは，直ちに当該相続人に相続により所有権が帰属することになるため，遺産分割の対象となる遺産ではなくなり，「遺贈」の場合も遺産分割の対象となる遺産ではなくなります。したがって，すべての遺産について「相続させる」又は「遺贈」する旨の遺言がある場合は，遺産分割の対象となる遺産が存在しないことになります。

　しかし，遺言書がある場合でも，遺言で相続先や遺贈先が指定されていない財産がある場合には，別途相続交渉や遺産分割調停・審判手続でこの残りの財産の分割を決定する必要があります。また，遺言書がある場合でも，遺言の有効性や解釈などについて争いとなる場合も多くありますが，この場合には遺産分割調停とは別個の裁判手続によって解決する必要があります。

　まず，遺言の有効性に争いがあり，全相続人による合意で解決することができない場合には，遺言無効の確認等の民事訴訟で有効性の判断について確定する必要があります。また，遺言の効力を争わない場合でも，遺留分減殺請求の可能性が残りますが，遺留分減殺請求に基づく物件返還請求は，家事調停事件であって，遺産分割事件ではありません

　さらに，遺言の解釈（遺産の範囲など）に争いがある場合にも，遺産分割に関する当事者間の協議を成立させることができない場合には，民事訴訟によりこれを予め確定する必要があります。自筆の遺言書には，いかなる分割方

法を定めたのか趣旨不明のものもありますが，その解釈をめぐる争いについては，最終的には民事訴訟により解決しなければなりません。

このように遺言書が存在する場合でも，その有効性に疑義が生じたり，解釈上の問題を生じさせたり，遺留分を侵害するような場合には，早期に相続手続を完了させることができなくなりますので，遺言書を作成する場合には，公正証書遺言（民969条）を利用するなどして，効力や内容に疑義のないものとすることをお勧めします。

(3) 遺産分割協議書の効力についての争い

相続人間で遺産分割協議が有効に成立している場合には，その遺産については分割が終了していることになり，遺産分割の対象となる遺産が存在しないことになります。

ただし，遺産分割協議書の効力に争いがあり，当事者の合意で解決することができない場合には，遺産分割協議無効の確認等の民事訴訟で有効性の有無を確認する必要があります。

遺産分割協議が完了していると，遺産分割は再度行うことはできませんが，相続人全員が以前の協議を合意解除するのであれば，改めて分割協議することはできます。

(4) 遺産の帰属についての争い

相続人間で遺産分割に関する交渉を行う前提として，そもそも遺産の帰属（例えば預貯金の存否，預貯金及び現金の金額，不動産が遺産であるかどうかなど）についての争いが生じた場合，対象財産が遺産であるかどうかが確定しないまま，仮定の上に協議を重ねても，双方の思惑が異なって議論がかみ合わないのが通常です。したがって，遺産の帰属について争いがある場合には，当事者の協議・交渉により解決できない場合には，最終的にはこれを民事訴訟で確定せざるを得ないことになります。

3　遺産分割に関連する付随問題

　遺産分割においては，遺産の分割そのもの以外の相続人間に派生する様々な問題についても，これを解決していく必要があります。遺産分割に付随する法的紛争は，一般に付随問題とよばれています。以下に遺産分割事件において頻繁に発生する付随問題を紹介します。

(1)　使途不明金に関する問題

　使途不明金の問題は，相続人の1人が無断で，①被相続人の死亡直前に被相続人名義の預貯金を引き出してしまう場合や②被相続人の死亡後に，被相続人名義の預貯金口座から金員を引き出してしまう場合に生じます。また，③過去に相続人の1人が被相続人の預貯金口座を管理していた場合に，過去の出金が問題となる場合もあります。このように被相続人の預貯金が無断で払い戻され特定の相続人が取得した場合については，遺産分割手続によっては解決することができず，不法行為や不当利得の問題として，最終的には民事訴訟によって解決せざるを得ないこととなります。

(2)　葬儀費用や香典に関する問題

　葬儀費用や香典は，被相続人の死亡に関して支出又は授受されるものであるために，遺産分割費用に付随する問題として，相続交渉の中で問題となることがあります。
　しかし，葬儀費用は，相続開始後に生じた債務であり，相続財産に関する費用ともいえませんから，相続交渉や遺産分割調停の中で合意することができない場合には，民事訴訟手続で解決する必要があります。香典についても葬儀主宰者や遺族への贈与であることから，遺産分割の対象とはなりません。

(3)　同族会社の経営権をめぐる問題

　被相続人が会社を経営しており，被相続人がその会社について有している

株式が相続財産である場合，会社の経営権（経営の主体がだれになるのか，これから経営を行うのはだれが適当であるか）も分割方法に絡めて交渉の対象となります。

しかし，同族会社の経営権をめぐる問題を遺産分割手続の中で解決することについては，家庭裁判所は，遺産分割調停の中で協議することについても消極的です。

(4) 遺産管理費用の清算に関する問題

被相続人が不動産を有していた場合には，相続人のだれかがその不動産の管理をする必要があり，その場合に固定資産税などの公租公課，地代，修理・改築費，保険料の支払を余儀なくされる場合もあります。遺産管理費用を支出した相続人としては，当然，相続交渉や遺産分割調停の中で併せてこの問題を解決したいと思われます。

しかし，遺産管理費用は，相続開始後に生じた債務負担の問題ですから，遺産とは別個の性質のものです。したがって，その支出金額や分担について争いがあって，相続交渉や遺産分割調停の中で調整を図ることができなければ，民事訴訟により解決しなければならなくなります。

(5) 遺産収益の分配の問題

遺産管理費用の清算に関する問題と表裏一体の問題として，被相続人が収益不動産や株式等の有価証券を有している場合などに，相続人の1人が賃料や配当金等の支払を受けている場合があります。

しかし，この遺産収益の問題も相続交渉や遺産分割調停の中で調整を図ることができない限り，不当利得返還請求訴訟等の民事訴訟によって解決しなければならない問題です。相続開始後に遺産から生じた果実及び収益は，相続財産そのものではないため，当然に遺産分割の対象となるものではないからです。

なお，遺産分割が確定するまでの遺産収益は，各相続人が相続分に従って

果実の持分を取得し，遺産分割が成立してもその効力（遡及効）の影響を受けず，各相続人が相続分に応じて分割単独債権を取得することになります（相続分に応じて受領した部分を返還する必要がない）ので，注意が必要です。

(6) 相続債務の整理・分担の問題

遺産分割において，遺産中に債務が含まれるケースもあります。このようなケースは，被相続人が同族会社を経営していた場合に多く，被相続人の事業を継承する相続人は，債務の分担をする代わりに主要な遺産の取得を希望し，一方，被相続人の事業を承継しない相続人は，債務を分担することは望まないが，プラスの財産だけは相続分に見合うものを取得したいと希望することがよくあります。

しかし，相続開始前の債務は，判例（最判昭34・6・19民集13巻6号757頁）により，相続により当然に各相続人に法定相続分で承継されるため，遺産分割の対象とはならないことに注意が必要です。また，特定の相続人のみが債務を全額負担する旨の合意をしたとしても，債権者（金融機関など）が承諾しない限り，他の相続人が債務の負担を免れることはできないので，遺産分割の交渉にあたっても，予め債権者とこの点についての調整を行っておく必要があります。また，相続交渉や遺産分割調停の段階で相続債務の問題について合意ができなかった場合には，その後の審判では積極財産のみ対象とされることになります。

(7) 相続人固有の共有持分の問題

被相続人が相続人とともに不動産を所有していた場合，遺産分割において，被相続人の持分を分割するだけでは，直ちに不動産の共有関係や利用関係が解決されることにはならないため，相続人としては相続人固有の共有持分と併せて解決を図りたいと考えることになります。

しかし，相続人固有の共有持分の問題は，相続財産に関する問題ではないため，相続交渉や遺産分割調停において解決できなければ，民法上の共有物

分割（民256条）により解決しなければなりません。

(8) その他の問題

その他，一般に付随問題とよばれる問題には，遺言の執行をめぐる問題，老親の扶養・介護をめぐる問題，土地の境界・通行をめぐる問題や借地権の問題等，遺産である不動産やそれに付随する権利に関する問題，被相続人と相続人との間の金銭貸借に関する問題などがありますが，これらの問題についても相続人間の遺産分割協議で解決できない場合には，遺産分割調停とは別途の裁判手続によって解決する必要があります。また，これらの付随問題については，例えば土地の境界・通行をめぐる問題に代表されるように相続人間だけではなく，第三者との間で解決が必要な問題もあることにも注意が必要です。

4 前提問題や付随問題が相続交渉に与える影響

以上説明してきたとおり，現状の我が国における裁判手続において，遺産分割の前提問題や付随問題に関して，交渉や調停が決裂した場合に，各問題を遺産分割とともに一挙解決することは不可能です。このような現状は，実際に相続問題に直面した当事者にとって，決して好ましいものとはいえず，遺産分割の前提問題や付随問題についても一挙解決することができる制度が用意される方が，国民の司法アクセスという観点からは望ましいと考えます。

しかし，残念ながら，厳然とした上記のような現状が存在する以上，この現状を前提として相続交渉を行っていかなければなりません。したがって，前提問題や付随問題が相続交渉に与える影響について簡単に考察してみます。

確実にいえることは，相続交渉が決裂した場合の時間や労力のロスは決して少なくないということです。遺産分割調停・審判はただでさえ長期化することが少なくない手続ですが，前提問題や付随問題が交渉において一括解決できない場合は，遺産分割手続以外にこれらの前提問題や付随問題について

の別個の裁判手続も行わなければならなくなるのです。例えば，遺産分割調停を申し立てたものの，前提問題を別途訴訟によって解決しなければならなくなり，この訴訟を終えてさらに遺産分割調停・審判により遺産分割問題自体は解決したものの，さらに付随問題について別途訴訟を提起しなければならないなどという笑えない事態も生じかねないのです。現実に当事者(相続人)間の対立が激しい案件では，このような事態が往々にして生じやすく，そのことが，事件解決までの道のりを一段と長いものにしがちです。前提問題や付随問題を含めた相続に関する問題を早期に併せて解決することを希望する相続人としては，相続交渉が決裂した場合の前提問題や付随問題を含めた解決手段についても予め検討した上で（そのために「紛争類型別解決手段例一覧表」をご利用ください），相続交渉に臨む必要があります。また，相続交渉の段階であれば，これらの問題を一挙解決できる以上，相続交渉による解決のメリットは一般に考えられているよりも大きく，相続交渉にあたっては，この点の認識を全相続人に理解してもらうよう努力する必要があると考えます。

■図表３－１－１　紛争類型別解決手段例一覧表

相続人の範囲に関する紛争	
(1)被相続人との身分関係を争うもの	婚姻又は養子縁組の無効又は取消し，協議上の離婚若しくは離縁の無効若しくは取消し，認知，認知の無効若しくは取消し，民法773条により父を定めること，身分関係の存否の確定に関する調停・審判及び訴訟
(2)相続人としての資格を争うもの ①相続欠格事由（民法892条）の存否を争うもの ②相続放棄（民法939条），相続分譲渡（民法905条）の効力を争うもの	相続権若しくは相続分不存在確認訴訟
(3)推定相続人廃除を争うもの	推定相続人廃除の調停・審判（民法892条，893条，家事事件手続法188条）
遺産の範囲に関する紛争	
遺産の適格性・帰属性を争うもの	遺産確認訴訟 所有権（持分権）確認訴訟
遺言書に関する紛争	
(1)遺言の効力を争うもの	遺言無効確認訴訟
(2)遺言の解釈・執行を争うもの	所有権移転登記訴訟 共有物分割訴訟 分割後の紛争調整・親族間の紛争調整調停
(3)遺留分の侵害を争うもの	遺留分減殺に基づく物件返還の調停・訴訟
遺産分割協議に関する紛争	
(1)分割協議の効力を争うもの	遺産分割協議無効確認訴訟
(2)分割協議の解釈・執行を争うもの	所有権移転登記請求訴訟 共有物分割訴訟 分割後の紛争調整・親族間の紛争調整調停
使途不明金に関する紛争	損害賠償請求訴訟 不当利得返還請求訴訟
葬儀費用ないし遺産管理費用に関する紛争	立替金返還請求訴訟
遺産収益に関する紛争	不当利得返還請求訴訟
遺産債務に関する紛争	立替金返還請求訴訟
相続人固有の持分に関する紛争	共有物分割訴訟
同族会社の経営権に関する紛争	株主総会決議無効又は不存在確認訴訟
老親の扶養・介護に関する紛争	扶養の調停・審判（民法877条ないし880条，家事事件手続法182条以下）
遺産土地の境界・通行に関する紛争	所有権若しくは通行権確認訴訟 土地明渡請求訴訟
金銭貸借に関する紛争	賃金返還請求訴訟 債務不存在確認訴訟
祭祀承継に関する紛争	祭祀承継者を定める調停・審判（民法897条2項，家事事件手続法190条）

小圷眞史「遺産分割調停事件の運営について」ケース研究272号（2002年）25頁参照。ただし，家事審判法の条文引用箇所のみ，家事事件手続法に記載を改めた。

第2

法定相続分

1 法定相続分とは

相続が開始し，相続人が複数いる場合，遺産分割を行うこととなります。遺産分割に関して，民法899条（以下では民法は条数のみを示します）は，「各共同相続人は，その相続分に応じて被相続人の権利義務を承継する。」と規定していますが，この「相続分」には法定相続分と指定相続分があります。まず，指定相続分とは，相続人に対する遺言によって定められた相続分，又は遺言で委託された第三者が定めた相続分であり（902条），被相続人の意思に基づくものです。これに対し，法定相続分とは，900条で定められた相続分の割合のことであり，「相続分について被相続人が何ら意思を表明していなかった場合のために」（内田375頁）規定されたものです。法定相続分は，相続人間の公平に配慮して規定されています。

2 法定相続分・条文

法定相続分の割合は，被相続人とどのような関係にある者が相続人となるかによって異なります。以下，各場合について説明します。

(1) 配偶者と子

(ア) 条　文

「子及び配偶者が相続人であるときは，子の相続分及び配偶者の相続分は，各二分の一とする。」（900条1号）

■図表3－2－1

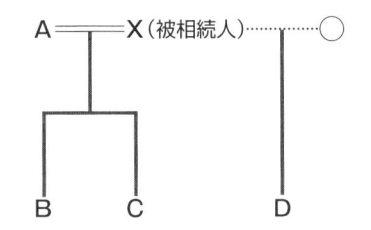

```
A════X（被相続人）……○
    │              │
  ┌─┴─┐            │
  B   C            D
```

A：2分の1
B・C：各6分の1（1/2×1/3）
D：6分の1（1/2×1/3）

(イ) 相続分

　配偶者は常に相続人となり（890条第一文），被相続人に子がいれば子も相続人となります（887条1項）。被相続人に配偶者と子がいる場合，相続人となるのはこれらの者のみであり，被相続人の親や兄弟等は相続人とはなりません。

　配偶者と子が相続人となる場合の法定相続分は，各2分の1となります。この割合は，子の人数にかかわらず同じなので，子供が複数いる場合は，2分の1を子の人数で割って等分することになります（900条4号本文「子，直系尊属又は兄弟姉妹が数人あるときは，各自の相続分は，相等しいものとする。」）。かつては，非嫡出子の相続分は，嫡出子の相続分の2分の1とされていましたが（改正前民法同号但書），民法が改正されこの部分は削除されました（詳しくは後掲3(4)）（図表3－2－1参照）。

(ウ) 注意点

　(a) 配偶者について　　配偶者とは，相続開始時（被相続人の死亡時）に法律婚（739条）をしていた配偶者をいいます。したがって，内縁の妻や夫はこれにあたらず，相続権はありません。

　ただし，相続人が誰もいない場合には，内縁の妻や夫は，特別縁故者として財産分与を家庭裁判所に申し立てることにより，財産を受け取ることができる場合があります（958条の3）。

　(b) 子について　　子は，性別・年齢・同居の有無・実子養子・国籍を問わず，子である限り相続人となります。したがって，結婚して被相続人と別戸籍となっていても相続人となりますし，父母が離婚し親権者が母とされ

ていても父の相続人になります。養子の場合は，養親・実親の両方の相続人になります（特別養子縁組の場合を除く）。

　(c)　非嫡出子について　　非嫡出子については，父親が認知している場合は父親との親子関係が認められ，父親の相続人となります。認知せずに父親が死亡したときは，子・その直系卑属又はこれらの者の法定代理人は，父親の死亡後3年以内であれば認知請求をすることができます（787条）。

　母子関係については，婚姻外の子であっても出産と同時に法律上の親子関係が生じるため，認知は不要とされています。

　(d)　胎児について　　胎児も相続人となります（886条1項）。死産の場合は，はじめから相続人でなかったこととされます（同条2項）。したがって，相続開始時に胎児である相続人がいた場合，その出生まで相続人の範囲は確定しないこととなります。

　(e)　配偶者の連れ子について　　被相続人の配偶者に連れ子がいた場合，その子は，それだけでは被相続人の相続人とはなりません。連れ子が相続人となるためには，被相続人との間で養子縁組をしておく必要があります。

　(f)　被相続人の子の配偶者・被相続人の孫について　　被相続人の子は相続人ですが，その配偶者や子（被相続人の孫）は，相続人ではありません。したがって，例えば，義理の親（被相続人）の面倒をみていた被相続人の息子の妻は相続人ではなく，面倒をみていたことは原則として相続と無関係であり相続分に影響しません。ただし，被相続人の息子の妻が面倒をみたことについては，相続人である息子の寄与と同視して，息子の寄与分として認められることがあります（東京高決平元・12・28家月42巻8号45頁）。

　なお，被相続人の子の配偶者が，「婿養子」などのように被相続人と養子縁組をしていた場合には，養子として相続権をもつことになります。孫についても同様です。

　このように一定の事情がない限り，被相続人の子の配偶者や被相続人の孫は相続人とはなりませんが，相続人（被相続人の子）と家計を同じくしていたり，相続人（被相続人の子）が死亡した場合には同人を相続する者であるため，被

相続人の相続について潜在的な利害関係をもっています。遺産分割の場面では，これらの者が分割方法について相続人を通して意見を出すなど，事実上大きな影響を及ぼすことも多く，無視できない存在です。

(2) 配偶者と直系尊属

㋐ 条　文

「配偶者及び直系尊属が相続人であるときは，配偶者の相続分は，三分の二とし，直系尊属の相続分は，三分の一とする。」(900条2号)

㋑ 解　説

被相続人に子がいない場合，配偶者と直系尊属が相続人となります（889条1項1号本文）。この場合は，配偶者の法定相続分は3分の2，直系尊属の法定相続分は3分の1となります。

実親，養親ともに直系尊属に該当します。直系尊属が複数いる場合，3分の1を直系尊属の人数で割って等分することになります（900条4号本文）（図表3－2－2参照）。

■図表3－2－2

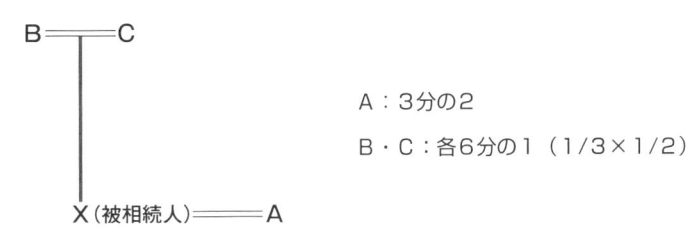

```
    B═══C
    │
    │
    X(被相続人)═══A
```

A：3分の2
B・C：各6分の1（1/3×1/2）

(3) 配偶者と兄弟姉妹

㋐ 条　文

「配偶者及び兄弟姉妹が相続人であるときは，配偶者の相続分は，四分の三とし，兄弟姉妹の相続分は，四分の一とする。」(900条3号)

■図表３−２−３

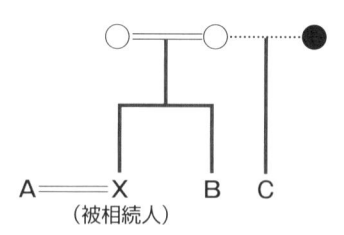

```
        ○=====○·······●
            |         |
        ┌───┼───┐    |
        |       |    |
    A═══X       B    C
      （被相続人）
```

A：4分の3
B：6分の1（1/4×2/3）
C：12分の1（1/4×1/3）

(イ) 解　説

　被相続人に子も直系尊属もいなかった場合，配偶者と兄弟姉妹が相続人となります（889条1項2号）。この場合は，配偶者の法定相続分は4分の3，兄弟姉妹の法定相続分は4分の1です。兄弟姉妹が複数いる場合，4分の1を兄弟姉妹の人数で割って等分することになります（900条4号本文）。ただし，父母の一方のみを同じくする兄弟姉妹の相続分は，父母の双方を同じくする兄弟姉妹の相続分の2分の1とされます（同号但書）（**図表３−２−３**参照）。

(4)　子のみ，直系尊属のみ，兄弟姉妹のみ

　被相続人に配偶者がいない場合は，相続人となる順位に従って，子，直系尊属，兄弟姉妹のいずれかのみが相続人となり，900条4号に従って法定相続分が決定されます。

　子のみが相続人となる場合は，複数の子の間の法定相続分は均等となります。直系尊属のみが相続人となる場合も，直系尊属の人数に応じて均等に分割することになります。

　兄弟姉妹のみが相続人となる場合は，両親が同じ兄弟姉妹同士，一方のみが同じ兄弟姉妹同士では均等，両親が同じ兄弟姉妹と一方のみが同じ兄弟姉妹の間では2対1の割合で分割することになります。

(5)　代襲相続

　子と兄弟姉妹については，代襲相続があり（887条2項・889条2項），子につ

いては再代襲もあります（887条3項）。代襲者の相続分は，被代襲者が受けるべきであった法定相続分と同じです。代襲者が複数いる場合は，代襲者間の相続分は均等となります。ただし，両親が同じ兄弟姉妹と一方のみが同じ兄弟姉妹がいる場合は，その割合は2対1となります（901条）。

3 非嫡出子の法定相続分に関する違憲決定（最大決平25・9・4民集67巻6号1320頁）と民法改正

(1) 非嫡出子の法定相続分について

従来から，民法900条4号但書で非嫡出子の相続分が嫡出子の2分の1とされていたことについて，同規定は憲法14条の法の下の平等に反するのではないかということが問題とされていました。

この点について，最高裁平成7年7月5日大法廷決定（民集49巻7号1789頁）は，合憲との判断を下しました。しかし，同様の点が争点となった2件の家事審判事件の特別抗告審で，平成25年2月27日，最高裁第一小法廷から大法廷へ審理が回付され，平成25年9月4日，大法廷は全員一致で，民法900条4号但書のうち嫡出でない子の相続分を嫡出子の相続分の2分の1とする部分は違憲であるとする決定（以下「本決定」といいます）を出しました。

(2) 事案の概要

本決定は，平成13年7月に死亡した被相続人Aの遺産につき，Aの嫡出子であるXらが，Aの非嫡出子であるYらに対し，遺産分割の審判を申し立てた事件に関するものです。原審は，最高裁平成7年7月5日大法廷決定（民集49巻7号1789頁）の説示をほぼそのまま引用した上，その後の社会情勢等の変化等を総合考慮しても，Aの相続開始時に，民法900条4号但書の規定のうち嫡出でない子の相続分を嫡出子の相続分の2分の1とする部分（以下「本件規定」という）が憲法14条1項に反し違憲であったと認めることはできない

として，本件規定を合憲と判断しました。これに対し，Yらは最高裁判所に特別抗告を行いました。

(3) 決 定 要 旨

㋐ 本件規定の憲法14条1項適合性について

　本件規定の合理性に関連する以上のような種々の事柄の変遷等は，その中のいずれか一つを捉えて，本件規定による法定相続分の区別を不合理とすべき決定的な理由とし得るものではない。しかし，昭和22年民法改正時から現在に至るまでの間の社会の動向，我が国における家族形態の多様化やこれに伴う国民の意識の変化，諸外国の立法の趨勢及び我が国が批准した条約の内容とこれに基づき設置された委員会からの指摘，嫡出子と嫡出でない子の区別に関わる法制等の変化，更にはこれまでの当審判例における度重なる問題の指摘等を総合的に考察すれば，家族という共同体の中における個人の尊重がより明確に認識されてきたことは明らかであるといえる。そして，法律婚という制度自体は我が国に定着しているとしても，上記のような認識の変化に伴い，上記制度の下で父母が婚姻関係になかったという，子にとっては自ら選択ないし修正する余地のない事柄を理由としてその子に不利益を及ぼすことは許されず，子を個人として尊重し，その権利を保障すべきであるという考えが確立されてきているものということができる。

　以上を総合すれば，遅くともAの相続が開始した平成13年7月当時においては，立法府の裁量を考慮しても，嫡出子と嫡出でない子の法定相続分を区別する合理的な根拠は失われていたというべきである。

　したがって，本件規定は，遅くとも平成13年7月当時において，憲法14条1項に違反していたものというべきである。

㋑ 先例としての事実上の拘束力について

　本決定の違憲判断が，既に行われた遺産分割等の効力にも影響するとすることは，著しく法的安定性を害することになる。以上の観点からすると，既に関係者間において裁判，合意等により確定的なものとなったといえる法律

関係までをも現時点で覆すことは相当ではないが，関係者の間の法律関係がそのような段階に至っていない事案であれば，本決定により違憲無効とされた本件規定の適用を排除した上で法律関係を確定的なものとするのが相当であるといえる。そして，相続の開始により法律上当然に法定相続分に応じて分割される可分債権又は可分債務については，裁判の終局，明示または黙示の合意の成立等により上記規定（筆者注：法定相続分に関する規定）を改めて適用する必要がない状態となったといえる場合に，法律関係が確定的となったとみるのが相当である。

したがって，本決定の違憲判断は，Aの相続の開始時から本決定までの間に開始された他の相続につき，本件規定を前提としてされた遺産の分割の審判その他の裁判，遺産の分割の協議その他の合意等により確定的なものとなった法律関係に影響を及ぼすものではないと解するのが相当である。

(4) 本決定の効果と法改正

本決定が出されたことを受け，平成25年12月5日，民法900条4号但書前半部分を削除し，嫡出子と非嫡出子の相続分を同等とする法改正がなされました（同月11日公布・施行）。この法律は，平成25年9月5日以後に開始した相続に適用されます。

また，平成13年7月1日から本決定までの間に開始した相続については，本決定が他の事例への遡及効を制限したため，遺産分割が本決定（平成25年9月4日）以後に行われる場合のみ，本件規定が違憲無効であることを前提として嫡出子と非嫡出子の法定相続分が均等となります（図表3-2-4参照）。

4 遺産分割の審判における法定相続分の取扱い

(1) 審判における法定相続分

遺産分割は，主として遺言がない場合，相続人間の話合い（遺産分割協議）

■図表3-2-4

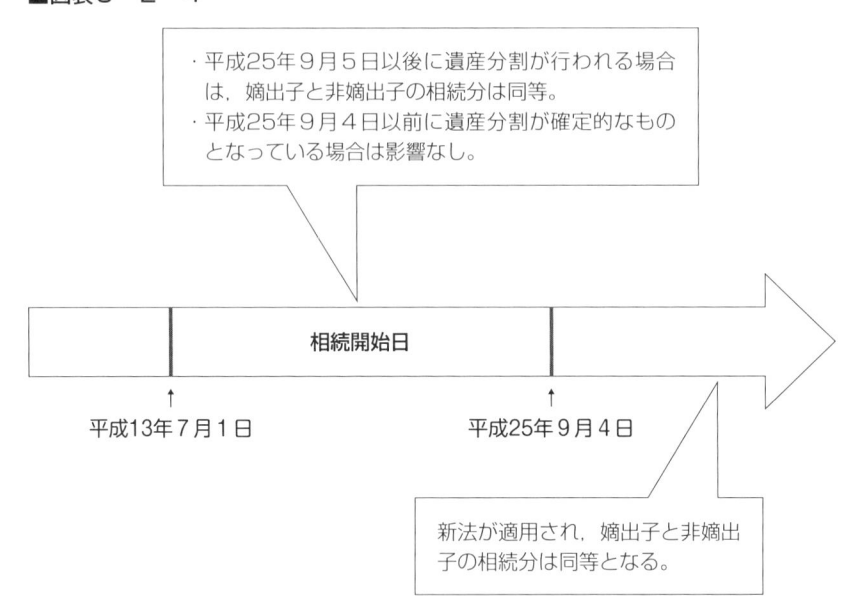

・平成25年9月5日以後に遺産分割が行われる場合は，嫡出子と非嫡出子の相続分は同等。
・平成25年9月4日以前に遺産分割が確定的なものとなっている場合は影響なし。

相続開始日

↑ 平成13年7月1日

↑ 平成25年9月4日

新法が適用され，嫡出子と非嫡出子の相続分は同等となる。

により行われます。遺産分割調停も第三者を交えた話合いの方法です。話合いがまとまらない場合は，遺産分割の審判に移行し，裁判官が遺産分割の方法を決定することになります。審判では，それまでになんらかの合意がなされていればそれを尊重しつつ法定相続分に従った分割がなされます。

(2) 具体的相続分

各共同相続人の具体的な相続分は，単に相続財産に法定相続分（又は指定相続分）を乗ずることによって確定されるわけではなく，特別受益の持戻しや寄与分などを考慮する必要があります。各相続人の具体的相続分は，次のような考え方に基づいて確定されます。なお，後記(3)のとおり，相続財産であっても遺産分割の対象外となるものがあるため，審判ではそれを除外して判断されます。

(ア) 相続財産

まず，相続開始時点で被相続人が有していた財産を合計します（遺贈や死因贈与も含みます）。動産や不動産については，価額を評価して計算します。

(イ) みなし相続財産

相続人の中に特別受益や寄与分のある者がいる場合には，それを考慮して相続財産を計算します。これを「みなし相続財産」といいます。

(a) 特別受益がある場合　特別受益とは，遺贈や，生前贈与のうち，婚姻や養子縁組のための贈与及び生活の資本としての贈与をいいます。遺贈や死因贈与は相続財産の計算の際に算入されるため，相続財産に相続人が受けた生前贈与の額を加算（これを持戻しといいます）したものがみなし相続財産となります。

(b) 寄与分がある場合　相続財産の額から寄与分を控除したものがみなし相続財産となります。

(ウ) 具体的相続分

(a) 特別受益・寄与分のない相続人　みなし相続財産に法定相続分を乗じた額が具体的相続分となります。

(b) 特別受益のある相続人　みなし相続財産に法定相続分を乗じ，そこから贈与の価額を控除したものが具体的相続分となります。贈与の額が具体的相続分の額を超える場合は，新たに財産を取得することはできませんが，超過額を返還する必要もありません。

(c) 寄与分のある相続人　みなし相続財産に法定相続分を乗じ，そこに寄与分の額を加えたものが具体的相続分となります。

● 具体的相続分の計算式

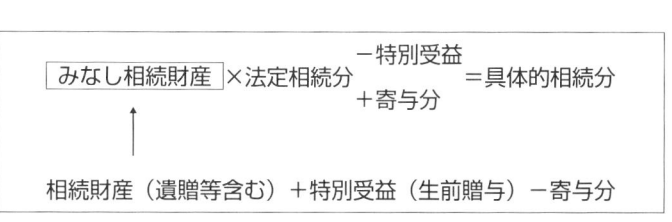

$$\boxed{みなし相続財産} \times 法定相続分 \begin{array}{c} -特別受益 \\ +寄与分 \end{array} = 具体的相続分$$

↑
相続財産（遺贈等含む）＋特別受益（生前贈与）－寄与分

(3) 遺産分割の対象とならない相続財産

以下の相続財産は，原則として相続開始と同時に法定相続分に従って当然に分割されるため，遺産分割の対象になりません。

(ア) 債　権

判例（最判昭29・4・8民集8巻4号819頁，最判昭30・5・31民集9巻6号793頁）により，金銭その他の可分債権は，遺産分割協議を待つまでもなく，相続開始とともに当然分割され，各相続人に法定相続分に応じて帰属するとされています。したがって，預貯金等の可分債権は遺産分割の対象とはなりません。

ただし，相続人間で預貯金等の可分債権を遺産分割の対象とする旨の合意がなされた場合は，遺産分割の対象とすることができるとされています（東京高決平14・2・15判タ臨増1125号116頁）。

(イ) 債　務

判例（最判昭34・6・19民集13巻6号757頁）により，金銭債務その他の可分債務は，法律上当然分割され，各共同相続人が法定相続分に応じて承継するとされています。したがって，可分債務も遺産分割の対象とはなりません。

債務については，相続人間で法定相続分とは異なる割合での分割の合意がされることがありますが，これはあくまで相続人間の内部負担の割合の意味をもつにすぎません。したがって，債権者が相続人間で合意した割合での債務承継を承諾しない限り，債権者との関係では法定相続分に従った割合の債務を免れることはできません。

5　法定相続分と遺産分割交渉

相続人が複数いる場合，相続開始と同時に相続財産（いわゆる遺産）は相続人の共有に属します（898条）。そして，民法900条には法定相続分の定めがありますが，被相続人が遺言書を残していない場合，遺産分割は，まずは相続人間の協議によってなされることとなり，最終的な遺産分割の内容は法定相

続分に従っている必要はありません。

　遺産分割協議を開始するにあたっては，いずれの当事者も，相続分やその内容について何かしらの主張をすることになります。相続分等の主張としては，旧来の家督相続の考え方により長男が財産をすべて相続すべきといったものから，親の面倒をみていた等の事情を前提に応分の取り分を求めるもの，被相続人との関係の希薄さ等を理由とした相続放棄まで，様々なものがあり得ます。

　遺産分割について，初めから概ねある一定の内容で合意が見込まれる場合であれば，当該内容の範囲内の主張は，他の相続人にも妥当な主張として容易に受け入れられる可能性が高いでしょう。当事者はいかなる提案をすべきかについてそれほど頭を悩ませる必要はありません。

　⑽　父親が死亡した場合に，基本的に母親が遺産のすべて相続し，子供は母親からの相続を待つものとして父親の遺産相続を主張しない場合に，財産的価値でいえば些細な父親の持ち物を形見としてもらいたいと主張するなど。

　他方，被相続人の死亡から長期間が経過したために相続人が広範囲に及びそれぞれの人間関係が希薄であるような場合や，近い関係にある親族であっても遺産分割についてのそれぞれの希望が事前に想定できず主張が区々となる可能性がある場合等においては，遺産分割協議の開始にあたり，初めにどのような主張をするかがその後の交渉において重要となることがあります。他の相続人に対して不合理とか身勝手といった印象を与えるような提案をすれば，対抗する提案や頑なな交渉態度を誘発し，完全な対立構造となって協議が長期化し，人間関係も悪化するといった事態にもなりかねないからです。このように他の相続人の出方がみえない場合において，法定相続分に従った主張や，それに近い主張（例えば法定相続分を多少超える価額の動産や不動産の取得を主張する等）は，一応の合理性のある主張といえる場合が少なくないでしょう（親の面倒を一切みず家を出て何十年も音信不通となっていた子が急に現れ強硬に法定

相続分を主張するといった場合等，例外は考えられます）。

　もっとも，法定相続分の定めは，「遺言による相続分の指定等がない場合などにおいて，補充的に機能する規定である」(前掲最大決平7・7・5)とされており，また，遺産の内容によっては，法定相続分のとおりに分割することが困難な場合もあります（例：遺産が現に相続人の一部が居住している土地・建物のみで，分筆が物理的に困難な場合）。したがって，相続人は法定相続分に拘束されるものではなく，交渉段階においては，法定相続分は出発点や基準の1つになり得るにすぎません。各相続人は，法定相続分と合わせて，あるいは法定相続分とは別個に，財産の内容（金銭，動産，不動産，債権，債務）や価値，財産の状況[*1]，被相続人との関係[*2]，被相続人や相続財産に対する寄与[*3]，相続人の生活状況[*4]，個々の遺産についての事情[*5]，相続税対策等，様々な事情を考慮して，相続分の主張をすることになります。これら各事情について，自らと他の相続人の事情を勘案し，双方の必要性を満たすような提案や，応分の取り分といえるような提案，やむを得ないと納得が得られるような提案ができれば，法定相続分を超える主張が他の相続人に受け入れられることも少なくないと考えられます。

（例）
- ほぼ同価値の不動産をそれぞれ相続し，被相続人と同居し介護をしていた相続人が預貯金等残りの財産を相続する。
- 遺産である不動産に居住していた者が法定相続分を超える価値を有する当該不動産を相続し，他の相続人が金銭その他の遺産を相続する。
- 唯一の遺産である不動産に居住していた者が当該不動産を相続し，他の相続人に代償金（他の相続人の法定相続分には満たない額）を支払う。

　しかし，遺産分割について相続人間で合意ができなければ，任意の話合いから，遺産分割調停，審判へと移行していくこととなり，審判では基本的に法定相続分に従って分割がなされることになります。法定相続分と異なる主張をする場合には，交渉が決裂して調停・審判に移行した場合，最終的にどのような内容の解決となり得るかを念頭において，任意の話合いの段階で合

意に至るためにどのような遺産分割を希望するか，それについていかに合理的な理由や根拠を挙げられるか，どのような提案の仕方をするかを考えていくことが必要です。

《注》
＊1　例：遺産である不動産を現に使用している相続人や賃借人等がいるか，売却可能なものか等。
＊2　例：生計を同じくしていた同居の親族であるとか，長年音信不通の子であるといった関係等。
＊3　例：介護していた，介護費用を負担していた，財産管理をしていた等。
＊4　例：遺産以外の持家の有無，経済的余裕，収入源（例：遺産である不動産からの賃料収入で生活している），金銭と物のいずれが必要か，物を相続した場合に代償が可能か等。
＊5　例：先祖代々の土地である，思い入れのある遺産であるといった事情等。

特別受益（民903条）

1 特別受益とは

(1) 意　　義

特別受益とは，相続人の中に，被相続人から遺贈や遺産の前渡しとして生前贈与を受けた人がいる場合，その受けた利益のことをいいます。

共同相続人間に遺贈や生前贈与を受けた相続人と，そうでない相続人がいる場合，特別受益を考慮することで，両者間の公平を図ることができます。特別受益を考慮する目的は，この点にあります。

(2) 種　　類

特別受益には遺贈（遺言による財産の無償処分。民964条）によるものと生前贈与によるものがあり，後者は「婚姻若しくは養子縁組のため若しくは生計の資本としての贈与」からなります（同法903条1項）。

実務上よく問題となるのは，特定の生前贈与が「生計の資本としての贈与」であるといえるか否かです。その基準は，一言でいえば，財産（遺産）の前渡しと認められるか否かです。認められれば特別受益にあたり，認められなければ特別受益にはあたりません。この点については2で具体的な裁判例を紹介し，裁判所が，特別受益の有無を認定するにあたって考慮しているより細かなファクターをみていきます。

(3) 算定方法

　特別受益にあたる贈与がある場合，被相続人の相続財産に特別受益にあたる贈与の価額を加えたものを相続財産額とみなし（これを「持戻し」といいます），この額をもとに算定した相続分から各相続人の具体的相続分を算定します。特別受益を受けた相続人についてはその額を控除して算定します。

　ただ，遺贈については，民法903条1項に「贈与の価額を加えたものを相続財産とみなし」と書かれていることから，相続財産に遺贈の価額を加えません。「遺贈は相続開始時に現存する相続財産の中から支弁されるものだから，加算の必要がない」と考えられているためです（片岡＆管野210頁）。

　具体例を挙げてみましょう。被相続人の相続財産が8000万円で4人の相続人（A～D。すべて子供で法定相続分は等しく，4分の1です）がいる場合に，Aに遺贈1000万円，Bに特別受益にあたる生前贈与として600万円，Cに特別受益にあたる生前贈与として400万円，Dは遺贈も特別受益にあたる生前贈与もなかった場合を考えます。

　すると，みなし相続財産は，遺贈を加算しません（つまり，8000万円の中に，すでにAに対する遺贈1000万円が含まれています）ので，

> 8000万円＋600万円＋400万円＝9000万円

となり，各自の具体的相続分は，

> A：9000万円÷4－1000万円＝1250万円
> B：9000万円÷4－600万円＝1650万円
> C：9000万円÷4－400万円＝1850万円
> D：9000万円÷4　　　　　＝2250万円

となります。こうして算出された具体的相続分に遺贈や贈与を加算すると，各自の最終的な取得分が等しくなり，公平が図られたことがわかります。

　なお，特別受益の額が本来の相続分を超えるものであったとしても，超過

分の返還を求めることはできません（民903条2項）。

また，共同相続人間で特別受益にあたるか否かが問題とされる場合，特別受益かどうか，つまり具体的相続分の価額の確定自体を求めて訴訟を提起しても，確認の利益がないとして却下されます（最判平12・2・24民集54巻2号523頁等。同最高裁判決は，「具体的相続分は，（中略）遺産分割審判事件における遺産の割合や遺留分減殺請求に関する訴訟事件における遺留分の確定等のための前提問題として審理判断される事項」だと判示しています）。

(4) 評価時点

遺産分割をする際の遺産の評価は，遺産分割時を基準としています（札幌高決昭39・11・21家月17巻2号38頁）が，特別受益額の評価時点は，相続開始時とするのが判例の立場です。その理由について，最高裁は，「このように解しなければ，遺留分の算定にあたり，相続分の前渡としての意義を有する特別受益の価額を相続財産の価額に加算することにより，共同相続人相互の衡平を維持することを目的とする特別受益持戻の制度の趣旨を没却することとなるばかりでなく，かつ，右のように解しても，取引における一般的な支払手段としての金銭の性質，機能を損う結果をもたらすものではないから」（最判昭51・3・18民集30巻2号111頁，判時811号50頁，判タ335号211頁）としています。

例えば，相続人の1人が5000万円の不動産の贈与を受けた後，相続開始時にはその価額が4000万円に下落していた場合，贈与を受けた相続人の特別受益額は4000万円と評価されます。

したがって，特別受益者がいる場合には，相続開始時の評価と遺産分割時の評価の2時点の評価が必要となり，鑑定を行う場合にはその2時点について行うことになります。

なお，特別受益にあたる財産が滅失したり，その価額の増減があった場合でも，相続開始のときに原状のまま存在するものとして算定します（民904条）。

上記の例であれば，贈与を受けた相続人が，相続開始前にその不動産を売却済みであっても，相続開始時には4000万円の価額の贈与を受けていたもの

と算定されます。ただ，不可抗力（地震により建物が倒壊した等）により財産が滅失したり価格の増減があった場合は，特別受益はないものと考えます（民904条の反対解釈）（片岡＆管野247頁）。

(5) 主張立証責任

　主張責任とは，裁判で，当事者は自己に有利な事実については主張しておかないと，仮に証拠上その存在が認められたとしても，その事実はないものとして扱われ，不利益となることです（裁判所職員総合研修所監修『民事訴訟法講義案』〔再訂版〕（司法協会，2010年）119頁）。

　また，立証責任とは，裁判で，ある主要事実が真偽不明である場合に，その事実を要件とする自己に有利な法律効果が認められない一方当事者の不利益ないし危険（前掲『民事訴訟法講義案』〔再訂版〕231頁）のことです。

　簡単にいうと，自分に有利な事実については，自分で主張し，証拠を用意して立証しなくてはいけないということです。

　遺産分割事件では職権探知主義がとられており，訴訟資料の探索収集を裁判所の職責であるとする建前がとられていますが，特別受益の調査については当事者からの主張立証がなければ職権探知は不可能なので，当事者が特別受益の主張立証をすることになります。

　したがって，特別受益者以外の相続人が，特別受益者に対する贈与の事実があったこと，その贈与が婚姻，養子縁組のため若しくは生計の資本としてなされたものであること（民903条1項）を主張し，なおかつ客観的な資料（証拠）を提出して立証しなければなりません（片岡＆管野249頁）。

　しかし，特別受益は，他人（自分以外の相続人）が受けた贈与について客観的な資料を提出しなければならないので，立証が相当困難であるといえます。特に被相続人と同居していなかった相続人であれば，資料の存否さえ不明な場合もあるでしょう。

　なお，特別受益の主張について，期間の制限の規定はありません。

(6) 持戻し免除の意思表示

特別受益の主張立証が認められたとしても，被相続人が持戻しを免除する意思表示をしたときは，遺留分の規定に反しない限り，その意思表示に従うことになります（民903条3項）。

これは，被相続人の意思を尊重するためです。

持戻し免除の意思表示は，遺贈の場合は，要式行為であることから（民960条），遺言によってなされる必要があるとするのが多数説ですが（ただし，大阪高決平25・7・26判時2208号60頁は，黙示の意思表示による持戻し免除を認める余地がある旨を判示しています），生前贈与については黙示の意思表示でも良いとされています（高松家丸亀支審昭37・10・31家月15巻5号85頁）。

持戻し免除の意思表示があったことの主張立証責任は，特別受益者にありますが，生前贈与については持戻し免除の意思表示は黙示の意思表示で足りるとされているため（片岡＆管野250頁），裁判所が，持戻し免除の意思表示があったと認定するケースは，一般の人が考えている以上に多いと考えられます。とりわけ，財産のない推定相続人の1人に対して，その者の生活の安定のために被相続人が贈与をしたりした場合には，これら贈与・遺贈については，持戻しの免除があったと認定されることが多いでしょう。なお，その場合に，贈与を受けた相続人に寄与分と評価できる行為があったとしても，贈与による利益が寄与の程度を超えているかどうかが問題とされます（東京高決平8・8・26家月49巻4号52頁参照）。

2　特別受益にあたるかが問題とされる例

(1) 不動産の無償使用

(ア)　相続人の1人が建物所有目的で被相続人の土地を無償利用していた場合，その相続人と被相続人との間で使用貸借契約があるものと認定されるこ

とが多くなります。それにより，被相続人の財産は使用借権相当額の減少となり，その分，建物を所有している相続人には使用借権相当額の特別受益があるとされます。

　例えば，土地の更地価格が1億円だとすると，1～3割程度が減額されることになるので（片岡＆管野232頁），特別受益とされる使用借権相当額は，1000万円～3000万円ということになります。

　ただ，被相続人の土地の無償使用が，被相続人の老後の世話をしてもらうためであった場合などは，持戻し免除の意思表示が黙示にされていたと解される場合があります（東京家審昭49・3・25家月27巻2号72頁）。

　(イ)　建物の無償使用については，被相続人と同居していた場合は被相続人の財産の減少はなく，特別受益にならないと解されます。同居していない場合，使用借権相当額の特別受益があると考えられます（青林リーガル199頁）。

● **裁　判　例**

　〔東京地判平15・11・17家月57巻4号67頁〕　この裁判例は，「使用期間中の使用による利益は，使用貸借権から派生するものといえ，使用貸借権の価格の中に織り込まれていると見るのが相当」とし，使用貸借権が特別受益となる場合に，それとは別に地代相当額を特別受益とすることを否定しました。

(2)　継続的な金銭援助

　被相続人及び相続人の資産，生活状況から，小遣い，礼金の範囲を超えているか否かで判断されると考えられます。

　ここでも，扶養の範囲と判断されたり，持戻し免除の意思表示が認められる可能性があります。

● **裁　判　例**

　〔東京家審平21・1・30家月62巻9号62頁〕　遺産総額や被相続人の収入状況（相続開始時の遺産総額は2億6712万4951円）からすると，相続人である相手方が被相続人から2年余にわたり毎月送金を受けていた2万円から25万円

のうち，一月10万円に満たない送金は親族間の扶養的金銭援助にとどまり，これを超える送金のみが生計の資本としての贈与と認められる，と判示しました。

(3) 学　　資

ここで問題となる学資とは，主として高等教育，留学等のため費用です。被相続人の生前の資産状況，社会的地位，他の共同相続人との比較により判断されます（青林リーガル198頁）。

つまり，被相続人の生前の資産収入や社会的地位に照らして扶養の範囲と判断されたり，共同相続人全員が同程度の教育を受けていれば特別受益として考慮しないか持戻し免除の意思表示が認められる可能性が高くなります。

● 裁判例

〔大阪高決平19・12・6家月60巻9号89頁〕　「子供の個人差その他の事情により（中略）その費用に差が生じることがあるとしても，通常，親の子に対する扶養の一内容として支出されるもので，遺産の先渡しとしての趣旨を含まない（中略）仮に，特別受益と評価しうるとしても，特段の事情のない限り，被相続人の持戻し免除の意思が推定される」

(4) 事業資金

相続人の事業に対する資金援助としての贈与や，相続人の事業の負債を被相続人が肩代わりして弁済した場合なども，特別受益にあたる場合があると考えられます。ただ，被相続人と相続人との関係や，生活状況等の事情によっては，特別受益として考慮されないか，持戻し免除の意思表示があると判断される可能性があります（青林リーガル198頁，208頁）。

● 裁判例

〔福岡高決昭45・7・31家月22巻11＝12号91頁，判タ260号339頁〕　被相続人が，同居して農耕に従事していた相続人に対し，相続人の法定相続分をはるかに超える不動産を贈与していた事例です。被相続人が自己の営んで

いた農業を継がせる意思であったと推認され，贈与するに際し，特別受益の持戻し免除の意思を表示していたとされました。

(5) 生命保険

(ア) 共同相続人の1人が受取人とされる保険金の取得は，保険契約に基づく受取人と指定された者の固有の権利なので，相続財産には含まれず，したがって特別受益にはあたらないと考えるのが原則です。

(イ) ただし，最高裁は「特段の事情」がある場合には特別受益として持戻しの対象となる旨判断し，この最高裁の判断を踏まえて持戻しを認めた裁判例も出ています。

● 裁判例

〔最決平16・10・29民集58巻7号1979頁，判時1884号41頁，判タ1173号199頁〕　「上記の養老保険契約に基づき保険金受取人とされた相続人が取得する死亡保険金請求権又はこれを行使して取得した死亡保険金は，民法903条1項に規定する遺贈又は贈与に係る財産にはあたらないと解するのが相当である。

もっとも，上記死亡保険金請求権の取得のための費用である保険料は，被相続人が生前保険者に支払ったものであり，保険契約者である被相続人の死亡により保険金受取人である相続人に死亡保険金請求権が発生することなどにかんがみると，保険金受取人である相続人とその他の共同相続人との間に生ずる不公平が民法903条の趣旨に照らし到底是認することができないほどに著しいものであると評価すべき<u>特段の事情</u>が存する場合には，同条の類推適用により，当該死亡保険金請求権は特別受益に準じて持戻しの対象となると解するのが相当である。

<u>上記特段の事情の有無については，保険金の額，この額の遺産の総額に対する比率のほか，同居の有無，被相続人の介護等に対する貢献の度合いなどの保険金受取人である相続人及び他の共同相続人と被相続人との関係，各相続人の生活実態等の諸般の事情を総合考慮して判断すべきである。</u>」(下線は

筆者）

　(ウ)　上記「特段の事情が存する」かどうかを判断した裁判例
●　持戻しの対象としたもの
〔東京高決平17・10・27家月58巻5号94頁〕　相続財産の総額が1億134万円であったのに対し，生命保険の総額が1億129万円の事案です。

保険金受取人の相続人が取得した保険金が遺産の総額に匹敵する巨額の利益を受けており，受取人変更の時期や，被相続人と同居をしていないことなど被相続人夫婦の扶養や療養介護を託するといった明確な意図のもとに受取人を変更したと認めることも困難であることから，他の相続人との間に生じる不公平が民法903条の趣旨に照らし到底是認することができないほど著しいものであると評価すべき特段の事情が存することは明らかなため特別受益に準じて持戻しの対象としました。

〔名古屋高決平18・3・27家月58巻10号66頁〕　相続財産の総額が8423万円であったのに対し，生命保険金の総額が5154万円の事案です。

取得した保険金が5154万円と高額で，相続開始時の遺産価額の61％を占めること，被相続人の妻との婚姻期間が3年5か月程度であることなどを総合的に考慮すると，他の相続人との不公平が民法903条の趣旨に照らし到底是認することのできないほど著しいものであると評価すべき特段の事情が存するとして持戻しの対象としました。

●　持戻しの対象としなかったもの
〔大阪家堺支審平成18・3・22家月58巻10号84頁〕　相続財産の総額が6963万円に対し，生命保険金の総額が428万円の事案です。

取得した保険金が財産合計の6％にすぎず，被相続人と長年生活を共にし，入通院時の世話をしていたことなどの事情を鑑みると，その不公平が民法903条の趣旨に照らして到底是認することができないほど著しいものであると評価すべき特段の事情が存在するとは認めがたいとして持戻しの対象とすべきでないとしました。

(6) 死亡退職金等

　就業規則・労働協約によって支給される者が決まっているので、受給権者の生活保障的な意味合いのものであることから、その者の固有の権利であり相続財産には組み込まれないのが原則です。

　判例も、特段の事情のない限り、相続財産には含めないとしています（最判昭62・3・3家月39巻10号61頁、判時1232号103頁）。

　保険金と同様、特別受益に準じるものとして持戻しの対象になるかについては、死亡退職金や遺族年金が文理上民法903条の生前贈与・遺贈にあたらないこと、相続人の衡平に反するとはいえないし、むしろ被相続人の意思に沿うものである等の理由により、否定している審判例があります（東京家審昭55・2・12家月32巻5号46頁）（青林相談62頁〔中村久瑠美〕）。

　実務上は、退職金支給規定等の有無で場合分けをして検討することから、退職金支給規定等の確認が必要になります（片岡＆管野150頁）。

※就業規則の例

　国家公務員退職手当法2条1項で、死亡による退職の場合には退職手当は「その遺族」に支給されると規定され、2条の2で「遺族」の定義及び順位が規定されています。

（遺族の範囲及び順位）
第二条の二　この法律において、「遺族」とは、次に掲げる者をいう。
　一　配偶者（届出をしないが、職員の死亡当時事実上婚姻関係と同様の事情にあつた者を含む。）
　二　子、父母、孫、祖父母及び兄弟姉妹で職員の死亡当時主としてその収入によつて生計を維持していたもの
　三　前号に掲げる者のほか、職員の死亡当時主としてその収入によつて生

計を維持していた親族

四　子，父母，孫，祖父母及び兄弟姉妹で第二号に該当しないもの

2　この法律の規定による退職手当を受けるべき遺族の順位は，前項各号の順位により，同項第二号及び第四号に掲げる者のうちにあつては，当該各号に掲げる順位による。この場合において，父母については，養父母を先にし実父母を後にし，祖父母については，養父母の父母を先にし実父母の父母を後にし，父母の養父母を先にし父母の実父母を後にする。

（3項，4項省略）

3　特別受益者の範囲

(1)　代襲相続

(ア)　被代襲者に対する特別受益は，原則として代襲相続人が持戻しの義務を承継すると考えられています（片岡＆管野239頁）。

しかし，裁判例には，特別の高等教育を受けたことによる特別受益は一身専属的性格のもので代襲相続人に持戻しをさせないとしたもの（鹿児島家審昭44・6・25家月22巻4号64頁，判タ249号302頁）や，代襲者が被代襲者を通して生前贈与により現実に経済的利益を受けている限度で特別受益に該当するとしたもの（徳島家審昭52・3・14家月30巻9号86頁）があります（青林リーガル194頁）。

(イ)　代襲相続人に対する代襲原因が発生する前に，被相続人から代襲相続人に対して特別受益に該当するような贈与があった場合に，持戻しの対象とするか否かについて，通説は否定しますが，裁判例は，肯定，否定の両説に別れています（肯定説に立つものとして前掲鹿児島家審昭44・6・25，否定説に立つものとして大分家審昭49・5・14家月27巻4号66頁があります）。

(2) 二次相続

一次相続が発生し遺産分割が未了の間に，二次相続が起こった場合，二次被相続人から特別受益にあたる贈与を受けた者があるとき，はどのように扱われるのかが問題になります。

これについて，最高裁平成17年10月11日第三小法廷決定（民集59巻8号2243頁，判時1914号80頁）は，二次被相続人は，一次被相続人の遺産について相続分に応じた共有持分権を取得しており，それは二次被相続人の遺産を構成するから，共同相続人の中に二次被相続人から特別受益にあたる贈与を受ける者があるときは，二次相続においてその持戻しをしなければならない，としました。

(3) 相続人でない者

特別受益に該当する遺贈，贈与は，共同相続人に対するものに限られるのが原則です（民903条1項）。したがって，共同相続人の配偶者や子などに対する遺贈，贈与は特別受益に該当しないのが通常です。

しかし，実質的には共同相続人に対する遺贈又は贈与であるといえるような場合に，特別受益に該当するとした裁判例として，次のものがあります。

- 福島家白河支審昭55・5・24家月33巻4号75頁　分家の際に，生活の資本として共同相続人の1人の夫に対して農地が贈与されていた事例
- 神戸家尼崎支審昭47・12・28家月25巻8号65頁　共同相続人が子供の扶養義務を怠ったため，被相続人が孫の生活費等を援助した事例

4　交渉における特別受益の主張

(1)　裁判における特別受益の主張・立証の困難さ

既に説明したとおり，特別受益は，当事者，すなわち特別受益者以外の相続人が主張・立証しなければなりません。裁判所のホームページに掲載された司法統計によれば，平成24年度に認容・調停成立した遺産分割事件8791件のうち，実際に特別受益が考慮されたのは739件であり，1割程度に限られています。

調停や裁判，特に裁判では特別受益があったことを裏付ける資料（証拠）が出されなければなりません（出されないと，特別受益の主張は認められません）が，特別受益者以外の相続人が，ある相続人が特別受益を受けていたことを示す資料（証拠）を集めて立証するのは困難な場合が多く，それが上記のような統計結果に繋がる最大の理由であると思われます。

要するに，一般の方が考えているほどには，裁判では，特別受益は認められないのです。

(2)　交渉のツールとしての利用法

そこで，特別受益にあたるような事情があると考える場合，特別受益と認定されるような資料があるのかあらかじめ調べることは当然必要となりますが，最終的に裁判で認定されることを目指すよりも，その前の段階の，「交渉のツール」として利用するというのが現実的で有効だと考えられます。

裁判において特別受益と認められるかが微妙なケース（あるいはかなり困難なケース）では，裁判になったときのコスト，具体的には，特別受益にあたるか否かの判断をするために裁判が長期化すること，その分弁護士費用等がかかること，鑑定費用も2時点分かかること，特別受益はかなり昔のものでも主張自体は可能であること，などを意識させ，（推定）特別受益者から譲歩を引き出すことができれば理想でしょう。

無論，特別受益を主張する方も，実際に裁判になった時の立証可能性（どの程度，資料（証拠）が揃えられているか）や立証の困難性等に鑑み，自分が主張したいと考えている満額の譲歩を（推定）特別受益者から引き出そうとこだわっている限り，なかなかうまくいかず，そこはより絞った額をターゲット額と設定して交渉に臨むべきです。

　この一定額を決める際には，決定分析が参考になります。決定分析とは，最善の決定をするために，体系的な意思決定のプロセスを踏んで意思決定を行う技法です（ハウエル・ジャクソンほか『数理法務概論』（有斐閣，2014年）1頁）。

　決定分析は，法実務に必要な数理的技法として考えられています（論究ジュリ2014年夏号No.10（2014年）4頁。なお，草野104頁では，同趣旨の内容が，「『期待値』で考える」手法として説明されています）。

　具体的には，自分が主張したいと思っている特別受益額が満額だと3000万円だとします。しかし，立証の難易度等を考えると，認められる確率は30%だと考えられるとします。

　その場合，期待して良い特別受益額は，

　　　3000万円×30％＋0円×70％＝900万円

となります。

　この額がターゲット額として機能します。

　したがいまして，特別受益を主張する相続人は，まず，特別受益が3000万円ある筈だ，と主張しつつも，話合いで解決できるならば（調停への移行をBATNAとして示してプレッシャーをかける），2000万円程度で良いと譲歩を示し，さらに，（推定）特別受益者が，例えば，500万円なら特別受益と評価して良い，といってきた場合は，さらに譲歩をして交渉を続け，ターゲット額かそれにプラスaの額（1000万円～1500万円）で合意形成する（落着させる）ことを目指すのが，特別受益の主張の効果的な利用法であると考えます。

　なお，特別受益にあたる事情がある場合に，特別受益者が自らその事情を開示すべきかという問題もあります。

しかし，特別受益の主張立証責任の問題や，持戻し免除の意思表示が認められることが多いことなどから，自ら積極的に開示する必要があるとまではいえないと，一般的には考えられているようです。

第4

寄与分（民904条の2）

1　寄与分とは

(1)　意　　義

　寄与分とは，相続人の中に，「被相続人の財産の維持又は増加に特別の貢献」をした人がいる場合，その人の貢献を評価して算出した割合や金額のことをいいます。

　被相続人の財産の維持又は増加に特別の貢献をした相続人と，そうでない相続人がいる場合，寄与分を考慮することで，両者の公平を図ることができます。寄与分を考慮する目的は，この点にあります。

(2)　態様（民904条の2第1項）

　寄与分の態様について，民904条の2第1項は，「被相続人の事業に関する労務の提供又は財産上の給付，被相続人の療養看護その他の方法により」と規定しています。その内容は，一般に①家業従事型，②金銭等出資型，③療養看護型，④その他，と類型化され，さらに④その他は，扶養型と財産管理型，と類型化されています（青林リーガル219頁，青林相談67頁〔大植幸平〕）。

　すべての類型で，①相続人自らの寄与があること，②特別の寄与であること，③被相続人の遺産が維持又は増加したこと，④寄与行為と被相続人の遺産の維持又は増加との間に因果関係があること，という4要件を充たすことが必要となります。2及び3では，どのようなものがこれらの要件を満たし寄与分と認められるのかについて，類型ごとに裁判例を紹介します。

(3) 主張立証責任

第3で説明した特別受益と同様，寄与分についても主張立証責任が問題になります（主張責任，立証責任の説明については**本章，第3，1**(5)参照）。寄与分の主張は，被相続人の財産の維持又は増加について特別の寄与をしたと主張する相続人が行い，それを示す客観的な証拠を提出することになります。

特別受益は，他の相続人が受けた贈与の主張立証をする必要がありますが，寄与分は，自らの行為が問題となることから，一見，主張立証がしやすいようにも思われます。

しかし，寄与分と認めてもらうためには，単に被相続人に対する労務の提供，財産上の給付や療養看護等の事実を示す資料を提出するだけでは不十分で，それが「被相続人の財産の維持又は増加について特別の寄与」といえるようなものである必要があります。

また，家庭裁判所は，遺産の分割の審判の手続において，1か月を下らない範囲内で，寄与分を定める処分の審判の申立てをすべき期間を定めることができるとされていますし（家手193条1項），そうでない場合でも，時機に後れて当該審判の申立てをしたことにつき，申立人の責めに帰すべき事由があり，かつ，当該審判の手続を併合することにより，遺産の分割の審判の手続が著しく遅滞することとなるときは，その申立てを却下することができるとされています（家手193条3項）。

したがって，寄与分の主張立証をする際には，期間も意識する必要があります。

このように立証のハードルの高さや期間の問題もあるため，**7**で述べるように，審判等で寄与分が認定される率はかなり低いのが実情です。

2 寄与分にあたるかが問題とされる例

寄与分は，「被相続人の財産の維持又は増加について特別の寄与」といえ

る場合に認められます。

「被相続人の財産の維持又は増加について特別の寄与」といえるには，前述したように，
- ① 相続人自らの寄与があること，
- ② 寄与行為が「特別の寄与」といえること，
- ③ 被相続人の財産が維持又は増加したこと，
- ④ 寄与行為と被相続人の財産の維持又は増加との間に因果関係があること，

が必要となります。

このうち，②の「特別の寄与」という要件が必要なのは，「被相続人と相続人の身分関係に基づいて通常期待されるような程度の貢献は相続分自体において評価されているとみることができ，(中略)通常期待されるような程度の貢献をも寄与分として評価し相続分の修正要素とみることは『相続分』を極めて可変的なものにすることになり権利関係の安定を著しく害するおそれがある」からとされています(家月33巻4号2頁)。

また，有償であれば，契約関係があったと考えられ特別の寄与とはいえないので，無償かそれに近い形で行われていることが必要です。

以下，寄与分の類型ごとに，寄与分と認められる要件と，その具体例をみていきます。

(1) 家業従事型

(ｱ) 家業従事型は，「事業に関する労務の提供」に該当する類型であり，「事業」とは，一定の目的をもって同種の行為を反復継続する行為をいい，農水産業，商工業が典型とされています(青林リーガル219頁)。

被相続人の事業に従事していたとしても，それが親族間の扶養義務等によるものであったり，対価をもらっていたりする場合には，「特別な寄与」とはいえません。

(ｲ) 家業従事型の無償性について，大阪高裁平成2年9月19日決定(家月

43巻2号144頁）は，「被相続人の財産形成に相続人が寄与したことが遺産分割にあたって評価されるのは，寄与の程度が相当程度に高度な場合でなければならないから，被相続人の事業に関して労務を提供した場合，提供した労務にある程度見合った賃金や報酬等の対価が支払われたときは，寄与分を認めることはできないが，支払われた賃金や報酬等が提供した労務の対価として到底十分でないときは，報いられていない残余の部分については寄与分と認められる余地がある」としました。

(ｳ) 家業従事型の因果関係については，労務の提供が，被相続人の営む会社へ行われていた場合にも問題になります。

被相続人の営む会社への労務提供は，あくまで会社に対する労務の提供であれば，「被相続人の事業に関する」とはいえませんし，「被相続人の財産の維持又は増加」とは関わらないので，原則として特別な寄与とは認められません。

しかし，実質的には個人企業に近く，被相続人と密接な関係にあり，かつ，会社への貢献と被相続人の資産の維持又は増加との間に明確な関連性がある場合には，被相続人に対する寄与があると認められた裁判例があります。

高松家裁丸亀支部平成3年11月19日審判（家月44巻8号40頁）は，相続人B〜Dが各自寄与分を主張していた場合に，「Bは夫婦で無償労働により被相続人の遺産の維持増加に寄与し，Dは無償労働だけでなく自己所有の不動産収入も遺産の維持増加に役立てていた（中略）こと，Cは昭和35年に婚姻した後低い給料ながら一応給料を受領し，昭和47年ころからは自分で給料を決定し受領しているので，無償労働を提供した昭和28年から昭和35年までの間，また被相続人の経済的苦境のもとで低い給料で労務を提供した期間，被相続人の遺産の維持増加に協力したと解されること等諸般の事情を斟酌する」として，B35％，C10％，D20％を目安にして寄与割合を認めました。

(2) 金銭等出資型

(ｱ) 金銭等出資型は，被相続人やその事業に対して「財産上の給付」をす

ることをいいます。金銭等出資型においても，親族間の扶養義務の範囲内等とされるものは寄与分とは認められません。

この点に関し，被相続人が配偶者の収入によって住宅を購入した場合に，配偶者に寄与分を認めた裁判例があります（和歌山家審昭59・1・25家月37巻1号134頁，神戸家伊丹支審昭62・9・7家月40巻8号86頁）。これらの裁判例は，配偶者に潜在的共有持分を認めてしかるべきところを，遺産の範囲ではなく，寄与分の主張の中で処理したものということができます（なお，共有持分権の主張と寄与分の主張との関係につき，松原正明『全訂判例先例相続法Ⅱ』（日本加除出版，2006年）135頁）。

(イ) 金銭等出資型では，金銭の出資が被相続人の会社に対して行われていた場合に，金銭の出資と被相続人の財産の維持又は増加との因果関係が問題となります。

高松高裁平成8年10月4日決定（家月49巻8号56頁）は，「F建設は被相続人が創業した株式会社であって被相続人とは別人格として存在しており，その実質が個人企業とは言いがたい。しかし，(中略)これらの事情に照らせば，F建設は被相続人の個人企業に近い面もあり，(中略)。そうすると，F建設の経営状態，被相続人の資産状況，援助と態様等からみて，F建設への援助と被相続人の資産の確保との間に明確な関連性がある場合には，被相続人に対する寄与と認める余地がある」として，被相続人の経営する会社に対する金銭出資が，被相続人に対する寄与分にあたることがあるとして，寄与分（20％）を認めました。

(3) 療養看護型

療養看護型とは，被相続人の病気の看護や介護を行うものをいいます。療養看護は，通常扶養義務の範囲内として期待されているので，寄与分が認められるためには，扶養義務を超えるものである必要があります。

また，平成12年4月以降，介護保険制度が導入されたことによって，看護する者の負担が一定程度減少したことからも，財産の維持又は増加との因果

関係が問題となります（片岡＆管野307頁）。

- **裁判例（療養看護型で寄与分を認めたもの）**

〔盛岡家審昭61・4・11家月38巻12号71頁〕「20年余にわたり病弱で老齢の被相続人と同居して扶養し，殊に被相続人の痴呆が高じた昭和46年以降その死亡（昭和56年9月11日）に至るまでの10年間は常に被相続人に付き添って療養看護を要する状態となり，申立人がこれに当たってきたのであり，少なくとも後半の10年間の療養看護は，親族間の扶養義務に基づく一般的な寄与の程度を遙かに超えたものというべく，被相続人は他人を付添婦として雇った場合支払うべき費用の支出を免れ，相続財産の減少を免がれたことは明らかであり（中略）特別の寄与があったものというべき」

(4) その他

㋐ 扶養型

民法904条の2第1項の「その他の方法」として，ほかに相続人兼扶養義務者がいるのに，特定の相続人のみが被相続人の扶養をしたことにより，扶養義務の分担額を超えた部分につき寄与分が認められる類型です。

- **裁判例**

〔大阪家審昭61・1・30家月38巻6号28頁〕「本来兄弟8人が能力に応じて負担すべきところをXが全面的に引き受け，これがため被相続人は自己の財産を消費しないで遺産となったのであるから本来的義務を超えて負担したものとみなされる部分に対応する寄与の効果を認めるのが相当である」として，兄弟8人中，Xのみが18年間被相続人の扶養をし，金銭的負担をしていたところ，寄与分を認めました。

㋑ 財産管理型

民法904条の2第1項の「その他の方法」として，被相続人の財産について，維持管理（例：不動産の賃貸や修繕等）のための費用負担や労務の提供を理由に寄与分が主張される類型をいいます。

- **裁 判 例**
- 不動産管理について寄与を認めた例（盛岡家審昭61・4・11家月38巻12号71頁）
- 報酬を得て駐車場管理をしていた者の寄与分を認めなかった例（大阪家審平19・2・8家月60巻9号110頁）
- 被相続人の資金運用を行い利益が生じた分を寄与とした主張を認めなかった例（大阪家審平19・2・26家月59巻8号47頁「たまたま利益を生じた場合には寄与と主張することは，いわば自己に都合の良い面だけをつまみ食い的に主張するものであり，そのような利益に寄与分を認めることが相続人間の衡平に資するとは，一般的にはいいがたい。」）

3　寄与分権者の範囲

　寄与分は，共同相続人間での衡平を図る制度なので，寄与を行った者は，原則として，寄与分を主張する共同相続人である必要があります（青林リーガル214頁）。

　したがって，相続人でない者がした行為については原則として寄与分とされません。

　しかし，相続人の寄与と同視できる場合には，相続人が自己の寄与分として請求する余地があります。

- **裁 判 例**
- 被代襲者，配偶者，母親の行為について寄与分を認めたもの
　〔東京高決平元・12・28家月42巻8号45頁〕　「寄与分制度は，被相続人の財産の維持又は増加につき特別の寄与をした相続人に，遺産分割に当たり，法定又は指定相続分をこえて寄与相当の財産額を取得させることにより，共同相続人間の衡平を図ろうとするものであるが，共同相続人間の衡平を図る見地からすれば，被代襲者の寄与に基づき代襲相続人に寄与分を認めることも，相続人の配偶者ないし母親の寄与が相続人の寄与と同視できる場

合には相続人の寄与分として考慮することも許されると解するのが相当である。」

・妻の行為について寄与分を認めたもの

〔東京高決平22・9・13家月63巻6号82頁〕 「E（＝抗告人の妻）による被相続人の入院期間中の看護，その死亡前約半年間の介護は，本来家政婦などを雇って被相続人の看護や介護に当たらせることを相当とする事情の下で行われたものであり，それ以外の期間についてもEによる入浴の世話や食事及び日常の細々した介護が13年余りにわたる長期間にわたって継続して行われたものであるから，Eによる被相続人の介護は，同居の親族の扶養義務の範囲を超え，相続財産の維持に貢献した側面があると評価することが相当である」とし，相続人の妻の行為により，相続人の寄与分を認めるのが相当であるとしました。

4 算定方法

寄与分は，第一次的には共同相続人間の協議で決められます（民904条の2第1項）。そして，寄与分のある相続人がいる場合，被相続人が相続開始時において有した財産の価額から共同相続人の協議で定めたその者の寄与分を控除したものを相続財産とみなし，この額を基に算定した相続分に寄与分を加えた額をもってその者の具体的相続分を算定します。

例えば，被相続人の相続財産が2000万円で3人の相続人がいた場合（A〜C。すべて子供で法定相続分は等しく，3分の1です），A〜Cの協議で，Bに500万円の寄与分があったとされた場合を考えます。

すると，みなし相続財産は，

> 2000万円−500万円＝1500万円

となり，各自の具体的相続分は，

> A：1500万円÷3＝500万円
> B：1500万円÷3＋500万円＝1000万円
> C：1500万円÷3＝500万円

となります。

　寄与分の算定にあたっては，態様に応じた計算式があります。

　家業従事型は，

> 寄与分額＝寄与者の受けるべき相続開始時の年間給与額
> 　　　　×（1－生活費控除割合）×寄与年数

　金銭等出資型の場合は，

> 寄与分額＝贈与当時の金額×貨幣価値変動率×裁量的割合

　療養看護型で相続人が実際に看護した場合は，

> 寄与分額＝付添人（看護人）の日当額×療養看護日数×裁量的割合

とされています（青林リーガル227頁。他の態様も含め，より詳しく計算式を紹介するものとして，北野俊光「寄与分の算定（類型ごとに）」判タ1100号379頁があります）。

　実際に寄与分があると認定された場合には，態様に応じた計算式を用いて，具体的に算定することになります。

　なお，判タ1100号379頁によれば，計算式にある裁量的割合を決定する基準は相続人間の衡平や結果の具体的妥当性です。

5　手　続

　寄与分も，遺産分割と同様，まずは共同相続人全員の協議によって定めら

れます。共同相続人間で協議が調わなかったときは，家庭裁判所において寄与分を定めることになります（民904条の2第2項）。具体的な手続としては，寄与分を定める処分の審判（調停）を申し立てることになりますが，民法904条の2第4項により，寄与分を定める処分の調整を申し立てるには遺産分割の審判（調停）の申立てがされていなければなりません。

つまり，寄与分の主張が，共同相続人間での話合いや遺産分割調停のなかでされたものの，まとまらなかった場合，寄与分を定める処分の審判（調停）を申し立てることになります。この場合，遺産分割の審判事件と併合されることになります（家手191条2項・192条前段・別表第2の14）。

6　評 価 時 点

寄与分の評価時期は，相続開始時とするのが通説・裁判例です（片岡＆管野274頁）。

7　交渉における寄与分の主張

(1)　裁判における寄与分の主張・立証の困難さ

寄与分は，自分に寄与分があると考える相続人が主張立証することになりますが，労務の提供や金銭の出資，療養看護の事実の主張立証ができたとしても，それが親族間の扶養義務を超えるものと認められるものでなければなりません。

民法904条の2第2項は，家庭裁判所が，寄与の時期，方法及び程度，相続財産の額その他一切の事情を考慮して寄与分を定めるとしていますが，裁判所のホームページに掲載された平成24年度の司法統計によれば，実際に寄与分の定めのあった件数は199件にすぎません。そのうち，寄与分の遺産の価額に占める割合が50％を超えたものは8件，10％以下しか認められなかっ

たものが84件であり，寄与分が認められた場合であっても，遺産の価額に比べれば，少しの割合しか認められないことが多いというのが現状です。

東京家庭裁判所家事第5部が，「寄与分の主張を検討する皆様へ」「寄与分主張のポイント」と題するパンフレットを作成し，寄与分の主張の例示や，証拠資料の例などを細かく記載しているのも，裁判所が寄与分と認定できるようなものと，一般の方が考えている「寄与分」との差が大きいことの表れと考えられます。

さらに，寄与分を主張する相続人に対して，他の相続人がその分特別受益があるのではないかと主張することで（例として，療養看護を寄与分と主張する相続人に対し，不動産の無償使用や生活費を負担してもらっていたことが特別受益になると主張する等），遺産分割が長期化する原因にもなります。

(2) 交渉のツールとしての利用法

以上のように，裁判（審判）では寄与分の主張は認められにくいという現実があるので，寄与分を主張したい相続人は，裁判で寄与分について厳密に認めてもらおうと考えるよりも，事前の交渉のツールと考えるのが適切だといえます。既に指摘したとおり，民法の条文は，寄与分は第一次的に共同相続人間の協議で決めるべきとしています。こうした条文の内容からしても，寄与分は本来，共同相続人間で弾力的に考慮されるべきファクターと考えてよく，したがって，交渉ツールとして利用してこそ，その意義が発揮されるといえるでしょう。

寄与分について共同相続人間で合意に至らなかった場合，寄与分を定める処分の審判の申立てまでしなければいけないこと，その分遺産分割手続が長期化すること，弁護士費用等もかかること，などを意識させることができれば良いでしょう。また，他の相続人に，寄与分にあたると主張している行為について客観的な資料を示すことによって，他の相続人が知らなかった労務の提供や金銭出資，療養看護等の実態を理解してもらうことも，必要だと考えられます。

寄与分を主張する相続人も，裁判になったら認められにくいという現実を理解し，満額を認めてもらうために交渉をするのではなく，一定額をターゲットにして交渉に臨むべきです。

　この場合も，特別受益のところで紹介した，決定分析が参考になります（**本章，第3**，4 (2) 参照）。

　寄与分の場合も，ターゲットとなる一定額を算定し，それにプラス α の額で合意形成することを目指すのが，寄与分の主張の効果的な利用法と考えられます。

第5

相続欠格，廃除（民891条・892条）

1　相続欠格（民891条）

(1)　欠格の意義

　本章の**第2**で既に紹介したように，死者（被相続人）が遺言を残さなかった場合には，その財産は，法定相続に関する民法のルールに従って相続されます。しかし，これらのルールに従って相続人となるべき者であっても，極めて不正な手段によって相続財産を取得しようとした場合には，その者に相続をさせることが適切ではないと考えられます。そのような行為は相続秩序を乱し，被相続人の財産を相続させるのが正義に反すると感じられるからです。

　そこで民法は，そのような行為に対する刑事上の制裁とは別に，それを行った者の相続権を法律上当然に剥奪し，相続人としての資格を失わせることとしています。このことを相続欠格といい，民法の定める欠格事由に当てはまる相続人を相続欠格者といいます。特定の相続人が相続欠格者に該当するかどうかは，相続人の確定（プレイヤーの確定）に直接影響を及ぼすため，相続における交渉の前提問題の1つとなります。

(2)　欠格の事由

　民法が相続欠格事由として定めるのは，次の①〜⑤の事由です。どれも，相続に関して，極めて不正な手段によって相続財産を取得しようとした場合に関するものです。大きく分けると，被相続人などに対する生命侵害に関す

るもの（①，②）と，被相続人による遺言の妨害に関するもの（③，④，⑤）があります。欠格事由はこれら5つに限定されていますので，それ以外の行為は，例えこれらと同視できるようなものであっても，欠格事由とされることがありません。

① 故意に被相続人又は相続について先順位若しくは同順位にある者を死亡させ，又は死亡させようとしたために刑に処せられた者（民891条1号）。

殺人（刑199条）の未遂（刑203条）や予備（刑201条）も含まれますが，故意があることが必要ですので，過失致死（刑210条）や傷害致死（刑205条）は含まれません（大判大11・9・25民集1巻534頁）。ここでいう「故意」に関しては，行為者に，殺害の相手方が相続に関して先順位又は同順位にあるという認識が必要か否かについて争いがあります（青林相談32頁〔伊藤崇〕）。刑に処せられたことが要件となっており，相続開始後に刑に処せられた場合も含まれますが，正当防衛（刑36条）や責任無能力（刑39条・41条）のため刑に処せられなかった者は欠格者となりません。また，執行猶予期間が満了すれば刑の言渡しは効力を失うため（刑27条），執行猶予期間を経過した者が欠格者にならないとすることについては，学説上，異論がありません（川井141頁）。執行猶予期間が満了しないうちに相続が開始した場合については争いがありますが，実刑を受けた場合と比べて，執行猶予程度では相続欠格とするほど悪質とはいえないから欠格事由にあたらないとする見解が有力です（近江227頁）。

② 被相続人が殺害されたことを知って，これを告発・告訴しなかった者。ただし，その者に是非の識別がないとき，又は殺害者が自己の配偶者若しくは直系血族であったときは，この限りではありません（民891条2号）。

この規定は，警察・検察制度が発達していなかった時代ならともかく，個人の意思とは無関係に検察官によって公訴が提起される今日の制度の下では意味が乏しく，疑問であると批判されています（内田341頁）。なお，捜査が開始し，もはや告発・告訴の必要がなくなった後にその事実を知った場合には，欠格事由となりません（大判昭7・11・4法学2巻829頁）。

③ 詐欺・強迫によって，被相続人が相続に関する遺言をし，これを撤回

し，取り消し，又はこれを変更することを妨げた者（民891条3号）。

④　詐欺・強迫によって，被相続人に相続に関する遺言をさせ，これを撤回させ，取り消させ，又はこれを変更させた者（民891条4号）。

⑤　相続に関する被相続人の遺言書を偽造，変造，破棄又は隠匿した者（民891条5号）。

　判例は，被相続人である父からその公正証書遺言の正本の保管を託された子が，遺産分割協議の成立に至るまで法定相続人の1人である姉に対して遺言書の存在と内容を告げなかったが，遺産分割協議の成立前に法定相続人の1人である妹に対して公正証書遺言の正本を示してその存在と内容を告げ，被相続人の妻は公正証書によって遺言がされたことを知っていたという事案について，子の行為は，遺言書の隠匿にあたらないとしました（最判平6・12・16裁判集民173号503頁，判時1518号15頁，判タ870号105頁）。

　上記事由のうち，①，③～⑤については，相続欠格の要件として，さらに，相続に関して不当な利益を得る故意（第二の故意）が必要かどうかが論点となっています（青林相談30頁）。第二の故意が必要ではないとすれば，例えば，被相続人等に対する殺人罪で有罪とされた相続人は，そのことによって当然に欠格者となります。これに対し，第二の故意が必要であるとすると，上記の例のように有罪となった相続人であっても，相続によって利益を得ようとする故意がなければ欠格者とはなりません（二重の故意説）。

　判例は，⑤については，相続に関する被相続人の遺言書又はこれについてされている訂正が方式を欠き無効である場合に，相続人が方式を具備させて有効な遺言書又はその訂正としての外形を作出する行為は，遺言書の偽造又は変造にあたるが，遺言者である被相続人の意思を実現させるためにその法形式を整える趣旨でそのような行為をしたに過ぎないときは，相続人は相続欠格者にあたらないとし（最判昭56・4・3民集35巻3号431頁，判時1006号46頁，判タ444号74頁），また，相続に関する遺言書を破棄又は隠匿したとしても，相続に関する不当な利益を目的とするものではなかったときはこれにあたらないとしています（最判平9・1・28民集51巻1号184頁，判時1594号53頁，判タ933号94頁）。

(3) 欠格の効果

　欠格事由のある相続人は，特別な手続を必要とせず，法律上当然に相続権を失います（民891条）。ただし，後述する廃除のように審判手続や公示方法が用意されていないため，実務としては，相続開始後に相続人が原告となり，欠格事由があると考えられる他の相続人を被告として相続権不存在確認請求訴訟や所有権移転登記抹消登記請求訴訟などを提起し，その手続の中で欠格について主張をしていくことになります（能見＆加藤25頁〔本山敦〕）。殺害を理由として刑に処せられたことによる欠格の効果は，刑に処せられたことによって発生し，殺害時に遡及します（大判大3・12・1民録20輯1091頁）。

　欠格の効果は相対的であって，欠格者は，欠格事由と関係のある特定の被相続人に対する相続権を失うにすぎません。また，欠格者が相続資格を失っても，その子及び孫は，代襲相続によってその相続分を得ることができます（民887条2項・3項）。例えば，被相続人Aの息子B（欠格者）に娘C（Aの孫にあたる）がいる場合において，Aが遺言を残さずに死亡したときは，CはBを代襲して，Bが相続するはずであった遺産を相続することができます。なお，相続欠格者は受遺者にもなれません（民965条）。

(4) 欠格の宥恕

　相続人に欠格事由があるにもかかわらず，被相続人が自己の意思によって欠格者を許し，相続権を回復させようとすることがあります。これを「宥恕」とよんでいます。宥恕の可否については，民法に規定がないため，争いがあります（近江228頁）。この点については，下級裁判所による特定の事案における判断ではありますが，同順位の相続人である弟を殺害して服役したため民法891条1号の相続欠格事由に該当する兄について，兄弟の父が宥恕したと認めた広島家裁呉支部平成22年10月5日審判（家月63巻5号62頁）があります（宥恕が認められ，公刊された初めての裁判例であるとされています。詳細については，本山＆奈良12頁以下〔冷水登紀代〕をご参照ください）。

2　相続人の廃除（民892条）

(1)　廃除の意義

　相続欠格のように当然に相続資格を剥奪するほどの事由ではないが，推定相続人に一定の事由があり，被相続人がその者に相続させたくないと感じる場合があります。このような場合には，被相続人は，家庭裁判所の審判によって，その者の相続権を失わせることができます。これが相続人廃除の制度です（民892条・893条，家手別表第１の86～88の項）。特定の相続人が被廃除者にあたるかどうかは，欠格と同様に，相続における交渉の前提問題の１つ（相続人＝プレイヤーの確定）となります。

　廃除の対象となるのは，遺留分をもつ推定相続人（配偶者，子，直系尊属）に限られます（民892条）。なぜなら，被相続人が，遺留分をもたない兄弟姉妹に対して相続財産を与えたくないと考えるときは，遺言によってその目的を達成することができるので，廃除の手続をとるまでの必要がないからです。そのため，適法に遺留分を放棄した相続人も廃除の対象となりません（東京高決昭38・9・3家月16巻1号98頁）。

(2)　廃除の事由

　廃除するには一定の事由がなければなりません。廃除の事由として民法が認めるのは，①推定相続人が，被相続人に対し虐待をし，若しくは②これに重大な侮辱を加えたとき，又は③推定相続人にその他の著しい非行があったとき，です（民892条）。これらの事由の存在が肯定された裁判例としては，末期癌を宣告された妻が手術後自宅療養中であったにもかかわらず，療養に極めて不適切な環境を作り出し，妻にこの環境の中での生活を強いたり，その人格を否定する発言をしたりした夫の廃除を認めた釧路家裁北見支部平成17年1月26日審判（家月58巻1号105頁）（①の事由の存在を肯定），父母が婚姻に反対しているのに父の名で披露宴の招待状を出したりし，元暴力団員と婚姻

した娘の廃除を認めた東京高裁平成4年12月11日決定（判時1448号130頁）（②の事由の存在を肯定），被相続人の養子が，被相続人が10年近く入院や手術を繰り返していることを知りながら，居住先の外国から年1回程度帰国して生活費等として被相続人から金員を受領するだけで被相続人の面倒をみることはなく，被相続人から提起された離縁訴訟等について連日電話で長時間にわたって取下げを執拗に迫り，訴訟をいたずらに遅延させたことなどに照らして養子の廃除を認めた東京高裁平成23年5月9日決定（家月63巻11号60頁）（③の事由の存在を肯定）があります（同判決については，本山＆奈良16頁以下〔羽生香織〕において詳細な分析がされています）。

①及び②の事由が被相続人に向けられたものであることは条文から明らかですが，③については条文上明らかではないため争いがあり，一般的に，「著しい非行」は必ずしも被相続人に対するものである必要はないと理解されています（内田343頁）。上記のそれぞれの事由は，相続権を奪うに値するとみられる程度のものであることが必要であり，あくまで客観的な認定が根拠となりますので，被相続人の主観的な感情が害されるだけでは足りません。そのため，一時的な激しい感情に基づく侮辱的な言動（大判大11・7・25民集1巻478頁）や，被相続人にも責任がある場合（東京高決平8・9・2家月49巻2号153頁）などには，廃除事由にならないことがあります。なお，司法統計によると，廃除の申立ては年間100件程度ありますが，認容件数は30件程度にとどまることから，廃除が簡単には認容されないことがわかります（能見＆加藤28頁〔本山敦〕）。

(3) 廃除の方法

廃除の方法としては，生前の廃除と遺言による廃除があります。生前の廃除は，被相続人が生存中に家庭裁判所に審判を求めることによって行います。これに対し，遺言による廃除は，遺言の効力発生後，遺言執行者が遅滞なく家庭裁判所に廃除を求める審判の申立てをすることによって行います（以上につき，民892条・893条前段，家手188条・別表第1の86の項）。後述するように，廃

除の効果が発生するためには，廃除を認める審判が確定する必要がありますので，上記のいずれの場合にも，申立てによって当然に廃除の効果が得られるわけではありません。廃除請求権は，被相続人の一身専属権ですので，他人が被相続人を代理して行使することは許されません。

　遺言による推定相続人廃除の審判手続中に被廃除者が死亡した場合において，被廃除者を相続すべき配偶者が存在するときは，特段の事情のない限り，審判手続は当然には終了せず，被廃除者の審判手続上の地位はその配偶者に承継されます（東京高決平23・8・30家月64巻10号48頁。同判決を詳細に分析するものとしては，本山＆奈良20頁以下〔守屋俊宏〕があります）。

(4) 廃除の効果

　廃除の審判が確定したときは，裁判所書記官は，遅滞なく，廃除された者の本籍地の戸籍事務を管掌する者に対し，その旨を通知しなければならず（家手規100条），また，廃除請求をした者は，審判が確定した日から10日以内にその旨の戸籍届出をしなければなりません（戸97条）。もっとも，廃除の効果は，廃除を認める審判が確定すれば，その届出の有無に関係なく当然に発生します（大判昭17・3・26民集21巻284頁）。廃除の効力が生じると，被廃除者は，直ちに，遺留分を含めた相続権を失います。相続権が剥奪されるだけであって，扶養などの他の法律関係には影響がなく，受遺者となる資格（受遺能力）を失うこともありません。例えば，父親Aがその息子Bを廃除した場合，Bは相続権を失いますが，経済的に自立していないのであればAから扶養を受ける権利がありますし，廃除されたからといって，Aが残した遺言によって遺産を受け取ることができなくなるわけではありません。

　廃除の効果は，欠格の場合と同じく，相対的ですので，被廃除者は，廃除者以外の者に対する相続権を失いません。また，被廃除者が廃除により相続資格を失っても，被廃除者の子及び孫は，代襲相続によって被廃除者の相続分を得ることができます（民887条2項・3項）。例えば，AがBを廃除したという上記の例で，Bに娘C（Aの孫にあたる）がいるとした場合において，A

が遺言を残さずに死亡したときは，Bは廃除されているため相続をすることができませんが，CはBを代襲して，Bが相続するはずであった遺産を相続することができます。

廃除を認める審判の確定が相続開始前であったときは，廃除はその時から直ちに効力を生じます。遺言による廃除請求の場合には，廃除の効果は，被相続人の死亡の時に遡って生じます（民893条後段）。

(5) 廃除の取消しと宥恕

廃除は，被相続人の意思・感情を考慮するものですので，上記1で紹介した欠格の場合とは異なり，被相続人が廃除の効果を失わせることを希望するのであれば，これを妨げる理由はありません。そのため，被相続人は，廃除の審判の取消しを，いつでも，特別の理由を必要とせず，自身で家庭裁判所に請求できます。また，遺言で取消しをすることも可能であり，この場合には，遺言執行者が家庭裁判所に対してその請求をしなければなりません（民894条・893条，家手188条・別表第1の87）。廃除取消しの審判が確定すると，廃除の効果が消滅し，被廃除者の相続人としての地位が回復します（民894条2項・893条）。

被相続人はいつでも自由に，理由を問わず廃除の取消しを求めることができ，また，贈与や遺贈によって被廃除者に利益を与えることができることから，宥恕を認める必要がないため，被相続人が廃除を宥恕することは認められません。

第6 遺留分減殺請求

1 遺留分について

(1) 遺留分の意義

　遺留分とは，法律に定める一定の相続人が，最低限取得することを法律上保障されている相続財産の一定の割合であって，被相続人による自由な処分（生前処分又は死因処分）によっても奪われることのないものです。例えば，A（被相続人）が死亡し，その法定相続人が配偶者Bと子Cである場合，BとCは，それぞれAの財産の4分の1に相当する額を遺留分として取得する権利があります（民1028条2号。詳細については，後記(4)をご参照ください）。したがって，AがBに全財産を与えるという遺言を残しても，Cは財産の4分の1に相当する額を取得することができます。

　民法は，本来，被相続人（死者）に，自らの財産を自由に処分する権利があることを認めています。したがって，被相続人は，自己の全財産を生前贈与や遺贈によって第三者に与えることも，相続分の指定によって特定の相続人に財産の全部又は大半を相続させることもできるはずです。もっとも，被相続人の財産に依拠して生活していた相続人の生活保障，遺産の形成に貢献した遺族が潜在的にもっている持分の清算，家産の流出の防止，あるいは共同相続人間の公平な財産相続を図るために遺産の一部を相続人にとどめる必要性も無視できません。そこで，両者の要請を調和しようとするのが遺留分制度であり，相続人に保障された遺産部分（相続割合）が遺留分です。

　遺留分制度の下では，被相続人は，贈与や遺言による処分について遺留

による制約を受けます（民964条・1030条）。特に制約を受けず，被相続人が自由に処分することができる遺産部分を自由分といいます。被相続人が自由分を超えて処分をした結果，相続人が現実に受ける相続利益が法定の遺留分額に満たない状態を，遺留分の侵害といいます。

(2) 遺留分権・遺留分権利者

被相続人のした贈与又は遺贈が遺留分を侵害する場合には，相続人は，遺留分に基づいてその効力を失わせるため，いわゆる減殺（既に履行されている分については取戻し，未だに履行されていない分については履行の拒絶）を行うことができます。この権利を遺留分権（遺留分減殺請求権：いりゅうぶんげんさいせいきゅうけん）といいます。この権利は，相続が開始した時（被相続人が死亡した時）に初めて発生します。

遺留分権をもつ者を遺留分権利者といいます。民法が遺留分権利者としているのは，兄弟姉妹を除く相続人，すなわち，直系卑属（子，その代襲相続人，再代襲相続人），直系尊属及び配偶者です（民1028条）。遺留分は相続人に与えられる権利ですので，相続権がなくなれば遺留分も失われます。したがって，相続欠格者・被廃除者及び相続を放棄した者には遺留分がありません。

(3) 遺留分権の放棄

遺留分権は，相続人保護のために認められたものですので，それによって利益を受けることは，あくまでも遺留分権利者の権利であって，義務ではありません。したがって，民法に明文の規定はありませんが，遺留分権利者は，これを行使することができる時（相続開始時）以後は自由に放棄することができます。この場合には，遺留分放棄の意思表示は遺留分減殺請求の相手方に対してするべきであり（片岡＆菅野448頁），家庭裁判所の許可は不要です（最判昭41・6・16裁判集民83号769頁）。これに対し，事前放棄については，民法は，家庭裁判所の許可を受けたときに限って効力を生じるとしています（民1043条1項，家手216条1項2号・別表第1の110）。

遺留分権を放棄した相続人は，相続人としての地位を失うのではなく，ただ，遺留分のない相続人になるにすぎませんので，相続開始当時に相続の対象となる財産があれば，これを相続することができます。また，一部の相続人が遺留分を放棄しても，他の共同相続人の遺留分に影響を及ぼすことはなく（民1043条2項），自由分が増加するにとどまります。したがって，例えば，相続人が配偶者と子供の2人である場合に，子が遺留分の放棄をしても，配偶者の遺留分は変わりません。

(4) 遺留分の率

遺留分の割合は，遺留分権利者全体に残されるべき遺産全体に対する割合として定められています（総体的遺留分）。具体的な遺留分の率（割合）は，相続人が，①直系尊属のみであるときは，被相続人の財産の3分の1（民1028条1号），②その他の場合（直系卑属のみ，直系卑属と配偶者，直系尊属と配偶者，配偶者のみ）には，2分の1です（民1028条2号）。そのため，例えば，配偶者と兄弟姉妹が相続人となるときには，2分の1の遺留分はすべて配偶者にいきます。

ここにいう被相続人の財産とは，いわゆる相続財産ではなく，次に説明する遺留分算定の基礎とされる財産のことです（民1029条）。遺留分を有する相続人が数人あるときは，各共同相続人やその代襲相続人の遺留分の率は，相続分に関する規定の準用によって決まります（民1044条・887条2項・900条・901条）。なお，民法1044条が民法904条の2を準用していないことなどから，遺留分に関しては，寄与分を考慮しないとされています（青林相談393頁）。

(5) 遺留分の額の算定

各遺留分権利者の具体的な遺留分の額（個別的遺留分）を決定するには，算定の基礎となる被相続人の財産の額を確定する必要があります。算定の仕方については，民法は，「被相続人が相続開始の時において有した財産の価額にその贈与した財産の価額を加えた額から債務の全額を控除」するものと定

めています（民1029条１項）。

2　遺留分減殺請求権

(1)　減殺請求権の具体例等

　既に紹介したように，遺留分権利者の受けた現実の相続財産が，遺留分額に満たないことを遺留分の侵害といいます。例えば，被相続人Ａの相続人が妻Ｂ及び子Ｃで，遺産が現金1200万円のみだとした場合，Ｂ・Ｃの遺留分額はそれぞれ1200万円×１／２×１／２＝300万円となるので，Ａの遺言によってＢ・Ｃのそれぞれに残された財産が300万円に満たないときは，Ｂ・Ｃの遺留分が侵害されたことになります。遺留分を侵害された遺留分権利者は，遺留分減殺請求権を行使し，自己の遺留分を保全するのに必要な限度で，贈与・遺贈の減殺を請求することができます（民1031条）。遺留分減殺請求権については，これまで多くの法的論争がなされており，重要な判例，裁判例も多数出ています。以下，概説します。

(2)　遺留分侵害額の算定

　遺留分侵害額の算定は，次のように行われます。まず，被相続人が相続開始（死亡）の時に有していた財産全体の価額にその贈与した財産の価額を加え，その中から債務の全額を控除して遺留分算定の基礎となる財産額を確定します。次に，それに民法1028条所定の遺留分の割合を乗じ，複数の遺留分権利者がいる場合にはさらに遺留分権利者それぞれの法定相続分の割合を乗じ，遺留分権利者がいわゆる特別受益を得ているときはその価額を控除して遺留分の額を算定します。そして，このようにして算定した遺留分の額から，遺留分権利者が相続によって得た財産があるときはその額を控除し，同人が負担すべき相続債務がある場合はその額を加算して遺留分の侵害額を算定します（最判平８・11・26民集50巻10号2747頁，判時1592号66頁，判タ931号175頁）。

```
〔被相続人が相続開始時に有していた財産の価額〕
＋〔贈与した財産の価額〕－〔相続債務の価額〕
＝〔遺留分算定の基礎となる財産額(①)〕


〔総体的遺留分の割合〕×〔法定相続分の割合〕
＝〔個別的遺留分の割合(②)〕


〔①×②〕－〔特別受益の価額〕＝〔個別的遺留分額(③)〕


③－〔遺留分権利者が相続によって得た財産額〕
＋〔相続債務の分担額〕＝〔遺留分侵害額〕
```

(遺留分侵害額の算定式の詳細については，松本ほか34頁以下及び片岡＆管野458頁をご参照ください)。

(3) 共同相続における減殺請求

共同相続においては，減殺請求によって取り戻した財産が，遺産分割との関係でどのように扱われるのかが問題となります。第一に，取り戻された財産の分割をどのような手続で行うのかという問題があり，この点について，学説では，遺産分割の手続によって分割すべきだとする見解（最終的には審判による分割になるので，審判説とよばれています）と，分割手続は常に訴訟手続になるとする見解（訴訟説とよばれています）があります。第二に，第一の問題と密接に関連するものとして，取り戻された財産が遺留分減殺請求権を行使した相続人の固有財産になるのか，それとも相続財産として遺産分割の対象となるのかという問題があり，学説では，遺留分減殺請求権を行使した相続人の固有財産であるとする見解（固有財産説）と，相続財産であるとする見解（相続財産説）があります。判例は，訴訟説・固有財産説に立って，特定遺贈に対して遺留分権利者が減殺請求権を行使した場合に同人に帰属する権利は，

遺産分割の対象となる相続財産としての性質をもたないとしています（最判平8・1・26民集50巻1号132頁，判時1559号43頁，判タ903号104頁）。この場合，取り戻された財産については，共有持分として，遺産分割ではなく物権法上の共有物分割の手続（民258条）によることになります。

　共同相続人間における遺留分の侵害の特徴として，生前贈与や遺贈だけではなく，相続分の指定がなされた場合にも生じるという点があります。通説は，その場合も遺留分減殺請求が可能であると理解しています（民902条1項但書。内田523頁）が，遺留分を侵害する限度で指定が無効になるという説もあります。この点について，判例は，遺留分減殺請求により遺留分を超える相続分の指定が減殺された場合には，遺留分割合を超える相続分を指定された相続人の指定相続分が，その遺留分割合を超える部分の割合に応じて修正されるとしています（最判平24・1・26裁判集民239号635頁，判時2148号61頁，判タ1369号124頁）。

(4) 減殺請求権者と相手方

(ア) 減殺請求権者

　減殺を請求できる者は，遺留分権利者自身及びその承継人（相続人及び相続分の譲受人）です。

(イ) 相　手　方

　減殺請求の相手方は，減殺の対象となる処分行為によって直接利益を受けた者，つまり，受遺者・受贈者，それらの包括承継人及び悪意の特定承継人・権利設定者です（民1040条1項但書・2項）。包括遺贈については，遺言執行者がある場合には，遺言執行者を相手方にすることができます（大判昭13・2・26民集17巻275頁）。共同相続人間における遺留分侵害の場合に，だれを減殺請求の相手方とすべきかについては，判例は，相続人に対する遺贈が遺留分減殺の対象となる場合においては，その遺贈の目的の価額のうち受贈者の遺留分を超える部分のみが民法1034条にいう目的の価額にあたると述べて，遺留分額を超える遺贈・贈与を受けた相続人が減殺の対象となるという立場に立

つことを明らかにしています（最判平10・2・26民集52巻1号274頁，判時1635号55頁，判タ972号129頁）。

3 減殺の方法

　減殺は，相手方に対する一方的な意思表示をもってすれば足り，裁判外でもできます（最判昭41・7・14民集20巻6号1183頁，判時458号33頁，判タ196号110頁）。裁判外での遺留分減殺請求の通知は，口頭その他どのような方法でも行うことができますが，証拠を残すために，内容証明郵便によってするのが通常です（青林相談397頁〔横山弘〕に遺留分減殺請求書の書式例が掲載されています）。

　学説では，柔軟に遺留分減殺請求の意思表示を認めようという見解も有力ですが，裁判実務は比較的厳格に判断しています（内田510頁）。例えば，生前贈与や遺贈の効力を争いながら遺産分割協議の申入れをするときは，遺留分減殺請求の意思表示が含まれているとはいえないとする裁判例があります（東京高判平4・7・20判時1432号73頁）。もっとも，最高裁は，被相続人の全財産が相続人の一部の者に遺贈されたという事案で，遺留分減殺請求権を有する相続人が，遺贈の効力を争うことなく遺産分割協議の申入れをしたときは，特段の事情のない限り，その申入れには遺留分減殺の意思表示が含まれていると判示しています（最判平10・6・11民集52巻4号1034頁，判時1644号116頁，判タ979号87頁）。

　遺留分減殺請求は遺留分を保全するために必要な限度，つまり，遺留分の侵害額に相当する額の限度ですることができます（民1031条）。

4 減殺の順序

　減殺の対象となる贈与・遺贈が複数あるとき，取引の安全と公平を図るため，一定の順序が定められています。

　複数の遺贈と贈与があるときは，まず遺贈を減殺し，それで足りないとき

に贈与を減殺します（民1033条）。遺贈が複数あるときは，各遺贈の目的の価額の割合に応じて減殺します（民1034条）。ただし，遺贈者が遺言に別段の意思を表示していたときは，それに従います（同条但書）。相続人に対する遺贈の場合，受遺者にも遺留分があるので，遺贈の額がこれを超えた部分のみが目的の価額となります（前掲最判平10・2・26）。贈与が複数あるときは，新しい贈与から始めて，順次古い贈与に及んで（民1035条），遺留分が充たされたところでやめます。死因贈与については争いがあり，遺贈の後に減殺請求の対象となるが，遺贈に近いから（民554条参照），贈与の中で最初に減殺すべきであるとする見解と，死因贈与と遺贈を同列におき，これらはその目的の価額に応じて減殺請求の対象になるとする見解があります（青林相談403頁〔横山弘〕）。この点について判断した裁判例としては，死因贈与は遺贈に次いで，生前贈与より先に遺留分減殺の対象とすべきであるとした東京高裁平成12年3月8日判決（判時1753号57頁）（前者の見解を採用）や，死因贈与は，遺贈と同じ順序で減殺されるべきであるとした横浜地裁平成11年8月20日判決（判タ1039号297頁）（同事件の一審判決。後者の見解を採用）などがあります。

　数個の贈与が同時にされた場合について定める規定はありませんが，遺贈についての民法1034条を類推適用して，各贈与の目的の価額の割合に応じて減殺すべきであると理解されています（能見＆加藤475頁〔青竹美佳〕）。減殺を受けるべき受贈者が無資力であったことによって発生した損失は，遺留分権利者の負担となります（民1037条）。この定めは，贈与についてのみ規定していますが，受遺者が無資力である場合についても類推適用されるとするのが通説的な見解です（能見＆加藤482頁〔青竹美佳〕）。

5　減殺の効力

(1)　現物返還の原則と価額弁償

　既に述べたように，減殺請求権の法的性質については，判例はいわゆる形

成権説をとっています。同説によると，遺留分侵害の処分行為は，遺留分の減殺請求により，遺留分を侵害する限度で効力を失い，目的物上の権利は当然に遺留分権利者に帰属します。遺贈・贈与がまだ履行されていないときは，減殺の意思表示だけで目的を達成できますが，既に履行済みのときは，目的物の返還その他の受益者の行為が必要となります。目的物が特定物（例えば，不動産）であるときは，現物返還が原則とされます。しかし，受贈者及び受遺者は，減殺を受けるべき限度において，贈与又は遺贈の目的の価額を遺留分権利者に弁償することによって現物返還の義務を免れることができます（民1041条1項）。

　もっとも，そのためには，単に価額を弁償する旨の意思表示をしただけでは足りず，価額の弁償を現実に履行するか，又はその履行の提供をすることが必要になります（最判昭54・7・10民集33巻5号562頁，裁判集民127号213頁，判時942号46頁，判タ399号137頁）。また，遺留分減殺請求を受けた受遺者が遺贈の目的の価額を弁償する旨の意思表示をし，これを受けた遺留分権利者が受遺者に対して価額弁償を請求する権利を行使する旨の意思表示をした場合には，その時点において，その遺留分権利者は，遺留分減殺によって取得した目的物の所有権及び所有権に基づく現物返還請求権をさかのぼって失い，これに代わる価額弁償請求権を確定的に取得します（最判平20・1・24民集62巻1号63頁，判時1999号73頁，判タ1264号120頁。この判決を詳しく分析するものとしては，本山＆奈良120頁以下〔水野貴浩〕をご参照ください）。

　なお，判例は，減殺請求をした遺留分権利者が遺贈の目的である不動産の持分移転登記手続を求める訴訟において，受遺者が，事実審口頭弁論終結前に，裁判所が定めた価額により価額の弁償をする旨の意思表示をした場合には，裁判所は，訴訟の事実審口頭弁論終結時を算定の基準時として弁償すべき額を定めた上，受遺者がその額を支払わなかったことを条件として遺留分権利者の請求を認容するべきであるとしています（最判平9・2・25民集51巻2号448頁，判時1597号66頁，判タ933号283頁）。

(2) 価額弁償の場合の問題点

価額弁償の場合には，現物をいつの時点で評価するのかが問題となります。この点について，判例は，価額弁償における価額算定の基準時は，現実に弁償がされる時であり，遺留分権利者において価額弁償を請求する訴訟にあっては現実に弁償がされる時に最も接着した時点としての事実審口頭弁論終結の時であるとしています（最判昭51・8・30民集30巻7号768頁，裁判集民118号373頁，判時826号37頁，判タ340号155頁）。

(3) 転得者との関係

遺贈や贈与の効力を否定する形成権説をとった場合に問題となるのは，第三者（転得者）の扱いです。この点について，民法では，受贈者が，減殺された贈与の目的を既に第三者に譲渡し，又はその上に第三者のために権利を設定している場合には，原則として転得者に対する減殺請求は許されず，遺留分権利者は受贈者に対し，その価額の弁償を請求することができるにとどまるとされています（民1040条1項本文・2項）。この規定は，遺贈についても類推適用されます（最判昭57・3・4民集36巻3号241頁，裁判集民135号261頁，判時1038号285頁，判タ468号102頁）。ただし，転得者が，譲渡の当時遺留分権利者に損害を加えることを知っていた（悪意であった）ときは，転得者に対しても，現物の返還を請求することができます（民1040条1項但書・2項）。もっとも，この場合には，転得者は，必ず現物を返還しなければならないのではなく，価額弁償を選択することもできます（民1041条2項・1040条1項但書）。

6 減殺請求権の消滅

遺留分減殺請求権は，相続の放棄，減殺請求権の放棄，価額弁償などによって消滅します。また，遺留分減殺請求権については，特別な短期消滅時効が規定されています。つまり，遺留分減殺請求権は，期間の制限なくいつで

も行使できるわけではなく（減殺請求権の行使方法については，前記3をご参照ください），遺留分権利者が相続の開始及び減殺すべき贈与・遺贈があったことを知ったときから1年間行使しなかったときは，時効によって消滅しますので（民1042条前段），この点に留意する必要があります。相続開始の時から10年を経過したときも同様です（民1042条後段）。

　この消滅時効等の起算点につき，単に贈与・遺贈があったことを知った時であるとする説もありますが，判例は，贈与・遺贈の事実及びこれが減殺できるものであることを知った時であるとしています（最判昭57・11・12民集36巻11号2193頁，裁判集民137号421頁）。その上で，同判決は，贈与無効の主張と遺留分減殺請求との関係については，遺留分権利者が，減殺すべき贈与の無効を訴訟上主張していても，被相続人の財産のほとんど全部が贈与されたことを認識していたときは，その無効を信じていたため遺留分減殺請求権を行使しなかったことがもっともであると認められる特段の事情のない限り，贈与が減殺することができるものであることを知っていたと推認するのが相当であるとしています。

7　交渉のツールとしての利用法

　遺留分減殺請求は，通常，遺言がある場合に問題となりますが，必ずしも裁判上（調停の段階を含む）で行使する必要はなく，裁判外での行使も可能です。そのため，事前の交渉のツールとしてこれを利用することができます。遺留分減殺請求の帰結は，遺産（パイ）の範囲に直結するものであるため，相続交渉の前提問題にあたります。つまり，これを解決しなければ相続交渉を進めることができないので，円滑な相続交渉を実現させるためには，可能な限り短期間での解決が望ましいことになります。このことを念頭においた場合には，裁判外で解決を得ることが有効であり，裁判手続への移行はなるべく避けた方が良いということになります。そして，この点を交渉の相手方（プレイヤー）にも理解させ，説得する必要が大きいといえます。

ただし，上述したように，遺留分減殺請求の場合には，相続人ではない者に対する贈与や遺贈が対象となることもあるため，相続人間のみの交渉だけでは解決できない場合があります。そのような場合には，第三者の理解・協力を得るためには，上記に示した遺留分減殺に関するルールを認識させ，裁判外で合意に至らなかった場合には，紛争が長期化し，弁護士費用等も増えることになることなどを説得材料として活用してみるのが良いでしょう。

　この観点からは，遺留分権利者も，常にその遺留分を満額において確保しようとこだわるのではなく，事案の内容に応じて臨機応変に，ときには譲歩して相手方の同意を引き出そうと試みた方が良い場合もあります。その判断に際しては，争いが裁判に持ち込まれた場合の総合的なコストを含めたすべてのファクターを検討する必要があるでしょう。

　もっとも，遺留分減殺請求に関しては色々と難しい解釈問題や不明確な点もあり，専門家ではない者同士の交渉となった場合には，なかなか合意に達することができないことが多くなる可能性が高いです。そのため，早期の段階から専門家の助言を得たり，あるいは，交渉をする際の説得力を増すために専門家の参加を確保することによって，時間等のロスを減らし，妥当な結論が得られるようにすることがより適切であると考えます。

第7 税　　金

1　はじめに

　遺産分割交渉にあたっては，民法のルールだけでなく相続税法など税法のルールを理解しておくことも大切です。ここでは，相続や遺贈（死因贈与を含みます。以下同）があった場合の相続税法や所得税法の取扱いの要点を述べることとします。

　なお，平成25年度税制改正により改正された項目は，改正前と改正後を併記しました。この改正は平成27年（2015年）1月1日以後に相続又は遺贈により取得した財産に係る相続税から適用されます。

2　相続税額の計算

相続税の計算は次の順番で行います。
① 　正味遺産額（課税価格）の計算　「遺産総額－債務及び葬式費用」で正味遺産額を計算します。死亡保険金・死亡退職金の非課税枠及び「小規模宅地等の特例」はこの段階で適用されます。
② 　遺産に係る基礎控除額の計算　「5000万円＋1000万円×法定相続人の数」で計算します。平成27年1月1日以後は，「3000万円＋600万円×法定相続人の数」となります。
③ 　課税遺産総額の計算　「正味遺産額－遺産に係る基礎控除額」で課税遺産総額を計算します。
④ 　相続税の総額の計算　課税遺産総額を法定相続分で取得したものと

仮定して「各法定相続人の相続税額」を計算し，法定相続人全員の相続税額を合計して相続税の総額を計算します。
　⑤　各人の納付税額の計算　　相続税の総額を正味遺産額のうち各人の取得した割合に応じて按分し，その按分額に相続税の2割加算及び各種の税額控除の調整を行って各人の納付税額を計算します。「配偶者に対する相続税の軽減」はこの段階で適用されます。

(1)　正味遺産額（課税価格）

　正味遺産額（相続税法では，「課税価格」といいます）は「遺産総額」から「債務及び葬式費用」を控除して計算します。

㋐　遺産総額

　相続税の課税対象となる遺産には民法上の相続財産だけでなく死亡保険金や死亡退職金などの相続税法上の「みなし相続財産」及び「相続時精算課税(*1)に係る贈与財産」も含まれます。また，「相続開始前3年以内の暦年課税に係る贈与財産」も加算されます。他方，墓地等の非課税財産は含まれません。
　死亡保険金と死亡退職金については，相続人が取得した場合に限り，それぞれ「500万円×法定相続人の数」まで非課税枠がありますので，非課税枠を超える部分が遺産総額に含まれます（相税12条）。「法定相続人の数」の意味は，(3)㋐をご参照ください。

㋑　遺産の評価

　遺産はその取得の時における時価によって評価します（相税22条）。その取得の時とは，遺産分割の時ではなく被相続人の死亡の時です（相基通1の3・1の4共-8）。「相続時精算課税に係る贈与財産」及び「相続開始前3年以内の暦年課税に係る贈与財産」は贈与時の時価で評価します。この場合，時価とは相続税法及び「財産評価基本通達」に基づいて評価した評価額をいいます。
　遺産の評価は相続又は遺贈により取得した財産を評価するものですから，

被相続人の立場ではなく財産を取得した者の立場で評価します。例えば，遺産分割により土地を分筆して別々の個人が取得した場合，その土地の評価は取得した個人ごとに，分筆後で評価することになります。このため，遺産分割の仕方によっては財産の評価額が異なることがあります。

　(ウ)　**小規模宅地等の特例**

　個人が相続又は遺贈により取得した財産のうち，その相続開始の直前において，被相続人又は被相続人と生計を一にしていた被相続人の親族の事業の用又は居住の用に供されていた宅地等（棚卸資産[*2]は除きます）で一定の建物又は構築物の敷地の用に供されていたもののうち限度面積[*3]までの部分について，正味遺産額（課税価格）に算入されるその宅地等の評価額を80％減額又は50％減額できる制度です。この特例を適用するためには相続税の申告が必要です（租税特別措置法69条の4）。

　この特例を適用できる宅地等を取得した相続人が複数いる場合，どの宅地等についてどの種類の特例を受けるかについて相続人ごとに異なった選択をすることはできませんので，この点について各相続人間で同意しておく必要があります。この特例の具体的な内容は**図表3－6－1**のとおりです。

　(エ)　**債務及び葬式費用の控除**

　被相続人の債務で相続開始の際現に存在するもの及び被相続人の葬式費用で相続人又は包括受遺者が実際に負担する金額はその者の遺産総額から控除します（相税13条）。ただし，相続人でない者に対して特定遺贈[*4]があった場合，その特定受贈者については債務及び葬式費用の控除は適用できません。

　この債務はその存在が確実なものに限られますが，一定の公租公課については相続開始時に納税義務が確定しているものだけでなく，被相続人が負担すべきもので被相続人の死亡後に相続人又は包括受遺者が納付し又は徴収されたものも債務として控除できます（相税14条2項）。

■図表３－６－１　小規模宅地等の特例の種類と内容

種類	限度面積 減額割合
① 特定事業用宅地等 （ⅰ）被相続人の事業（④に該当する貸付事業を除きます）の用に供されていた宅地等でその事業を引き継いだ親族が取得した部分。この場合，その親族が相続開始の時から申告期限までの間にその事業を引き継ぎ，申告期限まで引き続きその宅地等を所有し，かつ，その事業を営んでいることが必要です。 （ⅱ）被相続人と生計を一にしていた親族の事業（④に該当する貸付事業を除きます）の用に供されていた宅地等でその親族が取得した部分。この場合，その親族が相続開始の時から申告期限まで引き続きその宅地等を所有し，かつ，相続開始前から申告期限まで引き続き自己の事業の用に供していることが必要です。	400㎡ 80%減額
② 特定居住用宅地等 （ⅰ）被相続人の居住の用[*5]に供されていた宅地等で，㈰被相続人の配偶者が取得した部分。㈪同居親族（その宅地等の上の存する被相続人の居住の用に供されていた一棟の建物[*6]に同居していた親族）が取得した部分。この場合，相続開始の時から申告期限まで引き続きその宅地等を所有し，かつ，その建物に居住していることが必要です。㈫被相続人の配偶者又は被相続人と同居している相続人（相続を放棄した者を含みます）がいない場合で，いわゆる家なき子（相続開始前3年以内に国内にある自己又は自己の配偶者の所有する家屋に居住したことがない親族）が取得した部分。この場合，相続開始の時から申告期限まで引き続きその宅地等を所有していることが必要です。 （ⅱ）被相続人と生計を一にしていた被相続人の親族の居住の用に供されていた宅地等で，㈰被相続人の配偶者が取得した部分。㈪その親族が取得した部分。この場合，相続開始の時から申告期限まで引き続きその宅地等を所有し，かつ，相続開始時から申告期限まで引き続き自己の居住の用に供している必要があります。	240㎡（改正後330㎡） 80%減額
③ 特定同族会社事業用宅地等　特定同族会社（被相続人及びその同族関係者が50%超の株式を所有する会社）の事業（④に該当する貸付事業を除きます）の用に供されていた宅地等で被相続人の親族であり，かつ，申告期限においてその同族会社の役員である者が取得した部分。この場合，相続開始の時から申告期限まで引き続きその宅地等を所有し，かつ，申告期限まで引き続きその同族会社の事業の用に供している必要があります。 　なお，被相続人が使用貸借により宅地等を特定同族会社へ貸付けている場合，そもそも被相続人の事業の用に供していないため，この特例を受けることはできません（租税特別措置法通達69の4－23）。	400㎡ 80%減額
④ 貸付事業用宅地等（不動産賃貸業,駐車場業,自転車駐車場業及び準事業用[*7]） （ⅰ）被相続人の貸付事業の用に供されていた宅地等でその事業を引き継いだ親族が取得した部分。この場合，その親族が相続開始の時から申告期限までの間にその事業を引き継ぎ，申告期限まで引き続きその宅地等を所有し，かつ，その貸付事業を営んでいる必要があります。 （ⅱ）被相続人と生計を一にしていた親族の貸付事業の用に供されていた宅地等でその親族が取得した部分。この場合，その親族が相続開始の時から申告期限まで引き続きその宅地等を所有し，かつ，相続開始前から申告期限までその自己の貸付事業の用に供している必要があります。	200㎡ 50%減額

(2) 遺産に係る基礎控除額 (相税15条)

> 平成26年12月31日まで
> 　……5000万円＋1000万円×法定相続人の数
> 平成27年1月1日から
> 　……3000万円＋600万円×法定相続人の数

「法定相続人の数」の意味は，(3)(ア)をご参照ください。

(3) 相続税の総額

　相続税の総額は，課税遺産総額（正味遺産額－遺産に係る基礎控除額）を法定相続分により取得したものと仮定して「各法定相続人の相続税額」を計算し，法定相続人全員の相続税額を合計して計算します。

　この場合の法定相続分とは，「法定相続人の数」に応じた相続人の民法900条（法定相続分）及び同901条（代襲相続人の相続分）の規定による相続分をいいますので，民法903条（特別受益）や同904条の2（寄与分）は考慮しません。

(ア) 相続税法上の「法定相続人の数」

　相続税法上の「法定相続人の数」とは次の点で民法の規定とは異なります（相税15条2項）。

① 相続を放棄した者があるときは，その放棄がなかったものとします。
② 被相続人に養子がある場合，被相続人に実子があるときは1人，実子がないときは2人以内に養子の数が制限されます。ただし，特別養子及び配偶者の連れ子養子は実子として扱われます。

　相続税法上の「法定相続人の数」は，①死亡保険金及び死亡退職金の非課税枠を計算する場合，②遺産に係る基礎控除額を計算する場合，③相続税の総額を計算する場合に利用されます。

(イ) 各法定相続人の相続税額

　各法定相続人の相続税額は，次の算式で計算します。

```
各法定相続人の法定相続分に応じる課税遺産額×税率－
控除額（図表３－６－２参照）
```

■図表３－６－２　各法定相続人の相続税額の速算表

平成26年12月31日まで			平成27年1月1日から		
課税遺産額	税率	控除額	課税遺産額	税率	控除額
1000万円以下	10%	—	1000万円以下	10%	—
3000万円以下	15%	50万円	3000万円以下	15%	50万円
5000万円以下	20%	200万円	5000万円以下	20%	200万円
1億円以下	30%	700万円	1億円以下	30%	700万円
—			2億円以下	40%	1700万円
3億円以下	40%	1700万円	3億円以下	45%	2700万円
3億円超	50%	4700万円	6億円以下	50%	4200万円
			6億円超	55%	7200万円

(4) 各人の納付税額

相続税の総額を正味遺産額のうち各人の取得した割合に応じて按分し，その按分額に各人の状況に応じて相続税の２割加算及び税額控除の調整を行って各人の納付税額を計算します。

(ア) 相続税の２割加算

相続，遺贈又は相続時精算課税に係る贈与[*8]により財産を取得した個人が被相続人の一親等の血族（その代襲相続人を含みます）及び配偶者以外の者である場合，その者の相続税額は２割加算されます（相税18条１項）。

この一親等の血族は，被相続人が相続人でない直系卑属を養子にしている場合を含みません。例えば，孫を養子にしている場合は，その孫の相続税額は２割加算されます（相税18条２項）。

相続時精算課税に係る贈与により財産を取得した個人の場合，相続時は被相続人の一親等の血族に該当していない場合でもその贈与の時において被相続人の一親等の血族であったときは，その贈与財産に対応する相続税額には

２割加算は適用されません（相税21条の15）。例えば，その贈与の時に養子であった者がその後に養子でなくなった場合，その贈与に対応する相続税額は２割加算されません（相基通18－5）。

(イ) 税額控除

各人の納付税額を計算する場合，各人の状況に応じて各種の税額控除が適用できます。「配偶者に対する相続税の軽減」は納付税額に大きな影響を与えますので，遺産分割交渉の際は十分検討しておくことが大切です。

(a) 「配偶者に対する相続税の軽減」　相続又は遺贈により財産を取得した個人が被相続人の配偶者である場合，その配偶者の正味遺産額（課税価格）が配偶者の法定相続分（相続の放棄があった場合，なかったものとします）又は１億6000万円のいずれか多い方の金額までは，その配偶者には相続税は課税されません（相税19条の２）。ただし，正味遺産額（課税価格）の計算の基礎となるべき事実に隠蔽仮装があった場合，隠蔽仮装に係る部分は軽減されません。

この軽減を適用するためには，相続税の申告書の提出が必要です。

(b) その他の税額控除

① 未成年者控除（相税19条の３）　相続，遺贈又は相続時精算課税に係る贈与により財産を取得した相続人（相続を放棄した者を含みます）が未成年者である場合，満20歳に達するまでの年数×６万円（改正後10万円）をその者の相続税額からを控除します。

② 障害者控除（相税19条の４）　相続，遺贈又は相続時精算課税に係る贈与により財産を取得した相続人（相続を放棄した者を含みます）が障害者の場合，満85歳に達するまでの年数×６万円（改正後10万円），その相続人が特別障害者の場合，満85歳に達するまでの年数×12万円（改正後20万円）をその者の相続税額から控除します。

③ 相次相続控除（相税20条）　前の相続（一次相続）から10年以内に今回の相続（二次相続）があった場合，二次相続の被相続人が一次相続で課せられた相続税額のうち一定の算式で計算した金額を二次相続の相続人

の相続税額から控除します。
④　相続開始前3年以内の暦年課税分の贈与税額控除（相税19条）
⑤　在外財産に対する外国税額控除（相税20条の2）
⑥　相続時精算課税分の贈与税額控除（相税21条の15・21条の16）

3　相続税の申告と納付

① 　相続税の申告義務者　　課税遺産総額＞0，かつ，納付税額がある個人。ただし，「小規模宅地等の特例」及び「配偶者に対する相続税の軽減」の適用を受ける者は，納付税額がない場合でも相続税の申告が必要です。
② 　相続税の申告期限と提出先　　相続税の申告書の提出期限（申告期限）は，「相続の開始があつたことを知つた日」（通常は被相続人の死亡の日）の翌日から10か月以内です。
③ 　相続税の納付　　相続税は申告期限までに金銭で一括納付することが原則です。ただし，延納，物納，納税猶予の制度があります。連帯納付義務に注意しましょう。

(1)　相続税の申告義務者

　相続税の申告義務者とは，同一の被相続人から相続，遺贈又は相続時精算課税に係る贈与により財産を取得したすべての個人の「正味遺産額（課税価格）」が「遺産に係る基礎控除額」を超え，かつ，その取得した財産について，納付税額が算出される者です（相税27条）。ただし，「小規模宅地等の特例」及び「配偶者に対する相続税の軽減」の適用を受ける者は，納付税額がない場合でも，相続税の申告が必要です。
　また，相続税の申告義務がない者でも，相続時精算課税に係る贈与により贈与税を納付しているときは，相続税の申告をすることにより贈与税の還付を受けることができます（相税33条の2）。

(2) 相続税の申告期限と提出先

　相続税の申告書の提出期限（申告期限）は，「相続の開始があつたことを知つた日」（通常は被相続人の死亡の日）の翌日から10か月以内です（相税27条1項）。申告期限が日曜日・祝日などの休日又は土曜日にあたるときは，これらの日の翌日（土曜日は翌々日）が申告期限となります。

　申告書の提出先は，被相続人の死亡の時における住所地を管轄する税務署です（相税附則3項）。相続税の申告書は，同一の被相続人から相続等により財産を取得した各個人が別々に提出することもできますし，共同で作成して提出することもできます。

(3) 相続税の納付

　相続税は申告期限までに金銭で一括納付することが原則です（相税33条）。ただし，相続税額が10万円を超え，かつ，納付期限までに金銭で納付することを困難とする事由がある場合，一定の要件を満たすときは延納（年賦）により納付することができます（相税38条）。延納の場合，延納の期間に応じた利子税がかかります（相税52条）。

　さらに，延納によっても金銭納付が困難とする事由がある場合，一定の要件を満たすときは相続又は遺贈により取得した財産による物納によって納付することができます（相税41条）。

　相続財産に農地や非上場株式がある場合，一定の要件を満たせば相続税の納税猶予を適用できます（租税特別措置法70条の6・70条の7の2）。

　同一の被相続人から相続等により財産を取得したすべての個人は，その受けた利益の価額を限度として，お互いに連帯納付義務（相税34条）がありますので，注意が必要です。この連帯納付義務は，①申告期限から5年を経過する日までに連帯納付義務者に対し納付通知がない場合，②延納の許可を受けた税額，③納税猶予の適用を受けた税額は解除されます。

4 遺産分割の方法

① **遺産の分割と相続税額の関係**　基本的にはどのように遺産を分割しても相続税の総額は変わりません。ただし、「小規模宅地等の特例」「配偶者に対する相続税の軽減」を適用できるよう遺産分割すれば相続税の納付税額を少なくできます。

　土地の現物分割では、不合理分割に該当しない限り、分割の仕方によっては遺産の評価額が下がる可能性があります。

② **遺産を譲渡した場合**　遺産である土地や株式を譲渡した場合、譲渡所得に係る所得税が課税されますが、相続開始日の翌日から相続税の申告期限の翌日以後3年以内の譲渡に限り相続税の取得費加算が適用できますので、所得税を節税できます。

　遺産である非上場株式を取得し、かつ、納付税額がある者が相続開始日の翌日から相続税の申告期限の翌日以後3年以内にその株式をその株式の発行会社に譲渡した場合、みなし配当ではなく譲渡所得として計算する特例があります。

(1) 遺産分割の方法

　遺産の分割とは、相続開始後において相続又は包括遺贈により取得した財産を現実に共同相続人又は包括受遺者に分属させることをいいます。

　包括受遺者は、相続人と同一の権利義務を有するため、遺産分割協議の当事者になります。他方、相続税法のみなし相続財産及び特定遺贈に係る財産は、遺産分割の対象にはなりません（相基通55-2）。

　遺産分割の方法には、①現物分割（遺産を現物のまま分割する方法）、②換価分割（特定の相続人等が遺産を売却して、その代金を他の相続人等に分配する方法）、③代償分割（特定の相続人等が遺産を取得し、遺産を取得した相続人等が他の相続人等に対して代償債務を負担する方法）、④共有分割（遺産を共有により分割する方法）があります。

(2) 遺産分割の仕方と相続税額の関係

　基本的にはどのように遺産を分割しても相続税の総額は変わりません。ただし，①「小規模宅地等の特例」を適用できる者が遺産を取得する場合，②土地の分割によりその評価額が下がる場合は，正味遺産額（課税価格）が減少しますので，相続税の総額が減少します。

　また，遺産分割により配偶者が取得する正味遺産額（課税価格）がその法定相続分又は1億6000万円のいずれか多い方の金額までは配偶者に相続税はかかりません。（再婚しない限り）配偶者が被相続人となる次の相続（二次相続）の時に相続税が課税されることになりますので，当初の相続（一次相続）で相続税を支払うか二次相続で相続税を支払うかの違いとなります[*9]。

(3) 代償分割の取扱い

　代償分割が行われた場合，代償財産の交付を受けた者は相続又は遺贈により取得した財産の価額に代償財産の価額を加算し，代償財産の交付をした者は相続又は遺贈により取得した財産の価額から代償財産の価額を控除してそれぞれの者の正味遺産額（課税価格）を計算します（相基通11の2－9）。この場合，代償財産の価額は代償財産の交付をした者が負担した代償債務の相続開始時の金額によります。ただし，代償分割の対象財産が特定され，かつ，その対象財産の代償分割時における通常の取引価額をもとに代償債務の額が決定されている場合，代償債務の金額はその対象財産の相続開始時の相続税評価額に圧縮して計算します（相基通11の2－10）。

(4) 遺産を譲渡した場合

　換価分割などで遺産を第三者へ譲渡する場合，遺産に係る所得税の負担を考慮することが必要です。不動産や株式など譲渡所得の基因となる財産を相続又は遺贈により取得して相続開始日の翌日以後に譲渡した場合，遺産を譲渡した者に所得税が課税されます。この場合，譲渡所得の計算では，被相続

人の取得費が引き継がれますので，相続税の正味遺産額（課税価格）に算入された遺産の価額を取得費とすることはできません（所得60条）。例えば，相続税の正味遺産額に算入された価額が1億円の土地を1億2000万円で売却した場合，もし被相続人がこの土地を5000万円で取得していれば，譲渡所得は2000万円（1億2000万円－1億円）ではなく，7000万円（1億2000万円－5000万円）となります。

また，相続開始日の翌日から相続税の申告期限の翌日以後3年以内に譲渡所得の基因となる遺産を譲渡した場合，その遺産に課税された相続税をその遺産の取得費に加算して譲渡所得を計算することができます（租税特別措置法39条）。ただし，代償分割の代償金は譲渡対価ではないため，遺産の取得費には加算できません（所基通38－7，最判平6・9・13家月47巻9号45頁）。

遺産として非上場株式を取得し，かつ，納付税額がある者が相続開始日の翌日から相続税の申告期限の翌日以後3年以内にその株式をその株式の発行会社に譲渡した場合，みなし配当ではなく譲渡所得として計算する特例を適用できます（租税特別措置法9条の7）。

相続又は包括遺贈において限定承認があった場合，譲渡所得の基因となる財産については相続開始時に被相続人が時価により譲渡したものとみなされ，被相続人に所得税が課税され（所得59条），課税された所得税は被相続人の債務となります。

(5) 遺産の再分割をした場合

当初の分割により共同相続人又は包括受遺者に分属した財産を分割のやり直しとして再配分した場合には，その再配分により取得した財産は相続税法に規定する分割により取得したものとはなりません（相基通19の2－8）。そのため，相続税に加えて贈与税又は所得税が課税されます。ただし，当初の分割協議後に生じたやむを得ない事情によって遺産分割協議が合意解除された場合や当初の遺産分割による財産取得について無効又は取消し得べき原因がある場合は再分割が認められることもあります（国税庁文書回答事例）。

5　遺産が未分割の場合

① 当初の申告　相続税の申告期限までに遺産分割協議が成立しない場合，当初の申告では法定相続分又は包括遺贈の割合に従って申告することになります。ただし，「小規模宅地の特例」と「配偶者に対する相続税の軽減」を適用できませんので，一旦，これらの特例を適用する前の相続税を法定相続分で納付しておかなければなりません。この場合，必ず，<u>「申告期限後3年以内の分割見込書」</u>を添付しておきます。

② 申告期限後3年以内に遺産の分割が行われた場合　修正申告及び更正の請求ができます。

<u>「申告期限後3年以内の分割見込書」</u>を当初の相続税の申告書に添付して提出しておけば，「小規模宅地等の特例」及び「配偶者に対する相続税の軽減」の適用を受けることができます。

③ 申告期限後3年以内に遺産の分割が行われない場合　遺産分割協議が相続税の申告期限後3年以内に決着しない場合，裁判等やむを得ない事情があると税務署長が認めない限り，「小規模宅地の特例」と「配偶者に対する相続税の軽減」を適用できなくなるため，できるだけ申告期限後3年以内に決着しておくべきです。

相続税額の計算は遺産が分割されていることを前提としていますが，相続税の申告期限までに分割されていない場合については，次のとおり取り扱われます。

(1)　正味遺産額（課税価格）の計算

相続又は遺贈により財産を取得した個人が2人以上の場合（いわゆる共同相続の場合）で相続税の申告期限までに遺産が分割されていないときは，分割されていない遺産については各共同相続人又は包括受遺者が民法904条の2（寄与分）を除く民法の規定による相続分又は包括遺贈の割合に従ってその遺

産を取得したものとしてその正味遺産額（課税価格）を計算します（相税55条）。相続税法上の「みなし相続財産」及び特定遺贈に係る財産は遺産分割の対象にならないため未分割遺産には該当しません（相基通55－2）。

　債務及び葬式費用について実際に負担する金額が確定していないときは，民法900条から902条に定める相続分又は包括遺贈の割合に応じて負担する金額とします。なお，共同相続人又は包括受遺者がその相続分又は包括遺贈の割合に応じて負担することとした場合の金額が，相続又は遺贈により取得した財産の価額を超えるときは，その超える部分の金額を他の共同相続人又は包括受遺者の課税価格から控除して申告することができます（相基通13－3）。

　「小規模宅地等の特例」は，遺産を取得する者が特定されていないため，未分割遺産には適用できません（租税特別措置法69条の4第4項）。

(2) 各人の納付税額の計算

　納付税額の計算に際して適用される税額控除のうち，相続税の申告期限までに分割されていない遺産については，「配偶者に対する相続税の軽減」は適用できません（相税19条の2第2項）。

(3) 当初の相続税の申告と納付

　当初の相続税の申告では，「小規模宅地等の特例」及び「配偶者に対する相続税の軽減」は適用できませんが，「申告期限後3年以内の分割見込書」を当初の相続税の申告書に添付して提出しておけば，申告期限後3年以内に分割されたときは，「小規模宅地等の特例」及び「配偶者に対する相続税の軽減」の適用を受けることができます（相税施規1条の6第3項，租税特別措置法施行規則23条の2第7項）。

　農地の納税猶予及び非上場株式の納税猶予は，申告期限までに遺産が未分割の場合は適用できません。

(4) 遺産の分割が行われたとき

(ア) 申告期限後3年以内に遺産の分割が行われた場合

　遺産の分割により共同相続人又は包括受遺者の正味遺産額（課税価格）に異動が生じた場合，修正申告[*10]（当初申告の税額より分割後の税額が増える場合）又は更正の請求[*11]（当初申告の税額より分割後の税額が減る場合）ができます。

　当初の相続税の申告書に「申告期限後3年以内の分割見込書」を添付して提出しておけば，この修正申告又は更正の請求において，「小規模宅地等の特例」及び「配偶者に対する相続税の軽減」を適用することができます。

　遺産の分割に伴う修正申告については，延滞税及び過少申告加算税はかかりません。また，遺産の分割に伴う更正の請求は分割が行われた日の翌日から4か月以内に限り行うことができます。

(イ) 申告期限後3年以内に遺産の分割が行われない場合

　相続税の申告期限の翌日から3年を経過する日において相続等に関する訴えが提起されているなど一定のやむを得ない事情がある場合，申告期限後3年を経過する日の翌日から2か月を経過する日までに「遺産が未分割であることについてやむを得ない事由がある旨の承認申請書」を提出し，その申請につき所轄税務署長の承認を受けた場合には，判決の確定日など一定の日の翌日から4か月以内に分割されたときに限り，「小規模宅地等の特例」及び「配偶者に対する相続税の軽減」を適用することができます（相税19条の2，相税施令4条の2，租税特別措置法69条の4，租税特別措置法施行令40条の2）。

　この場合も，(ア)と同様，遺産の分割に伴う修正申告については延滞税及び過少申告加算税はかからず，遺産の分割に伴う更正の請求は分割が行われた日の翌日から4か月以内に限り行うことができます。

6　遺贈があった場合

　遺贈があった場合の相続税法の取扱いは，受遺者の属性により異なりま

す。受遺者が相続人であるときは相続により財産を取得したときと同様の取扱いとなります。

受遺者が相続を放棄した者である場合，相続による取得と比較して，①死亡保険金や死亡退職金の非課税枠を適用できない，②その者への遺贈が特定遺贈であるときは債務及び葬式費用の控除はできないという違いがあります。

受遺者が相続人及び相続を放棄した者以外の者である場合，相続による取得と比較して，①死亡保険金及び死亡退職金の非課税枠を適用できない，②未成年者控除及び障害者控除を適用できない，③その者への遺贈が特定遺贈であるときは債務及び葬式費用の控除を適用できないという違いがあります。

特殊な遺贈として，特別縁故者への相続財産の分与と法人への遺贈があります。特別縁故者に対する相続財産の分与（民958条の3）があった場合，分与を受けた時に遺贈があったものとみなされます（相税4条）。特別縁故者は分与を受けたことを知った日の翌日から10か月以内に相続税の申告書を提出しなければなりません。また，法人への遺贈があった場合，不動産や株式など譲渡所得の基因となる財産については相続開始時に被相続人が時価により譲渡したものとみなされ，被相続人に所得税が課税され（所得59条），課税された所得税は被相続人の債務となります。

7　遺留分の減殺請求があった場合

遺留分減殺請求権の法的な性質については，形成権＝物権説，形成権＝債権説，請求権説があります。その中で形成権＝物権説が判例・通説となっています（最判昭35・7・19民集14巻9号1779頁，同昭44・1・28家月21巻7号68頁，同昭51・8・30民集30巻7号768頁）。

形成権＝物権説とは，「遺留分減殺請求権は，形成権であって，その行使により贈与又は遺贈は，遺留分を侵害する限度において失効し，受贈者又は受遺者が取得した権利はその限度で当然に減殺請求をした遺留分権利者に（物権的に）帰属する」（最判昭57・3・4民集36巻3号241頁）との考え方です。

(1) 遺留分減殺請求権の行使時の課税

　遺留分減殺請求権は「形成権であって，その権利の行使は受贈者又は受遺者に対する意思表示によってなせば足り，必ずしも裁判上の請求による必要はなく，また一旦，その意思表示がなされた以上，法律上当然に減殺の効力が生じる」（最判昭41・7・14民集20巻6号1183頁）と解すると，請求権の行使があった時点で相続税の課税関係が決定されることになります。

　しかし，請求権を行使しただけでは，どの財産を現物で返還するかいくらで価額弁償するか確定しておらず，相続税の計算は困難です。実務上は，減殺請求権行使の時ではなく，返還すべき又は弁償すべき額が確定した時に正味遺産額（課税価格）を計算します（相基通11の2-4）。

(2) 価額弁償時の課税

　遺留分減殺請求権に基づき価額弁償をした場合の遺贈の効果については，「遺贈効果復活説」と「遺留分権利移転説」があります。

　遺贈効果復活説は，受遺者が価額弁償すると遺留分を侵害する限度で一旦失効した遺贈の効果が相続開始時に遡って復活すると考えます（最判平4・11・16判時1441号66頁，最判平20・1・24民集62巻1号63頁）。他方，遺留分権利移転説は，遺留分減殺請求時に遺贈の効果が遺留分を侵害する限度で失効して遺留分権利者が確定的に取得し，その後，受遺者が遺留分権利者から価額弁償によりその財産を買い受けると考えます（前掲最判平4・11・16味村判事の反対意見）。

　価額弁償金の課税については相続税法に明確な規定がないため，民法上の規定に従うことになります。遺贈効果復活説によれば，代償分割として取り扱われ，遺留分権利移転説ならば，遺留分権利者に相続税に加えて所得税も課税されることになります。実務上は代償分割として処理することになります（最判昭51・8・30民集30巻7号768頁，裁決平25・8・29裁決事例集No.92）。

(3) 相続税の申告

　遺留分減殺請求に基づき返還すべき又は弁償すべき額が確定した場合，それにより財産の返還を受けた者又は価額弁償を受けた者は相続税の申告（期限後申告又は修正申告）をすることができます（相税30条・31条）。また，財産の返還をした者又は価額弁償をした者は確定したことを知った日の翌日から4か月以内に限り，更正の請求をすることができます（相税32条1項3号）。

8　遺産の情報の収集方法

　相続税の申告は相続人等が共同ですることも単独ですることも可能ですが，単独で申告する場合，相続税の申告に必要な情報をどのように収集するかは実務上大きな問題となります。

　被相続人と同居しているなど被相続人と日常密接な関係を有していた相続人が遺産についての情報を独占し，他の相続人へ遺産に関する情報を開示しない場合，被相続人と離れていた相続人は遺産の情報の入手が困難であるため，相続税の申告ができないこともあります。

　財産を取得した相続人等に連帯納付義務があるにもかかわらず，相続税法には相続人が他の相続人の提出した相続税申告書の開示を請求できる規定はありません。税務署には申告書等の閲覧サービスはありますが，これはあくまで申告書等を提出した者に限られるため，他の相続人等が提出した相続税申告書を閲覧することはできません。ただし，「相続時精算課税に係る贈与税申告書」及び「相続開始前3年以内の暦年課税に係る贈与税申告書」についてはそれらの開示を所轄税務署長に請求することができ（相税49条），被相続人の所得税確定申告書及び準確定申告書を提出した相続人は他の相続人に対してその申告書に記載した事項の要領を通知する義務があります（所得施令263条3項）。

　他の相続人等が提出した相続税申告書の開示を受けるためには，行政機関

の保有する個人情報の保護に関する法律12条に基づいて行政機関が保有する自己の個人情報の開示を請求する方法があります。しかし，解釈運用により必ずしも開示を受けられるとは限りません（寳金敏明「国税事務に係る情報公開・個人情報保護の諸問題」税大ジャーナル21号（2013年6月）79頁）。

《注》

＊1　贈与税の課税方法には，暦年課税と相続時精算課税の2つの方式があります。暦年課税は，暦年（1月から12月）ごとに基礎控除110万円を超えた部分に贈与税を課税し，原則として相続税の課税とは分離する課税方法です。他方，相続時精算課税は，贈与税を相続税の前払いと考え，生前に贈与された財産を含めて相続税を課税し，前払いした贈与税を精算する方法です。贈与税の課税は暦年課税を原則とし，贈与者が65歳以上（改正後60歳以上）で，受贈者が贈与者の直系卑属であり，かつ，20歳以上の贈与者の推定相続人（その代襲相続人を含む）であることを条件に相続時精算課税を選択できます（改正後は，20歳以上の贈与者の係も受贈者となることができます）。ただし，相続時精算課税を一度選択すると暦年課税へ戻すことはできません（相税21条の9第6項）。

＊2　棚卸資産とは，事業所得を生ずべき事業に係る商品，製品，半製品，仕掛品，原材料その他の資産で棚卸しをすべきものとして政令で定めるものをいいます（所得2条1項16号）。

＊3　この特例を適用できる宅地等が複数ある場合の限度面積は400㎡（それぞれの限度面積を400㎡に換算した後の合計）です。改正後は，貸付事業用宅地等がない場合の限度面積は最大730㎡となり，貸付事業用宅地等がある場合の限度面積は200㎡（それぞれの限度面積を200㎡に換算した後の合計）です。

＊4　遺贈には，包括遺贈と特定遺贈があります。包括遺贈とは，遺産の全部又は何分の1などのように総遺産に対する抽象的な割合で示す方法をいい，特定遺贈とは，遺贈する物を特定する方法です。包括遺贈の受遺者は相続人と同一の権利義務を有します（民990条）。

＊5　被相続人が老人ホームに入居したことにより居住の用に供されなくなった場合，①被相続人が要介護認定，要支援認定又は障害者支援区分の認定を受け一定の住居又は施設に入居又は入所していたこと，②被相続人が以前居住していた家屋を事業用又は被相続人と生計を一にしていた親族以外の者の居住用に供していないことという要件を満たせば，この特例が適用できます（租税特別措置法施行令40条の2第2項・3項）。

＊6　一棟の建物とは，被相続人，その配偶者又はその親族の居住の用に供されていた部分に限ります。また，区分所有されているものは被相続人の居住の用に供された専有部分に限ります。

＊7　準事業とは，事業と称するに至らない不動産の貸付けその他これに類する行為で相当の対価を得て継続的に行うものをいいます（租税特別措置法施行令40条の２）。
＊8　＊１参照。
＊9　一次相続で遺産分割の仕方を検討する際は，二次相続で課税される相続税も考慮しておくべきです。たとえ一次相続で相続税が少なくなっても，二次相続で多額の相続税がかかる場合があります。配偶者に固有の財産がないと仮定した場合，正味遺産額が１億円位までは一次相続での配偶者の相続分が二次相続時の基礎控除額程度のとき，正味遺産額が１億円位を超える場合は正味遺産額の２～３割程度のときが一次相続と二次相続の相続税額の合計が最も少なくなります（平成27年以後適用の税制で試算）。また，「小規模宅地等の特例」を利用できる宅地が限度面積を超えている場合，限度面積までは配偶者以外の相続人が優先的に相続し，限度面積を超える部分は配偶者が相続して二次相続で小規模宅地等の特例を利用した方が有利となります。
＊10　相続税の申告書を提出した後において，正味遺産額（課税価格）又は相続税額に不足額があるときは，税務署長の更正の通知があるまでは，修正申告書を提出することができます（国税通則法19条）。相続税の修正申告には延滞税や過少申告加算税がかかります。

　　　ただし，相続税法上の特例として，未分割遺産の分割や遺留分減殺請求など一定の事由により既に確定している相続税額に不足が生じた場合の修正申告書（相税31条１項）では，延滞税（相税51条２項１号ハ）や過少申告加算税（国税通則法65条，平12・７・３課資２-264）はかかりません。
＊11　相続税の申告書を提出した後において，正味遺産額（課税価格）又は相続税額が過大であるときは，申告期限から５年以内に限り，更正の請求をすることができます（国税通則法23条１項）。

　　　ただし，国税通則法上の特例として，①相続税の申告書の計算の基礎となった事実に関する訴えについての判決（判決と同一の効力を有する和解その他の行為を含む）により，その事実が計算の基礎としたところと異なることが確定したときは，その確定の日，②正味遺産額（課税価格）や税額の計算の基礎とされた財産などが他の者に帰属するものとする他の者に係る更正又は決定があったときは，その更正又は決定の日，③申告期限後の生じたやむを得ない理由があるときは，その理由が生じた日の翌日から起算して２か月以内に限り，更正の請求ができます（国税通則法23条２項）。

　　　さらに，相続税法上の特例として，未分割遺産の分割や遺留分減殺請求など一定の事由により課税価格や相続税額が過大となった場合は，その事由が生じたことを知った日の翌日から４か月以内に限り，更正の請求をすることができます（相税32条１項１号）。相続税法上の特例による更正の請求があった場合，その請求に基づく更正の基因となった事実に基づき，その請求をした者の被相続人から相続，遺贈又は相続時精算課税に係る贈与により財産を取得した他の者に対して反射的に更正又は決定がされます（相税35条３項）。

第4章

事業承継

1　はじめに

　中小企業の大半を占めるオーナー会社（以下，「自社」といいます）は，経営者が自社株式の全部又は大部分を所有するだけでなく，個人財産を会社の経営のために提供し，銀行からの借入金に対して個人保証するなど所有と経営が一体となって運営されています。

　このようなオーナー会社において，安定的・発展的に事業を継続するためには円滑に事業承継することが不可欠です。

　しかし，円滑な事業承継にとって現在の民法の規定は次の2つの点で障害となっています。①経営者が遺言を残さないまま死亡し相続が発生した場合，遺産分割は相続人の協議により行われ，協議がまとまらなければ，家庭裁判所に遺産分割の調停・審判を申し立てることになります（民907条）。その結果，相続紛争に発展すると長期間にわたって財産の帰属が決定せず，自社の運営に支障が生じます。②遺産分割協議による相続紛争を防止するためには，経営者の生前に後継者へ自社株式の譲渡や生前贈与を行い，また，遺言や死因贈与により後継者への財産の分配方法を指定しておくことが有効な対策とされています。しかし，生前贈与や遺言等による方法は遺留分（民1028条）による制約を受けるため，自社株式の分散を防止できません[*1]。

　本章では，このような円滑な事業承継に対する障害に対して，相続発生前の事業承継対策としてどのような方法があるか，相続発生後の遺産分割交渉においてどのように交渉するべきかを検討していきます。最後に事業承継税制として相続税及び贈与税の納税猶予制度の概要を紹介しておきます。

2　自社株式の議決権の取扱い

　事業承継対策の目的は，自社株式の分散による議決権の分散を防止し，後継者へ議決権を集中させることです。まず，自社株式の議決権について会社法及び民法の取扱いについてみておきます。

(1) 会社法による議決権の制限

株主は原則として株主総会における議決権（会105条1項3号）を有しますが，株式会社は株主総会において議決権を行使することができる事項について異なる定めをした種類株式（議決権制限株式）を発行することができます（会108条1項3号）。

会社法において全株式譲渡制限会社に限り議決権制限株式の発行制限が撤廃されたため，議決権制限株式を活用して，後継者が財産として多くの自社株式を所有していなくても議決権の大部分を有することで自社を支配することが可能となりました。例えば，自社が議決権株式と無議決権株式を発行し，後継者が議決権株式を取得し後継者以外の相続人が無議決権株式を取得すれば，後継者は支配権を維持することができます。

(2) 自社株式が未分割の場合の議決権の行使

株式数が複数であったとしても，自社株式は法定相続分に応じて当然分割されることなく共同相続人の準共有となり（民898条・264条，最判昭45・1・22民集24巻1号1頁），自社株式の議決権の行使は，法定相続分に応じた持分の過半数によって権利行使者を定め，その権利行使者が行うことになります（民252条，最判平9・1・28判時1599号139頁）。つまり，各相続人が法定相続分に応じた議決権を有するわけではありません。したがって，遺産分割協議が紛糾して後継者と後継者以外の相続人が対立した場合，後継者以外の相続人が法定相続分による持分の過半数を有していると，後継者の有する法定相続分の持分は議決権行使に全く反映できないことになります。

3　相続発生前の事業承継対策

事業承継対策は経営者の生前に実施しておくことが有効とされています。ここでは，相続前の事業承継対策としてどのような方法があるかを取り扱い

ます。

(1) 会社法を活用した対策

　自社株式及び議決権の分散を防止するために，会社法の規定に基づき定款を変更して，株式について譲渡制限，議決権制限，取得条項などの定めのある種類株式を発行する方法です（会107条・108条）。

　例えば，自社が議決権株式と無議決権株式を発行し，議決権株式のみを後継者へ移転しておく方法が考えられます。

　また，従来は譲渡制限株式でも相続等の一般承継による株式の移転を制限することができませんでしたが，会社法においては相続等の一般承継により移転した譲渡制限株式について会社が売渡請求を行うことが可能となりました（会174条）。そのため，後継者以外の相続人が相続により取得した自社株式に対して売渡請求を行うことで，自社株式の分散を防止することが可能となりました。ただし，この手法による売渡請求は後継者が相続した株式に対しても可能であるため，後継者が売渡請求の対象者となった場合，後継者は議決権を行使できず，後継者以外の株主の決議のみで後継者が売渡請求を受けるリスクがありますので，注意が必要です（会175条2項）。

(2) 自社株式の移転方法

(ア) 売　　買

　経営者から後継者へ売買により自社株式を移転する方法です。この方法は対価を伴って自社株式を後継者の固有資産とするため，特別受益や遺留分の侵害といった問題を生じさせません。売買代金の支払原資は，後継者が自社から受ける報酬，経営者から後継者への金銭による贈与などが考えられます。特に後継者が自社から受ける報酬による自社株式の購入は特別受益の問題を回避する方法として有効です。また，金銭贈与は特別受益の問題にはなりますが，実質的に自社株式の贈与があったものと認定されない限り，自社株式の価値の上昇で持戻しする価額が増加することを防ぐことができます。

この方法では、経営者が有する自社株式の譲渡所得に対して所得税が課税されます。

(イ) 生前贈与

経営者から後継者へ自社株式を生前贈与する方法です。特別受益に該当する場合、遺留分減殺請求の対象となる可能性はありますが、経営者の生前に後継者の権利確定ができるというメリットがあります。この場合、持戻し免除の意思表示を明確にしておくべきです。この方法では、後継者に課税される贈与税を考慮する必要があります。

(ウ) 遺言・死因贈与

経営者から後継者へ遺言や死因贈与を利用して自社株式を移転する方法です。遺言や死因贈与は特別受益に該当するため遺留分減殺請求の対象となり得ますが、遺産分割協議が成立しないことによるリスクをなくすことができます。この方法は法律で定められた形式や要件に十分留意して行う必要があります。形式の不備により遺言が無効となったり、死因贈与契約が不成立となるケースもあり、かえって相続人間の不和を引き起こす結果にもなりかねません。したがって、自筆証書遺言ではなく、弁護士に相談の上、公正証書遺言の形で遺言書を作成することをおすすめします。

(3) 遺留分への対応

(ア) 遺留分、寄与分

経営者が後継者に自社株式を集中して承継させようとする際には、遺留分（民1028条）を考慮する必要があります。配偶者及び直系卑属等に保障された最低限度の取り分である遺留分に関する民法の規定に違反することができないため、経営者の財産に占める自社株式の割合が高い場合、他の相続人の遺留分を超えて後継者に自社株式の生前贈与や遺贈を行ったとしても、遺留分減殺請求（民1031条）がなされれば、その限度で生前贈与等の効力が失われます。

また、後継者が経営陣の一員として自社株式の価値の向上に貢献すると被

相続人である経営者の遺産が増加し，それに伴って後継者以外の相続人の遺留分も増加することになってしまいます。このような後継者の貢献分を評価し得る制度として寄与分制度（民904条の2）があります。しかし，寄与分は，遺贈の額に影響を及ぼすことができず（民904条の2第3項），遺言がある場合には実質的に機能しないこと（寄与分より遺贈が優先されます），実際にどの程度の寄与があったかを立証することが困難であること，生前の後継者への報酬によって寄与分は既に支払済みと評価されることが多いこと，遺留分減殺請求訴訟において抗弁として主張できないこと等の制約があり，活用しづらい面があります（遺留分については**第3章**，**第6**，寄与分については**第3章**，**第4**も，併せて参照してください）。

(イ) 遺留分の放棄

遺留分減殺請求への対応として民法に規定する遺留分の放棄（民1043条）による方法があります。各相続人が自分で家庭裁判所へ申立てをして許可を受けなければならず負担が大きいこと，家庭裁判所による許可・不許可の判断がバラバラになる可能性があることなどから，事業承継対策としては利用しにくくなっています。

(ウ) 経営承継円滑化法による合意

中小企業の経営承継を円滑にして事業活動の継続に資することを目的として，平成20年5月に「中小企業における経営の承継の円滑化に関する法律」（以下，「円滑化法」といいます）が制定されています。

遺留分制度は次の2つの点で円滑な事業承継の障害となっています。①自社株式を生前贈与しても贈与の時期に関係なく相続時に特別受益として遺留分算定の基礎に算入されてしまうこと，②特別受益の額が贈与時の評価額ではなく相続時の評価額となっていることです。この②を具体的にいうと，後継者への贈与時に3000万円だった自社株式の価値が相続開始時に1億2000万円に上昇していた場合，その価値上昇が，後継者が経営陣の一員として貢献したことによるものだったとしても，上昇後の1億2000万円が遺留分算定の基礎に算入され，それに伴って後継者以外の相続人の遺留分も増加すること

になってしまうということです。

　円滑化法には，円滑な事業承継の障害となっている遺留分について民法の特例として，①遺留分の計算の基礎となる財産から，生前贈与した自社株式を除外する「除外合意」（円滑化法4条1項1号），②遺留分の計算の基礎となる財産に算入する際の価額を贈与時の合意した価額に固定する「固定合意」（円滑化法4条1項2号）の2つの特例が規定されています。

　「除外合意」は，贈与した自社株式を遺留分算定の基礎に算入しないことができる制度です。この合意により遺留分減殺請求によって後継者以外の相続人へ自社株式が分散するリスクがなくなります。

　「固定合意」は，生前贈与した自社株式の価額を贈与時の合意した価額に固定し，贈与時から相続時までの価値の上昇分に対して遺留分を主張できないとする制度です。この合意により後継者は自社の業績向上へのインセンティブを高めることができます。固定合意は遺留分の算定における財産の価額が固定されているだけであり，遺留分減殺請求権に基づき価額弁償をする場合の自社株式の価額の算定には影響しません。

　さらに，「除外合意」又は「固定合意」と併せて，①自社株式以外の財産，②後継者以外の推定相続人が贈与を受けた財産を遺留分算定の基礎から除外する定めをすることができます（円滑化法5条・6条）。

　円滑化法に規定する民法の特例の適用を受けるための要件は**図表4－1**のとおりです（円滑化法3条・4条・7条・8条）。

　合意の効力は家庭裁判所の許可を得たときに生じますが，①経済産業大臣の確認が取り消された場合，②先代経営者の生存中に後継者が死亡し，又は後見開始若しくは補佐開始の審判を受けた場合，③合意の当事者以外の者が経営者の推定相続人（遺留分を有しない者は除く）となった場合，④合意の当事者の代襲者が先代経営者の養子となった場合は合意の効力が消滅します（円滑化法10条）。

■図表4－1　円滑化法に規定する民法の特例の適用を受けるための要件

自社の要件	① 中小企業者であること ② 合意日において3年以上継続して事業を行っていること ③ 上場会社等でないこと
先代経営者の要件	① 自社の代表者であったこと又は代表者であること ② その推定相続人（遺留分を有しない者は除く）へ自社株式を贈与していること
後継者の要件	① 先代経営者の推定相続人（遺留分を有しない者は除く）であること ② 先代経営者から自社株式の贈与（＊2）を受けていること ③ 合意日で自社の議決権の過半数を保有していること ④ 合意日で会社の代表者であること
合意の要件	① 先代経営者の推定相続人（遺留分を有しない者は除く）全員が合意した合意書を作成していること ② 先代経営者から贈与（＊3）を受けた自社株式を合意対象としていること ③ 後継者が所有する自社株式のうち合意対象となる株式を除いた株式が議決権の半数を超えないこと（合意対象となる株式を含めることによってはじめて議決権の過半数となったこと） ④ 後継者が合意対象となる株式を処分した場合及び先代経営者の生存中に後継者が会社の代表者でなくなった場合の措置の定めがあること（円滑化法9条3項）
手続の要件	① 合意日から1か月以内に経済産業大臣へ「遺留分に関する民法の特例に係る確認申請書」を提出し、確認を受けていること ② 経済産業大臣の確認を受けた日から1か月以内に家庭裁判所へ「家事審判申立書（遺留分の算定に係る合意）」を提出し、許可の審判を受けていること 　なお、この申請書及び申立書の提出は後継者が単独で行います。

4 相続発生後の遺産分割交渉

(1) 交渉の特徴

まず，最初に基礎知識を再確認しておきましょう。交渉とは，「共通する利害と対立する利害あるときに，合意に達するために行う相互コミュニケーション」(フィッシャー&ユーリー9頁) であり，そのスタイルとして，分配型交渉と統合型交渉があります (**第2章，第1，3(4)参照**)。分配型交渉は，売買における価格交渉のように1つの争点について一定のパイを分配するために行われる交渉をいいます。分配型交渉では，一方の当事者の得が他方の当事者の損となるため，利害が完全に対立し，様々な交渉戦術を駆使して「駆け引き」を行う結果，当事者が対立的な関係になる傾向が強くみられます (**第2章，第1，1(6)参照**)。

他方，統合型交渉は，当事者の主張に隠れている利害や動機に着目し，共通する利害や対立しない利害 (優先度の異なる利害) を見つけ出し，合意の選択肢を増やすことによって，相互に満足度が高い合意に到達することを目指すスタイルです (**第2章，第1，1(2)参照**)。

遺産分割交渉は，各相続人がどの遺産をいくら相続するかという交渉であり，基本的には分配型交渉といえます。また，ビジネス交渉と比較して各相続人間の濃厚な人間関係を背景とした感情の軋轢が大きな問題となりやすいという特徴があります。利害の対立や感情の対立が先鋭化してしまい合意の成立が困難となって，調停や審判に移行するケースや，遺産が未分割のまま長期間放置されるケースも少なくありません。どちらにしても円滑に事業承継できず，自社の事業運営に支障が生じてしまいます。

事業承継を伴う遺産分割交渉では，遺産の分配という視点だけでは合意が成立できない場合でも，自社の資金や会社法の手法を利用した方法を選択肢として取り入れることで，統合型交渉となる可能性が比較的大きくあります。例えば，後継者が自社の資金を原資として代償金を他の相続人に支払う

方法，後継者以外の相続人に相続された自社株式を自社が買い取る方法，無議決権株式を導入する方法，会社を分割する方法等を利用することにより，合意成立の可能性を高めることができます。

(2) 事例の検討

> **事例**
>
> 相続人　長男A（後継者），次男B（個人事業者），長女C（主婦）
> 1　遺産
> 　① 自社株式1億5000万円（1万株，財産評価基本通達上の大会社）
> 　② 自宅4000万円（土地100㎡　3000万円，建物1000万円，長男が同居）
> 　③ 預金5000万円
> 　④ 個人債務3000万円（③④について，分割対象とする合意があるものとします）
> 　計2億1000万円
> 2　その他の事情
> 　① 自社の発行済株式総数は1万2000株
> 　② 長男Aは被相続人の生前（5年前）に自社株式2000株（相続時の評価額3000万円）を贈与により取得
> 　③ 長男Aは5年前から自社の取締役として経営に参画しており，自社の業績は5年前と比較して2倍となっている。
> 3　相続税の総額
> 　2000万円（平成27年以後2760万円）
> 　ただし，小規模宅地等の特例適用後1520万円（平成27年以後2160万円）

　事業承継を伴う遺産分割交渉については，**第2章，第4，1**の少数当事者の場合及び**2**の多数当事者の場合においても詳細に検討しておりますので，参照してください。

■図表4－2　本事例における各相続人の法定相続分と遺留分

項目	長男A	次男B	長女C
（特別受益を考慮しない場合）			
法定相続分　　　　（※1）	7000万円	7000万円	7000万円
遺留分　　　　　　（※2）	3500万円	3500万円	3500万円
（特別受益を考慮する場合）			
法定相続分　　　　（※3）	8000万円	8000万円	8000万円
具体的相続分　　　（※4）	5000万円	8000万円	8000万円
遺留分　　　　　　（※5）	1000万円	4000万円	4000万円

（※1）2億1000万円÷3人
（※2）法定相続分÷2
（※3）（2億1000万円＋特別受益3000万円）÷3人
（※4）法定相続分－特別受益
（※5）法定相続分÷2－特別受益

(ア)　事前準備

(a)　法定相続分と遺留分の確認　本事例における各相続人の法定相続分と遺留分は**図表4－2**のとおりです。

実際には自社株式や不動産は評価に幅がありますので、法定相続分や遺留分も1～3割程度の幅をもって考えておきます。

(b)　自分の要求内容の確認　交渉の進行役である長男Aの立場からみた場合、まず、Aは自らの要求内容を事前に定めておくことが大切です。本事例では、後継者であるAの要求内容の上限（目標点）として自社株式、自宅、個人債務を相続することが考えられます。この上限は1億6000万円となりますので、法定相続分7000万円（特別受益を考慮した具体的相続分は5000万円）とは大きく乖離します。さらに、次男Bと長女Cが分配を受ける財産の合計額は5000万円ですので、両者の遺留分の合計額8000万円さえ大きく下回ってしまいます。

次に、要求内容の下限（抵抗点）として、自社の3分の2に相当する自社株式6000株（9000万円相当）、自宅、個人債務、合わせて1億円とすることが考えられます（とりあえず、代償金の額はゼロとしておきます）。これも法定相続分

■図表4-3　要求内容と法定相続分などの一覧表

	Aの取り分	BとCの取り分の合計
Aの上限（目標点）	1億6000万円	5000万円
Aの下限（抵抗点）	1億円	1億1000万円
法定相続分　（特別受益なし）	7000万円	1億4000万円
具体的相続分　（特別受益あり）	5000万円	1億6000万円
遺留分　（特別受益あり）	1000万円	8000万円

　7000万（特別受益を考慮した具体的相続分5000万円）を上回ります。この下限の場合，BとCは自社株式3分の1に相当する自社株式4000株（6000万円）と預金（5000万円）を相続することになりますので，BとCの遺留分の合計額（8000万円）は上回ります。要求内容と法定相続分などの一覧表は**図表4-3**のとおりです。

　このように自分の要求内容，特に上限は法定相続分と大きく乖離し，他の相続人の遺留分も侵害しており，他の相続人を納得させるためには，相応の正当化根拠が必要となります。正当化根拠として，Aがこれまで自社の業績の向上に貢献し，それにより被相続人の資産形成にも貢献していること（寄与分と認識していること），自社株式は会社を売却しない限り現金化できないこと（いくらで売れるかわからないこと），自宅は自分が居住しており小規模宅地等の特例を適用することで相続税の総額を節約できること（見返りとして節約分の一部を代償金として支払うつもりがあること），個人債務を引き受けることなどが考えられます。

　また，下限についても，法定相続分を上回っており，BATNAとしての審判に移行した場合に認められる保証はありません。下限は固定的にとらえるのではなく，交渉の進捗度に応じて，自社株式の評価額や代償金の額を変更しながら柔軟に変更していくことになります。

　(c)　相手の要求の事前予想　　本事例では，BとCがAの交渉の相手となりますので，B，Cの性格，各相続人の間の信頼関係，現在の生活状況，家族の状況（サブ・プレイヤーの存在）などからそれぞれの要求を事前に予想し

ます。Bについては，個人事業を営んでおり資金繰りが厳しい状況であり，また，Aとあまり仲が良くない関係であれば，預金や自宅だけでなく，自社株式も含めて法定相続分を強硬に要求してくる可能性があります。他方，Cについては，主婦で既に夫が購入した自宅もあるため，自社株式や自宅よりも預金を要求してくる可能性が高いと考えられます。もっとも，このような事前予想はあくまでも予想であり，あまりこだわる必要はありませんが，相手の出方が予想できていれば，感情的になることなく冷静な対処が可能となります。

(イ) 協議（交渉の場）

交渉に際しては，まず，交渉相手である各相続人の意見を聞きます。故人への思い，希望する遺産など今後の交渉の前提となりそうな事項を聞きます。この場合，なぜそのような意見となるのかその理由（利害）を聞いておきます。そのことによって，交渉相手の選好や執着度（特定の財産にこだわるのか，法定相続分にこだわるのか），他の相続人に対して感情的なしこりがあるか，理由に正当性や説得性があるのかなど今後の交渉において有利となる情報を得ることができますし，交渉の当事者の希望を反映した分割案を提示できる可能性も高まります。

交渉において，どちらが先に希望や分配案を提示するか（ファースト・オファー）については，アンカリング効果を期待できるため，自分から先に提示した方が有利であるとの考え方があります。他方，先に提案することにより，過度に自分に有利な提案をすることで他の相続人から反感をもたれてしまい，合意できる可能性を低くするリスクもあります（第2章．第2．3 ⑿を参照してください）。

(ウ) 自社株式の評価

非上場株式である自社株式の評価方法[*4]には，相続税の計算で利用される国税庁方式（財産評価基本通達），M&Aなどの株価算定で利用されるDCF法などいくつかの評価方法があり，評価方法によって評価額も大きく異なります。

本事例では，自社株式の相続税評価額は1億5000万円としていますが，国税庁方式の類似業種比準方式による評価額が1億5000万円であって，国税庁方式の純資産方式による評価額が2億5000万円であったとすると，遺産分割交渉では，1億5000万円から2億5000万円までの幅が考えられますし，DCF法や配当還元法など他の評価方法による評価額も異なることが一般的です。

　そのため，遺産分割交渉の段階で第三者の専門家に評価を依頼するという選択肢もあります。しかし，専門家に依頼するとそれなりの費用がかかりますし，その費用の分担という新たな問題も生じます。交渉の段階では相続税を計算するために使用する国税庁方式（純資産方式（＊5）と類似業種比準方式の折衷法）による評価方法を基本として，純資産方式と類似業種比準方式の折衷割合を変更するなど交渉のパイを変動させることを交渉のツールとする方が賢明かもしれません。

　(エ)　分割案の検討

　分割案については，最初に相続税が少なくなる案を検討し，相続税を控除した後の遺産の額（交渉のパイ）を増やしておきます。例えば，「小規模宅地等の特例」を適用できる相続人が自宅を取得することで相続税の総額を少なくし，その分の一部を他の相続人への代償金に充てる方法です。本事例では，長男が自宅を相続すれば，相続税の総額を480万円（平成27年（2015年）以後600万円）節約できます。

　自社株式の分割方法としては，①後継者が自社株式を相続する代わりに他の相続人へ代償金を支払う代償分割，②他の相続人も自社株式の一部を相続する現物分割が基本となります。換価分割では親族による事業承継になりませんし，株式自体もともと細分化された持分であるため共有分割とするケースはあまりありません。

　代償分割を選択した場合，代償金の額と代償金の原資をどうするかが問題となります。代償金の額は自社株式の評価額によって異なりますので，(ウ)で述べたとおり，国税庁方式を基本として，評価額を変動させながら交渉することになります。この場合，後継者にとっての評価額よりも後継者以外の相

続人にとっての評価額が低いことを利用して代償金の額を低くする交渉方法があります。例えば，本事例において，後継者である長男Aは，自社株式に興味がない長女Cと個別に交渉して後継者にとっての評価額より低い代償金の額で自社株式の3分の2以上を確保した後で，次男Bと交渉することです。次男Bとの交渉では，長男Aにとって次男Bとの交渉が決裂して現物分割となっても自社株式の3分の2以上を確保できる一方，次男Bにとっては価値が低い自社株式を相続するメリットがないため，より低い代償金の額で決着する可能性が高くなります。

　代償金の原資は，後継者の自己資金か後継者が銀行等から借入れをして調達することになりますが，後継者に代償金を支払う自己資金がない場合や銀行から借入れできない場合はどうするか。もし，自社に余裕資金があれば，①後継者が自社から資金を借り入れて他の相続人に支払う方法があります。自社からの借入金は後継者が受ける役員報酬などを充てて返済します。また，②他の相続人にも自社株式を一旦相続させ，後日自社が他の相続人から自己株式として買い取る方法もあります。この場合，他の相続人に譲渡所得及び配当所得として所得税が課税されます（**第3章，第7，4(4)参照**）。

　一方，自社が慢性的な資金不足であり自社の資金を利用できない場合は，後継者へ自社株式を集中させることが困難な状況といえますので，後継者以外の相続人にも自社株式の一部を相続させる現物分割を選択せざるを得ません。しかし，この場合でも，自社の議決権を後継者に集中させるための手段として，自社の定款を変更して無議決権株式（配当優先株式）を導入する方法があります。こうすれば，後継者は議決権の利益を得て，他の相続人は（無配の可能性はあるものの）配当の利益を得ることができるので，他の相続人の納得が得やすくなります。

　事業承継で大きな問題となるのは，自社の業務に兄弟がともに従事しているケースなど親族内に後継者が複数いる場合です。例えば，本事例の長男Aと次男Bがともに自社の業務に従事しているとした場合，自社株式に対する優先度がともに高いため，有効な分割案を出せず，後継者争いの危険性が高

くなります。この場合，例えば，自社グループに複数の会社があれば会社別に長男Ａと次男Ｂが相続し，自社が複数の事業を営んでいるのであれば事業別に会社分割し，複数の不動産を有しているのであれば不動産ごとに会社分割をしてから，長男Ａと次男Ｂで分割後の会社の株式を相続する方法が考えられます。

いずれにしても，各相続人のニーズを踏まえ，会社法上の制度も十分調査した上で，利害の相違を調整し得る様々な選択肢を考え出していくことが必要です。

5 事業承継税制

円滑化法の制定に伴い，平成21年度税制改正において税制上の特例として，非上場株式等について相続税又は贈与税の納税猶予制度が創設されました。

この納税猶予制度には次の２つのルートがあります。①贈与税の納税猶予から始めるルート。先代経営者から贈与により後継者が取得した自社株式（発行済株式総数の３分の２まで）に対応する贈与税の納税が猶予されます（租税特別措置法70条の７）。この場合，猶予対象株式については，先代経営者の相続が発生したときにその相続により取得したものとみなされて相続税の対象となります（租税特別措置法70条の７の３）が，一定の要件を満たせば，相続税の納税猶予へ切り替えることができます（租税特別措置法70条の７の４）。②相続税の納税猶予から始めるルート。先代経営者の相続又は遺贈によりその親族である後継者が取得した自社株式（発行済株式総数の３分の２まで）の80％の相続税が猶予され（租税特別措置法70条の７の２），後継者が次の後継者へ自社株式を贈与するときは改めて贈与税の納税猶予を利用することになります。

なお，相続税の納税猶予は申告期限までに自社株式が遺産分割されていない場合は適用できませんので自社株式についての遺産分割協議を申告期限までに成立させておく必要があります。

平成25年度税制改正により事業承継税制の要件が緩和され，平成27年１月

1日以後の贈与及び相続等から適用されます[*6]。主な改正項目は，括弧書きで「(改正後．)」として記載しました。

納税猶予の適用を受けるための手順は次のとおりです。

(1) 経済産業大臣の認定

円滑化法12条に規定する認定を受けるために，経済産業大臣（経済産業局）に対して認定申請書を提出し，認定書の交付を受けます。認定申請書の提出期限は，贈与税は贈与を受けた年の10月15日から翌年の1月15日まで，相続税は相続開始日の翌日から5か月を経過する日以後8か月を経過する日までです。

従来は経済産業大臣による指導・助言（円滑化法15条）の一環として，「計画的な承継に係る取組みに関する経済産業大臣の確認」（事前確認制度，円滑化法施行規則16条）がこの認定の要件とされていましたが，平成25年（2013年）4月1日以後に受ける認定から事前確認は不要となりました。なお，現在でも任意の事前確認は可能です。

贈与税の納税猶予を相続税の納税猶予に切り替える場合，改めてこの認定を受ける必要はありませんが，相続開始日の翌日から8か月以内に「経営承継贈与者の相続が開始した場合の経済産業大臣の確認」（円滑化法施行規則13条）を受ける必要があります。

この認定を受けるための要件の基本的な考え方は，先代経営者の退任又は死亡に伴う後継者への自社株式の贈与又は相続等が自社の経営の完全な承継であるかどうかです。つまり，一定の要件（自社の要件）を満たす自社について，支配株主及び代表者の地位を先代経営者から後継者へ確実に承継しているか（承継の要件）を認定します（円滑化法施行規則6条1項7号及び8号参照）。

(ア) 自社の要件

自社の要件は，中小企業の事業承継の円滑化を通じた雇用の確保や地域経済活力の維持を図るという観点から，「中小企業であること」，「事業の実態があること」，「雇用を維持していること」，「後継者による支配が可能である

こと」が基本となっています。具体的には，①中小企業者（円滑化法2条）であること，②上場会社等でないこと，③風俗営業会社でないこと，④特別子会社(*7)が大会社，上場会社等又は風俗営業会社でないこと，⑤資産管理会社(*8)でないこと，⑥総収入金額がゼロ超であること（改正後，売上高がゼロ超であること），⑦常時使用従業員が1人以上であること，⑧認定申請日における常時使用従業員数が贈与時又は相続開始時の80％を下回らないこと，⑨贈与時又は相続開始時以後において拒否権付株式を後継者以外の者が有していないことが要件となっています。

(イ) **承継の要件**

承継の要件は，支配株主及び代表者の地位を先代経営者から後継者へ確実に承継していることが基本となっています。

(a) 先代経営者の要件　①支配株主であったこと（贈与前又は相続開始前において本人と同族関係者を合わせて議決権の過半数を有しており，かつ，後継者を除いた同族関係者の中で筆頭株主であること），②代表者であったこと（贈与前又は相続開始前において代表権を有していたこと）が要件となっています。

さらに，贈与税の場合，③原則として所有する自社株式の全部の贈与であること，④贈与時に自社の役員を退任していること（改正後，代表者でないこと）が要件に追加されています。

(b) 後継者の要件　①先代経営者の親族であること（改正後，この要件は廃止），②支配株主であること（贈与時又は相続開始時において本人と同族関係者を合わせて議決権の過半数を有しており，かつ同族関係者の中で筆頭株主であること），③代表者であること（贈与時又は相続開始後5か月を経過する日において代表権を有していること），④贈与税又は相続税の申告期限まで猶予対象株式の全部を有していることが要件となっています。

さらに，⑤贈与税では贈与時に20歳以上で3年以上継続して役員であること，相続税では相続開始直前に役員であることが要件に追加されています。

(2) 税務署への申告

経済産業大臣の認定書等を添付して贈与税申告書又は相続税申告書を申告期限内に提出します。このとき，猶予税額と利子税に見合う担保を提供する必要がありますが，猶予対象株式のすべてを担保として提供すれば，この要件を満たしているとみなされます。

なお，贈与前又は相続開始前3年以内に後継者及びその同族関係者が行った現物出資又は贈与により自社が取得した資産がある場合，贈与時又は相続開始時において自社の資産に占めるその取得した資産の割合が70％以上のときは，納税猶予は適用できません。

(3) 申告期限から5年間（経営承継期間）

認定の有効期限である申告期限から5年間，申告期限の翌日から1年を経過するごとの日（報告基準日）の翌日から3か月以内に経済産業大臣（経済産業局）に対して「年次報告書」を提出する必要があります（円滑化法施行規則12条）。

また，申告期限から5年間，報告基準日の翌日から5か月以内に税務署に対して「継続届出書」を提出する必要があります（租税特別措置法70条の7第10項ほか）。

贈与税の納税猶予から相続税の納税猶予に切り替えた場合，相続税の納税猶予の経営承継期間は贈与税の納税猶予の経営承継期間と通算されます。

この期間中に認定取消事由に該当すると納税猶予が打ち切られて猶予税額の全額と利子税を納付しなければなりません。

認定取消事由は①自社の要件を満たさなくなったこと，この場合，自社の要件として，中小企業者であること及び特別子会社が大会社又は上場会社等でないことという要件は不要となり，常時使用従業員数の80％基準の判定は報告基準日毎に（改正後，5年間平均で）行います。②後継者が支配株主又は代表者でなくなったこと，③猶予対象株式の議決権を制限したこと，④猶予対象株式の全部又は一部を譲渡したことです。なお，自社を分割会社とする

分割型分割で分割承継会社の株式を交付されたこと，自社を消滅会社とする合併又は自社を完全子会社とする株式交換等で認定基準を満たさないこと，資本金又は準備金を減少したこと，解散したこと，組織変更で金銭等の交付を受けたことも譲渡に準ずる事由として取消事由になります。

贈与税の納税猶予では，⑤先代経営者が代表権を有したこと，⑥先代経営者が役員として給与の支給を受けたこと（改正後，この要件は廃止）も認定取消事由に追加されています。

(4) 申告期限から5年経過後

税務署に対して，経営承継期間の末日の翌日から3年を経過するごとの日の翌日から3か月以内に「継続届出書」を提出する必要があります。

5年経過後は，①自社の事業実態がなくなった場合（資産管理会社(*9)に該当すること又は総収入金額がゼロであること（改正後，売上高がゼロであること）），②後継者が猶予対象株式の全部又は一部を譲渡した場合（上述の譲渡に準ずる事由を含みます）は，猶予税額の全部又は一部と利子税（改正後，経営継承期間の利子税は免除）を納付しなければなりません。

(5) 猶予税額の免除

猶予税額の免除には届出免除と申請免除があります。届出免除では免除事由に該当した日から6か月以内に税務署へ免除届出書を提出し，申請免除では免除事由に該当した日から2か月以内に税務署へ免除申請書を提出します。免除事由は図表4-4のとおりです。

■図表4-4　猶予税額の免除事由

	贈与税の場合	相続税の場合
届出免除	① 先代経営者が死亡したこと ② 先代経営者より先に後継者が死亡したこと	① 後継者が死亡したこと ② 申告期限から5年経過後に後継者が次の後継者へ猶予対象株式を贈与して次の後継者が贈与税の納税猶予を適用したこと
申請免除	申告期限から5年経過後に ① 自社に破産手続開始決定又は特別清算開始命令があったこと ② 自社に係る民事再生法の再生計画又は会社更生法の更生計画に基づき自社株式を消却するために後継者が有する自社株式の全部を譲渡した場合で譲渡対価の額が猶予税額を下回ること ③ 同族関係者以外の者に対し事業承継として後継者が有する自社株式の全部を譲渡した場合の譲渡対価の額が猶予税額を下回ること ④ 合併又は株式交換等により猶予対象株式に対して金銭等の対価が交付された場合でその対価の額が猶予税額を下回ること 　ただし，譲渡等のあった日以前5年以内に後継者及び生計を一にする者が自社から受けた配当及び損金不算入給与の額は免除されません（租税特別措置法70条の7第17項ほか）。	

▷▷▶第4章「事業承継」のまとめ

- 円滑な事業承継のためには，相続発生前の事業承継対策と相続発生後の遺産分割交渉への対応が必要。
- 相続発生前の事業承継対策は遺留分や特別受益を考慮しながら実行する必要がある。経営者の生前から後継者を経営陣の一員として事業に参加させ，自社からの報酬により自社株式を購入させる方法が有効である。また，他の推定相続人の同意が得られれば，経営承継円滑化法を活用する方法もある。
- 相続発生後の遺産分割交渉では相続税の総額が安くなる分割方法や自社の資金や会社法の手法を利用した方法を選択肢として検討することも大切である。

- 自社株式の評価方法には国税庁方式のほかにもいくつかの方法があるが，国税庁方式以外は専門家による評価が必要なため，国税庁方式（類似業種比準方式と純資産方式の折衷）を基本に折衷割合を変更するなど交渉のパイを変動させることを交渉のツールとする方が賢明
- 円滑な事業承継を促進する税制として，非上場株式等について相続税又は贈与税の納税猶予制度がある。

《注》

＊1　②の点は，法務省法制審議会の相続法制検討ワーキングチームによっても，問題点として指摘されています。相続法制検討ワーキングチーム資料「相続法制の現状と課題」参照。さらに，「事業承継関連相続法制検討委員会 中間報告」，「事業承継関連会社法制等検討委員会 中間報告」（事業承継協会，平成18年6月）も参照。

＊2　先代経営者から直接贈与を受けてはいないが，先代経営者から贈与を受けた先代経営者の推定相続人から相続，遺贈又は贈与により自社株式を取得した者を含みます。

＊3　＊2参照。

＊4　非上場株式の評価方法については，①国税庁「財産評価基本通達」，②日本公認会計士協会「企業価値評価ガイドライン」（平成19年5月），③中小企業庁「経営承継法における非上場株式等評価ガイドライン」（平成21年2月）の3つが公表されています。

＊5　国税庁方式の純資産方式は退職給付債務を考慮しませんので，退職給付債務が多額にある会社では，この債務を考慮して株価算定を行うことが必要です。

＊6　改正前の税制の適用者も改正後の新税制を適用することができます（租税特別措置法附則（平成25年法律第5号）86条）。新税制の適用を受けるためには，「新法の適用に係る選択届出書」を①平成27年1月1日以後最初に到来する「継続届出書」の提出期限又は②平成27年3月31日のいずれか遅い日までに所轄税務署に提出する必要があります。さらに，経済産業大臣（経済産業局）に対しても「新制度適用希望申出書」を提出する必要があります。

＊7　特別子会社とは，自社並びに後継者及びその同族関係者が議決権の過半数を有している会社をいいます。

＊8　資産管理会社には，資産保有型会社と資産運用型会社があります。資産保有型会社とは，特定資産の帳簿価額÷総資産の帳簿価額≧70％の会社をいい，資産運用型会社とは，特定資産の運用収入の合計額÷総収入金額≧75％の会社をいいます。この場合の特定資産とは，有価証券，自社使用していない不動産，預貯金，ゴルフ会員権等，貴金属等並びに後継者及びその同族関係者に対する貸付金・未収金等をいい，特定資

産の帳簿価額及び総資産帳簿価額には贈与時又は相続開始時以前5年間，後継者及びその同族関係者へ支払われた配当金及び損金不算入給与を含めます（円滑化法施行規則1条12項3号）。ただし，①贈与時又は相続開始時まで3年以上商品販売等（改正後，後継者及びその同族関係者に対する貸付けを除く。）を行っていること，②常時使用従業員（改正後，後継者及び生計を一にする親族を除いた「親族外従業員」）が5人以上いること，③常時使用従業員が勤務する（改正後，親族外従業員が勤務する）事務所，店舗又は工場等を所有又は賃借していること，これらの要件をすべて満たす会社は，事業実態があるため資産管理会社には該当しません。

＊9　＊8参照。

第5章
*
ハーモニアス・ネゴシエーションをめぐる7つの場面

1　はじめに

　さて，これまで，交渉の基礎理論や相続における交渉の基本姿勢，特徴，ルールといった具体的交渉に入る前に押さえておくべき内容をご紹介し，二当事者交渉，多数当事者交渉のモデル事例を挙げて，ハーモニアス・ネゴシエーションを実践的に検討してきました。本章では，総仕上げとして，筆者らが相続交渉においてしばしば経験する具体的な局面をいくつか挙げて，検討してみたいと思います。前章までで既に触れている事例もありますから，読者の皆さんは，本書の内容を復習するつもりで，トライしてみてください。

　なお，具体的な局面の検討に入る前に改めて強調しておきたいことがあります。それは，交渉には，原則として抵抗点があるということです（抵抗点については，**第2章，第1，3**(1)参照）。相続交渉においては，法定相続分を自分の抵抗点であると考えれば，当事者間で合意ができなかったとしても，最終的に審判によって強制的にこれを実現できるのですから(*1)，少しは気が楽になるのではないでしょうか。もっとも，審判まで至った場合の時間的なコストや心理的負担などを考慮して，最終的には法定相続分を下回る抵抗点を設定することもあるでしょうし，そもそも，相続交渉の特徴や交渉理論などを身につけることによって，当事者間の自主的な話合いにより，人間関係を破壊することなく，円滑・円満に遺産分割協議を成立させようというのが本書の基本的なスタンスですから，抵抗点が実際の交渉で「発動」されて決裂することは，本書が望むところではないということは忘れないでください。

　それでは，具体的な局面をみていきましょう。

2 相手方が希望を言わないとき

(1) 事　例

事例1

こちらが相手方に対して遺産分割案に関する希望をたずねたが，相手方が自分の意見をなかなか言おうとしないとき，どう対応したら良いでしょうか。このような場合，自分の希望する遺産分割案を先に提示してしまっても良いのでしょうか。

(2) 解　説

(ア)　第1章から本書を読み進めてきた皆さんなら，交渉において「相手の意見に耳を傾けること」の重要性については，もう理解されていると思います。しかし，こちらが相手方の意見に耳を傾けようと質問しているにもかかわらず，相手方が自分の意見をなかなか言わないという事態は，筆者もしばしば経験します。

まず，このような場合，さらにもう一歩突っ込んで，なぜ，相手方が希望を言おうとしないのか，端的に質問するなどの方法によりその理由を探ることが重要です。相手方が希望を言わないからといって，その理由をたずねても仕方がないなどと決めつけるべきではありません。相手が自分の意見を言わない理由としては，基本的に以下の2つが考えられるでしょう。

① 法定相続分や相続財産の範囲・全容を知らないため，どういう内容を提案すべきか，その基準がわからない。
② 先に自分の意見を言うと不利になる，あるいは法定相続分を超える金額を自分に配分するように提案しようと思って，先に当方の出方をみるため，駆け引きをしている。

(イ) ①と考えられる場合

　このような場合は，相続財産の全体像を示したうえで，もう一度相手方の希望を質問してみましょう。また，もし，自分の希望内容が法定相続分とあまりかけ離れていないようなら，一般的な基準として法定相続分についても言及することが考えられます。しかし，自分の希望が法定相続分とかけ離れている（大きく上回っている）ようなら，自分の方から積極的に法定相続分に言及しない方が望ましいでしょう。ただし，相手方から法定相続分の内容について問われた場合には，当事者間の信頼関係の構築を重視して正直に答えるべきですが，併せて，話合いの段階においては，必ずしも法定相続分に拘束されるわけではなく，当事者間で自由に決められることを説明するべきです。

　それでも相手方が希望を言わなかったり，自分の希望が法定相続分とかけ離れているのであれば，こちらから先に希望を提案することにより，アンカリングをする（アンカーを設定する）ことが考えられます（**第2章，第1，3(12)参照**）。相手方において拠るべき基準がわからない場合には，こちらが多少法定相続分を超える強気の提案をしたとしても，相手方の受止め方は比較的寛容であることが予想されます。ただし，アンカリングを行う場合には，自分の考える上限値を提案することになりますが，あまりに不合理な上限値を設定しこれを相手方に提案すると，そもそも交渉が破綻してしまうおそれがあります[*2]。また，自分の強気の提案は，相手方の強気の提案の呼び水ともなり得ることも認識しておく必要があるでしょう。そして，このような場合に，自分が相手方に譲歩を求めたとしても，その説得力が相当程度低下してしまうことも肝に銘じておくべきです。要するに，強気の提案をするかどうかを決めるにあたっては，こうしたリスクを十分勘案する必要があります。

(ウ) ②と考えられる場合

　このような場合は，お互いに腹の探合いをしていても交渉は前に進みませんし，そうした行為自体が互いの疑心暗鬼を増幅させますので，自分の希望を先に提案することを検討すべきです。ただし，相手方が駆け引きをしてい

る場合，法定相続分を大きく上回るような提案をすると，相手方の受止め方は厳しいものになると予想されます。そのため，より保守的な（法定相続分を意識した）提案にしておかないと，最初の提案で交渉が紛糾してしまうおそれがあります。そして，一旦紛糾してしまうと，相手方はこちらの提案に対し，常に否定的な評価をしてくる可能性が出てくるため，最初の提案内容については注意が必要です。また，提案する内容は，例えば，「自分は建物が欲しい」とか，「現金が欲しい」などと，こちらが希望する具体的な分割方法を示すことができるならばこれを優先し，これができない場合には「自分は相続財産のうち○割欲しい」とか，「○円欲しい」などと，相続分を示すことが考えられます。後者の場合には，併せてこちらが希望する理由も説明しましょう。

　なお，どうしても自分から先に提案したくないという場合には，相手方が提案してきそうな内容が予想できるのであれば，先回りをして，これを潰すか，あるいはけん制するような発言をすることも考えられます。つまり，例えば相手方が年老いた被相続人と同居して身の回りの世話をしていた，あるいは家業を手伝っていたといった事情から寄与分の主張をしてくることが予想されるのであれば，「一般的な自宅内介護をしていたとしても，寄与分は認められないんじゃないかな」とか，「家業を手伝っていたとしても，それに見合う給料をもらっていたのだから，寄与分としては認められないんじゃないかな」などと発言してみるとともに（**第3章**，**第4参照**），「だけど，もし当事者だけの交渉で合意できるのであれば，多少寄与分を考慮する意思はあるよ」などと語りかけることも考えられるでしょう。ただし，こうした発言を一般の方が行うことは，少々難しいかもしれませんね。このような場合には，事前に弁護士にきちんと相談して，「弁護士から聞いたけど……」などと付け足すことも検討したら良いでしょう。

3 相手方が法定相続分を超える提案から譲歩しないとき

(1) 事　例

事例2

　相手方が法定相続分を大きく超える内容の分割案を提示してきたが，理由を何度尋ねても一切答えず，また，その不合理性を説明しても全く理解しようとせず，一切譲歩してこない場合，どう対応したら良いでしょうか。根負けしてこちらが譲歩してしまうしかないのでしょうか。

(2) 解　説

(ア)　通常，人間はその感情を他人に訴えることにより理解してもらいたいと考えるため，なぜそのような不合理な提案に固執しているか質問すればその理由を説明してくることが予想されます。したがって，端的に相手方に理由を尋ねることは，とても重要です。しかし，本事例のように，こちらが繰り返し理由を尋ねても，相手方が一切答えない場合には，こちらが推測した理由をぶつけてみて，相手方が理由を述べる呼び水にしたり，相手方の反応を探ることが有益です。

　また，相手方が理由を述べてきたときには，たとえそれが自分にとっては不合理に映るものであったとしても，とりあえずは，こちらがその理由について一定程度理解を示している，共感している態度をみせ，感情面に関する手当てをすることが重要です。その上で，「対立することを被相続人が望んでいただろうか」と問いかけたり，場の雰囲気を変えて昔の良い思い出を喚起したりするなど活発にコミュニケートし，このままでは親族間の人間関係の修復が困難となるため今の対立状態は好ましくないとの共通認識を醸成することにより，交渉を前進させることになります。ただし，相手方の感情に

ついては理解しても，その提案を受け容れたわけではないことを明確にしておくことが大切です。なぜならば，もし，交渉が調停手続に移行したときに，相手方から「以前は提案を受け容れてくれていた」などと誤解されないようにするためです。なお，一般に，こうした感情的な説得は，代理人（弁護士）が行うよりも，当事者が行う方がその効果が大きいと考えられます。そのため，代理人がこうした感情的な説得を試みる場合は，言葉や態度が上すべりしないよう，積極的に努力することを要します。

(イ) さらに，こうした感情的な説得に加えて，相手方が不合理な主張に固執した場合のリスクを説明するなど，功利的，規範的説得を試みることも重要です。例えば，このまま事態を膠着させることにより交渉が長期化した場合にかかる時間的コストや，調停など交渉のステージが上がればどうなるのか，審判になったときにその希望が認められるのか，証拠が不十分で認められる可能性は低いこと，紛争を抱えることによる感情的な損失があることなどを説明し，説得に努めることになります。

(ウ) 以上の説得が功を奏しない場合には，こちらは合理的（それなりの説得力をもった根拠を提示した説明ができる）範囲内で強気の主張をして合意点を探るか，あるいは，こちらも相手方と同じ程度の強気の主張をして中間点を探るといったことも考えられます。そのためにも，もしこちらが先に最初の希望を提案する場合には，その上限値を示すことが重要となります。前述したとおり，一旦自分の提案を示した後に，相手方の強気の提案に対抗し，こちらが当初の提案を上回る再提案（「しっぺ返し」）をすれば，交渉が紛糾するおそれが大きいからです。

なお，相手方が「親が生前，相手方のいう内容で分けることを希望していた」などと被相続人の意思を持ち出す場合がしばしばありますが，それが，相続人の「共通知」である場合は別として，そうでない限り，こちらも「親は，私にも，私のいう内容で分けるようにと言っていた」などと答えることも考えられるでしょう。

4 自分が前言撤回をしてしまったとき

(1) 事　例

> **事例3**
>
> 　こちらがしたある提案に対する相手方の様子や従来の交渉経過等から，もう少し強気で，自分の取り分を多めに言っても大丈夫そうだと思って，さらに多めの要求をしたところ，相手方の態度が一変して，「法定相続分はきちんと寄こせ」と主張してきた場合，どう対応したら良いでしょうか。「覆水盆に返らず」となってしまうのでしょうか。

(2) 解　説

(ア)　まず，何ら合理的理由がないにもかかわらず，自ら一旦行った提案を撤回することは厳に控えるべきです。本書では，これまで，交渉の相手方と信頼関係を築くこと，協調することがいかに重要であるか説いてきましたが，こうした行為はそれまで築いてきた関係を一瞬にして台無しにするおそれがあります。

(イ)　しかし，人間だれしも，時として大なり小なり過ちを犯すものです。そのような場合に，どう対応するかで人間の真価が問われるといっても過言ではないでしょう。そこで，相手方の感情を和らげるためには，たとえ「後付け」であっても，希望額を増額したことについて，例えば，「よく調べたら，名義変更手続をとるのに相応の費用や税金がかかることがわかった」など，何らかの理由を新たに述べられるのであれば，まずはこれを説明し，相手方が納得する理由を与えることが考えられます。

　しかし，これが言い訳がましく，かえって相手方の感情を悪化させるということも大いに考えられます。したがって，基本的にはこうした言い訳はせ

ず，端的に自分の非を認めて謝罪することが肝要です。ただし，謝罪したとしても，「覆水盆に返らず」となることもあります。

そのため，冒頭に述べたとおり，交渉途中から希望額を増額することは，相手方が増額したことに対する対抗措置として行う場合を除き，合理的な理由がない限り，控えるべきです。ハーモニアス・ネゴシエーションが強く推奨するとおり，あくまで「軸のぶれない交渉」がとても重要です。それでも増額を要求するのであれば，これにより相手方が不快感を抱き，場合によっては交渉が決裂し，調停など次のステージに移行したときに感情的な対立を残したまま交渉を始めざるを得ないというリスクがあることをよく自覚しておくべきです。

5　相手方が前言を撤回してきたとき

(1)　事　　例

> **事例4**
>
> 　多数の論点を同時に協議するログローリング的交渉を行った場合において，相手方が一旦は事実上の一部合意をしたにもかかわらず，その後気が変わるなどして簡単に合意を撤回し，さらに，こうした行為を繰り返す場合，どう対応したら良いでしょうか。こうした行為を防止するためは，どのようにすべきでしょうか。

(2)　解　　説

(ｱ)　自分から前言を撤回することは控えるべきということは前述したとおりですが，相手方がこれを行ってきた場合，こちらは何をすべきでしょうか。やはり，まずは相手方に対し，合意を撤回した理由を聞くことになるでしょ

う。また，相手方に対し，撤回前の合意内容よりも，「相互に利益をもたらすより良い提案」が提案できるのかについても聞いてみましょう。そして，撤回に合理的理由があったり，双方にとってより良い提案があるのであれば，これを認めた上で，交渉を仕切り直すことを検討すべきです。

ただし，事実上の合意をした時点で判明・認識していた事情を理由にする場合は，一般に不合理な撤回と考えられるでしょう。このような場合，相手方の交渉態度に一貫性がなく，信用できないとして，提案を元に戻すよう説得することが考えられます。しかし，取引行為においては，一般に，人間は他人から信用されたいとの心理が働くと考えられるため，説得が奏効する可能性がありますが，相続交渉の場合は，当事者が親族同士であるため，今さら信用も何もないとして，こうした社会的な規範が適用できないケースも多いと思います。そこで，こちらも提案を撤回し（いわゆる「しっぺ返し」です），互いにこうした行為を繰り返せば，結局交渉が長期化し，まとまらなくなることを相手方に認識させ，原案がお互いにとって最善であると説明するべきでしょう。

(イ) また，合意を撤回したペナルティーとして一旦交渉を打ち切り，調停を申し立て，最終的には審判を仰ぐことになると通告し，そのような交渉態度は，調停になっても貫けるものではないと，裁判所の権威を背景に説得することも考えられます。

さらに，撤回をする相続人を孤立させ，他の相続人と協力関係を築き，当該相続人を外した内容で円滑な交渉が進んでいることを認識させるという方法もあります。ただし，こうした「仲間はずれ」をやり過ぎると，当該相続人との感情的な対立を煽り，結局，交渉がまとまらないリスクがあります。そのため，あくまで，遺産分割協議においては，「相続人全員の合意」が必要となることを双方がいつも認識しておくようにすることが重要です。

なお，もし，相手方の撤回した合意内容がその後の交渉に大した影響を与えないのであれば，「今回に限って認める」などと伝えて，再度撤回をすることにつき心理的プレッシャーを与えたり，別の問題で相手方の譲歩を引き

出すために恩を売っておくことも考えられますが，あまり効果は期待しない方が良いでしょう。とはいえ，彼のマザー・テレサは，「愛したいと願うなら，許すことを知らなければならない」と説いていますので，人間関係が破壊されてしまうことを回避するため，合意を撤回した相手方でも，最終的には，これを許すという寛大な気持ちも重要ではないでしょうか。

(ウ) こうした前言撤回を防止するためには，中間合意書を作成して合意内容を固定しておくことが重要です。「親族間で合意書のようなものを作成するのは……」といった抵抗感があるかも知れませんが，最終的に遺産分割協議が成立すれば，書面を作成して，これをもとに登記手続等を行うことになりますし，メモ書きや議事録でもいいですから，これを作成して保管しておくことにより，相手方が一旦合意した内容を撤回することに対する心理的プレッシャーを与えることができると思います。

また，たとえ一度の議論で何ら合意に至らないとしても，その日に議論した内容を整理し，議事録や備忘録として保管することにより，次回，同じ議論を繰り返すことなく，交渉の効率を上げることにもつながります。なお，一旦にせよ，このような中間合意を形成していた場合，交渉が調停等の次のステージに移ったとしても，裁判所は，当事者主義的運用に立っていますので，かなり重く考慮される可能性が高く，調停委員からも「あなた，一旦は納得して合意していたんでしょ」などと説得されることが予想されます。

(エ) ただし，中間合意の中でも，例えば不動産や株式といった相続財産の評価方法・価額を定めるような内容の合意ではなく，相続財産の一部だけを先行して分割する内容の合意を締結する際には，さらに別の注意が必要です。それは，一部分割の合意をする際には，同時に，残りの相続財産につき，その一部分割により特定の相続人が取得した相続分も考慮して全部の相続財産を具体的相続分に従って分割するのか，それともこれを考慮せず当事者間で合意した相続割合又は具体的相続分に従って分割するのかについても明確にしておく必要があるということです（今井理基夫「一部分割の問題点」判タ1100号398頁）（一部分割を締結する際の注意点の詳細については，**第2章，第2，9**を参照して

ください)。

　また，後から預金債権の配分で各自の相続分を調整しようと考えて，その他の相続財産につき先行して一部分割の合意をしてしまうと，相手方から，「可分債権であるため当然分割され，分割協議の対象とはならない」と主張されたときに対応できなくなってしまいます。こうした事態を防ぐためには，事前に，分割の対象とする相続財産のリストを作成し，その中に預金債権も記載しておき，これも分割協議の対象に含めること（当然分割されないこと）を合意しておくことが大切です。

6　これまで自分と協調していた他の相続人が非協調に転じたとき

(1)　事　　例

事例5

　多数当事者交渉型において，当初，自分（A）と同一歩調をとっていた相続人（B）が，いかなる理由によるかは不明であるが，自分と対立する主張に固執している相続人（C）と歩調をあわせるに至り，自分と対立し，かつ，自分との連絡をとらなくなった場合，どう対応したら良いでしょうか。

(2)　解　　説

（ア）　第2章，第4，2でも紹介したとおり，本事例のように，多数当事者交渉においては，徐々に二当事者対立構造へ収斂していくのが通常です。このとき，各相続人間の結束が必ずしも強くないため，自分と同じグループに属していた者が，別のグループに移動し，自分と対立するということもしばしば起こります。

（イ）　このような場合，まず，そもそも，なぜBが当初Aと同一歩調をとっ

ていたのか，それがなぜ急に態度を変えたのか，理由を推測する必要があります。その際，必ずしも分割内容の条件面に不満があってBが態度を変えたとは限らないこと，例えば，実はAが特別受益を得ていたとか，何かBに隠していたことが発覚し，感情的な対立が生じたために態度を変えた可能性があることも考慮すべきです。こうした場合には，Bの感情面について手当てをした上で，明らかになった事実を前提に，再度条件を提案することが考えられます。

(ウ)　Aとしては，Bが同一歩調をとっているからといって気を許すことなく，常に，なぜBが同一歩調をとっているのか，Bにとってどのようなメリットがあるのかを考え，これを侵害しないよう行動することが重要です。また，Aとしては，Bが協調している間も，自分の主張や提案がBと協調しなくても維持できるものであるかよく検討し，Bが態度を変えた後でも，自分の主張について再検討を行うべきです。

もし，Aの主張がBと協調しなくても維持できるのであれば，Bとの関係が悪化しないように配慮しつつ，特別な手当ては行わないことも考えられます。

他方，Bが非協調に転じた場合には，Aの主張が維持できないときには，Aとしては，よりBにメリットがある条件を再提案すべきでしょう。また，CがBに対して，Aの提案内容よりもBに利益をもたらす提案をしたためにBが非協調に転じたという場合，AはCの提案よりさらに有利な条件をBに提示して，再び協調に転じるよう働きかけることが考えられます。ただし，このような戦略をとることにより，Bがキャスティングボートを握り，AとCのそれぞれの提案内容が競い合うようにエスカレートしてしまい，結局，Bに漁夫の利を得られてしまうおそれがあります。例えば，相続財産として被相続人が経営していた会社の株式が含まれている場合，Bを味方に付ければ，会社の株式の過半数をとれるとき，A又はCは，自分が相続すべきその余の財産はすべてBに譲る代わりに，Bを味方に付けて会社の支配権を獲得するという内容の提案をする誘因が生じます。もっとも，Bとしては，この

ようにAとCを両天秤に掛け競わせ，不合理なエスカレーションを生じさせると，いつしかこれに気づいたAとCが協力関係を築き，結局，Bが孤立させられるというリスクがあることを認識して，自らの意思決定をするべきです。

　Aとしては，Bと協調しなければその主張が維持できない場合に，こうした不合理なエスカレーションが生じることを防止するためには，Bが協調してくれている間に，Bの相続分をしかるべき金額で買い取ってしまうことが考えられます。その際，Aの買取り金額は，Bの相続分を取得できることによる利益にだけ焦点を当てるのではなく，もしBが非協調に転じた場合の損失も十分に考慮して，それなりの譲歩をすることが必要になるでしょう。

　(エ)　なお，Aとしては，Bが同一歩調を取らなくなったからといって敵対することは慎むべきです。また，弁護士がAとB双方の代理人となっていたときは，辞任せざるを得なくなるでしょう。

7　リーダーの交代を求められたとき

(1)　事　　例

事例6

　多数当事者交渉型において，自分がリーダーシップ——各相続人の意見を聴取し，メモにまとめ，調整を図る議長的立場——をとる形で当初の遺産分割協議を進めたが，他の相続人全員から，自分がリーダーシップをとることに反対された場合や，他の相続人をリーダーとするように求めてきた場合，どのように対応したら良いでしょうか。

(2) 解　　説

(ア)　リーダーという表現が適切かどうかはさておき，具体的な遺産分割協議が行われずに長期間放置される理由の1つとして，協議を積極的に進め，各相続人の意見を集約していこうと努める人物（本書ではこうした存在をリーダーと表現しています）が存在しないことが挙げられます。したがって，リーダーの存在は，遺産分割の合意成立に向けて協議を推進する上で重要なことです。

(イ)　しかし，本事例のように，当初，リーダー的役割を務めていた相続人が，他の相続人全員からリーダーとなることに反対されたり，別の相続人をリーダーとするよう求められることもあります。このような場合，まずは，各相続人から反対する理由を聞くことになります。

　また，それと同時に，そもそも，自分がリーダーとなることにどのようなメリットがあるのか検討する必要があります。むしろ，デメリットの方が無視できない場合もあるかもしれません。つまり，リーダーは，リーダーと他の相続人との間，あるいは他の相続人同士の間で対立が生じたときには，これを円満に解決するためにリーダーが譲歩することを求められる可能性が高いというデメリットがあるのではないでしょうか。例えば，自己の提案と他の提案が衝突した場合には，リーダーだからといって一方的で極端な譲歩をするまでの必要はないですが，両者の提案の中間点を採用せざるを得ないこともあるでしょう。

　少なくとも，リーダーになると，他の相続人からリーダーに対する信頼を壊さないようにするために，リーダー自身は，他の相続人の提案や立場を無視したような提案はできず，ある程度他の提案と均衡のとれた内容（ここでいう「均衡」とは，経済的な意味での「均衡」にとどまらず，色々なファクターが考慮され得ます）としなければならない場合が多いものと考えます。したがって，リーダーにとどまることで，こうしたデメリットを上回るメリットが何かあるのか検討し，これがないのであれば，交渉を円滑に進めるためにも，潔く

リーダーをおりるべきでしょう。

(ウ) ただし，もしその後，例えば他に有力なリーダー候補がいないなどの理由から，再び他の相続人に推されてリーダーを務めることになった場合には，有利なポジションをとれることが予想されます。また，各相続人がリーダーの意見を受け入れ譲歩し，例えば，かつて自分がリーダーだったときに事実上合意に達していた内容を，正式な中間合意として前提にするなどして，交渉がまとまりやすくなる可能性が高いと思います。

8　一次相続について協議途中に二次相続が発生したとき

(1) 事　例

> **事例7**
>
> 父親を被相続人とする多数当事者交渉型において，交渉の途中，自分（A）と同一歩調をとっていた母（B）が死亡して二次相続が発生し，それまでの交渉状況が一旦断絶した場合，他の相続人である兄弟（C，D）との間で，一次，二次相続をいっぺんに交渉していくことになりますが，一次相続に関するそれまでの交渉経過（中間結果）をそのまま利用できるでしょうか。

(2) 解　説

(ア) 一般に，夫婦の年齢は近いでしょうから，両親の一方が亡くなった後，遺産分割協議を行わず放っておき，何年も経った後にようやく協議を開始した際には，その途中でもう一方の親も死亡してしまうという事態もあり得ます。あるいは，遺された親が体調を崩したことをきっかけとして，遺産分割協議を行わないまま親が亡くなったときのことを考え，今のうちに遺産分割協議をしておく必要性を感じ，先に亡くなった親の相続財産に関して協議を

開始したのに，その途中で遺された親も亡くなってしまうということもあるでしょう。このような場合に，それまで積み上げてきたAの相続財産に関する交渉成果（中間結果）を活かし，AとB両方の相続財産に関して遺産分割をいっぺんに協議することにより，遺産分割を円滑に行うことができるでしょう。

　(イ)　こうした中間結果を活かすことについて強制力はありませんが，一般的には，一次相続についてある程度話がまとまっていれば，CやDといった各相続人は，それまでの交渉成果を活かし，一貫性を保とうとしてこれをそのまま利用することが考えられます。しかし，母親であるBも亡くなり，いわば重しが外れた状態になってしまったため，それまで抑制されていた兄弟間の不満が一気に表面化し，対立が生じる場合もあり得ます。

　(ウ)　また，Aとしては，戦略を練り直して，中間結果を利用しない方が望ましい場合もあると思います。この場合には，中間結果を利用しないことについて，単に二次相続が発生したという事情だけではなく，これに加えて，他の相続人を説得する合理的理由が必要になると思います。なぜならば，単純に，「中間結果は自分にとって不利だから」という理由だけでは，他の相続人は納得せず，以後，交渉が荒れるおそれがあると考えられるからです。

　(エ)　CやDにおいても，中間結果を利用しない合理的な理由として，例えば，一次相続では，AがBと同居して扶養することを前提に，Aが単独（あるいはBと2人）で不動産を相続し，CとDは預金を分けることにしたが，分割合意をする前にBが死亡し，二次相続が発生してしまったため，Aの「Bと同居して扶養する義務」がなくなったことを挙げて，不動産を3人で分けるよう主張してくる可能性もあります。この場合，Bと同居することを前提に優位な立場にあったAのアドバンテージは失われています。

　こうした事態を防ぐのであれば，不動産を相続したいAは，二次相続が発生する（Bが亡くなる）前に，その余の財産についてはある程度譲歩して妥協しておくべきでしょう。こうした妥協ができずに，一次相続について合意に至らないまま二次相続が生じた後，Aがなお不動産の相続を希望すれば，よ

り大きな代償を払うことになるものと考えます。相続は「もらい物」であるということを常に肝に銘じておくことが賢明です。

なお，一次相続において既に争いが生じていれば，二次相続の開始で協議は仕切り直しとなるでしょう。

《注》

＊1　ただし，既に繰り返し指摘してきたところですが，実際に審判決定が出されるのは，審理が十分に尽くされた段階です。

＊2　ただ，遺産分割協議の場合，相続人は原則として協議の当事者たる地位を失いません。したがって，ここでいう「破綻」とは，交渉が以後進展しなくなり止まってしまうこと，あるいは調停などの次のステップに移行せざるを得なくなってしまうこととを指します。

> Let's try harmonious negotiation!!

巻末付録1

遺産分割チェックリスト

※ チェックリスト利用の際の注意点
- 初めからあまり正確なものをつくろうとせず，交渉の全体像が大雑把に把握できるようにする。
- 交渉の過程で得られる情報によって内容は変化するので，適宜修正を行う。
- 交渉開始後は，最初に作ったチェックリストの内容に固執しない。

相続に関する確認事項
☐ 【相続人について】
☐ 誰が相続人か分かっているか――被相続人の親や兄弟・遠い親戚等が相続人となり得る場合，その生死，婚外子の存否（必要な戸籍謄本の取寄せ）
☐ 相続人の資格について争いになる者がいるか
☐ 欠格・廃除事由に該当する相続人はいるか
☐ 任意の話合いができる人物か（連絡の可否，人間関係）
☐ 【相続財産について】
☐ 不動産がある場合それは単独所有か共有か（登記簿謄本の取寄せ）
☐ 不動産を占有しているのは誰か
☐ 被相続人の現金，預貯金，株式，投資信託，国債，出資金等の有無，金額
☐ 被相続人の動産の有無
☐ 被相続人に債務はあるか
☐ 存否の不明な財産があるか（使込み，隠匿）
☐ 換価を急がなければならない財産はあるか

- [ ] **【遺言について】**
  - [ ] 遺言書はあるか
  - [ ] 遺言書がある場合，その形式はなにか
  - [ ] ある遺言書の後に書き換えた新しい遺言書はないか
  - [ ] 自筆証書遺言等の場合，家庭裁判所での検認手続は行ったか
  - [ ] 遺言の有効性について争う相続人がいるか

- [ ] **【相続分について】**
  - [ ] 特別受益となりうる遺贈・生前贈与等はあるか
  - [ ] 持戻し免除の意思表示はあるか
  - [ ] 寄与分を既に主張しているか，主張する可能性のある相続人はいるか
  - [ ] 相続放棄をする（した）相続人はいるか

- [ ] **【相続税について】**
  - [ ] 相続税の申告期限・場所の確認
  - [ ] 相続財産である不動産に居住している相続人がいるか
  - [ ] 相続財産である不動産で事業を営む相続人がいるか
  - [ ] 相続財産である不動産で貸付事業を行っているものがあるか

遺産分割協議にあたっての検討事項

- [ ] **【遺産分割協議での目標】**
  - [ ] 自分自身の目標はなにか，それに従った分割案はどのようなものか
  - [ ] 他の相続人と共通した目標になり得るものはないか
  - [ ] 法定相続分（具体的相続分）の確認（考え得るパターンすべて）

- [ ] **【BATNAと交渉打切り点（自分と他の相続人それぞれにつき検討）】**
  - [ ] BATNA
  - [ ] 交渉打切り点

- ☐ 【各相続人の要求及び主張の内容並びに根拠】
  - ☐ 各相続人の要求及び主張の内容（予想）
  - ☐ それぞれの要求等を裏付ける法的根拠，それ以外の正当化根拠はあるか。
  - ☐ 問題解決のため，専門家（弁護士や税理士）の助言や仲介の必要性があるか。

- ☐ 【遺産分割協議の幅（※他の相続人の要望も勘案する）】
  - ☐ 考え得る最善の分割案
  - ☐ 取り分を法定相続分にとどめた場合の分割案

- ☐ 【他の相続人の性格・属性等】
  - ☐ 自分と親しいか疎遠か（他の相続人間についても検討）
  - ☐ 信頼感又は不信感の程度（他の相続人間についても検討）
  - ☐ 選好
  - ☐ どのような説得方法が効果的と考えられるか
  - ☐ 相続財産に対するスタンス

- ☐ 【解決すべき課題】
  - ☐ 相続人間で主張が対立している点・対立する可能性のある点は何か
  - ☐ 遺産分割協議が長引いた場合，どのような不利益が生じるか（例：不動産や株価の変動等）

- ☐ 【心構え】
  - ☐ 他の相続人の言い分に耳を傾ける心の準備はできているか。
  - ☐ 調停・審判への移行を回避したいか，それとも望むところか。

巻末付録2

弁護士が用いる交渉戦術

　弁護士が分配型交渉において用いる交渉戦術は，ビジネスの場で日常的に交渉を行っているような方は別にして，これに上手に対応することはかなり困難です。

　そこで，以下，弁護士が分配型交渉において用いる交渉戦術を紹介し，基本的な対応策を論じておきます。これは，小林56頁から62頁にかけて紹介されている分配交渉における交渉戦術を，相続交渉の場合にアレンジしたものです。なお，田村165頁以下にも，以下の⑦⑧⑬などの交渉戦術についての説明が詳しく書いてあります。また，同一著者の『交渉の戦略──思考プロセスと実践スキル』（ダイヤモンド社，2004年）186頁以下にも，多くの交渉戦術の例と対処法が記載されていますので，関心のある方は一読されると参考になると思います。

　ハーモニアス・ネゴシエーションからは，推奨できない交渉戦術も含まれていますが，相手方ないし相手方の弁護士が使ってくる可能性がある以上，対応策を含め知っておく必要があります。

①　前提条件の要求

　交渉開始前にある条件や要望が満たされていない場合に交渉を拒否する（そのように相手方に告げる）戦術です。

　例えば，相続交渉の場合に，相続人が被相続人から借りていた金銭を返還しなければ，交渉のテーブルにつかないと伝えるようなケースが考えられます。

　前提条件を満たす要求をすることは，相手方の譲歩を引き出すのみならず，相手方がこの案件成立に対してどれだけ強い希望を有しているかを明らかにすることもできるとされています。

このような戦術をとられた相手方の対応としては，こちらからも前提条件を要求するなどの対応が考えられます。

②　相手方の条件提示

　丁寧に相手方の意見を聴くふりをして，相手方に先に条件提示させ，それに合わせ自らの条件を修正しようとする戦術です。

　このような戦術をとられた相手方の対応としては，条件提示を同時にすることを求める方法や自ら対応するのではなく，このような戦術に慣れた代理人弁護士を採用するなどの方法が考えられます。

③　大きな要求と小さな要求

　まず，相手方が絶対に受けることができない大きな要求を出し，次に小さな要求を出すことで，小さな要求が相対的に合理的であるように見せ，結果としてその要求が受け入れられる可能性を高くする戦術です。相続の場合には一般的ではないと思いますが，例えば，自己の法定相続分を大きく上回る分割案を提示した後に，法定相続分どおりながら自己に有利な分割方法による分割案を提示して，他の相続人にそれを受け入れさせようとすることなどが考えられます。

　この戦術に対するベストの対処法は，対案を出さないで，もっとまともな提示をするよう要求することです。それ以前に，このような戦術をとられそうな場合，ファースト・オファーを自分から行って「大きな要求」をさせないことも考えられます。いずれにしても，準備段階において弁護士から提示された法的な見通しの検討を行うなどして交渉の幅を把握しておくこと，何より交渉戦術としてこのような戦術が用いられることがあることを知識として知っておくことが重要です。

④　嘘の要求，嘘の譲歩（おとり戦術）

　嘘の要求をすることで，実際に関心のないことも，重要だと相手方に思わ

せ，また相手方にとっては意味があるが，自らにとっては大して重要でない点を拒否し続け最後に譲歩する代わりに，自らにとって重要な点を相手方に譲歩させる戦術です。

例えば，相続交渉の場で，本当は取得に興味がない不動産の相続を強く主張し続けることなどが考えられます。

このような戦術への対応としては，このような要求を行う理由を詳しく聞くことなどが考えられます。

⑤ 追加要求

交渉相手にすべて合意が成立したと思わせた後で新たな要求を突きつけ，交渉が成立したと安心している相手方にその追加要求を受け入れさせようとする戦術です。

このような戦術への対応としては，合意成立の過程や相手方の最終提案を書面化してこれ以上の要求事項がないことを確認しておくこと，相手が追加要求を出す度に交換条件としてこちらも追加要求を出すことなどが考えられます。

⑥ 承諾先取り法（ローボール技法）

ある条件を付けて合意をした後に，それらの条件を撤回する戦術であり，基本的には⑤の追加要求と同じ戦術です。対応策も⑤追加要求と同様になります。

⑦ 段階的要請法（フット・イン・ザ・ドア技法）

最初は小さな依頼を承諾させ，段階的に大きな依頼をしていき，最終的に目的である大きな依頼を取り付けるという戦術ですが，相続交渉においてはあまり用いられないように思われます。

⑧ 譲歩的要請法（ドア・イン・ザ・フェイス技法）

人々が義理を感じると譲歩してお返しをしようとする性向があることを利用して，まず大きい要求を拒否させて，次に小さい依頼に移って，目的を達成するという戦術であり，基本的には，③大きな要求と小さな要求と同じ戦術です。対応としても③大きな要求と小さな要求と同様になります。

⑨ 差異の分割

交渉の最後の段階で，両者が交渉をまとめる意思がある場合，なおお互いが受け入れることができない差異を両者で分割して受け入れるという戦術であり，交渉の現場で非常に多く用いられている戦術だと思います。例えば，1500万円での合意を目指している時に交渉の相手方が1000万円を主張していた場合に自分からは2000万円を主張し，最終的に両者の差を分割して1500万円で妥結させるような戦術です。この戦術との関係からも，高い目標値を持ち，ファースト・オファーを高いレベルで行うことは有益であると考えます。

他方で，合理的でないファースト・オファーを行いながら差異の分割による解決を提案してくるような戦術をとられた相手方の対応としては，先方が差異の分割を提案する前の段階で，予め先方に対して，先方のファースト・オファーが合理的でない以上，双方の提案を足して2で割るような解決には応じられない旨を伝えておく方法が考えられます。

⑩ 譲歩案を間違って伝えること

分配型交渉においては，相手が交渉を打ち切ってよいとするボトムラインを知ることは重要で，相手方がそのボトムライン付近では譲歩は小さくなることを知っていることを利用して間違った譲歩案に誘引する戦術です。したがって，むしろ相手方が交渉の専門家である場合に有効な戦術かもしれません。

例えば，相続交渉において，打切り点よりもかなり余裕のある段階である

にもかかわらず，譲歩の幅を少なくし，その近辺が打切り点であるかのように見せることがあります。

⑪ 非難と失敗探し

相手方が罪悪感をもつことを利用して交渉を有利に運ぼうとして，相手方を非難し失敗を指摘する方法です。必ずしも相続交渉の場には限られませんが，代理人弁護士を相手方とする場合に，相手方が代理人弁護士に対して，代理人弁護士の書面の内容が強圧的だとか，失礼であるなどと指摘して，交渉を有利に運ぼうとすることがしばしばあります。

この戦術に対する対応としては，冷静で真摯な態度で交渉に臨むことに加え，相手方から非難を指摘された際は，問題がある点については素直に謝罪した上で，その問題と相続の問題は別問題であることをはっきり伝えることでしょう。

⑫ 突然のモード変更

それまでの穏やかな雰囲気から一転して，怒りに満ち，罵声を浴びせ，攻撃的，敵対的な雰囲気に変える戦術です。この戦術に対しては，同様の反応を示す，脅しを無視する，脅しへの理解を示しながら，それと交渉の問題とは別であることを明言する方法などがあるといわれています。

⑬ 良い刑事・悪い刑事（グッドコップ——バッドコップ戦術）

1 人が攻撃的で敵意に満ちた態度をとることで相手方に心理的に違和感を抱かせ，もう 1 人が親切な対応をして相手方の心理的違和感を取り除くことで妥協を引き出す戦術です。相続交渉の場面でも，本人が敵意に満ちた態度をとる一方，代理人弁護士が親切な対応をして同様の効果を目指す場合があります。

この戦術に対する対応としては，このような交渉戦術が存在することを知識として知っておくことが重要でしょう。

⑭　権限なき交渉

　最初にあたかも自分が交渉についての最終決定権者であるかのように振る舞い，相手方の手の内を明らかにさせて，交渉の最後になって自分に権限がないことを伝え，別の権限者に交渉させることによって相手方のさらなる譲歩を引き出す戦術で，相続の場面でも代理人弁護士が本人の了解がとれなかったなどといって更なる譲歩を求めてくる場合もあります。

　この戦術に対する対応としては，本人の了解を得た提案であるかを確実に確認しておくことなどが考えられます。

⑮　交渉文書草案の作成

　前もって交渉文書草案を起草しておき，この草案に従って交渉を進める戦術です。草案作成者側が設定した枠組みに従って交渉を進めることで，交渉を有利に進めようとするものです。アンカリング効果をより大きくするために利用される余地があるかもしれません。相続の場面であれば，遺産分割協議書案を作成して提示することがこれにあたるでしょう。

　この戦術に対する対応として，自らの目標値を基準とした対案を作成・提示することなどが考えられます。

《参考文献》
　田村次朗『交渉の戦略――思考プロセスと実践スキル』（ダイヤモンド社，2004年）

事項索引

≪あ≫

相手方……………………………406
　　——が希望をいわない場合………266
　　——との関係改善………………80
相手の嘘に対処する方法……………190
アンカリング……………197, 244, 461
アンカリング効果………114, 267, 446
遺言による廃除……………………398
遺産の帰属…………………………31
遺言の効力又は解釈………………30
遺産の評価………………172, 414
　　——の必要性……………………28
遺産評価における留意点……………29
遺産評価の基準時………………28, 172
遺産評価の方法……………………29
遺産分割協議の効力………………30
遺産分割審判………………………305
遺産分割調停………………………305
意思疎通の問題……………………56
遺贈…………………………366, 427
著しい非行……………………397, 398
一部分割……………………………185
一部分割合意………………………156
偽りの情報…………………………280
遺留分……………………401, 438
　　——の意義……………………401
　　——の額………………………404
　　——の額の算定………………403
　　——の率………………………403
　　——の割合……………………403
遺留分権……………………………402
　　——の放棄……………………402
遺留分減殺請求………………401, 428
遺留分減殺請求権………………402, 404
遺留分権利者………………………402
遺留分算定の基礎となる財産額……404, 405
遺留分侵害………………402, 404, 405
遺留分侵害額………………404, 405
遺留分制度…………………………401
ウィン・ウィンゲーム………………53
大きなミッション……………………38
オープン・クエスチョン……………96
落としどころ………………………314

≪か≫

価額弁償…………………408, 429
　　——の場合の問題点……………410
核心的欲求…………………………65
駆け引き型…………………………311
駆け引き型交渉………………51, 53
駆け引きミックス……………………81
家事審判官…………………………305
価値理解……………………………66
株式…………………………………29
可分債権……………………………27
可変性………………………………235
換価分割……………………………187
感情的説得（情緒的説得）………86, 284, 311
感情に対するケア……………………75
感情のこじれ………………………92
感情の重視…………………………39
感情の数値化………………………75
感情の問題…………………………56
関心利益重視型交渉…………………51
間接的質問…………………………313
完全情報ゲーム……………………124
完備情報ゲーム……………………124
基準…………………………………132
基準地標準価格……………………175
基礎控除額…………………………417
虐待…………………………………397

客観的基準･･････････････････62, 76
強硬型･････････････････････････238
協調型･････････････････････････238
共通の課題･･････････････････････280
共同相続における減殺請求･･････････405
脅迫型交渉･････････････････････244
共有とする方法による分割････････187
寄与分･･･････317, 360, 361, 381, 439
具体的相続分････････････28, 360, 361
グループ分けの落し穴････････････249
クローズド・クエスチョン････････96
経営承継円滑化法････････････････439
形成権説･･･････････････････････408
ゲーム理論･････････････････112, 149
欠格の意義･････････････････････393
欠格の効果･････････････････････396
欠格の事由･････････････････････393
欠格の宥恕･････････････････････396
決定分析･････････････････379, 392
減殺･･･････････････････････････402
　　──の効力･････････････････408
　　──の順序･････････････････407
　　──の方法･････････････････407
減殺請求権者･･･････････････････406
減殺請求権の消滅･･･････････････410
原則立脚型････････････････････311
原則立脚型交渉･･････････････51, 52
現物分割･･････････････････････187
現物返還の原則･･････････････････408
賢明な合意･････････････････････52
合意があっても審判対象となり得ない財産
　････････････････････････････28
合意があれば審判対象にできる財産････27
合意可能領域･･････････････････102
交互進行型の繰返しゲーム････････149
交互進行ゲーム･････････････････121
公示地価･･････････････････････175
交渉打切り点･････････････101, 312
交渉上手は聞き上手･･････････････93
交渉当事者の固定性・非選択性････144
交渉論････････････････････････49
公正さの重視･･･････････････････40
更正の請求････････････････････427

行動経済学････････････････････113
行動について決定する前に多くの可能性を
　考え出せ･･････････････････60, 75
公平性････････････････････････145
合理的････････････････････････45
功利の説得･････････････････83, 311
心から聞く･････････････････････94
固定資産税評価額････････････････174
個別的遺留分･････････････････403, 405
　　──の割合･･･････････････････405
コミットメント･････････54, 115, 126
コミュニケーション････････････････54
　　──の重視･････････････････40
固有財産説････････････････････405

《さ》

債権･････････････････････････362
最初の条件提示･･････････････････114
最大希求水準････････････････････258
裁判官･･･････････････････････304
債務･････････････････････････362
サンクコスト･･･････････････････139
死因贈与･･････････････････222, 408
事業承継税制･･･････････････････449
仕切屋････････････････････････318
軸を持つべし････････････････････39
自社株式の議決権････････････････435
自社株式の評価････････････････446
事前準備･･･････････････････64, 194
事前にシミュレーションを行う････258
実質的公平･･････････････････････45
実質的公平性････････････････････39
しっぺ返し･･････････152, 299, 467
指定相続分･････････････････････352
囚人のジレンマ･････････････････150
修正申告･･････････････････････427
重大な侮辱････････････････････397
柔軟かつ謙虚な姿勢･･････････････39
自由分････････････････････････402
主張責任･･････････････････････369
種類株式･･････････････････････437
準プレイヤー･･････････････････316
小規模宅地等の特例･･････415, 426, 447

事項索引　489

上場株式…………………………29
承諾先取り法………………119, 245
譲歩……………………………271
情報の入手………………………79
情報の非対称性…………………111
情報（量）の偏在……111, 147, 196, 240, 317
譲歩の要請法……………………119
職権探知主義……………………369
自律性……………………………68
『新ハーバード流交渉術――感情をポジティブに活用する』…………………65
審判説……………………………405
『新版 ハーバード流交渉術』……64
心理上の障害……………………304
ステータス………………………68
生前贈与…………………………366
生前の廃除………………………398
絶対優位の戦略……………136, 150
説得………………………………82
説得性……………………………39
ゼロサムゲーム……………52, 121
選好………………………………31
　　――の違い…………………239
選択肢……………………………132
前提問題…………………………30
戦略的な障害…………………80, 304
創造的選択肢……………………199
創造的な解決案…………………61
　　――の提案…………………60
相続欠格…………………………393
相続欠格者………………………393
相続交渉における客観的基準……63
相続財産…………………………361
　　――の範囲…………………27
　　――の評価…………………28
　　――（パイ）の固定性……154
相続財産説………………………405
相続時精算課税……………414, 418, 420
相続税評価額……………………174
相続税法上の「みなし相続財産」……414
相続人の確定……………………25
相続人の廃除……………………397

相続人の範囲……………………30
相続分の指定……………………406
相続分の譲渡…………26, 251, 268
相続分の放棄………………26, 251
総体的遺留分……………………403
ZOPA…………………………102, 312
属性……………………………31, 195
訴訟上の和解……………………310
訴訟説……………………………405
ソフト型交渉……………………51
損失回避傾向………………115, 135, 193

≪た≫

対価性……………………………138
胎児………………………………354
代襲者……………………………26
代襲相続……………………356, 376
代償分割……………………187, 423, 447
代替手段…………………………133
代理人弁護士……………………307
多数当事者………………………246
多数当事者交渉…………………294
立場でなく利害に焦点を当てる……57
立場でなく利害に焦点を合わせよ……75
ダブテーリング…………………181
タレーラン………………………253
段階的要請法……………………118
中間合意書………………………468
調停委員…………………………305
調停前置主義……………………161
調停人……………………………304
調和………………………………46
直系尊属…………………………355
沈黙の技術………………………253
つながり…………………………66
提案………………………………133
　　――の撤回…………………245
抵抗………………………………327
抵抗点……33, 78, 101, 197, 312, 322, 444
ディシジョン・ツリー…………123
デール・カーネギー……………49
手続的な平等……………………80

デッド・ロック……………………153
転得者との関係……………………410
ドア・イン・ザ・フェイス……119, 244
統合型交渉………………106, 246, 442
動産…………………………………29
当事者………………………………25
同時進行ゲーム……………………120
同族会社………………………289, 290
特定遺贈………………………415, 428
特別縁故者への相続財産の分与………428
特別受益………………317, 360, 361, 366
特別受益額の評価時点……………368
土地…………………………………29
トリガー戦略………………………152
トンネル・ビジョン…………………70

≪な≫

7つの基本姿勢……………………38
汝自身を知れ………………………257
汝の敵を知れ………………………257
二次相続……………………………377
二重の故意説………………………395
二当事者対立構造…………………250
　　──への還元……………248, 295
認識の問題…………………………55
ネガティブな感情…………………70

≪は≫

ハード型交渉………………………51
ハーバード流交渉術………51, 71, 311
Harmony（調和）……………………44
配偶者………………………………353
　　──に対する相続税の軽減…419, 426
廃除…………………………………393
　　──の意義………………………397
　　──の効果………………………399
　　──の事由………………………397
　　──の取消しと宥恕……………400
　　──の方法………………………398
パイの大きさは変わらないという思い込み
　……………………………………111
バイ・プレイヤー…………………242
バックワード・インダクション………126

BATNA………33, 54, 103, 198, 200, 243, 314, 322, 327, 445
バルコニーから眺める……………42, 118
パレート改善………………………109
パレート最適………………………109, 151
非上場株式…………………………29
非嫡出子………………………354, 357
人と問題を分離せよ………………54, 72
betray（裏切り）の問題……………297
ファースト・オファー………………332
フェアネス…………………………245
フォークの定理……………………152
部外者の視点を取り入れる………117
部外者のレンズ……………………117
部外者を巻き込む…………………117
俯瞰的思考…………………………254
複合的な駆け引き…………………81
付随問題……………………………30
フット・イン・ザ・ドア……118, 244
部内者のレンズ……………………117
フランソワ・ド・カリエール………49
ブレインストーミング……………130
フレーミング効果…………………115
分割対象財産………………………166
分配型交渉……77, 106, 236, 320, 442, 480
偏頗情報……………………………259
返報性の原則………………………163
法定相続人…………………………26
　　──の数…………………………417
法定相続分…………………………352
　　──のしばり……………………305
ポジショニング……………………313
ボトム・ライン……………………101
本来的に遺産分割の審判対象となる財産
　……………………………………27

≪ま≫

ミッション…………………………196
みなし相続財産………………28, 361
ミニマックス戦略…………………121
耳を傾ける…………………………93
無限回の繰返しゲーム……………152

メアリー・パーカー・フォレット女史‥49
目標点（目標値）……32, 197, 101, 312, 322, 444
持戻し……………………………360, 361
持戻し免除…………………………370
　──の意思表示………………438

≪や≫
役割……………………………………69
預貯金…………………………………29

≪ら≫
落着点………………………………314

リーダーシップ……279, 283, 296, 319
リーダーシップ論…………………240
利益…………………………………132
リスク回避型………………………239
リスク選好型………………………239
立証責任……………………………369
留保価格……………………………101
留保価値……………………………101
Reputation risk……………………141
連帯納付義務………………………421
ログローリング…………110, 155, 179
路線価………………………………174
論理的説得（規律的説得）………85, 311

事項索引　　491

判 例 索 引

≪大審院，最高裁判所≫

大判大 3・12・ 1 民録20輯1091頁……………………………………………………*396*
大判大11・ 7・25民集 1 巻478頁………………………………………………………*398*
大判大11・ 9・25民集 1 巻534頁………………………………………………………*394*
大判昭 7・11・ 4 法学 2 巻829頁………………………………………………………*394*
大判昭13・ 2・26民集17巻275頁………………………………………………………*406*
大判昭17・ 3・26民集21巻284頁………………………………………………………*399*
最判昭29・ 4・ 8 民集 8 巻 4 号819頁……………………………………*162, 170, 362*
最判昭30・ 5・31民集 9 巻 6 号793頁…………………………………………… *19, 362*
最判昭34・ 6・19民集13巻 6 号757頁…………………………………………………*348*
最判昭35・ 7・19民集14巻 9 号1779頁…………………………………………………*428*
最決昭41・ 3・ 2 民集20巻 3 号360頁…………………………………………………*342*
最判昭41・ 6・16裁判集民83号769頁…………………………………………………*402*
最判昭41・ 7・14民集20巻 6 号1183頁……………………………………………*407, 429*
最判昭44・ 1・28家月21巻 7 号68頁…………………………………………………*428*
最判昭45・ 1・22民集24巻 1 号 1 頁…………………………………………………*436*
最判昭47・ 5・25民集26巻 4 号805頁…………………………………………………*222*
最判昭51・ 3・18民集30巻 2 号111頁…………………………………………………*368*
最判昭51・ 8・30民集30巻 7 号768頁………………………………………*410, 428, 429*
最判昭52・ 9・19家月30巻 2 号110頁…………………………………………………*170*
最判昭54・ 2・22家月32巻 1 号149頁…………………………………………………*170*
最判昭54・ 7・10民集33巻 5 号562頁…………………………………………………*409*
最判昭56・ 4・ 3 民集35巻 3 号431頁…………………………………………………*395*
最判昭57・ 3・ 4 民集36巻 3 号241頁……………………………………………*410, 428*
最判昭57・ 4・30民集36巻 4 号763頁…………………………………………………*222*
最判昭57・11・12民集36巻11号2193頁………………………………………………*411*
最判昭58・ 1・24民集37巻 1 号21頁…………………………………………………*222*
最判昭62・ 3・ 3 家月39巻10号61頁…………………………………………………*375*
最判平 4・ 4・10家月44巻 8 号16頁…………………………………………………*169*
最判平 4・11・16判時1441号66頁………………………………………………………*429*
最判平 6・ 9・13家月47巻 9 号45頁…………………………………………………*424*
最判平 6・12・16裁判集民173号503頁…………………………………………………*395*
最決平 7・ 7・ 5 民集49巻 7 号1789頁…………………………………………*63, 357, 364*
最判平 8・ 1・26民集50巻 1 号132頁…………………………………………………*406*
最判平 8・11・26民集50巻10号2747頁…………………………………………………*404*
最判平 9・ 1・28判時1599号139頁……………………………………………… *228, 436*

最判平 9・1・28民集51巻 1 号184頁……………………………………………………………395
最判平 9・2・25民集51巻 2 号448頁……………………………………………………………409
最判平10・2・26民集52巻 1 号274頁………………………………………………………407, 408
最判平10・6・11民集52巻 4 号1034頁…………………………………………………………407
最判平12・2・24民集54巻 2 号523頁…………………………………………………………368
最決平12・9・7 家月54巻 6 号66頁……………………………………………………………298
最決平16・10・29民集58巻 7 号1979頁…………………………………………………………373
最判平17・9・8 民集59巻 7 号1931頁…………………………………………………………170
最決平17・10・11民集59巻 8 号2243頁…………………………………………………………377
最判平20・1・24民集62巻 1 号63頁………………………………………………………409, 429
最判平21・1・22民集63巻 1 号228頁…………………………………………………………298
最判平22・10・8 民集64巻 7 号1719頁…………………………………………………………170
最判平24・1・26裁判集民239号635頁…………………………………………………………406
最決平25・9・4 民集67巻 6 号1320頁……………………………………………………105, 357
最判平26・2・25判時2222号53頁…………………………………………………………………169

≪高等裁判所，地方裁判所，家庭裁判所≫

熊本地判昭30・1・11下民集 6 巻 1 号 1 頁……………………………………………………161
新潟家審昭34・6・3 家月11巻 8 号103頁………………………………………………………193
高松家丸亀支審昭37・10・31家月15巻 5 号85頁………………………………………………370
東京高決昭38・9・3 家月16巻 1 号98頁………………………………………………………397
札幌高決昭39・11・21家月17巻 2 号38頁………………………………………………………368
東京高決昭42・1・11家月19巻 6 号55頁………………………………………………………19
鹿児島家審昭43・7・12家月20巻11号177頁……………………………………………………193
東京家審昭44・2・24家月21巻 8 号108頁………………………………………………………192
鹿児島家審昭44・6・25家月22巻 4 号64頁……………………………………………………376
福岡高決昭45・7・31家月22巻11＝12号91頁…………………………………………………372
東京家審昭47・11・15家月25巻 9 号107頁……………………………………………………163
神戸家尼崎支審昭47・12・28家月25巻 8 号65頁………………………………………………377
東京家審昭49・3・25家月27巻 2 号72頁………………………………………………………371
大分家審昭49・5・14家月27巻 4 号66頁………………………………………………………376
大阪家審昭51・11・25家月29巻 6 号27頁………………………………………………………163
徳島家審昭52・3・14家月30巻 9 号86頁………………………………………………………376
東京家審昭55・2・12家月32巻 5 号46頁………………………………………………………375
福島家白河支審昭55・5・24家月33巻 4 号75頁………………………………………………377
和歌山家審昭59・1・25家月37巻 1 号134頁……………………………………………………385
大阪家審昭61・1・30家月38巻 6 号28頁………………………………………………………386
盛岡家審昭61・4・11家月38巻12号71頁…………………………………………………386, 387
神戸家伊丹支審昭62・9・7 家月40巻 8 号86頁………………………………………………385
東京高決平元・12・28家月42巻 8 号45頁…………………………………………………354, 387
大阪高決平 2・9・19家月43巻 2 号144頁………………………………………………………383
高松家丸亀支審平 3・11・19家月44巻 8 号40頁………………………………………………384

東京高判平 4 ・ 7 ・20判時1432号73頁………………………………………………………*407*
東京高決平 4 ・12・11判時1448号130頁……………………………………………………*398*
東京高決平 8 ・ 8 ・26家月49巻 4 号52頁……………………………………………………*370*
東京高決平 8 ・ 9 ・ 2 家月49巻 2 号153頁……………………………………………………*398*
高松高決平 8 ・10・ 4 家月49巻 8 号56頁……………………………………………………*385*
横浜地判平11・ 8 ・20判タ1039号297頁……………………………………………………*408*
東京高判平12・ 3 ・ 8 判時1753号57頁………………………………………………………*408*
東京高決平14・ 2 ・15判タ臨増1125号116頁………………………………………………*362*
東京地判平15・11・17家月57巻 4 号67頁……………………………………………………*371*
釧路家北見支審平17・ 1 ・26家月58巻 1 号105頁…………………………………………*397*
東京高決平17・10・27家月58巻 5 号94頁……………………………………………………*374*
大阪家堺支審平18・ 3 ・22家月58巻10号84頁………………………………………………*374*
名古屋高決平18・ 3 ・27家月58巻10号66頁…………………………………………………*374*
大阪家審平19・ 2 ・ 8 家月60巻 9 号110頁……………………………………………………*387*
大阪家審平19・ 2 ・26家月59巻 8 号47頁……………………………………………………*387*
大阪高決平19・12・ 6 家月60巻 9 号89頁……………………………………………………*372*
東京家審平21・ 1 ・30家月62巻 9 号62頁……………………………………………………*371*
東京高決平22・ 9 ・13家月63巻 6 号82頁……………………………………………………*388*
広島家呉支審平22・10・ 5 家月63巻 5 号62頁………………………………………………*396*
東京高決平23・ 5 ・ 9 家月63巻11号60頁……………………………………………………*398*
東京高決平23・ 8 ・30家月64巻10号48頁……………………………………………………*399*
東京高判平25・ 7 ・25判時2220号39頁………………………………………………………*224*
大阪高決平25・ 7 ・26判時2208号60頁………………………………………………………*370*

編者・執筆者紹介

Kasumigaseki Innovative Negotiation Project (KINP キンプ)
……KINPのメンバーは，"交渉の達人"を目指します．

■編　者■

奈良　輝久
　弁護士
　東京大学法学部卒業
　1993年（平成5年）弁護士登録
　四樹（しき）総合法律会計事務所
　　〒100-0013　東京都千代田区霞が関3-5-1霞が関IHFビル8階
　　TEL03-3500-3200　http://www.shiki-sogo.jp

　真のプロフェッショナル，チャーミングな法律家でありたいと思い，日々研鑽しております．仕事のモットーは，深刻な事件にも明るく前向きに取り組んでいき，クライアントの方にとってより良き結果を生み出すことです．

山本　浩二
　公認会計士・税理士
　中央大学経済学部卒業
　1987年（昭和62年）公認会計士登録
　1996年（平成8年）税理士登録
　四樹総合法律会計事務所（上掲）

　仕事のモットーは，知識と経験だけでなく知恵のある仕事をしていくことです．

宮坂　英司

　弁護士
　立命館大学大学院法学研究科博士前期課程修了
　2001年（平成13年）弁護士登録
　宮坂法律事務所
　　〒103-0026　東京都中央区日本橋兜町16-4島田ビル4階
　　℡03-5651-9351

　本書の企画に参画してから，脳科学や神経経済学の書籍（もちろん一般向けのものですが）にも興味深く目を通す機会を得ました。人間の行動には経済合理性だけでは説明がつかない部分も多く，交渉論にも行動経済学の知見が多く取り入れられていますが，そのメカニズムを更に掘り下げるものとして，今後は脳科学や神経経済学の観点からの説明も多く盛り込まれるようになるかもしれません。交渉論に限らず，教養を深め，日々の研鑽に努めながら，問題解決能力を高めていく所存です。

■執筆者■

大澤 一記

弁護士
東京大学医学部卒業
2008年（平成20年）弁護士登録
日本橋人形町法律事務所
　〒103-0016　東京都中央区日本橋小網町13-8安田小網町ビル404
　TEL03-3249-9118　http://www.nihon-ningyo.net/

　仕事のモットーは，事案に応じたきめ細やかな対応を事案の大小にかかわらず提供し，誰もが納得のできる解決を実現していくことです。また，裁判外紛争解決（ADR）のあっせん・調停人の経験が豊富なことから，訴訟や判決によらない話し合いによる解決を導くことを常に念頭に置き，特に相続の事案のように「親族とは裁判沙汰にしてまでは争いたくはない……」との気持ちの方にも力になれるアドバイスを提供いたしております。

大野 絵里子

弁護士
中央大学法学部卒業，中央大学法科大学院卒業
2012年（平成24年）弁護士登録
神田お玉ヶ池法律事務所
　〒101-0032　東京都千代田区岩本町2-11-7ラ・アトレ岩本町3階
　TEL03-3864-3677　http://www.imotohashi.com/

　普段の業務は一般民事が中心で，個人が当事者であることが多いです。そのため，法律論だけでは片付かない現実的な問題（金銭的，心身の病気の問題等）にぶつかることがあります。そのなかで，いかに合理的に動けば（もしくは，動かずに）依頼者の利益が確保されるのかを，多角的な視点で判断し，実現できるようにしていきたいと思っています。

カライスコス　アントニオス

　関西大学法学部准教授

　専門分野：民法，消費者法

　アテネ大学法学部卒業，アテネ大学大学院法学研究科修士課程修了

　博士（法学）早稲田大学

　元ギリシャ共和国弁護士

　教育・研究活動に最大限注力し，授業を通じて学生に法学を学ぶことの楽しさを少しでも伝え，適正な法制度，法解釈，紛争解決に資することができるよう，努めてまいりたいと思います。

毛塚　重行

　弁護士

　東北大学大学院経済学研究科修士課程修了後，同大学法科大学院修了

　2008年（平成20年）弁護士登録

　加藤法律事務所

　　〒101-0041　東京都千代田区神田須田町1-6号矢四国ビル5階

　　TEL03-3256-8125　http://www.kato-lawoffice.jp/（近日公開予定）

　仕事のモットーは，依頼者が日々の笑顔を取り戻せるよう，その話によく耳を傾け，時には一緒に悩み，忌憚なく議論し，懸命に戦い，全力を尽くすことです。私は，大学院において経済・経営・会計学などを研究し，弁護士登録して以降も，訴訟案件も含めた紛争解決に関する交渉はもちろん，契約書の締結などのビジネス交渉や，相続・離婚などに関する交渉も手がけているという経験に加え，本書の執筆にあたって交渉学なども考究し，さらに今後も様々な分野の研学を重ねて知識を広げようと考えておりますので，こうした経験や知識を最大限に活かし，依頼者の皆様に対し，より良い結果をご提供できるよう尽力致します。

土居　伸一郎
　　弁護士
　　東京大学法学部卒業，東京都立大学法科大学院修了
　　2009年（平成21年）弁護士登録
　　コスモ法律会計事務所
　　　〒166-0004　東京都杉並区阿佐谷南1-36-22
　　　TEL03-3312-6435

　クライアントから話を聞くたびに，世の中にはこういうこともあるのだなと，目からうろこが落ちる思いをします。人間の行動はよくわかるようでもあり，不思議でもあります。事件の解決を通して関係者がよりよき日々を取り戻せるようにお手伝いをしたいと思います。

堂免　綾
　　弁護士
　　早稲田大学法学部卒業，早稲田大学大学院法務研究科修了
　　2012年（平成24年）弁護士登録
　　四樹総合法律会計事務所（上掲）

　依頼者の方の中には，普段弁護士と接する機会がなく，これは弁護士に質問するような問題だろうか……と相談をためらわれる方もいらっしゃるかと思います。しかし，弁護士の仕事は大きな訴訟案件ばかりではありません。悩んだとき頼れる存在であること，お話を丁寧に伺い，分かりやすい説明をすることを心がけ，納得のいく解決ができるよう尽力いたします。

林　紘　司

弁護士
東京大学法学部卒業，東京大学法科大学院修了
2010年（平成22年）弁護士登録
四樹総合法律会計事務所（上掲）

　私は，学ぶ姿勢を忘れず，粘り強く案件に取り組み，困ったことがあったときに頼りにしてもらえる弁護士を目指しております。会社法や民事訴訟法，経済学のような，複数ないし多数の利害関係の調整・紛争解決に関わる法分野や制度設計にも関心があります。普段はビジネス案件を主に手掛けておりますが，多数当事者間での紛争が生じがちな相続関係の事件においても，こうした知識・経験を生かし，より創造的な解決を導けるよう努力して参ります。

若　松　亮

弁護士
早稲田大学法学部卒業
2005年（平成17年）弁護士登録
四樹総合法律会計事務所（上掲）

　仕事のモットー（目標）は，目の前の一つ一つの事件全てに全力で取り組み，正確かつ迅速な処理を心がけることです。会社法関係の事件（特に閉鎖会社の支配権や株価に関する事件）や借地非訟を含む不動産関係の事件，金融商品取引に関する事件を多く手掛けていますので，相続案件に関しても，相続財産に株式等の有価証券（非上場会社の株式や投資信託等の金融商品を含む）や借地等の不動産が含まれる案件を特に得意としています。

（敬称略，五十音順）

《編者》
Kasumigaseki Innovative Negotiation Project (KINP キンプ)

奈良　輝久
山本　浩二
宮坂　英司

交渉の場としての相続
――遺産分割協議をいかに行ったら良いか

2014年10月20日　初版第1刷印刷
2014年11月7日　初版第1刷発行

| 廃検
止印 | ⓒ編者 | 奈良　輝久
山本　浩二
宮坂　英司 |

発行者　逸見　慎一

発行所　東京都文京区本郷6丁目4の7　株式会社　青林書院

振替口座 00110-9-16920／電話 03(3815)5897〜8／郵便番号 113-0033
http://www.seirin.co.jp

印刷・シナノ印刷㈱　落丁・乱丁本はお取り替え致します。

Printed in Japan　ISBN978-4-417-01636-6

JCOPY〈㈳出版者著作権管理機構　委託出版物〉
本書の無断複写は著作権法上での例外を除き禁じられています。
複写される場合は，そのつど事前に，㈳出版者著作権管理機構
（電話 03-3513-6969，FAX 03-3513-6979，e-mail: info@jcopy.or.jp）の許諾を得てください。